BLICK ÜBER DEN GARTENZAUN

Blick über den Gartenzaun

Rostocker Kleingartenvereine seit 1893

1218 HANSE- UND
UNIVERSITÄTSSTADT 1419
ROSTOCK

Die Hanse- und Universitätsstadt Rostock
unterstützte das Projekt großzügig.
Herzlichen Dank!

Redieck & Schade

Vorwort

des Vorsitzenden des Verbandes der Gartenfreunde e.V. Hansestadt Rostock
zur 2. aktualisierten und erweiterten Auflage

Liebe Gartenfreundinnen, liebe Gartenfreunde!

Die 1. Auflage unserer Verbandschronik erschien im Vorfeld zur IGA 2003 im Oktober 2002. Nach fast zwei Jahrzehnten häuften sich nun die Nachfragen nach einer Neuauflage. Das Jahr 2018 wurde aus gutem Grund für eine zweite Auflage gewählt: das Kleingartenwesen in Rostock besteht seit 125 Jahren! Natürlich verlangt auch die Chronik einer „lebendigen" Kleingärtnergemeinschaft eine systematische Fortschreibung, denn die Zeit ist schnelllebig.

Kleingärten gehören heute traditionell zum Rostocker Stadtbild, sind Teil des Grünsystems und der Stadtgesellschaft, stellen direkte Naherholungsgebiete dar, verbessern das Stadtklima, entlasten die Kommune bei Betreuung und Pflege der grünen Lungen der Stadt. Die Gartenfreunde sichern Artenvielfalt, vermitteln Naturkunde und sind Pfleger deutscher Kultur. In 153 Kleingartenvereinen werden derzeit über 15.000 Parzellen von etwa 35.000 bis 40.000 Bürgern bewirtschaftet.

Unser Verband ist gut aufgestellt. Die aktive Kommunikation trägt Früchte. Über Börsen, Messen und Basare versuchen wir Gartenfreunde zusammenzubringen, um so eine planmäßige Übergabe der Parzellen und eine Kontinuität in der Bewirtschaftung der Parzellen sicher zu stellen. Das gelingt nicht immer. Aktueller denn je ist daher die Sicherung des Bestandes unserer Kleingärten, damit Rostock dem Anspruch, eine kleingärtnerfreundliche Stadt zu sein, auch gerecht bleibt.
Daher wendet sich dieses Buch in seiner 2. Auflage besonders an unsere jungen Familien, die im Kleingarten Freude, Erholung und Kraft für die Bewältigung der täglichen Anforderungen des Lebens suchen und finden. Die Kenntnis unserer Geschichte soll helfen, sich den künftigen Anforderungen an das Kleingartenwesen optimistisch zu stellen und seine Zukunft mit zu gestalten.

Mein Dank gilt den Herren Dr. Matthias Redieck und Achim Schade vom gleichnamigen Verlag für die große Bereitschaft und Unterstützung bei der Beschaffung und Restaurierung der Druckvorlagen der 1. Auflage sowie der Übernahme der Leistungen der 2. Auflage. Ebenfalls der Stadtverwaltung und besonders Herrn Oberbürgermeister Methling für die finanzielle Sicherstellung dieser Auflage.

Es ist das Verdienst des Autors Michael Kretzschmar, dass die Aktualisierung und die Ergänzung durch das Kapitel 7 in Wort und Bild so eindrucksvoll und detailgetreu erfolgte.
Ich bedanke mich außerdem bei unserem langjährigen Verbandschronisten Alois Bönsch als Co-Autor für die akribisch erstellte Konzeption zur Herausgabe der 2. Auflage in dieser Form. Ohne diese Vorlage wäre es kaum möglich gewesen, die Neuauflage zu organisieren, das Buch grundsätzlich zu überarbeiten und deutlich zu erweitern.

Ich wünsche allen Lesern dieses Buches, vor allen denjenigen, die in irgendeiner Weise mit dem Kleingartenwesen zu tun haben, großen Gewinn sowohl beim Kennenlernen als auch beim Verstehen der Geschichte und der Probleme der Kleingärtner.

Christian Seifert
Vorsitzender des Verbandes der Gartenfreunde e.V. Hansestadt Rostock

Grußwort

des Oberbürgermeisters der
Hansestadt Rostock

Liebe Kleingartenfreunde,

Politiker neigen ja gerne dazu, großen Verbänden zu deren Jubiläen zu gratulieren. Insbesondere dann, wenn es sich – wie bei Ihnen – um den drittstärksten Kleingartenverband Deutschlands handelt. Und bezogen auf die Einwohner sind Sie sogar der Größte.

Doch meine Gratulation kommt von ganzem Herzen.
Nicht weil es immer harmonisch zwischen Ihnen und der Rostocker Stadtverwaltung einhergeht. Sondern gerade weil es eben ein spannendes und am Ende erfolgreiches Zusammenarbeiten mit Ihnen ist.
Sie begleiten nun seit 125 Jahren die Entwicklung Rostocks.
Sie waren dabei, als Rostock sich von einer Handelsstadt zur Industriestadt mauserte.
Sie waren dabei, als Rostock zur Großstadt wurde.
Sie waren dabei, als Rostock zerstört wurde.
Sie waren dabei, als Rostock sozialistisch wieder aufgebaut wurde.
Sie waren dabei, als Rostock es so schwer hatte, im neuen System Fuß zu fassen.
Und nun müssen wir in unserer Stadt wieder große Aufgaben bewältigen. Denn Rostock hat Fuß gefasst. Wir kommen wieder in den Tritt und wachsen. Und dieses Wachstum muss gestaltet werden. Dies wird nur gemeinsam gelingen, ja, es muss gemeinsam gelingen.

Das einzig Beständige ist der Wandel. Wir alle haben uns und unsere Stadt verändert. Und wir werden dies auch in Zukunft tun. Orientierte anfangs ein besonderer Schwerpunkt des Kleingartenwesens auf eine bessere Versorgung, rückte später der Erholungsaspekt stärker in den Vordergrund.
Das Kleingartenwesen ist ein Garant für Kontinuität und seelischen Ausgleich für viele Familien. Und es kommen neue Aufgaben hinzu. Noch mehr als bisher wird das Kleingartenwesen ein Garant für eine gesunde Flora und Fauna in der Stadtlandschaft sein. Und es wird nicht zuletzt ein Baustein des sozialen Gefüges unserer Stadt sein.

Rostock braucht auch in Zukunft Mut für richtungsweisende Entscheidungen, die Wachstum, Wohlstand und Wohlbefinden in unserer 800-jährigen Heimatstadt nachhaltig ermöglichen. Lassen Sie uns diese Entscheidungen auch weiterhin im Miteinander treffen.

Dann wird sicher auch in 125 Jahren das Stadtoberhaupt dem Verband der Gartenfreunde in Rostock zu einer erfolgreichen 250-jährigen Geschichte gratulieren können.

Ihr Oberbürgermeister

Roland Methling

Inhalt

Kapitel 1

Zur Frühgeschichte der Rostocker Kleingärten

„Der Kleingarten ist ein ebenso wertvolles wie einfaches und wenig kostspieliges Mittel zur Förderung der Familie in wirtschaftlicher, gesundheitlicher und erzieherischer Hinsicht.“

Aus den „Leitsätzen für die Verpachtung und Einrichtung von Familiengärten im Deutschen Reich“ von Alwin Bielefeldt, 1912

Stadtansicht von etwa 1830 mit Blick auf die Doberaner Landstraße mit den Acker- und Gartenflächen im Bereich der heutigen Kröpeliner-Tor-Vorstadt

Die Anfänge des Kleingartenwesens

Schon vor Tausenden von Jahren hat es Gärten gegeben, Gärten verschiedener Art und Zweckbestimmung, die je nach Stand und Interesse ihrer Eigentümer angelegt waren. Sie dienten entweder dem Anbau von Bäumen und Blumen, von Obst, Gemüse und Kräutern, zur Erbauung in freier Natur oder auch nur zur Darstellung des Besitzes, oft aber auch schon zur bewussten Auseinandersetzung mit der Natur.

Kleingärten sind etwas anderes, sie haben eine lange Tradition und das nicht nur in Deutschland. Vereinen sie doch mehrere Interessen miteinander, wie Eigenversorgung mit Obst und Gemüse, Umgang mit der Natur sowie Erholung und Entspannung in der Natur, ohne dass ihre Benutzer zugleich auch ihre Eigentümer sind.
Wir sprechen über das organisierte Kleingartenwesen.
Wie kam es dazu?

Armengärten

Als Vorläufer der heutigen Kleingärten werden die so genannten Armengärten angesehen. Durch die Industrialisierung im 19. Jahrhundert begann eine starke Abwanderung der ländlichen Bevölkerung in die Städte. Hier herrschten zunehmend schlechte Lebensbedingungen. Licht- und luftarme Hinterhäuser, Kellerwohnungen und Mietskasernen waren kennzeichnend und hatten verheerende Auswirkungen auf die Gesundheit der dort lebenden Menschen.

Um den sozialen Nöten der ärmsten Schichten der Stadtbevölkerung entgegen zu wirken, wurde in der ersten Hälfte des 19. Jahrhunderts in verschiedenen Städten Land zur gärtnerischen Nutzung an die Armen verpachtet.

Als Begründer der Armengärten gilt der Landgraf Carl von Hessen (1744–1836), damals dänischer Statthalter der Herzogtümer Schleswig und Holstein, der bereits 1797/98 in Kappeln an der Schlei die Anlage von 32 Bauplätzen mit Gartenland für arme Kappelner Bürger ermöglichte.

Landgraf Carl von Hessen – Begründer der Armengärten in Deutschland in den 20er Jahren des 19. Jahrhunderts

Er sorgte in der Folgezeit dafür, dass weitere Armengärten angelegt wurden.
Solche Armengärten, die zu unterschiedlichen Zeiten an verschiedenen Orten bestanden, waren für die Bedürftigen lebenswichtig. Sie konnten sich selbst mit Kartoffeln, Obst und Gemüse versorgen und sparten ferner dem Stadtfiskus Geld, denn für ihn entfiel bei Selbstversorgung die Armenunterstützung.
Die Armengärten hatten jedoch keine Zukunft. Dafür gab es verschiedene Ursachen. Eine wesentliche waren die steigenden Bodenpreise, die wiederum zu ständig steigenden Pachtsätzen führten. Der Grundsatz der Armenhilfe ging dadurch verloren. Außerdem konnten die Städte das Gartenland finanziell günstiger verwerten.

Arbeitergärten des Deutschen Roten Kreuzes und Naturheilvereine

Eine gewisse Fortsetzung des humanen Gedankens einer solchen Armenfürsorge findet man in den vom Roten Kreuz zu Beginn des 20. Jahrhunderts initiierten Arbeitergärten. Sie knüpften besonders an gesundheitspolitische Aspekte zur Arbeit im Kleingarten an. Außer Volksheilstätten, Fürsorgestellen für Lungenkranke und Walderholungsstätten wurden auch Kleingärten als geeignete Einrichtungen für die Volksgesundheit angesehen, um vor allem die Tuberkulose zu bekämpfen. Initiator der ersten Arbeitergärten 1901 in Charlottenburg war Geheimrat Alwin Bielefeldt, der auch später noch eine führende Rolle in der Kleingartenbewegung spielen sollte.
Seit den 80er Jahren des 19. Jahrhunderts entstanden im gesamten Deutschen Reich in großer Anzahl Naturheilvereine. Ihre Idee war, zu den Auswirkungen der Industrie und der Großstädte einen Ausgleich in der Natur zu finden.

1896 gab es bereits 480 Vereine mit 64.000 Mitgliedern, 1909 dagegen waren es nur noch 104 Vereine. Viele dieser Vereine sind zu Schrebergartenvereinen geworden.
Ebenso verhielt es sich mit den Kleingartenkolonien, die unter Obhut der Kirchen Anfang des 20. Jahrhunderts entstanden waren.
Für die Entwicklung des Kleingartenwesens in der Stadt Rostock waren die von den Kirchen geförderten und eingerichteten Kleingartenkolonien von Bedeutung.
Die Gärten des Roten Kreuzes und die Naturheilvereine können für die hiesige Kleingartenbewegung nicht die Rolle gespielt haben. In Rostock soll es nämlich um die Jahrhundertwende nur einen Naturheilverein und einen Naturverein gegeben haben.

Schrebergärten

Eine weitere und zwar die wichtigste Quelle des Kleingartenwesens waren die Ideen des Leipziger Arztes und Pädagogen Dr. Daniel Gottlob Moritz Schreber (1808–1861). Sein Ziel war es, durch die Anlage von Spielplätzen, auf denen Kinder, Jugendliche und Erwachsene sich im Freien betätigen konnten, gesunde Entwicklungs- und Lebensbedingungen zu schaffen. Die von ihm geforderte Betätigung im Grünen war in erster Linie auf die körperliche Ertüchtigung durch Spielen an frischer Luft und das Heranführen der Kinder an die Natur gerichtet.
Die Verwirklichung seiner Ideen konnte er nicht mehr erleben. Sie wurden von seinem Freund, dem Leipziger Schuldirektor Dr. Ernst Innocenz Hauschild (1808–1866) modifiziert umgesetzt, indem er 1864 in der Leipziger Westvorstadt einem Verein für Kultur und Erziehung den Namen Schrebers gab und somit den ersten „Schreberverein" gründete. Dazu legte er einen Spielplatz mit Bepflanzung an. Streng genommen hatte das nichts mit den damals üblichen Vorstellungen von einem Garten zu tun.
Zur eigentlichen Entwicklung der Schrebergärten kam es durch den Leipziger Oberlehrer Karl Gesell (1800–1879). Er umgab den Spielplatz des Schrebervereins mit Beeten für die Kinder, weil er sich von der Gartenarbeit als nützliche Betätigung entsprechende Wirkung in erzieherischer Hinsicht versprach. Diese Erwartungen konnten jedoch nicht erfüllt werden, denn die Kinder waren nicht in der Lage, die erforderliche Gartenarbeit allein zu leisten. Sie wurde von den Eltern übernommen. So wurden 1869 die Kinderbeete in Familienbeete umgewandelt, kleine Bretterverschläge zum Unterstellen kamen hinzu, und schließlich wurden Familiengärten daraus. Sie wurden eingezäunt, der Spielplatz war Mittelpunkt der Anlage. 1870 entstand damit in Leipzig die erste Schrebergartenanlage mit 326 Mitgliedern.
Die Schrebergartenbewegung verbreitete sich rasch, wenn auch in unterschiedlichen Formen. Weniger der Kinderspielplatz, vielmehr die Sorge um die gesunde Entwicklung und Ernährung der Kinder in den industriellen Ballungsgebieten waren das Hauptanliegen der Schrebergärtner, das sich mit dem allgemeinen Wunsch nach mehr Bewegung und Ausgleich in der freien Natur verband.

Entwicklung der Kleingärten in Rostock bis 1920

Auch für Rostock trifft zu, was der Volksmund allgemein über Mecklenburg sagt: Hier passiert alles später als anderswo.
So vollzog sich auch die industrielle Entwicklung im 19. Jahrhundert nur zögerlich, und wegen Kapitalmangels blieb die Industrie in Rostock bis in die 1880er Jahre unbedeutend.
Verglichen mit ganz Deutschland zeigte sich, dass Rostock von der Industrialisierung nur in traditionellen Produktionszweigen erfasst wurde, und auch das in abweichender Stärke. Diese wirtschaftliche Situation blieb nicht ohne Auswirkungen auf die schwierige, zum Teil elende Lage der vom Lande zugezogenen Arbeitskräfte.
Aus der Geschichtsschreibung der Stadt Rostock geht hervor, dass schon vor 1800 außerhalb der Stadtmauer neben den Hospitälern St. Jürgen und St. Gertrud, den Gasthöfen, Herbergen, Wind- und Wassermühlen auch ausgedehnte Gartenanlagen bekannt waren.

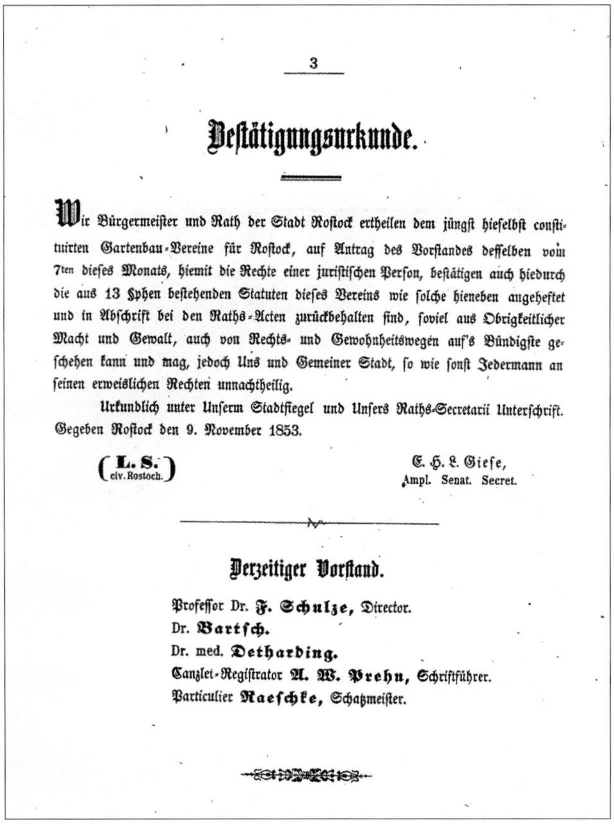

3

Bestätigungsurkunde.

Wir Bürgermeister und Rath der Stadt Rostock ertheilen dem jüngst hieselbst constituirten Gartenbau-Vereine für Rostock, auf Antrag des Vorstandes desselben vom 7ten dieses Monats, hiemit die Rechte einer juristischen Person, bestätigen auch hiedurch die aus 13 §phen bestehenden Statuten dieses Vereins wie solche hieneben angeheftet und in Abschrift bei den Raths-Acten zurückbehalten sind, soviel aus Obrigkeitlicher Macht und Gewalt, auch von Rechts- und Gewohnheitswegen auf's Bündigste geschehen kann und mag, jedoch Uns und Gemeiner Stadt, so wie sonst Jedermann an seinen erweislichen Rechten unnachtheilig.

Urkundlich unter Unserm Stadtsiegel und Unsers Raths-Secretarii Unterschrift. Gegeben Rostock den 9. November 1853.

(L. S. civ. Rostoch.)

E. H. L. Giese,
Ampl. Senat. Secret.

Derzeitiger Vorstand.

Professor Dr. **F. Schulze**, Director.
Dr. **Bartsch.**
Dr. med. **Detharding.**
Canzlei-Registrator **A. W. Prehn**, Schriftführer.
Particulier **Raeschke**, Schatzmeister.

Bestätigungsurkunde vom 9. November 1853

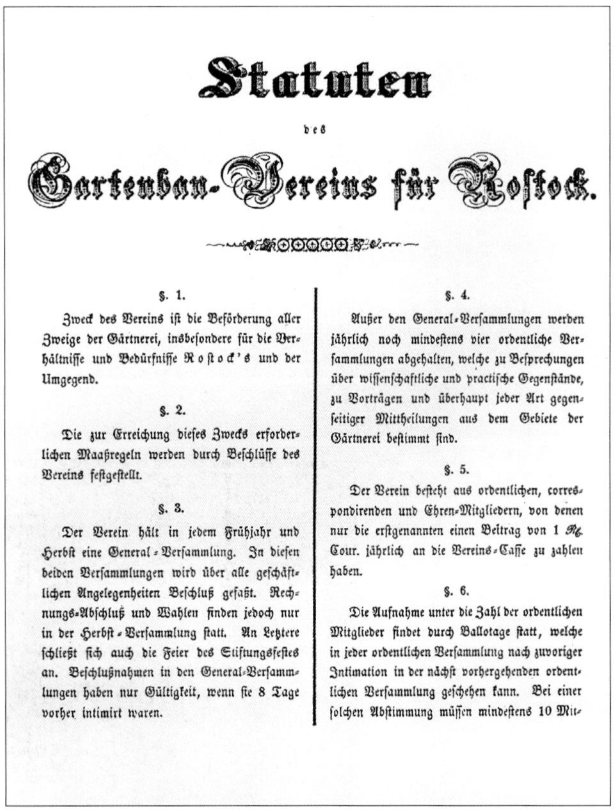

Statuten

des

Gartenbau-Vereins für Rostock.

§. 1.

Zweck des Vereins ist die Beförderung aller Zweige der Gärtnerei, insbesondere für die Verhältnisse und Bedürfnisse Rostock's und der Umgegend.

§. 2.

Die zur Erreichung dieses Zwecks erforderlichen Maaßregeln werden durch Beschlüße des Vereins festgestellt.

§. 3.

Der Verein hält in jedem Frühjahr und Herbst eine General-Versammlung. In diesen beiden Versammlungen wird über alle geschäftlichen Angelegenheiten Beschluß gefaßt. Rechnungs-Abschluß und Wahlen finden jedoch nur in der Herbst-Versammlung statt. An Letztere schließt sich auch die Feier des Stiftungsfestes an. Beschlußnahmen in den General-Versammlungen haben nur Gültigkeit, wenn sie 8 Tage vorher intimirt waren.

§. 4.

Außer den General-Versammlungen werden jährlich noch mindestens vier ordentliche Versammlungen abgehalten, welche zu Besprechungen über wissenschaftliche und practische Gegenstände, zu Vorträgen und überhaupt jeder Art gegenseitiger Mittheilungen aus dem Gebiete der Gärtnerei bestimmt sind.

§. 5.

Der Verein besteht aus ordentlichen, correspondirenden und Ehren-Mitgliedern, von denen nur die erstgenannten einen Beitrag von 1 Rℓ. Cour. jährlich an die Vereins-Casse zu zahlen haben.

§. 6.

Die Aufnahme unter die Zahl der ordentlichen Mitglieder findet durch Ballotage statt, welche in jeder ordentlichen Versammlung nach zuvoriger Intimation in der nächst vorhergehenden ordentlichen Versammlung geschehen kann. Bei einer solchen Abstimmung müssen mindestens 10 Mit-

1. Seite der Statuten des Gartenbau-Vereins für Rostock (13 §§)

Archivunterlagen kann entnommen werden, dass Rostock ab 1803 bis in das 20. Jahrhundert hinein eine Armenordnung besaß, die in größeren Abständen, zuletzt 1907, präzisiert wurde. Gründer der Armenordnung der Stadt war der Senator Dr. Johann Christian Schröder (1760–1809).

Ob es in Rostock auch so genannte Armengärten gab, ist nicht überliefert, kann aber angenommen werden. Dem Verband der Gartenfreunde liegt ein Parzellenplan für den ältesten Teil der heutigen Kleingartenanlage „Uns Hüsung" in der Schwaaner Landstraße von 1922 vor. Aus seinem Titel „Lageplan von dem der Armen-Ordnung gehörigen Grundstücke Fbl. No. 887, Abt. II mit einer Parzelleneinteilung vom 28. Februar 1922" geht eindeutig der Bezug des Grundstückes zur Armenordnung der Stadt Rostock hervor.

Erhärtet wird diese Annahme auch dadurch, dass erst im Mai/Juni 1926 durch die Ortssatzung des Wohlfahrtsamtes alle Bestimmungen zur Armenordnung außer Kraft gesetzt wurden.

Rostocker Gartenbau-Verein

Mit Datum vom 9. November 1853 bestätigten Bürgermeister und Rat der Stadt Rostock den zuvor am 7. November gegründeten Gartenbau-Verein für Rostock als juristische Person und erkannten seine Statuten an.

Der Gründungsvorstand bestand aus den Herren Professor Dr. F. Schulze (Direktor), Dr. Bartsch, Dr. med. Detharding, Kanzlei-Registrator A. W. Prehn (Schriftführer) und Particulier[1] Raeschke (Schatzmeister).

Als Zweck des Vereins formulierte das Statut die „Beförderung aller Zweige der Gärtnerei, insbesondere für die Verhältnisse und Bedürfnisse Rostock´s und der Umgegend".

Paragraph 6 des Statuts bestimmte, dass der Verein „aus ordentlichen, correspondirenden und Ehren-Mitgliedern" bestehen sollte.

Als Mitgliedsbeitrag war nur von den ordentlichen Mitgliedern jährlich 1 Pfg. an die Vereinskasse zu zahlen.

Den Archivunterlagen ist folgender Mitgliedsstand zu entnehmen:

Jahr	Mitglieder
1866	223
1867	214
1868	208
1869	211
1871	214
1896/97	191
1897/98	179

Bei der Mitgliederentwicklung des Vereins waren zwischen 1866 und 1898 deutliche Rückgänge zu verzeichnen.

[1] Teilhaber einer Firma

Aus den weiteren Bestimmungen des Statuts ist zu entnehmen, dass auch Bürger, die außerhalb Rostocks wohnten, Mitglieder dieses Vereins werden konnten.

Da die Mitglieder des Vereins keine Pachtgärten hatten – sie gehörten mehr oder weniger zu den besser gestellten Bürgern der Stadt –, kann dieser Verein nicht als Verein im Sinne Dr. Schrebers gelten. Gleichwohl ist er jedoch für die Entwicklung des Gartenwesens in Rostock von Bedeutung. Leider brechen die Angaben 1898 ab. Es sind bisher auch keine Hinweise über den weiteren Werdegang dieses Vereins gefunden worden. Vermutlich hat er sich um 1898/99 aufgelöst und Teile der Mitglieder haben sich dem seit 1893 bestehenden Obst- und Gemüsebauverein angeschlossen, wie aus einem Vergleich der Mitgliederlisten erkennbar ist.

„Der praktische Ratgeber im Obst- und Gartenbau", Sonntag, 4. Mai 1890

Gartenbau-Verein

für

ROSTOCK.

Vorstand.

Schulze, Dr. Prof., d. Z. Vorsitzender.
Haedge, H., Kunst- und Handelsgärtner. **Peters, J. C. F.**, Particulier.
Karsten, Dr. Professor. **Raeschke, E.**, Commissions-Rath.
Stever, Wilh., Particulier.

Verzeichniss der Mitglieder.

Ehrenmitglieder.

1. *Göppert*, Geheimer-Medicinalrath, Dr. Professor, zu Breslau.
2. *Jühlke*, Königl. Preuss. Hofgarten-Director und Director der Königl. Landesbaumschule und Gärtner-Lehranstalt in Sanssouci bei Potsdam.
3. *Lucas*, Garten-Inspector, zu Reutlingen.
4. *Oberdieck*, Superintendent, zu Jeinsen.
5. *Otto, E.*, Garten-Inspector, zu Hamburg.
6. *Roeper*, Dr. Professor, zu Rostock.
7. *Trænhart*, Stadtrath zu Naumburg a. S.

Correspondirende Mitglieder.

8. *Müschen*, Cantor und Organist, zu Teterow.
9. *Müschen*, Organist, zu Belitz.

1. Seite des Mitgliederverzeichnisses vom Gartenbau-Verein für Rostock aus dem Jahre 1866

Gründung des Rostocker Obst- und Gemüsebau-Vereins

Die eigentliche Schrebergartenbewegung in Rostock, als direkter Vorgänger des heutigen Kleingartenwesens, begann mit der Gründung des „Rostocker Obst- und Gemüsebau-Vereins" am 4. März 1893. Gründungsvorsitzender war der Kaufmann Bornemann.

Auch dieser Verein hatte anfangs noch kein Pachtland und damit keine Pachtgärten, sondern nur einen großen Vereinsgarten. Das Ziel des Vereins war die Förderung des Obst- und Gemüsebaus durch Vorträge von Wanderlehrern und andere monatliche Zusammenkünfte.

Seine Mitglieder waren zunächst hauptsächlich Rostocker Einwohner, die entweder als Hausbesitzer schon einen Hausgarten hatten oder als Berufsgärtner interessiert waren.

Am 15. April 1899 schenkte der Geheime Kommerzienrat Wilhelm Scheel, Inhaber der Wagenfett-, Maschinenöl- und Anstrichfarbenfabrik in der Neubrandenburger Straße 1/2, diesem Verein ein Grundstück von 112 Quadratruten[2] (ca. 2.430 m²) am Weißen Kreuz, auf dem sich weiterhin der Vereinsgarten befand.

Der Geh. Kommerzienrat Wilhelm Scheel selbst war die treibende Kraft des Vereins, weshalb seine Verdienste 1931 durch die Umbenennung der Anlage in „Kommerzienrat Scheel" gewürdigt wurden. In dieser Anlage steht noch heute ein ihm damals zu Ehren gesetzter Gedenkstein.

Der Obstbauwanderlehrer Zierl aus Güstrow war im Verein ebenfalls hoch angesehen. Seine Erfahrungen und sein Wissen, besonders um den Obstanbau, gab er in Wanderversammlungen weiter. Für den Verein bildete er die Herren Fritz Möller und August Schneeberg als Obstbaumwärter aus. Sie übernahmen im Verein alle erforderlichen Arbeiten, „welche sich auf Anpflanzen, Pflegen, Reinigen, Düngen, Schneiden, Verjüngen, Umpfropfen usw. von Obstbäumen beziehen, auch den Schnitt von Beerenobststräuchern und des Weinstockes", wie in einer Mitteilung des Vorsitzendenden des Rostocker Obst- und Gemüsebau-Vereins, Polizeisekretär Chr. Fr. Eggers, vom September 1904 zu lesen war.

Die Arbeiten erfolgten gegen Bezahlung im Tagelohn, er betrug zum Beispiel 1904:

vom 1. April	bis 30. September	3,50 Mark
vom 1. Oktober	bis 15. November	3,00 Mark
vom 16. November	bis 14. Februar	2,50 Mark
vom 15. Februar	bis 31. März	3,00 Mark.

Der Gedenkstein für Kommerzienrat Wilhelm Scheel

[2] 1 Quadratrute entspricht 21,68 m² (in Teilen Mecklenburgs gilt aber auch = 14,185 m²)

Bei stundenweiser Tätigkeit gab es einen Stundenlohn von 35 Pfennig. Ein gelernter Arbeiter auf der Neptunwerft bekam vergleichsweise im Konjunkturjahr 1905 einen Wochenlohn von 19,50 Mark; hatte er keinen erlernten Beruf, erhielt er 17,– Mark.
Der Vereinsgarten entwickelte sich durch die enge Zusammenarbeit mit dem Obstbauwanderlehrer Zierl und der daraus folgenden sachkundigen Pflege bald zu einem Mustergarten für den Obstanbau. Bei dem allgemeinen Bedürfnis nach einem eigenen Stückchen Land genügte dieser aber auf Dauer nicht.
Rostock hatte nach der Volkszählung vom 2. Dezember 1895 ohne Warnemünde 49.912 Einwohner. Diese Zahl stieg bis 1900 auf 54.719 und bis 1910 auf 65.383 Einwohner.
Die Unterschiede zwischen Arm und Reich wurden immer mehr zur Ursache zunehmender sozialer Spannungen.
In den 70er und 80er Jahren des 19. Jahrhunderts begann mit der Entwicklung des Industriekapitalismus die Stadterweiterung durch die neuen Stadtteile Steintor-Vorstadt und Kröpeliner-Tor-Vorstadt. Neue Fabriken beschäftigten Tausende von Lohnarbeitern, die in den Mietskasernen zwischen Kröpeliner Tor und Neptunwerft untergebracht wurden. Hier lebten 1895 von den ca. 50.000 Einwohnern Rostocks allein 19.000, darunter neben den Arbeitern auch Handwerker, Gewerbetreibende und in der Dienstleistung Tätige, also auch die untere Mittelschicht. Vor dem Steintor bauten Beamte, Angestellte und Geschäftsleute ihre Villen.

Verstärkt begannen die Bewohner der engen Stadtstraßen nach Stätten zu suchen, die ihnen gesunde Nahrung brachten und Erholung durch Betätigung in der freien Natur.
Die Ideen des Dr. Schreber, weiterentwickelt durch die Erfahrungen seiner „Anwender", machten auch um Rostock keinen Bogen.

Obst- und Gemüsebauverein für Rostock und Umgegend zu Rostock

Am 7. April 1905 wurde der Rostocker Obst- und Gemüsebau-Verein umbenannt in „Obst- und Gemüsebauverein für Rostock und Umgegend zu Rostock" und am 18. Mai desselben Jahres erfolgte sein Eintrag in das Vereinsregister beim Großherzoglichen Amtsgericht zu Rostock.
Ein Vereinsregister wurde erst mit Einführung des Bürgerlichen Gesetzbuches (BGB) am 1. Januar 1900 geführt.

Satzungen
des
Obst- und Gemüsebauvereines
für Rostock und Umgegend
zu Rostock.
(E. V.)

Deckblatt der „Satzungen des Obst- und Gemüsebauvereines für Rostock und Umgegend zu Rostock"

Mitgliederverzeichnis
des
Obst- und Gemüsebauvereines
für Rostock und Umgegend
zu Rostock.
Eingetragener Verein.

„Mitgliederverzeichnis des Obst- und Gemüsebauvereines für Rostock und Umgegend zu Rostock"

Inspiriert vom Beispiel der Schrebergärten bemühte sich der Verein bereits seit 1898, am Weißen Kreuz zwischen der Chaussee nach Neubrandenburg und der alten Landstraße nach Tessin zur Anlage von Parzellen Ackerstücke zu pachten. In einem Brief des damaligen Vereinsvorsitzenden, Polizeisekretär Eggers, vom 15. Februar 1898 an den „Ehrwürdigen Rat der Stadt" wurde die Bitte um Verpachtung von 116 Quadratruten (ca. 2.514 m^2) „vis-à-vis Weißes Kreuz" auf 30 bis 50 Jahre zu günstigen Bedingungen für einen Vereinsgarten heran getragen.

Da aber das Gelände bereits verpachtet war, erfolgte vermutlich die bereits erwähnte Schenkung durch den Geh. Kommerzienrat Scheel vom 15. April 1899.

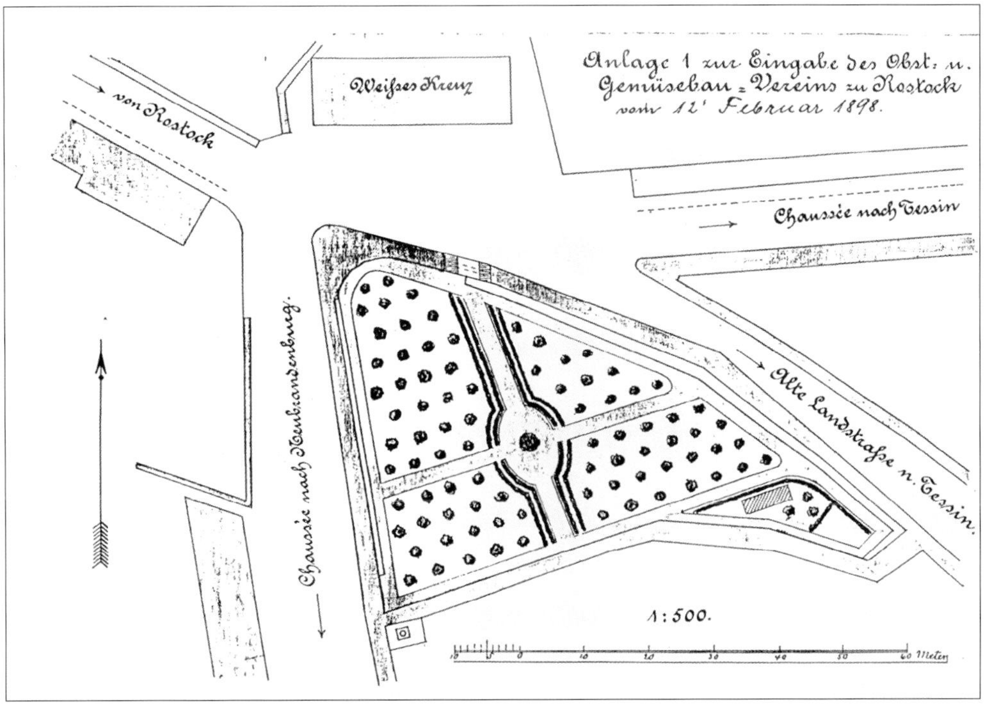

Anlage 1 zur Eingabe des Obst- und Gemüsebau-Vereins zu Rostock, Februar 1898

Die älteste Schrebergartenanlage in Rostock

Es sollte aber noch bis zum Jahr 1905 dauern, ehe der Vorstand des Vereins seine Mitglieder darüber informierte, dass er beabsichtigte, „an dem Kassebohmer Weg, dicht hinter dem Weißen Kreuz, ca. 50 ‚Schrebergärten' zwecks Verpachtung an unsere Mitglieder anzulegen".

Obst- und Gemüsebau-Verein für Rostock und Umgegend zu Rostock. E. V.

An unsere Mitglieder!

Wie unseren verehrl. Mitgliedern bekannt sein dürfte beabsichtigen wir, an dem Kassebohmer Wege, dicht hinter dem Weißen Kreuz, ca. 50 „Schrebergärten" zwecks Verpachtung an unsere Mitglieder anzulegen.

Die dafür aufzuwendenden Kosten werden etwa 3000 ℳ betragen, welche Summe durch 150 unverzinsliche Anteilscheine à 20 ℳ aufgebracht werden soll.

Die Rückzahlung erfolgt durch alljährliche Auslosung von mindestens 10 Stück dieser Scheine.

Zwecks Zeichnung derselben wird in allernächster Zeit den verehrl. Mitgliedern eine Missive vorgelegt werden, und wir hoffen im Interesse des Unternehmens auf eine allseitige und rege Beteiligung.

Der Vorstand:

Chr. Fr. Eggers, P. Schulz, R. Franke,
F. Lohmann, Aug. Meyer, W. C. Bründel, Aug. Sellschopp.

Schreiben an die Mitglieder des Obst- und Gemüsebau-Vereins für Rostock und Umgegend zu Rostock e.V.

Ansicht vom Weißen Kreuz aus dem Jahr 1905

Am 1. Oktober 1905 wurden dazu von der Stadt Rostock an die 600 Quadratruten, also etwa 13.000 m² Land, auf 15 Jahre gepachtet. Die Pacht sollte 300 Mark pro Jahr betragen.
Tatsächlich wurden 53 Parzellen angelegt, jede etwa 10 Quadratruten groß, und vom Verein mit 4 Apfel- und 2 Birnenbäumen bepflanzt. Außerdem erhielt

jede Parzelle 6 Stachelbeersträucher, 6 Johannisbeersträucher und 12 Himbeerstauden. Als Pacht wurden 1,20 Mark je Quadratrute pro Jahr festgelegt.
Die gesamte Anlage wurde mit Drahtgeflecht eingezäunt, mit drei Pforten und zwei Toren sowie drei Brunnen versehen. Die Parzellen selbst waren nur mit Eckpfählen abgesteckt. Die Kos-ten für die ganze Anlage wurden auf etwa 3.000 Mark veranschlagt. Der Vorstand gab dazu 150 Anteilscheine zu 20,- Mark aus, die unverzinslich waren und innerhalb von zehn Jahren durch jährliche Auslosung von jeweils 15 Anteilscheinen zurückgezahlt wurden.

Bemerkenswert ist die Aufstellung der einmaligen Ausgaben für den Aufbau der Anlage, die in der „Festschrift zum 25-jährigen Bestehen des ‚Obst- und Gemüsebauvereins für Rostock und Umgegend zu Rostock e.V.' vom 5. Juli 1931" enthalten war.

„Obstbäume und Beerensträucher ca.	*512 Mark*
Drahteinfriedung ca.	*567 Mark*
Dung/Drucksachen p.p.	*86 Mark*
Drainage (Kämmerei)	*254 Mark*
3 Brunnen	*1.000 Mark*
Holzpforten	*290 Mark*
Pfähle	*269 Mark*
Arbeitslöhne	*391 Mark*
3 Bänke	*27 Mark*
	3.396 Mark

Außerdem hat der Geh. Kommerzienrat Wilhelm Scheel für die Anlage	
noch ausgegeben und geschenkt	*675 Mark*
so daß die Gesamtanlage kostet:	*4.071 Mark"*

So entstand die erste Schrebergartenanlage in Rostock. Die weitere Gestaltung erfolgte durch die Gartenpächter mit einer Umfriedung und dem Bau von Gartenhäuschen auf den Parzellen, im Volksmund auch Buden genannt.

Über die Anstrengungen berichtete der Vereinsvorstand in der Festschrift von 1931:

„Aber so einfach war die erste Anlegung keineswegs, es galt manche Schwierigkeiten zu überwinden, im Schweiße seines Angesichts und erhebliche Geldopfer zu bringen. Aber mit Lust und Liebe und im edlen Wettbewerb der Pächter untereinander wurde der erste Angriff durchgeführt und bald bot sich dem Auge ein liebliches Gesamtbild der Anlage."

Der bisherige Vereinsgarten in der Neubrandenburger Straße wurde 1905 nicht aufgegeben, sondern ebenfalls weiter betrieben.

Kleingärtner haben vor Schwierigkeiten nie zurückgeschreckt, hat man es ihnen in den vergangenen hundert Jahren auch nicht leicht gemacht. In den meisten Fällen schufen in den folgenden Jahrzehnten die Kleingärtner in fleißiger und mühevoller Arbeit aus Dreckecken, verunkrauteten und verwahrlosten Flächen, aus Splitterflächen und Müllhalden „blühende Landschaften", wie in der Folge noch zu sehen sein wird.

Der Kleingartenverein „Kommerzienrat Scheel" am Weißen Kreuz besteht noch heute und ist damit nachweislich die älteste Kleingartenanlage Rostocks.
Die drei Brunnen der Anlage konnten auf Dauer die Wasserversorgung der Schrebergärten nicht gewährleisten, darum wurde die Anlage 1912 als erster Verein an das öffentliche Netz des städtischen Wasserwerkes angeschlossen.

Zentralverband Mecklenburgischer Obstbauvereine

Wie bereits festgestellt wurde, war der Obstbau die vorherrschende Anbauart in den Rostocker Vereinen, sicher in starkem Maße vom Güstrower Obstbauwanderlehrer Zierl beeinflusst.
Die Obstbaumzählung von 1900 ergab im gesamten Stadtgebiet einen beträchtlichen Bestand von 5.527 Apfelbäumen, 4.563 Birnenbäumen, 2.084 Pflaumenbäumen und 3.391 Kirschbäumen aller Art.

Obstbaumpflege November 1890: Anlegen von Baumschützern aus Schilfrohr gegen Wildverbiss, Kalken der Stämme und Ausschneiden der Bäume

Im Februar 1896 wandte sich der Vorstand des „Obst- und Gemüsebau-Vereins zu Rostock“ an die Obstbauvereine, alle Gartenbau- und ähnlichen Vereinigungen, besonders auch an die Gärtnervereine beider Mecklenburg, mit dem Vorschlag, sich zu einem Zentralverein zusammenzuschließen. Wörtlich hieß es in diesem Schreiben:
„Die erfreuliche Thatsache, daß im Laufe der letzten Jahre in den beiden Großherzogthümern Mecklenburg das Interesse für den Obstbau sich von Neuem lebhaft zu regen beginnt, und daß sich behufs weiterer Hebung desselben an vielen Orten dementsprechende Vereine gebildet haben, veranlaßt den von Interessenten des Obstbaues begründeten und fast hundert Mitglieder zählenden Obstbauverein zu Rostock, an alle Interessenten und Localvereine mit dem Vorschlag heranzutreten, ähnlich den Mecklenburgischen landwirthschaftlichen Vereinen sich zu einem Centralverein für die Gesamtinteressen des Mecklenburgischen Obstbaues zusammen zu schließen, um mit vereinten Kräften das Ziel zu erreichen, nach welchem bisher jeder Obstbauinteressent und Localverein für sich allein erstrebt hat, ohne jedoch diesem Ziele wesentlich näher gerückt zu sein…“

Am 28. März 1899 fand in Güstrow eine Generalversammlung des 1896 gegründeten „Centralverbandes Mecklenburgischer Obstbauvereine“ statt. Diesem Verband gehörten 18 Vereine an, u. a. auch der „Obst- und Gemüsebau-Verein zu Rostock“, der eigentliche Initiator der Gründung des Zentralverbandes war.

Obst- und Gemüsebau-Verein
zu **Rostock.**
(Mitglied des Centralverbandes Mecklbg.
Obstbauvereine.)

Generalversammlung
am Sonnabend, den 30. Januar 1897,
Nachmittags 3½ Uhr,
in **Lindemann's Restaurant (Societät).**

Tagesordnung:
Jahresbericht
Rechnungsablage und Erhebung der Jahresbeiträge.
Neuwahl für die statutengemäß ausscheidenden Vorstandsmitglieder.
Delegirtenwahl zur Generalversammlung des Centralverbandes Mecklbg. Obstbauvereine.
Bericht über die bisherige Thätigkeit des Centralverbandes.
Vereinsangelegenheiten.

Um zahlreiches Erscheinen bittet
der Vorstand.

Einladung des „Obst- und Gemüsebau-Vereins“ zur Generalversammlung, 1897

Die Rostocker waren dabei sehr aktive Leute und auch dem „Ehrwürdigen Rat der Stadt“ jener Jahre kann man nicht nachsagen, dass er für das Anliegen des Rostocker Obst- und Gemüsebauvereins bzw. des späteren Schrebergartenvereins kein offenes Ohr hatte und ihn nicht öffentlichkeitswirksam unterstützte. Sicher war es für das Ansehen der sich mehr und mehr entwickelnden Stadt Rostock von Vorteil, Ausstellungen, die der Verein veranstaltete, durch entsprechende Beihilfen finanziell zu unterstützen.

Obst- und Gemüseausstellungen

Folgende Obst- und Gemüseausstellungen wurden vom „Obst- und Gemüsebauverein für Rostock und Umgegend e.V. zu Rostock“ durchgeführt:

6. - 8. Oktober 1893	Beihilfe 150,- Mark
5. - 7. Oktober 1894	Beihilfe 150,- Mark
4. - 6. Oktober 1895 (im „Tivoli“[3])	Beihilfe 150,- Mark
2. - 4. Oktober 1896 (im „Tivoli“)	Beihilfe 150,- Mark
5. - 7. Oktober 1900	Beihilfe 150,- Mark
7. - 9. Oktober 1903	Beihilfe 150,- Mark

[3] Das „Tivoli“ in der Alexandrinenstraße (heute Richard-Wagner-Straße)/Ecke Lindenstraße zählte von 1866 bis 1905 zu den ältesten Tanz- und Versammlungslokalen mit Garten in Rostock. 1923 entstand hier das Reichsbankgebäude, das Ende der 90er Jahre durch den Neubau der Landeszentralbank ersetzt wurde.

3. - 5. Oktober 1906 (in der „Tonhalle“[4]) Beihilfe 150,- Mark
7. - 9. Oktober 1913 Beihilfe 300,- Mark

Auskunft über eine dieser Ausstellungen gibt der Bericht des Organisators, des „Obst- und Gemüsebauvereins für Rostock und Umgegend e. V. zu Rostock“ über das Vereinsjahr 1906. Darin heißt es:

Riecks Gesellschaftshaus (Aufnahme von 1907) – ein gern genutzter Versammlungs- und Ausstellungsort in der Stadtmitte.

„Zwei Ereignisse endlich waren in dem verflossenen Jahr für den Verein von ganz besonderer Bedeutung. Die am 3., 4. und 5. Oktober 1906 in den Räumen der ‚Tonhalle‘ hieselbst abgehaltene Obst- und Gemüseausstellung sowie die Fertigstellung und Verpachtung der Pachtgärten.

Eingeteilt war die Ausstellungsordnung in:

I. Frisches Obst, II. Obsterzeugnisse, hergestellt a) gewerbsmäßig, b) im Haushalt. III. Frisches Gemüse. IV. Gemüseerzeugnisse hergestellt a) gewerbsmäßig, b) im Haushalt. V. Geräte und Maschinen. VI. Lehrmittel und Literatur. In Abteilung I. hatten 37, in Abteilung II. 6, in Abteilung III. 20, in Abteilung IV. 2 und endlich in Abteilungen V. und IV. 6 Aussteller ihre Erzeugnisse ausgestellt. [Gemeint ist sicher V. und VI., Anm. d. A.]. *Im ganzen beteiligten sich 56 Aussteller, von denen 38 den Obst- und Gemüsebau als Beruf, 18 denselben als Liebhaber betreiben. 23 Aussteller wohnten in Rostock, 18 in anderen Städten des Landes und 15 auf dem Lande.*

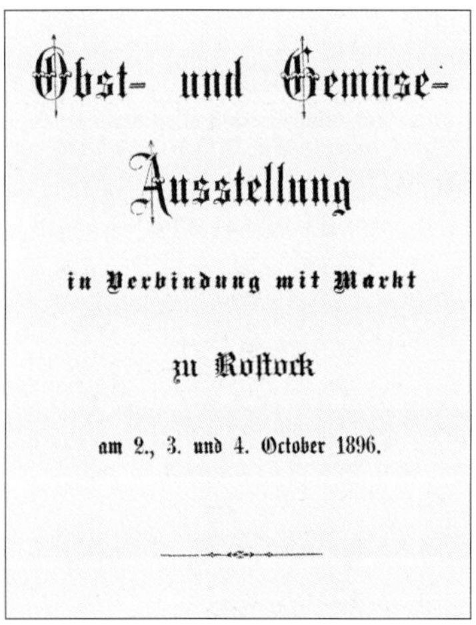
Obst- und Gemüse-Ausstellung
in Verbindung mit Markt
zu Rostock
am 2., 3. und 4. October 1896.

Titelblatt des Programms der „Obst- und Gemüseausstellung zu Rostock“ von 1896

Verteilt wurden:
in Abteilung I, außer 6 Ehrenpreisen, 12 silberne, 14 bronzene Medaillen und 16 Diplome;
in Abteilung II, außer 1 Ehrenpreis, 1 vergoldete, 4 silberne, 11 bronzene Medaillen und 8 Diplome;
in Abteilung III, außer 2 Ehrenpreisen, 6 silberne, 7 bronzene Medaillen und 11 Diplome;
in Abteilung IV, außer 1 Ehrenpreis, 1 vergoldete, 2 silberne Medaillen;
in Abteilung V und VI, 2 silberne, 1 bronzene Medaille und 1 Diplom...

Den Herren Preisrichtern sei auch an dieser Stelle für die liebenswürdige Übernahme und Durchführung ihres Amtes der herzlichste Dank gesagt. Ganz besonders aber fühlt sich der Verein verpflichtet, E. E. Rat und Ehrl. Bürgervertretung, sowie dem Vorstande der Sparkasse seinen gehorsamsten Dank auszusprechen für die bereitwillige Hergabe einer baren Unterstützung von 200 bezw. 300 M zu den Kosten und zur Durchführung der Ausstellung. Den Stiftern der Ehrenpreise: Dem Verband Mecklb. Obstbauvereine, dem Patriotischen Verein Rostocker Distrikts, dem Landwirtschaftlichen Verein Rostock, den Herren Geh. Kommerzienrat Scheel, Hoflieferant Hack-busch und Büreauvorsteher Kasdorf sei auch an dieser Stelle, herzlichst gedankt für das Interesse, welches dieselben den Bestrebungen des Vereins wiederum in so reichem Maße erwiesen haben. Inniger Dank aber gebührt auch allen denjenigen Mitgliedern, welche den Vorstand während der Ausstellungstage bei der Aufstellung und Beaufsichtigung in so liebenswürdiger Weise unterstützt haben, ganz besonders aber dem Herrn Stadtgärtner Schomburg, welcher

„Ehrenvolle Auszeichnung des Obst- und Gemüsebauvereines zu Rostock 1906“ in Bronze

[4] Die „Tonhalle“, ein Tanz- und Konzertsaal in der Brandesstraße, wurde im Zweiten Weltkrieg zerstört.

die Aufstellung und die Ausschmückung wahrhaft großartig arrangiert und durchgeführt, sowie endlich dem Herrn Handelsgärtner Evert Gehlsdorf und dem Herrn Gartenbauingenieur Eichorn, welche beide das Obst aus dem Vereinsgarten in außerordentlich geschmackvoller und ansprechender Weise aufgebaut."

Auch an Landesausstellungen beteiligte sich der Rostocker Obst- und Gemüsebauverein, so vom 5. bis 7. Oktober 1899 in Güstrow, vom 1. bis 3. Oktober 1909 in Rostock an der Ausstellung des Verbandes der Landesgärtner Deutschlands in der Gruppe Rostock-Güstrow-Teterow (dazu leistete die Stadt eine finanzielle Beihilfe von 500,- Mark) und im Oktober 1911 an der Landesausstellung des Obst- und Gemüseanbaus in Güstrow.

Dass auf diesen Ausstellungen auch Rostocker Exponate Preise errangen, ist bei so einem Engagement nur recht und billig.

Blumengeschäft von Paul Vick in der St.-Georg-Straße 3, 1912

Leider gibt es über die Bildung weiterer Kleingartenanlagen zwischen 1900 und 1914 keine gesicherten Nachweise.
Aus Berichten älterer Gartenfreunde geht hervor, dass es die heute noch existierenden Vereine „Pferdewiese", „Dwarsweg" und „Mooskuhle" bereits bald nach der Jahrhunderwende gegeben haben muss.
So entstanden vermutlich der Schrebergartenverein „Pferdewiese" um 1900, der Schrebergartenverein „Dwarsweg" als kirchliche Gartenkolonie um 1907 und der Schrebergartenverein „Mooskuhle" um 1910. Diese Daten sind aber nicht durch Dokumente nachzuweisen.

Über Kleingärten auf Land der Kirchgemeinden St. Marien, St. Nikolai und St. Petri waren vom landeskirchlichen Archiv leider keine Auskünfte zu bekommen. Auch Akteneinsicht war nicht möglich, denn „vom Archiv noch nicht übernommene Akten stehen aber laut unserem Archivgesetz noch nicht für die allgemeine Benutzung zur Verfügung", hieß es im Antwortschreiben auf unser Ersuchen.

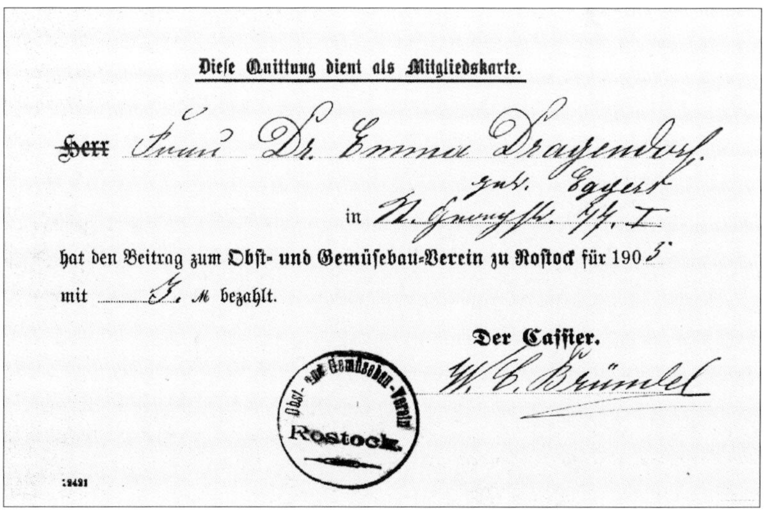

Diese Quittung dient als Mitgliedskarte.

~~Herr~~ Frau Dr. Emma Dragendorf geb. Eggert

in ...

hat den Beitrag zum Obst- und Gemüsebau-Verein zu Rostock für 1905

mit 5. M bezahlt.

Der Cassier.

Rostock

Quittung für Mitgliedsbeiträge 1905 von Frau Dragendorff

Vielleicht gelingt es späteren Geschichtsforschern, aus den Akten über kirchliche Ländereien in Rostock Ende des 19. Jahrhunderts und Anfang des 20. Jahrhunderts weitere Aufschlüsse zu bekommen.
Ebenfalls sind über die Bildung von Schrebergärten auf Privatland keine Aufzeichnungen bekannt.

Kriegsparzellen und neue Kleingartenanlagen

Im Ersten Weltkrieg und in den Jahren danach erlangten die Kleingärten als Ernährungsgrundlage in Deutschland große Bedeutung und überall entstanden neue Kleingärten bzw. Schrebergärten. So auch in Rostock.
Zwar ist der Umfang solcher während des Ersten Weltkrieges entstandenen Kleingärten in Ros-

tock insgesamt noch nicht vollständig geklärt, es spricht aber vieles dafür, dass die 1919 bis 1921 nachgewiesenen Vereinsgründungen (Satzungsniederschriften) in vielen Fällen nur noch die Rechtsform nachholten, weil sie in den letzten Kriegsjahren unterblieben war.

Bekannt ist, dass die Rostocker Bürgerschaft bereits 1908 vorgeschlagen hatte, die zum Fährgeschäft in Gehlsdorf gehörenden Ländereien parzellenweise zu verpachten. Dieser Vorschlag konnte seinerzeit nicht verwirklicht werden, da die genannten Flächen bis zum Michaelistag 1916 an die Gemeinde Gehlsdorf verpachtet waren. Gehlsdorf wurde erst 1936 von der Stadt Rostock eingemeindet.

Eine weitere Schrebergartenkolonie soll vor dem Ersten Weltkrieg in Gehlsdorf errichtet worden sein und sich „An dem Gehlsdorfer Ufer der Warnow“ genannt haben. Einzelheiten dazu sind bisher nicht bekannt geworden.

Im Rostocker Anzeiger vom 9. April 1909 war zu lesen:

„Rostock ist nicht allzu reich an Ausflugsorten. Ein naher und beliebter Ausflug ist der nach dem mehr und mehr empor blühenden Gehlsdorf. Dennoch ist mancher Besucher recht enttäuscht über Gehlsdorf. Kommt man mit der Fähre an (Anlegestelle beim Fährgehöft), so bietet sich zunächst dem Auge zur Rechten nur ein Trümmerhaufen von Schlacken, alten Konservenbüchsen und Abfall jeder Art. In der Niederung, wo sich am meisten Schlamm und Schmutz ansammelt, fehlt ganz der Trottoir (Gehsteig), und man kann nur bei ganz trockenem Wetter trockenen Fußes hindurchkommen. Wie idyllisch wäre es, wenn man statt der Schutthaufen einige ganz einfache gärtnerische Anlagen machte und unter den herrlichen alten großen Bäumen ein paar einfache Bänke zum Ausruhen aufstellte.“

Insgesamt geht aber aus den Akten der Rostocker Kämmerei hervor, dass man sich hier lange Zeit sehr schwer damit getan hat, ob und wie man Schrebergärten anlegen solle.
Am 11. Mai 1911 ersuchte die Bürgervertretung den E. E. Rat, die Kämmerei und die Hospital-Verwaltung anzuweisen,

„von den in städtischer Feldmark zur Verpachtung kommenden Ländereien Parzellen in der Größe von 20–25 Quadratruten zur Verpachtung zu bringen, um auch minderbemittelten Leuten Gelegenheit zu geben, sich für ihren Hausgebrauch die erforderlichen Gartenfrüchte zu bauen; wir denken hierbei auch daran, mit der Zeit in der Umgebung der Stadt sog. Schrebergärten anzulegen, die in vielen anderen Städten den größten Beifall gefunden haben und von segensreicher Wirkung sind. Auch die Armenordnung könnte für den in ihrem Besitz befindlichen Acker in gleicher Weise vorgehen, manche Arme, welche zur Zeit ganz von der Armenordnung erhalten werden müssen, werden es vorziehen, durch Bestellung des ihnen überlassenen Ackers für ihren Unterhalt mitzuarbeiten.“

Worauf die Kämmerei dem Ehrwürdigen Rat am 3. Juni 1911 mitteilte, dass sie bereits einen Teil der städtischen Äcker auf der Stadtfeldmark und ihrer nächsten Umgebung in kleineren Stücken zur Verpachtung gebracht hätte und künftig darauf bedacht sein würde, dass Ackerflächen von 20 bis 25 Quadratruten dem Bedarf entsprechend in noch größerer Anzahl zum Pachtangebot kommen werden.
In der Folgezeit bemühte man sich, beim Magistrat der Haupt- und Residenzstadt Schwerin, in Lübeck und in Kiel in Erfahrung zu bringen, wie man dort Schrebergärten anlegt, was es kostet und was es einbringt. Dazu wurde auch auf Anraten der Zentralverband Deutscher Arbeiter- und Schrebergärten Berlin angeschrieben. Interessant ist, dass 1911 die Stadt Schwerin bereits „Bedingungen zur öffentlichen meistbietenden Verpachtung von Cämmerei Gärten“ besaß, die sie bereitwillig der Rostocker Kämmerei zur Verfügung stellte.

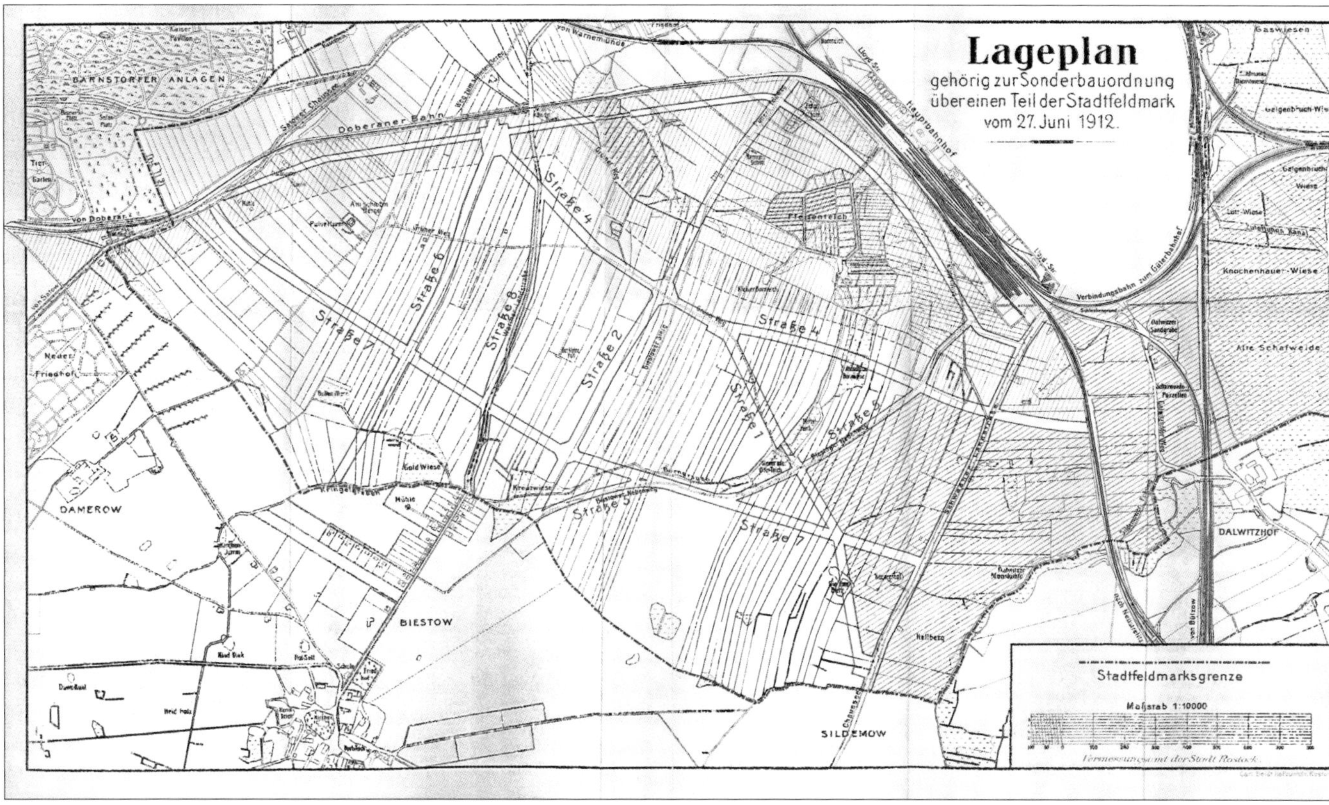

Plan mit einem Teil der Stadtfeldmark von 1912

In einem Schreiben vom 4. Juli 1911 an den Magistrat zu Schwerin heißt es:

„Wie hier bekannt geworden, sollen in Schwerin zur Förderung des Obstbaues und zur Verschönerung des landschaftlichen Bildes, besonders neben den besuchtesten Spaziergängen in der Umgegend der Stadt, städtische Flächen in der Weise zur Verpachtung gelangt sein, daß die Ackerstücke umgrenzenden Hecken und eine bestimmte Anzahl Obstbäume verwaltungsseitig gepflanzt und inventarmäßig behandelt werden, im übrigen aber die gärtnerische und landwirtschaftliche Ausnutzung der Ackerstücke den Pächtern überlassen bleibt. Zwecks Erwägung gleicher Maßnahmen für Rostock ersuchen wir ergebenst, uns näheres über die dortige Handhabung der Angelegenheit insbes. auch über die damit verbundenen Kosten und über die Art der Verpachtungsbedingungen mitteilen und uns weiter aufgeben zu wollen, in welchen anderen Städten, nach dortseitiger Kenntnis ähnliche Maßnahmen getroffen sind."

Der Zentralverband Deutscher Arbeiter- und Schrebergärten übergab im Oktober 1911 die Satzung des Verbandes für Klein- und Familiengärten an die Rostocker Kämmerei und verwies auf entsprechende Einrichtungen in Lübeck.
In den Jahren 1912 bis 1914 bemühte man sich durch Besuche und Inaugenscheinnahme von Schrebergärten in Lübeck und Kiel um weitere Erkenntnisse.

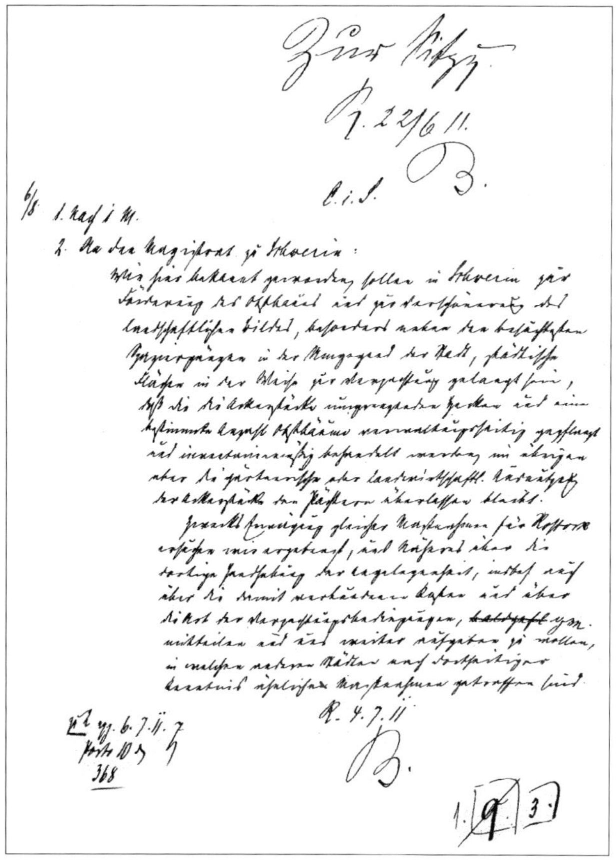

Aus dem Schreiben an den Schweriner Magistrat vom 4.7.1911

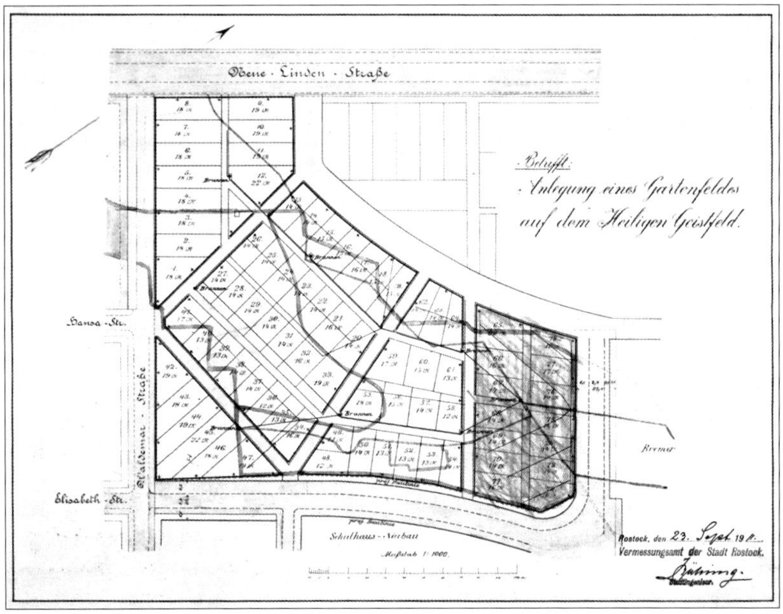

Plan von Stadtingenieur Bühring „Betrifft: Anlegung eines Gartenfeldes auf dem Heiligen Geistfeld", 23.9.1911

Inzwischen war der Erste Weltkrieg ausgebrochen. Der Deutsche Verein für Wohnungsreform e. V. Frankfurt a. M. wandte sich am 9. Oktober 1914 an die Verwaltung der Stadt Rostock mit der Bitte, „als wichtiges Mittel der Kriegsfürsorge auch die schleunige Ausbreitung des Kleingartenwesens nach Möglichkeit zu fördern."
Weiter hieß es in diesem Appell:

„Jetzt, im Augenblick der Kriegsnot, kommt es vor allem auf die schnelle Schaffung möglichst zahlreicher Kleingärten an und diese darf keinesfalls an zu hoch gespannten Forderungen scheitern. Deshalb wird man sich im Augenblick vielfach auch mit der Schaffung primitiverer Kleingartenanlagen begnügen können."

Das Vermessungsamt der Stadt Rostock unterbreitete zwischen 1911 und 1916 mehrere Vorschläge zur Anlage von Gärten, so u. a. auf dem Heiligen Geistfeld, dem Kayenmühlengelände westlich der Eisenbahnlinie Rostock-Warnemünde und dem südlich des Hauptbahnhofes gelegenen Teil der Stadtfeldmark.
Bereits am 23. September 1911 hatte Stadtingenieur J. Bühring der Kämmerei die Anlage von 78 Gartenparzellen auf dem Heiligen Geistfeld vorgeschlagen. Dieser Vorschlag wurde aber wegen der Anlage einer Spielwiese später verworfen.

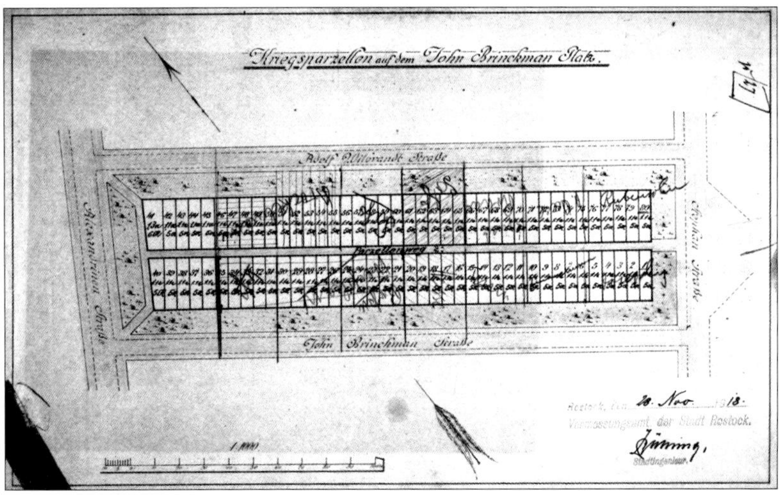

Kriegsparzellen auf dem John-Brinckman-Platz, zwischen Alexandrinenstraße, Stephanstraße, Adolf-Wilbrandt-Straße und John-Brinckman-Straße gelegen

1915 folgten weitere Vorschläge, die besonders umfangreich die Anlage von Gärten auf der Stadtfeldmark hinter dem Hauptbahnhof behandeln. Es sollte allerdings noch bis Kriegsende dauern, ehe auf diesem Gelände die Schrebergartenvereine Kesselborn, Pütterweg u. a. entstehen konnten.
Dagegen waren schon 1915 Kriegsparzellen auf dem John-Brinckman-Platz in der Steintorvorstadt angelegt worden, die unentgeltlich an Kriegerfamilien abgegeben wurden.
Ebenso geschah es mit den sogenannten Damerower Parzellen zwischen Satower Chaussee und Parkstraße. Beide Anlagen waren nicht für eine dauerhafte Nut-

Ansichtskarte mit Blick auf die Gartenanlage am John-Brinckman-Platz, 1915

zung vorgesehen. Allerdings wurden diese Kriegsparzellen von 1919 bis 1922 immer auf ein Jahr öffentlich meistbietend weiterverpachtet.
Die Nachfrage nach Gärten konnte bei weitem nicht befriedigt werden. 1917 wurde vom „Obst- und Gemüsebauverein für Rostock und Umgegend“ deswegen ein weiteres Ackerstück von 280 Quadratruten von der Rostocker Kämmerei gepachtet. Es lag nördlich neben dem Vereinsgarten. Zu den alten Parzellen kamen 25 Gärten mit je 10 Quadratruten hinzu.

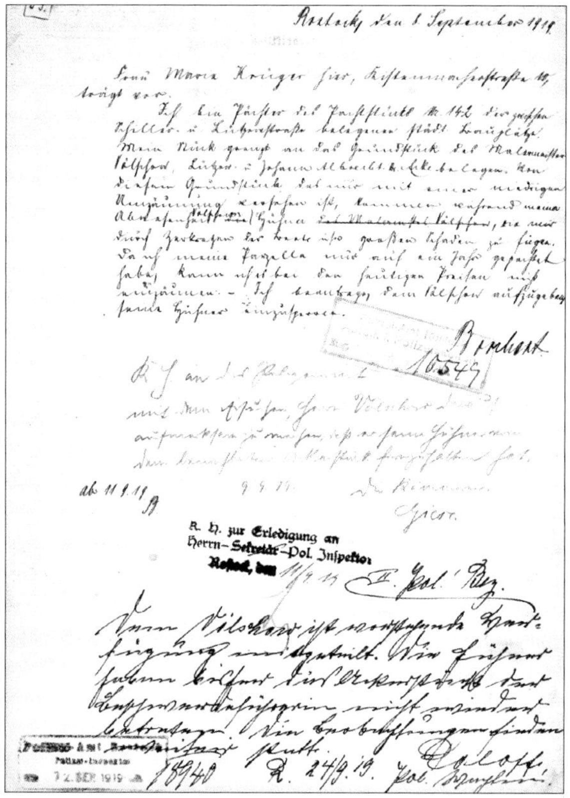

Beschwerde von Frau Maria Krüger, 1919

Dass es auch Reibereien zwischen den Pächtern gab, beweist die Beschwerde von Frau Maria Krüger aus der Kistenmacherstraße 10 vom 8. September 1919 über die Hühner des Gartennachbarn, die ihrem Garten „durch Zerkratzen der Beete usw. großen Schaden zu fügen“.

Nach vielem Hin und Her zwischen dem Großherzoglichen Amt Toitenwinkel und der Kämmerei Rostock kam es 1915 zu einer Einigung bezüglich der entsprechenden Ablösesummen für die Gehlsdorfer Fährhufe. Ein handschriftlicher Vermerk der Kämmerei Rostock lautet: „Mit dem Projekt ‚Schrebergärten Gehlsdorf‘ nach Eingang erhalten, 5.10.1915“.
Vermutlich bedeutet das, über ein solches Projekt wurde verhandelt. Ein Ergebnis ist aber nicht bekannt geworden.

Eine Gemeindeversammlung in Gehlsdorf vom 27. Oktober 1916 beschäftigte sich im Tagesordnungspunkt 4 mit

„a) Verpachtung von Ackerparzellen der Hufe für kommende Frühjahrsbestellung
b) Antrag auf Überlassung von Heimstättenparzellen an Kriegsbeschädigte evtl. käuflich“.

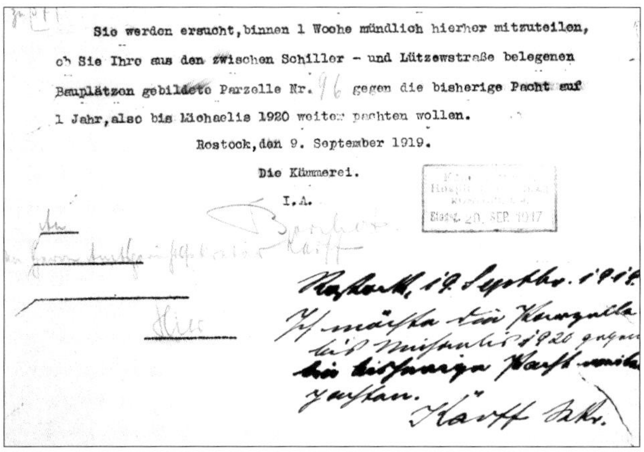

Sie werden ersucht, binnen 1 Woche mündlich hierher mitzuteilen, ob Sie Ihre aus den zwischen Schiller - und Lützowstraße belegenen Bauplätzen gebildete Parzelle Nr. 96 gegen die bisherige Pacht auf 1 Jahr, also bis Michaelis 1920 weiter pachten wollen.

Rostock, den 9. September 1919.

Die Kämmerei.

I.A.

Schreiben zur Pachtverlängerung, 1919

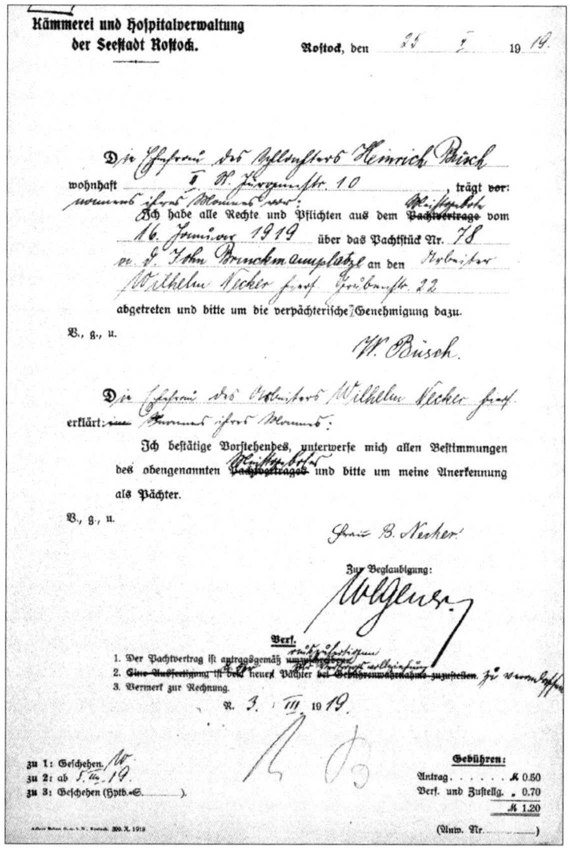

Kämmerei und Hospitalverwaltung der Seestadt Rostock.

Rostock, den 25 7 1919.

Die Ehefrau des Schlossers Heinrich Busch

wohnhaft ... 10, trägt vor:

Ich habe alle Rechte und Pflichten aus dem ~~Pachtvertrage~~ vom 16. Januar 1919 über das Pachtstück Nr. 78 ... an den Arbeiter Wilhelm Necker ... 22 abgetreten und bitte um die verpächterische Genehmigung dazu.

V., g., u.

W. Busch.

Die Ehefrau des Arbeiters Wilhelm Necker ...

erklärt:

Ich bestätige Vorstehendes, unterwerfe mich allen Bestimmungen des obengenannten ~~Pachtvertrages~~ und bitte um meine Anerkennung als Pächter.

V., g., u.

Frau B. Necker

Zur Beglaubigung:

Verf.

1. Der Pachtvertrag ist antragsgemäß ~~umzuschreiben~~.
2. ~~Eine Ausfertigung ist dem~~ neuen Pächter ~~bei Gebührenwahrnahme zuzustellen~~.
3. Vermerk zur Rechnung.

R. 3. VIII 1919.

zu 1: Geschehen.
zu 2: ab 5. 8. 19.
zu 3: Geschehen (Hptb.-S. ...).

Gebühren:
Antrag ...... ℳ 0.50
Verf. und Zustellg. „ 0.70
ℳ 1.20

(Anw. Nr. ...)

Pächterwechsel, 1919

Am 21. September 1916 gab die Rostocker Zeitung bekannt, dass die neu eingeteilten Ackerländereien der Gehlsdorfer Fährhufe – zusammen 204 Parzellen – ab Michaeli des Jahres auf 15 Jahre öffentlich meistbietend verpachtet werden sollten. Verpächter war die Kämmerei zu Rostock.

Obwohl in diesen schweren Kriegsjahren vielen Menschen ein Garten über die Not helfen würde, bringen die sich wiederholenden Anzeigen der Parzellenversteigerung in der Presse bis in den November zum Ausdruck, dass

Zwischen

der Kämmerei zu Rostock als Verpächterin

und dem Maurer Wilhelm Kobrow zu Rostock

als Pächter ist nachstehender Verpacht- und Pacht-Vertrag geschlossen.

§ 1.

Die vorgenannte Verpächterin verpachtet das auf der **Gehlsdorfer Fährhufe** belegene Pachtstück Nr. 86 von 310 qm an den obengenannten Pächter zur wirtschaftlichen Nutzung auf 15 nach einander folgende Jahre von Michaelis 1916 bis dahin 1931. Als erstes volles Pachtjahr gilt die Zeit von Vollziehung dieses Vertrages bis Michaelis 1917.

Von der Verpachtung ausgeschlossen bleiben die Jagd, die Feldsteine und die Mitbenutzung der das Pachtstück berührenden Wege.

Dieser Vertrag ist doppelt ausgefertigt.

Pacht ist mit Einverständnis Pächters ab Michaelis 1921 ℳ 21,50 erhöht. stock, den 12. April 1922. Die Kämmerei.

Rostock, den 28. November 1916.

Die Kämmerei.
Rostock, 28. NOV 1916

Der Pächter:

Sekretär.

Der Pächter:

Wilhelm Kobrow

Kosten:

Vertragsgebühr . . . . ℳ 4,80

Abschriftsgebühr . . . . „ 1,60

„Verpacht- und Pacht-Vertrag zwischen der Kämmerei zu Rostock und W. Kobrow“, 1916 (Auszüge)

es nicht gelungen war, alle Parzellen der Fährhufe zu besetzen. Ursache waren sicher die zu hohen Pachtgebotspreise, die nicht von der werktätigen, vor allem der bedürftigen armen Bevölkerung getragen werden konnten.

Erst 1920 erschien als handschriftliche Anmerkung in den Akten der Kämmerei dazu: „Jetzt ist der ganze Fähracker in kleine Schrebergärten aufgeteilt.“

Einer der ersten Gartenpächter war der Maurer Wilhelm Kobrow aus Rostock, der am 28. November 1916 die Parzelle 86 mit 310 m² auf der Gehlsdorfer Fährhufe pachtete.

Das Jahr 1916 ist also als Entstehungsjahr der späteren Schreber- bzw. Kleingartenanlage „Fährhufe“ anzusehen.

Verpächter der 204 Parzellen war 1916 zwar die Kämmerei der Seestadt Rostock, Eigentümer aber immer noch das Großherzogtum Mecklenburg-Schwerin. Erst 1928 erfolgte der Erwerb durch die Stadt Rostock.

Die Pacht betrug 1916 19,50 Mark, das waren etwa 6,3 Pfennig pro m², ab 1921 betrug sie 21,50 Mark.

Sicher entsprach das schon der mit dem 4. April 1916 vom Stellvertreter des Reichskanzlers Delbrück erlassenen Verordnung „Über die Festsetzung von Pachtpreisen für Kleingärten“ (Reichs-Gesetzblatt 1916, S. 234), denn Wucherer versuchten überall in Deutschland die Pachtpreise zu unterlaufen.

Bekanntmachung

über die Festsetzung von Pachtpreisen für Kleingärten. Vom 4. April 1916.

(Reichs-Gesetzbl. 1916, S. 234.)

Der Bundesrat hat auf Grund des § 3 des Gesetzes über die Ermächtigung des Bundesrats zu wirtschaftlichen Maßnahmen usw. vom 4. August 1914 (Reichs-Gesetzbl. S. 327) folgende Verordnung erlassen:

§ 1.

Zum Zwecke gärtnerischer Nutzung dürfen Grundstücke in Gemeinden von mehr als 10 000 Einwohnern nicht zu höheren als den von der unteren Verwaltungsbehörde festgesetzten Preisen verpachtet werden.

Die Festsetzung erfolgt nach Anhörung von landwirtschaftlichen oder gärtnerischen Sachverständigen unter Berücksichtigung der Pachtpreise, die in den Jahren 1911, 1912 und 1913 für gleiche oder ähnliche Grundstücke derselben Gegend durchschnittlich gezahlt worden sind.

Bekanntmachung über die Festsetzung von Pachtpreisen für Kleingärten, 4. April 1916

Aber die Pächter begannen sich zu organisieren und schlossen sich zunächst im Verein „Gehlsdorfer Gartenpächter zu Rostock e. V.“ zusammen, der sich in den späten 20er Jahren den Namen „Fährhufe“ gab.

Die Pachtverträge der Rostocker Kämmerei regelten aber nicht nur die Pachtpreise und die Pachtdauer. Sie enthielten bereits eine Gartenordnung und Regelungen für die Baulichkeiten in den Gärten.

So hieß es damals unter anderem in den Rostocker Pachtverträgen:

„Pächter ist verpflichtet, innerhalb der ersten zwei Pachtjahre auf seine Kosten:

1. *das Pachtstück mit Obstbäumen zu bepflanzen und zwar auf je 100 Quadratmeter Fläche einen Obst-Hoch- oder Halbstammbaum oder an dessen Stelle zwei Obst-Pyramiden- bzw. Buschbäume, und ferner auf je volle 100 qm Fläche etwa vier Stück Beerensträucher, und zwar Johannisbeeren, zu verpflanzen. Die Pflanzweite muß bei Hoch- oder Halbstämmen mindestens 8 Meter, bei Pyramiden- bzw. Buschbäumen mindestens 4 Meter und der Abstand von der Grenze mindestens 3 Meter betragen.*
2. *die Grenzen des Pachtstückes gegen die öffentlichen und Parzellenwege ordnungsgemäß mit lebenden Hecken oder mit Draht oder mit Holzstaketen einzufrieden, und zwar auf dem Gelände des Pachtstückes selbst, also ohne Inanspruchnahme des Wegelandes: diese Einfriedigung darf eine Höhe von 1 Meter nicht übersteigen und, falls Stacheldraht dazu verwendet wird, ist dieser an der Innenseite der Pfähle anzubringen.*
3. *diese Einrichtungen – unter 1 und 2 –, welche mit ihrer Herstellung ohne weiteres in das Eigentum der Verpächterin übergehen, dauernd ordnungsgemäß zu erhalten und bei Beendigung der Pachtzeit ohne Anspruch auf Vergütung auf dem Pachtstücke zurückzulassen.*

Verpächterin ist berechtigt, die Einfriedigung des Pachtstückes auch gegenüber den Nachbargrundstücken vom Pächter zu fordern, welcher sich allen Bestimmungen der Verpächterin über die Art dieser

Einfriedigung und auch der wegeseitigen Einfriedigung, sowie über das bezügliche Verhältnis zu dem Pächter der Nachbargrundstücke unterwirft. Bretterzäune dürfen unter keinen Umständen errichtet werden."

Mit dem Pachtvertrag wurde auch eine Art „Laubenordnung" vorgegeben, die zeigt, wie sehr die Stadt um eine gewisse Ordnung bemüht war.

„Zur Errichtung von kleinen Gartenhäusern, Lauben, Geräteschuppen u. dgl. ist sowohl die Genehmigung der Baupolizei – durch schriftliche Anzeige an das Amt Toitenwinkel – als auch die Erlaubnis der Verpächterin einzuholen. Von letzterem kann abgesehen werden, wenn die Bauten wie folgt auf- und ausgeführt werden: Die bebaute Grundfläche darf nicht mehr als 10 qm betragen. Die Gebäude können in Fachwerksbau, massiv ausgefacht oder verbrettert werden (Stülpschalung oder Verbretterung mit Deckleisten), oder auch massiv errichtet werden. Im letzteren Falle sind frostfreie Fundamente anzulegen. Das Dach ist als Satteldach mit Windfedern an den Giebeln auszuführen, auch die Zeltdachform ist zulässig. Die Fenster sind als Sprossenfenster und zwar bei Verbretterung mit äußerer Bekleidung auszubilden. Die Fenster sind weiß, die Bekleidung ist dunkelgrün zu streichen. Etwaige Verbretterungen sind entweder mit dunkelgrüner Farbe oder mit Karbolieum bezw. Ravenar zu streichen. Feuerstellen sind nicht zulässig. Aborte sind nicht an die Gebäude anzubauen, sondern in diese einzubauen.
Über alle Projekte, die gegen die vorgenannten Bestimmungen eine Veränderung aufweisen, insbesondere auch über solche, in denen Feuerstellen errichtet werden sollen, ist die vorherige schriftliche Genehmigung der Kämmerei unter gleichzeitiger Einreichung einer Zeichnung (enthaltend Grundriß, Schnitt, Aufriß sowie Lageplan) einzuholen."

In Rostock durfte nach diesen Verträgen in den Kleingärten auch 1916 noch kein Kleinvieh, auch kein Federvieh, gehalten werden, obwohl andere Kommunen solche Bestimmungen durch die Notlage bereits aufgehoben hatten.
Insgesamt waren die Bestimmungen dieser Rostocker Pachtverträge doch sehr rigoros und nicht „kleingärtnerfreundlich".
Die sich um 1919/1920 bildenden Kleingartenvereine lehnten sich dagegen auf, dass der Kleingärtner nur Pflichten hatte, die Verpächterin, also die Rostocker Kämmerei, keinerlei Gegenleistungen erbringen musste.

So beschwerte sich Herr Arthur Hellwig, Pächter und Mitglied des Obst- und Gemüsebau-Vereins, am 12. September 1920 im Auftrag der Pächter bei den „Cramonstannen". Im Rostocker Anzeiger vom 17. September 1920 wurde unter der Überschrift „Organisation der Kleingartenpächter" diese Beschwerde veröffentlicht, in der es u.a. hieß:

„Die Kämmerei hat mit ihren sämtlichen Schrebergartenpächtern einen Vertrag abgeschlossen, der (namentlichen in § 7) jedem gesunden Rechtsempfinden widerspricht und auch ev. juristisch sehr anfechtbar sein dürfte. In diesem Vertrage ist nur dauernd von Pflichten des Pächters die Rede, denen so gut wie keine Gegenleistungen der Verpächterin gegenüberstehen. Nach § 7 z. B. muß der Pächter Bäume und Sträucher pflanzen, Einzäunung herstellen usw.. Diese Gegenstände gehen ohne weiteres in das Eigentum (!?) der Kämmerei über und müssen nach beendigter Pachtzeit ohne Anspruch auf Vergütung auf dem Pachtstück zurückgelassen werden. Ebenso stehen dem Pächter für etwaige Verbesserungen und Einrichtungen (Gartenhaus, Brunnen?) keine Ansprüche auf Vergütung und auch kein Recht auf Wiederwegnahme dieser Einrichtungen zu! – Die rechtliche Lage wäre hiernach nun also folgende: Die Kämmerei verpachtet zum Höchstgebot ein einfaches unbebautes Ackerstück, das der Pächter vertragsgemäß mit allen möglichen Verbesserungen auf seine Kosten versehen muß. Nach 15 Jahren, wo manche Obstbäume erst richtig ertragreich werden und auch die anderen Einrichtungen und Verbesserungen am Grundstück dieses erst richtig vollwertig gemacht haben, kann sie nun laut Vertrag von ihrem Recht Gebrauch machen, das Grundstück nebst allen Einrichtungen ohne Entschädigung zurückzufordern und es in einer öffentlichen Versteigerung meistbietend zu verpachten. Selbstverständlich würde sie hierbei einen bedeutend höheren Preis erzielen, als für das kahle Ackerstück, welches sie dem Pächter vor 15 Jahren übergab. Der alte Pächter müßte nun also, um das Stück

zu behalten, der Kämmerei den Pachtwert seiner eigenen, von ihm selbst hergestellten Einrichtungen und Anpflanzungen über den gewöhnlichen Pachtwert hinaus bezahlen, oder die Verpächterin erzielt ein Mehr an Pacht aus Einrichtungen, die sie entschädigungslos enteignete. Wir können uns nicht denken, daß deutsche Reichsgesetze derartige Umkehrungen des gesunden Rechtsempfindens zulassen …"

In diesem Artikel werden zudem alle übrigen Kämmereipächter aufgerufen, sich zu einem größeren Zweckverband zu organisieren, damit letztendlich „den kleinen Pächtern die Früchte ihrer mühevollen Tätigkeit auch wirklich für die Zukunft sichergestellt werden".

Das erste Kleingartengesetz Deutschlands

Die Bedeutung des Kleingartenwesens war in Deutschland bis zum Ende des Ersten Weltkrieges so gestiegen, dass es notwendig wurde, die Kleingärten auch rechtlich zu sichern.

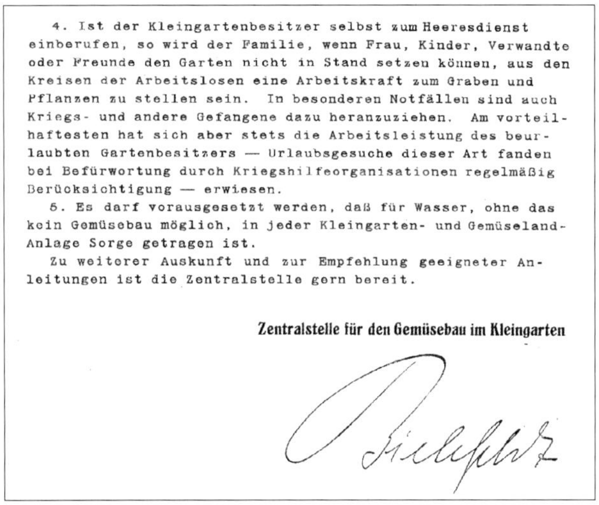

4. Ist der Kleingartenbesitzer selbst zum Heeresdienst einberufen, so wird der Familie, wenn Frau, Kinder, Verwandte oder Freunde den Garten nicht in Stand setzen können, aus den Kreisen der Arbeitslosen eine Arbeitskraft zum Graben und Pflanzen zu stellen sein. In besonderen Notfällen sind auch Kriegs- und andere Gefangene dazu heranzuziehen. Am vorteilhaftesten hat sich aber stets die Arbeitsleistung des beurlaubten Gartenbesitzers — Urlaubsgesuche dieser Art fanden bei Befürwortung durch Kriegshilfeorganisationen regelmäßig Berücksichtigung — erwiesen.

5. Es darf vorausgesetzt werden, daß für Wasser, ohne das kein Gemüsebau möglich, in jeder Kleingarten- und Gemüseland-Anlage Sorge getragen ist.

Zu weiterer Auskunft und zur Empfehlung geeigneter Anleitungen ist die Zentralstelle gern bereit.

Zentralstelle für den Gemüsebau im Kleingarten

Bielefeldt

Aus Empfehlungen der „Zentralstelle für den Gemüsebau im Kleingarten" von 1916 an die Verwaltungen der deutschen Städte und größeren Gemeinden zum „wirtschaftlichen Durchhalten der minderbemittelten Bevölkerung"

Vor dem Ersten Weltkrieg gab es keine zentralen staatlichen Regelungen zum Kleingartenwesen, auch keine zur Verpachtung von Land für die kleingärtnerische Nutzung. Mit dem Beginn des Krieges 1914 war der Bundesrat per Gesetz ermächtigt worden, für die Dauer des Krieges alle erforderlichen Maßnahmen zur Abwehr wirtschaftlicher Schäden anzuordnen. Es gab deswegen in der Zeit nach Kriegsbeginn bis 1918 verschiedene Verordnungen zur Förderung und zum Schutz des Kleingartenwesens, u. a. die bereits genannte „Verordnung über die Festsetzung von Pachtpreisen für Kleingärten" von 1916.

Nicht unerwähnt bleiben soll auch der Reichskanzlererlass vom 2. März 1916 über die „Ausnahmsweise Herstellung von Kunstdünger" als wichtige Unterstützung der Kleingärtner.

Im Februar 1916 war es zur Gründung der „Zentralstelle für den Gemüsebau im Kleingarten" durch die Reichsregierung gekommen. Der bereits erwähnte Geheimrat Bielefeldt, Generalsekretär des 1909 gegründeten Zentralverbandes deutscher Arbeiter- und Schrebergärten, wurde ihr ehrenamtlicher Vorsitzender. Von 1921 bis 1923 war Bielefeldt außerdem Präsident des „Reichsverbandes der Kleingartenvereine Deutschlands e.V."

Unter seiner Leitung erarbeitete die Zentralstelle wichtige Vorschläge für die Kleingarten- und Kleinpachtlandordnung vom 31. Juli 1919, die von der Deutschen Nationalversammlung am 19. Juli 1919 verabschiedet worden war.

Damit gab es in Deutschland das erste Kleingartengesetz, eigentlich entstanden in und aus den Nöten der Kriegszeit.

Auch für die Rostocker Kleingärtner begann nun eine neue Zeit der Organisiertheit und der rechtlichen Sicherheit.

Hauptpunkte dieses Gesetzes, künftig allgemein „Kleingartenordnung" (KGO) genannt, waren u. a.:

1. Die Bedingungen für die Festsetzung der Pachtpreise zum Zwecke nichtgewerbsmäßiger gärtnerischer Nutzung
2. Die Beschränkung der Kündbarkeit der Pachtverträge auf wichtige Gründe
3. Die Bereitstellung von Grundstücken zum Zwecke der kleingärtnerischen Nutzung sowie die Art und Weise ihrer Verpachtung.

Die Kleingarten-
und Kleinpachtlandordnung.

Erläutert
von
Dr. Georg Kaisenberg,
Bayer. Bezirksamtmann.
Referent im Reichsministerium des Innern.

Berlin, 1920.
Verlag von Franz Vahlen.
W 9, Linkstraße 16.

Deckblatt der Erläuterungen zur „Kleingarten- und Kleinpachtlandordnung", 1920

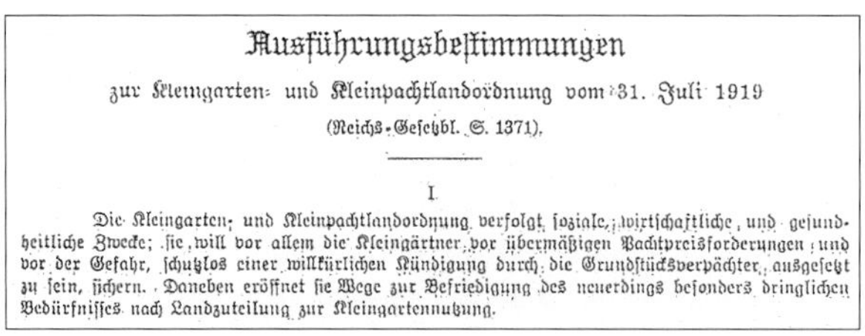

Ausführungsbestimmungen

zur Kleingarten- und Kleinpachtlandordnung vom 31. Juli 1919
(Reichs-Gesetzbl. S. 1371).

I.

Die Kleingarten- und Kleinpachtlandordnung verfolgt soziale, wirtschaftliche und gesundheitliche Zwecke; sie will vor allem die Kleingärtner vor übermäßigen Pachtpreisforderungen und vor der Gefahr, schutzlos einer willkürlichen Kündigung durch die Grundstücksverpächter ausgesetzt zu sein, sichern. Daneben eröffnet sie Wege zur Befriedigung des neuerdings besonders dringlichen Bedürfnisses nach Landzuteilung zur Kleingartennutzung.

Zur Kleingarten- und Kleinpachtlandordnung gab es Ausführungsbestimmungen. Diese wurden mit Wirkung vom 2. Oktober 1919 erlassen und sahen u. a. bereits die Errichtung von Kleingartenämtern vor.

In Mecklenburg erfolgte eine vollständige Umsetzung dieser Durchführungsbestimmungen allerdings erst 10 Jahre später.

Kapitel 2

Das Rostocker Kleingartenwesen nach dem Ersten Weltkrieg (1919 bis 1932)

„Der Reichsverband der Kleingartenvereine Deutschlands erstrebt unter Fernhaltung parteipolitischer und konfessioneller Bestrebungen den Zusammenschluß aller Kleingärtner des Deutschen Reiches zum Zwecke gemeinsamen Wirkens im Sinne der Grundsatzforderungen der deutschen Kleingartenbewegung."

Aus der Satzung des Reichsverbandes von 1927

Ansichtskarte vom Rostocker Schweizerhaus um 1918 – eines der gern besuchten Ausflugslokale der Stadt und zugleich Versammlungsstätte Rostocker Kleingärtner.

Gründung des Reichsverbandes der Kleingartenvereine Deutschlands

Mit der am 31. Juli 1919 zum Reichsgesetz erklärten „Kleingarten- und Kleinpachtlandordnung“ war ein erster Schritt zur Verwirklichung der Forderung vieler Kleingärtner getan. Doch entscheidende Bedeutung erhielt das Gesetz erst mit der Erarbeitung der dazu erforderlichen Durchführungsbestimmungen. Das geschah in den deutschen Bundesländern in Abstimmung mit der jeweiligen Landesregierung. Lediglich in Mecklenburg verzögerte sich der Erlass erheblich, so dass auch 1932 noch immer um Inhalte gestritten wurde.

Als zahlenmäßig stärkste Vereinigung von Kleingärtnern hatten sich um 1920 in Deutschland der „Zentralverband der deutschen Arbeiter- und Schrebergärtner“ und der „Verband der Laubenkolonisten von Berlin und Umgebung“ herausgebildet.
Ihre Versuche, auf dem 1. Reichskleingärtnertag Pfingsten 1921 in Berlin einen Dachverband zu gründen, scheiterten.

1. Reichskleingärtnertag in Berlin-Neukölln, Pfingsten 1921

Doch auf dem 2. Reichskleingärtnertag am 14. August 1921 in Bremen einigten sich beide Verbände. Neben einer Satzung wurden auch die Grundsatzforderungen beschlossen, um den „Reichsverband der Kleingartenvereine Deutschlands“ (RVKD) zu gründen. Der Sitz war Berlin, Erster Vorsitzender war bis 1923 Geheimrat Alwin Bielefeldt aus Lübeck.

Das Gewerbehaus in Bremen (1891) – Tagungsstätte des 2. Reichskleingärtnertages im August 1921

Geheimrat Alwin Bielefeldt

Der neu gegründete RVKD definierte von Beginn an in seinem Programm die städtebauliche Bedeutung des Kleingartenwesens und forderte, „allen hausgartenlosen Familien einen Kleingarten zu geben und die Eingliederung der Kleingartengebiete in das Stadtbild durch Aufnahme in den Bebauungsplänen festzuschreiben“.

Im Vorstand des RVKD waren:

2. Vorsitzender und Geschäftsführer	– Herr Steinweg, Berlin
Schriftführer	– Herr Köhnke, Berlin
Schatzmeister	– Herr Schirrmeister, Berlin
Beisitzer	– Herr Kamrowski, Berlin

Bereits auf dem 3. Reichskleingärtnertag 1923 in Erfurt wurde Heinrich Förster aus Frankfurt/Main zum neuen Vorsitzenden (1923 - 1933) gewählt.

Die nun folgende Festigung und Weiterentwicklung des RVKD war sicher auf den Zulauf immer neuer Mitglieder zurückzuführen. Auch die verstärkten Aktivitäten des Verbandes in der Öffentlichkeitsarbeit wirkten sich aus. Hinzu kam das Bemühen um Fachberatung, um Erhaltung und Erweiterung der Kleingartenanlagen, um Einrichtung von Dauerkolonien sowie um den Schutz vor ungerechtfertigten Kündigungen. Rechtsberatung und Rechtsschutz waren ebenso wirksam wie die Pflege des Vereinslebens und kulturelle Veranstaltungen. Über den Verband wurden die Mitglieder mit Geräten, Saat- und Pflanzgut und Pflanzenschutzmitteln versorgt. Die Zusammenarbeit mit in- und ausländischen Verbänden und Organisationen setzte ein.
So war es möglich, dass sich die Mitgliederzahl des RVKD von 250.000 im Jahre 1921 auf 400.000 im Jahre 1925 vergrößerte und Ende 1930 etwa eine halbe Million erreichte.
Aussagefähig ist die soziale Zusammensetzung der Mitglieder im RVKD.
Aus dem Jahr 1925 ist bekannt, dass dem RVKD angehörten:

etwa 160.500 Arbeiter
49.500 Beamte — 32.000 Angestellte
25.700 Selbständige — 13.300 Klein- und Sozialrentner
12.000 allein stehende Frauen sowie — 10.000 Kriegsgeschädigte.

Die Entwicklung des RVKD im Zeitraum 1921 bis 1933 ist aus folgender statistischer Übersicht anhand der Reichskleingärtnertage (hier als RKT bezeichnet) ersichtlich:

1. RKT Berlin Pfingsten 1921	Angestrebte Vereinigung zu einem Zentralverband scheiterte.
2. RKT Bremen 14.8.1921	368.698 Mitglieder forderten die Gründung des Reichsverbandes der Kleingartenvereine Deutschlands der aus dem Zentralverband deutscher Arbeiter- und Schrebergärten, dem Zentralverband deutscher Kleingärtnervereine und den nicht zentral organisierten Vereinigungen in Deutschland entstand. Vorsitzender wurde Alwin Bielefeldt. Es wurden Leitsätze für die Verpachtung und Einrichtung von Kleingärten in Deutschland beschlossen.
3. RKT Erfurt 1923	Als neuer Vorsitzender wurde Heinrich Förster gewählt. Die um sich greifende Inflation bedrohte den Bestand des Reichsverbandes. Dennoch wurde das neue Mitgliedsblatt des Reichsverbandes „Kleingartenwacht" herausgegeben.
4. RKT München 30.5.— 1.6.1925 Dau- Groß-	Die Geschäftsstelle befand sich jetzt in München. Wichtigste Forderung zur Reorganisation des Verbandes nach Krieg und Inflation waren: Erhaltung und weiterer Ausbau des Kleingartenrechts, Schaffung schöner und rationeller erkleingartenkolonien[1] und deren Eingliederung in den Grüngürtel der städte.
5. RKT Frankfurt/M. 30. – 31.7.1927	Bedeutung des Kleingartenwesens für Volksgesundheit und Kultur. Erneute Forderungen zur Schaffung von Dauerkolonien. Betonung der Notwendigkeit der Eingliederung der Jugendpflege in das Kleingartenwesen. Enge Beziehung des Kleingartenwesens und einer Bodenreform; Neue Satzung beschlossen.
6. RKT Breslau 28. – 29.7.1928	Forderung nach mehr finanziellen Mitteln, gesetzlichen Bestimmungen für das Bodenrecht und solchen für den Schutz bei der Errichtung von Dauerkolonien.
7. RKT Essen September 1929	Auf der Grundlage des Heimstättengesetzes wurde die Forderung gestellt, dass ausreichend Land für Wohnheimstätten, Kleingärten, Sport- und Spielplätze etc. bereitgestellt und Dauerkolonien in Bebauungsplänen ausgewiesen werden.
8. RKT Hannover 29. – 31.5.1931	10 Jahre RVKD, Vorsitzender Förster zog eine umfassende Bilanz und sagte: „Der Gedanke und das Ziel von Dr. Schreber ist zum Gemeingut der deutschen Kleingärtner geworden. Die Schreberjugendpflege hat sich durchgesetzt und gibt dem jetzigen Kleingartenwesen sein Gepräge."

[1] Dauerkleingartenkolonien sind eine Anzahl von Parzellen, die in ihrer Gesamtheit einen Bestandsschutz über einen langen Zeitraum genießen. Sind Auflösungen aus kommunalen Erwägungen unabwendbar, ist die Kommune zur Ersatzleistung verpflichtet.

Heinrich Förster

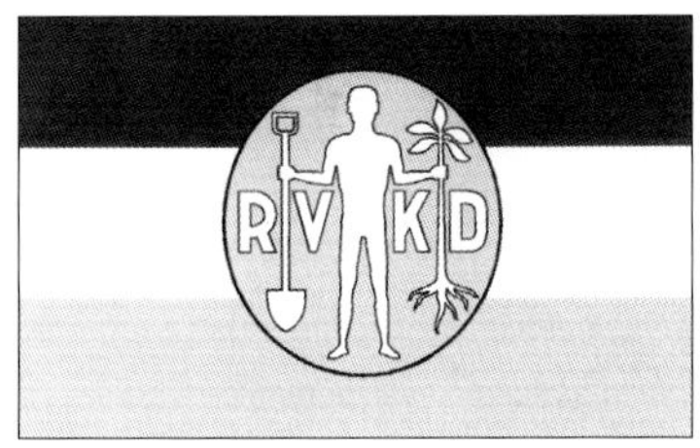

Die Fahne des „Reichsverbandes der Kleingartenvereine Deutschlands e. V", in Grün, Weiß, Gelb, Zeichnung nach dem Original

1. und 2. Form des Abzeichens des Reichsverbandes der Kleingartenvereine Deutschlands

Kleingarten- und Kleinpachtlandordnung und ihre Wirkung auf die Gründung Rostocker Gartenvereine ab 1919

In Rostock hat es bereits seit dem 19. Jahrhundert durch Pächter bewirtschaftete Landflächen gegeben, die der Stadt oder der Kirche gehörten. Nach 1920 nahm die Vergabe solcher Pachtflächen enorm zu und stieg Anfang der 30er Jahre auf etwa 9.000 kleinere Ackerflächen. Diese so genannten „Ackerstücke" lagen zumeist in Stadtrandlage und dienten dem jeweiligen Pächter zur Deckung des Eigenbedarfs und zur Aufbesserung der Familienkasse. Auf solchen Ackerstücken war kein Platz für die Ideale eines Schrebergartens. Deshalb standen dort auch keine Obstbäume, es fehlten Beerensträucher und vor allem Blumen als Zierde im Garten. Es gab weder eine Gartenlaube noch einen Platz zur Erholung vom Alltagsgeschehen für den Pächter und dessen Familie.

Da der Pächter von jedem verfügbaren Quadratmeter Bodenfläche dieser Ackerstücke jedes Jahr einen zusätzlichen Verdienst erzielen wollte, kam auch nur solches Saat- und Pflanzgut in den Boden, das reichliche Erträge brachte. So wurden auf diesen Ackerstücken eben nur Kartoffeln und Gemüse, teilweise zum Verkauf bestimmt, angebaut. Wenn gelegentlich Blumen auf diesen Flächen standen, dann nicht auf Beeten oder Rabatten, sondern in breitflächiger Anbauweise, weil auch diese veräußert wurden.

Die bewirtschafteten kleinen Bodenflächen blieben in ihrem Aussehen und Verwendungszweck nur das, wozu sie von Beginn an ausgelegt waren: bewirtschaftetes Ackerland! Daran änderten auch die ständigen Versuche der Pächter nichts, das optische Erscheinungsbild der Bodenflächen aufzulockern.
Das Saat- und Pflanzgut wurde wie bisher großflächig und in Massen in den Boden gebracht. Dadurch entstand bei jedem Betrachter der Eindruck, dass es sich bei diesen Ackerstücken nicht um Gärten, sondern um das verkleinerte Abbild der im Land vorhandenen landwirtschaftlichen Nutzflächen von Bauernwirtschaften und Landwirtschaftsgütern handelt.

Die überwiegende Zahl der Pächter solcher Ackerstücke erhielt von den Verpächtern nur einen Einzelvertrag mit einjähriger Pachtdauer. Danach wurde stets ein neuer Vertrag fällig, wenn der betreffende Pächter auf seinem Ackerstück die Bewirtschaftung fortsetzen wollte.
Doch nicht immer kam es zu einem Neuabschluss des Pachtvertrages. So waren Bodenspekulanten am Erwerb solcher Ackerstücke interessiert, um sie Gewinn bringend zu veräußern. Auch Pläne der Stadt zur Erschließung neuer Wohn- oder Stadtteilbereiche riefen unter den Pächtern immer wieder Angst hervor, keinen neuen Pachtvertrag mehr zu bekommen.

Eine Kündigung bedeutete nicht immer zwingend das Ende für den Pächter. Oft wurde ihm an anderer Stelle die Möglichkeit für einen Neubeginn geboten. Dabei handelte es sich zumeist um Ödland oder andere minderwertige Bodenflächen an Mooren oder Kiesgruben, die bis dahin nicht verpachtet werden konnten. Für den Kleingärtner war ein solcher Neuanfang nicht selten mit einem weiten Anmarschweg und erneuter Urbarmachung des Bodens verbunden.
Neben großen Kraftanstrengungen, Einbußen an Freizeit und den finanziellen Verlusten aus dem nicht realisierten Verkauf der aufgegebenen Erzeugnisse kamen zusätzliche Aufwendungen für die Bewirtschaftung. Diese Pachtverträge hielten keinem Vergleich mit denen stand, welche die Schrebergärtner später mit der Stadtkämmerei aushandelten. Sie enthielten noch keine Aussagen über die Rechte beider Vertragspartner. Das Vertragswerk bestand nur aus „Muss-Vorschriften" und Festlegungen zu Lasten des Pächters.
Die Kämmerei hingegen hatte nur wenig Mühe mit diesen Verträgen und keinerlei Verantwortung. Sie hatte lediglich die öffentliche Verpachtung durchzuführen, den Vertragspartnern die abgeschlossenen Pachtverträge zuzustellen und darüber zu wachen, dass die jährlichen Pacht-

einnahmen vollständig und pünktlich eintrafen. Alle anderen Probleme überließ die Kämmerei den Pächtern.
Die Kleingarten- und Kleinpachtlandordnung vom 31. Juli 1919 legte u.a. fest:

„Zum Zwecke nichtgewerbsmäßiger gärtnerischer Nutzung dürfen Grundstücke nicht zu höheren als den von der unteren Verwaltungsbehörde festgesetzten Preise verpachtet werden... Grundstücke dürfen zum Zwecke der Weiterverpachtung als Kleingärten nur durch Körperschaften oder Anstalten des öffentlichen Rechtes oder ein als gemeinnützig anerkanntes Unternehmen zur Förderung des Kleingartenwesens gepachtet und nur an solche verpachtet werden."

Nach dem Ersten Weltkrieg, Anfang 1920, stieg die Bedeutung eines Ackerstücks oder eines Schrebergartens stark an und brachte auch neuen Schwung in die Vereinsbildung. Durch das unermüdliche Wirken der an einer Vereinsbildung interessierten Pächter entstanden folgende neue Schrebergartenkolonien:

1920	„Obst- und Gemüsebauverein Gehlsdorf"	beim Toitenwinkler Weg
1920	„Pächtervereinigung Cramonstannen"	beim Kassebohmer Weg
1920	„Schrebergartenvereine am Zingel"	gegenüber vom Weißen Kreuz[2]
1920	„Verein der Schrebergärten am Galgenberg"	östlich vom Wasserturm[2]
1920	„Schrebergartenverein am Kesselborn"	südlich vom Hauptbahnhof[2]
1921	„Verein der Schrebergärtner am Pütterweg"	westlich des Pütterweges und südlich der Bahnstrecke nach Bad Doberan

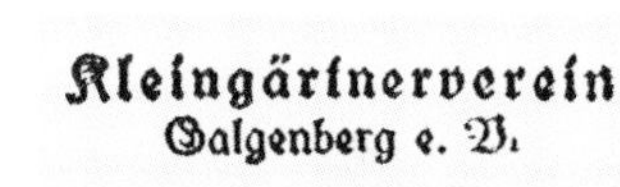

Stempel der Kleingartenkolonie „Galgenberg", 1920 bis 1932

Die Vereinsbildung vollzog sich allerdings nicht im Selbstlauf. Zunächst war es notwendig, die vielfach noch abwartenden Pächter von der Vereinsbildung zu überzeugen, die Vor- und Nachteile einer solchen Gründung aufzuzeigen und auftretende Fragen zu klären. Es mussten Anstrengungen unternommen werden, um in Verhandlungen mit der Stadt solche Pachtverträge abzuschließen, die über ein Jahr hinaus Gültigkeit besaßen. Laufzeiten von 10, 15, 20 und mehr Jahren wurden angestrebt. Es musste ebenfalls geprüft werden, ob die Stadt eventuell auch die Generalpacht über alle Pächter eines Vereins übernehmen würde. Das wäre für den betreffenden Verein kostengünstig und zeitsparend gewesen. Weiterhin war zu prüfen

Historische Ansichtskarte „Blick v. d. Cramons-Tannen", um 1925

- wie ist eine stabile Wasserversorgung der einzelnen Parzellen möglich,
- wie ist die Umzäunung des Vereinsgeländes zu gestalten und
- wer trägt diese anfallenden Kosten (Umlage der Pächter oder auch partielle Unterstützung durch die Stadt).

Die Probleme, die in den Vereinen zu klären waren, rissen nicht ab. Betrachtet man die neu gegründeten Vereine, so stellten sie anfangs nichts anderes als einen Zusammenschluss von Pächtern

2 Diese Kleingartenvereine existieren heute nicht mehr oder sind in einem anderen Verein aufgegangen.

mit gleicher Interessenlage dar. Es galt zu klären, wie die Vereine sich künftig entwickeln sollten. In der bestehenden Form wäre z.B. jedes Mitglied für die auftretenden Schäden und Verluste im Verein haftbar gewesen. Als weitaus vorteilhaftere Variante wurde die Rechtsform des eingetragenen Vereins erkannt. Auch hierzu war umfassende Aufklärung in den Vereinen vonnöten.
Als gemeinnütziger Verein konnte nur ein Weg beschritten werden – der als eingetragener Verein. Im Bürgerlichen Gesetzbuch (BGB) vom 18. August 1896 hieß es dazu:

„Will ein Verein eine Rechtsposition einnehmen, so ist dazu eine Eintragung in das dortige Vereinsregister nötig. Der so eingetragene Verein ist danach eine juristische Person. Für das Vereinsvermögen haftet nur der Verein. Für alle Mitglieder des Vereins sind die Satzungen bindend. Es muß ein Vorstand vorhanden sein, der aus mehreren Personen besteht. Der Vorstand ist der gesetzliche Vertreter des Vereins. Stets sind mit dem Verein besondere Interessen verknüpft."

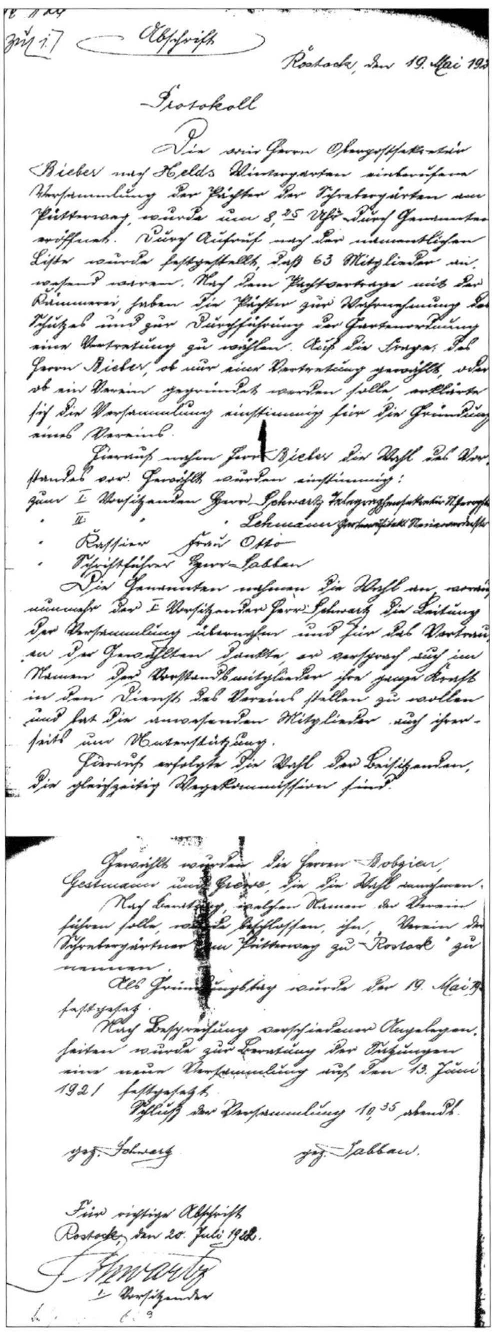
Abschrift
Rostock, den 19. Mai 1921
Protokoll

Abschrift des Protokolls vom 19. Mai 1921, in dem auf der 2. Seite als Gründungstag der 19. Mai 1921 festgesetzt wurde

Die Gründungsvoraussetzungen nach dem BGB regelten die Paragraphen 28, 31, 32, 34, 54, 55, 59, 61 und 63-67. Ableitend daraus waren seinerzeit wichtige Ziele für einen eingetragenen Schreber- und Kleingartenverein die Pflege, Förderung und Vervollkommnung im Kleingartenbau, der Schutz der Kleingärtner gegen ungerechtfertigte Pachterhöhungen und das Streben nach Festschreiben von Dauerkleingartenkolonien.

Obwohl sich alle entstandenen Vereine mit dieser Problematik auseinandersetzten und auch den Wert einer solchen Neuformierung erkannten, beantragten vorerst nur die beiden Vereine „Am Kesselborn" und „Am Pütterweg" ihre Registrierung beim zuständigen Amtsgericht.
Die übrigen Vereine zögerten wegen der nicht unerheblichen Kosten, die mit der Registrierung beim Amtsgericht verbunden waren. Die Vereine „Cramonstannen", „Am Hellbach" und „Am Galgenberg" hofften, dass die Stadt die Generalpacht übernähme und somit auch für die Kosten aufkommen würde, die bei einer Registrierung entstehen.

Entwicklung des „Vereins der Schrebergärtner am Pütterweg zu Rostock"

Zur Entwicklung des „Vereins der Schrebergärten am Pütterweg zu Rostock" sind die meisten Hinweise überliefert, deshalb kann über diese wichtige Phase ausführlicher berichtet werden.
Am 15. Mai 1921 fand eine Generalversammlung statt. 63 Pächter folgten der Einladung.
Die Versammlung leitete Herr Bieber von der Stadtverwaltung, denn die Stadt hatte die Generalpacht übernommen. Der Redner wies die Anwesenden darauf hin, dass die Pächter aufgrund ihrer Pachtverträge sowie zur Wahrnehmung des Schutzes und zur Umsetzung der Gartenordnung eine Vertretung aus ihren Reihen zu wählen hätten. Die an die Anwesenden gerichtete Frage, ob nur eine Vertretung gewählt oder ein Verein gegründet werden sollte, wurde einstimmig zu Gunsten der Vereinsgründung entschieden. Genauso einstimmig wurde auch folgender Vorstand gewählt:

1. Vorsitzender	Herr Schwartz, Telegraphensekretär
2. Vorsitzender	Herr Lehmann, Gartenarchitekt
Kassenführer	Frau Otto
Schriftführer	Herr Sabban

Anschließend erfolgte die Wahl der drei Beisitzer: der Herren Bobzien, Gestmann und Grewe. Diese Beisitzer bildeten zugleich die Wegekommission.
Eine Beschlussfassung über die Satzung und den Vereinsnamen „Verein der Schrebergärtner am Pütterweg zu Rostock" folgte erst 1922.
Es hatte also eineinhalb Jahre gedauert, bis die Beratungen zur Vereinssatzung abgeschlossen werden konnten. Dieses Statut war eine unabdingbare Voraussetzung der Vereinsregistrierung. Am 24. September 1922 wurde die insgesamt 19 Paragraphen umfassende Vereinssatzung beschlossen. Damit war ein wichtiger Schritt zur Sicherung der Rechtsposition des Vereins getan.

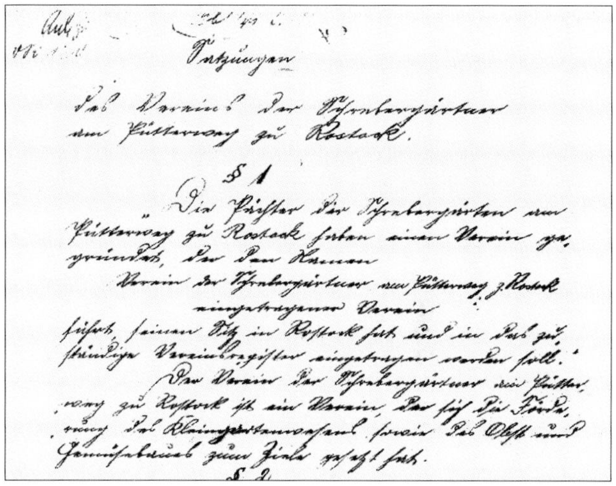
Satzungen

Der Verein der Schrebergärtner am Pütterweg zu Rostock.

§ 1

Die Pächter der Schrebergärten am Pütterweg zu Rostock haben einen Verein gegründet, der den Namen Verein der Schrebergärtner am Pütterweg z. Rostock eingetragener Verein führt, seinen Sitz in Rostock hat und in das zuständige Vereinsregister eingetragen werden soll.

Der Verein der Schrebergärtner am Pütterweg zu Rostock ist ein Verein, der sich die Förderung des Kleingartenwesens sowie des Obst- und Gemüsebaues zum Ziele gesetzt hat.

§ 2

Auszug aus den Satzungen des „Vereins der Schrebergärtner am Pütterweg zu Rostock" vom 24. September 1922 (§ 1)

In den ersten acht Paragraphen des Statuts wurde die Zielsetzung des Vereins als Förderer des Kleingartenwesens, des Obst- und Gemüsebaus definiert. Es wurden die Rechte und Pflichten der Mitglieder sowie die Rolle und die Aufgaben des Vorstandes als Vertreter des Vereins zur Klärung aller damit im Zusammenhang stehenden Angelegenheiten benannt.
In den §§ 9 bis 11 standen wichtige Aussagen, die den Vorstand betrafen. Die jährliche Vorstandswahl sollte mit einfacher Stimmenmehrheit erfolgen, die Abstimmung durch Zettel vorgenommen werden und eine Wiederwahl wäre möglich. Bei Stimmengleichheit würde das Los entscheiden.
Der 1. Vorsitzende wurde direkt gewählt. Den anderen Vorstandsmitgliedern und Beisitzern wurde in Abstimmung mit dem anwesenden 1. Vorsitzenden die Funktion zugeteilt. Sämtliche Stellen wurden unentgeltlich als Ehrenamt verwaltet. Der 2. Vorsitzende vertrat den „1." bei dessen Verhinderung.
Paragraph 10 regelte die Höhe der Rückerstattung der Gelder, die im Interesse des Vereins verauslagt wurden.
Ausführlich wurden in den §§ 12 bis 17 die Entscheidungsbefugnisse der verschiedenartigen Mitgliederversammlungen festgelegt. Danach war jede Mitgliederversammlung unter Angabe der zu verhandelnden und bzw. oder der zu beschließenden Angelegenheiten mindestens acht Tage vorher durch Aushang einzuberufen. Die Tagesordnung wurde im Protokollbuch eingetragen, in der Versammlung am Schluss verlesen und bei Zustimmung der Mitglieder vom 1. Vorsitzenden und dem Protokollführer unterschrieben.

Die Mitgliederversammlung beschloss
- die Wahl des Vorsitzenden und der Vorstandsmitglieder für ein Jahr
- die Wahl von zwei Versammlungsteilnehmern zur Prüfung der Jahresrechnung
- die Aufnahme und den Abschluss zur Jahresrechnung und zur Entlastung des Vorstandes
- die Wahl von Mitgliedern zu Versammlungen, Veranstaltungen u.a.
- die Veränderungen zur Satzung und zum Zweck des Verbandes
- die Ehrenmitgliedschaften im Verein

Weitere Festlegungen waren:
Beschlüsse der Mitgliederversammlung sollten mit einfacher Mehrheit gefasst werden. Eine Dreiviertelmehrheit war erforderlich bei Änderungen der Satzung oder Zweck des Vereins bzw. dessen Auflösung. Könnte bei einer Vereinsauflösung keine Einigung erzielt werden, war die Abstimmung innerhalb von zwei Wochen zu wiederholen. Der dann gefasste Beschluss zur Auflösung sollte verbindlich sein, wenn sich dreiviertel der anwesenden Mitglieder dafür entschieden. Bei Änderung der Satzungen, des Zweckes und der Auflösung des Vereins sollte die Abstimmung mit Stimmzetteln erfolgen. In § 18 war festgelegt, dass die Satzung mit Eintragung ins Vereinsregister in Kraft tritt. Im folgenden Paragraphen wurden der 1. Vorsitzende und der

Schriftführer ermächtigt, ohne weitere Beschlüsse der Mitgliederversammlung möglichen Änderungsforderungen des Amtsgerichts zu dieser Satzung nachzukommen.

Gartenlaube, die 1921 in der Kleingartenanlage „Am Pütterweg" gebaut wurde

Diese Gartenlaube steht noch heute in der Anlage „Dr. Ernst Heydemann"

Der Projektentwurf zur Rostocker Kleingartenanlage „Am Pütterweg" war 1922 sogar in dem Buch „Deutschlands Städtebau" abgebildet. Stadt- und Gartenbaudirektor W. Schomburg schrieb in seiner Abhandlung über die städtischen Grünanlagen Rostocks u.a.:

„Dem, als Folge der Ernährungsschwierigkeiten während des Krieges, ganz besonders hervorgetreten Begehren nach einem Eigengarten, ist durch Förderung des Kleingartenbaues, Anlage von Schrebergärten Rechnung getragen. Die Grünanlagen haben einen Flächeninhalt von 201 ha, davon entfallen auf Spielflächen 26,7 ha, auf den Kopf der Einwohner 28,7 qm. Schrebergärten sind ca. 1.000, Ackerparzellen für Kleingartenbau ca. 8.000 eingerichtet und verpachtet. In richtiger Einschätzung des Wertes der Grünanlagen, hat die Stadt neuzeitliche Bestrebungen auf den verschiedensten Gebieten des Gartenbaues nach Möglichkeit unterstützt. Die zeitgemäße Ausstattung und sorgfältige Pflege der städtischen Anlagen, ist nicht ohne Einfluß auf geschmackvolle Gestaltung und sorgsame Pflege auch der Privatgärten geblieben und trägt mit dazu bei, daß Rostock vielfach als Gartenstadt bezeichnet wird."

Kleingartenprojekt „Am Pütterweg", Entwurf Gartenbaudirektor Schomburg, 1922

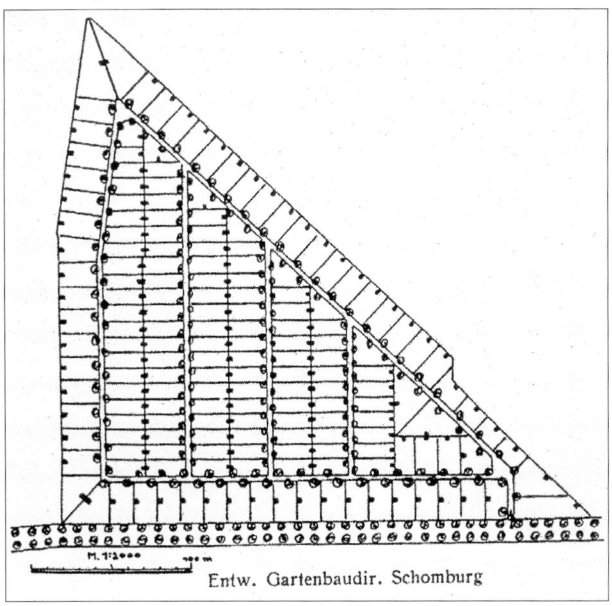

Umbenennung der Kleingartenkolonie „Am Pütterweg" in „Schrebergartenkolonie Heydemann"

Auf ihrer Generalversammlung am 16. Juni 1931 setzten die Mitglieder einen Beschluss zur Namensänderung auf die Tagesordnung. Statt des bisherigen Namens „Am Pütterweg" wollten sie sich „Schrebergartenkolonie Heydemann" nennen und begründeten dies im August-Heft 1931 „Der Kleingärtner" so:

„Der Rostocker Oberbürgermeister Dr. Heydemann hat sich während seiner 11jährigen Amtszeit (1919 - 1930) stets für die Anerkennung und Förderung des Kleingartenwesens eingesetzt. Durch sein unermüdliches Wirken hat er mitgeholfen, daß die Kleingartenkolonien ‚Am Galgenberg', ‚Bei den Cramonstannen'; ‚Am Pütterweg', ‚Am Kesselborn' und ‚An der Schafweide' entstanden. Hierdurch veranlaßt hatte die Kirchenökonomie die Kolonie ‚An der Satower Chaussee' errichtet, deren Erweiterung geplant ist."

Über freiwillige Mitgliederspenden sollte das Vorhaben finanziert werden, einen Findling als Gedenkstein für den 1930 verstorbenen Oberbürgermeister in der Kolonie aufzustellen. An der Einweihungsfeier am 9. August 1931 nahmen die Gattin des Verstorbenen, Vertreter des Rates der Stadt, des Stadtverordneten-Kollegiums, der Landwirtschaftskammer sowie Abgesandte des Hausbesitzer-, des Hausfrauen- und des Gartenbauvereins, des Ortsverbandes der Kleingärtner und der angeschlossenen Vereine teil.
Der Gedenkstein bekam die Inschrift:

Oberbürgermeister
DR. HEYDEMANN
Zum Gedächtnis
1931

In seiner Erinnerungsrede würdigte der Vorsitzende des Ortsverbandes Schwartz das persönliche Verdienst des Verstorbenen bei der Entwicklung der Kleingartenbewegung in unserer Stadt. Mit der Namensänderung wollten ihm die Kleingärtner ein dauerndes Andenken in der Kleingartenbewegung sichern. Schwartz äußerte zum Schluss seiner Ansprache:

„Möge der Gedanke und das Bestreben des Verstorbenen weiter in unserer hochverehrten Stadtverwaltung tatkräftig gefördert und gepflegt werden, zum Segen des Kleingartenwesens und der Rostocker Einwohner."

Ähnlich wie beim Schrebergartenverein „Am Pütterweg", wenn auch zeitlich verschieden, verlief die Vereinsentwicklung der anderen Vereine. Das hing davon ab, welche Aufklärung unternommen wurde, wie die Bereitschaft bei den Pächtern vorhanden war und auch von der Befähigung und dem Engagement des Vereinsvorstandes, diese Arbeit unter den jeweiligen konkreten Bedingungen zu organisieren.

Der Gedenkstein im Vereinsgelände

In der Folgezeit wurden die Vereine „Am Kesselborn" (24. Juni 1925), „An den Cramonstannen" (21. November 1925), „Am Galgenberg" und „Am Zingel" beim Amtsgericht eingetragen, wobei das Datum der Registrierung der beiden zuletzt genannten nicht bekannt ist.

Die Vereinsbildung in Rostock ging mit landesweiten Veränderungen für die Schreber- und Kleingärtner in Mecklenburg einher.
Nach wie vor mussten die neuen Vereinsmitglieder, aber auch die Einzelpächter wie bisher ihre Erkenntnisse aus den unterschiedlichsten Quellen schöpfen. Eine regionale Vereinszeitung gab es noch nicht. Deshalb nutzten die Kleingärtner die Mitteilungen, die die im Land Mecklenburg ansässigen Obst-, Gemüse- und Gartenbauvereine wie auch die Baumschulen in der „Mecklenburgisch-Landwirtschaftlichen-Wochenzeitschrift" veröffentlichten. Vor allem der 1887 gegründete „Zentralverband Mecklenburgischer Obstbauvereine" und der 1907 gebildete „Obst- und Gemüsebauverein Schwerin" brachten wertvolle Fachbeiträge, die mit praktischen Hinweisen verbunden waren. In dieser Zeitschrift, die jeder abonnieren konnte, fand der Kleingärtner auch einen Terminkalender, der über alle Veranstaltungen und Ausstellungen im Land Auskunft gab. Nach Rücksprachen mit einzelnen Klein- und Schrebergartenvereinen in Rostock erklärte sich der Landesverband Mecklenburger Obst-, Gemüse- und Gartenbauvereine 1922 bereit, in Rostock eine Beratungsstelle für den Obst- und Gemüsebau einzurichten. Diese Hilfe wurde zunehmend von allen Schreber- und Kleingärtnern der Stadt genutzt.

Landes-Obst- und Gartenbauausstellungen des Landesverbandes

Bereits am 30. September 1921 fand in Rostock die 2. Landesobst- und Gartenbauausstellung statt. Um möglichst viel Ausstellungsfläche zur Verfügung zu stellen, wurde die Rostocker Versammlungsstätte „Tonhalle" in der Brandesstraße als Ausstellungsort festgelegt.

Die „Tonhalle“ in der Brandesstraße mit ihrem repräsentativen Saal wurde auch gern für Ausstellungen genutzt. Aufnahme von 1913.

Der besondere Reiz dieser Gartenschau lag darin, dass jeder Besucher aus dem umfangreichen Gebiet Gartenbau viele praktische Anregungen und fachliche Hinweise für die Arbeit im eigenen Kleingarten mitnehmen konnte. Doch auch den Besuchern, die in Gärtnereien, Baumschulen und landwirtschaftlichen Kleinbetrieben tätig waren, bot diese Ausstellung viele neue Möglichkeiten zur Ertragssteigerung und zur Bereicherung ihrer gartenbaulichen Kenntnisse beim Anbau von Obst, Gemüse, Blumen, Zierpflanzen, Gehölzen etc.

Es liegt kein Hinweis vor, ob auf dieser Ausstellung auch Kleingärtner und einzelne Kleingartenkolonien aus Rostock mit selbst erzeugten Ernteerträgen zum Gelingen der Gartenschau beigetragen haben.

Landesverband der Kleingärtner beider Mecklenburg

1923 wurde auf Initiative der Wismarer Kleingartenvereine in Bad Kleinen von Vertretern verschiedener Gartenbauvereine über die Bildung eines eigenen Landesverbandes beraten. Im Ergebnis dessen wurde wenige Monate später, am 26. Mai 1923 und wiederum in Bad Kleinen, der 1. Verbandstag des Landesverbandes der Kleingärtner beider Mecklenburg abgehalten.
Als Vorsitzender wurde Paul Michaelis gewählt. Der Sitz des Landesverbandes befand sich in Wismar, Grützmacherstraße 8.
Der neue Landesverband fand schnell Zuspruch und verzeichnete 1924 den Beitritt von 3.086 Mitgliedern. 1925 wuchs die Mitgliederzahl weiter und erreichte am 1. März 1926 eine Stärke von 4.200 Mitgliedern, die sich wie folgt darstellte:

Schwerin	1.060	Mitglieder	=	25,3%
Wismar	1.039	Mitglieder	=	24,7%
Waren	701	Mitglieder	=	16,7%
Rostock	602	Mitglieder	=	14,3%
Güstrow	449	Mitglieder	=	10,7%
Alt Strelitz	241	Mitglieder	=	5,7%
Doberan	70	Mitglieder	=	1,7%
Krakow	38	Mitglieder	=	0,9%

Dem Gärtner Johannes Lehmitz aus Pastow wurde auf der „Landes-Obst- und Gartenbau-Ausstellung“ vom 30. September bis 3. Oktober 1921 diese Silberplakette und ein Ehrenpreis verliehen.

LANDES-OBST- UND GARTENBAU-AUSSTELLUNG FÜR MECKLENBURG-SCHWERIN ZU ROSTOCK

URKUNDE

Herrn Lehmitz
Gärtner
Pastow

sind für hervorragende Leistungen in der Abteilung „Frisches Gemüse“ die silberne Plakette der Landwirtschaftskammer und ein Ehrenpreis zuerkannt worden.

ROSTOCK i. M., den 30. September 1921.

Die Landwirtschaftskammer:

Die Preisrichter:

Der Landesverband sah seine vordringliche Aufgabe darin, mit den angeschlossenen Kleingartenverbänden einen ständigen Informationsaustausch zu gewährleisten. Dazu war der Beschluss, ein eigenes Mitteilungsblatt herauszugeben, von besonderer Bedeutung.

Monatsschrift des Landesverbandes „Der Kleingärtner“

Am 15. Dezember 1924 erschien zunächst als Werbeexemplar „Der Kleingärtner - Monatsschrift für mecklenburgische Kleingärtner und Kleingartenvereine“, das jedes Mitglied der angeschlossenen Vereine kostenlos erhielt. Bereits auf der Titelseite umriss „Der Kleingärtner“ das Grundanliegen der künftigen Monatsschrift: Den Kleingärtnern und Vereinen wurde angetragen, sich an der inhaltlichen Gestaltung aktiv zu beteiligen, damit sich die Zeitschrift zu einem echten Bindeglied zwischen den Einzelvereinen und dem Landesverband profilieren konnte.
Ab 1925 sollte die Zeitschrift jeweils zum 15. des Monats erscheinen. Über die Post abonniert, kostete sie 30 Pfennig im Quartal, der Preis im Zeitungsladen war etwas höher. Verlag und

Schriftleitung lagen in den Händen von Albert Wendt aus Rostock. Unter der Adresse „Bei den Polizeigärten 2" erfolgte auch die Entgegennahme von Anzeigen. Die in Rostock gedruckte Monatsschrift war nicht identisch mit der am 25. November 1923 erstmals herausgegebenen Reichsverbandzeitung „Kleingartenwacht", die im Juli 1933 zum letzten Mal erschien.
Bereits am 1. Januar 1920 hatte der Zentralverband der Kleingartenvereine Deutschlands in Berlin das Organ „Der Kleingärtner" herausgebracht. Es nannte sich zuvor „Laubenkolonist".
1926 erschien erstmals ein Kleingartenkalender, herausgegeben vom Reichsverband.

Höchstpachtpreisverordnung für Gartenland

Das Bestreben in den Ländern Deutschlands, die Höchstpachtpreisverordnung für Gartenland zu ändern, sorgte auch in Mecklenburg für Unruhe. Es stand die Frage, ob eine Änderung der Verordnung sich auf die Pachtpreise bestehender Verträge auswirke oder nicht.
Die Kleingartenordnung (KGO) wies aus, dass der Höchstpachtpreis die Obergrenze bedeute, die gefordert werden darf. Der im Vertrag festgeschriebene Pachtzins durfte die Höchstgrenze nicht überschreiten und galt bis zur Aufkündigung des Vertrages. Nach § 4 der KGO konnten überforderte Pachtpreiszahlungen der Eigentümer zu Gunsten der Armenkasse eingezogen werden.
Wie verhielt es sich aber, wenn durch den Verfall der deutschen Währung die Zinseinnahmen aus der Pacht für den Eigentümer geschmälert würden, der Wert der Landnutzung aber stabil bliebe? Dazu veröffentlichte „Der Kleingärtner" im Jahre 1925 folgenden Artikel:

Gestern – heute

Vor 67 Jahren erschien die erste mecklenburgische Kleingartenzeitschrift. Das Geleitwort der ersten Ausgabe von 1924 ist 1991 wieder aktuell.

Probe- und Werbenummer

Der Kleingärtner

Monatsschrift für mecklenburgische Kleingärtner und Kleingartenvereine

Erscheint am 15. jeden Monats. Durch die Post bezogen kostet „Der Kleingärtner" 30 Pfg. für das Vierteljahr, ausschl. Bestellgeld; für die gleiche Zeit per Streifband 45 Pfg. Einzelnummern 20 Pfg. Bestellungen nehmen alle Postanstalten entgegen.

Verlag und Schriftleitung: Albert Wendt, Rostock. Anzeigen: die 8gespaltene Petitzeile 15 Pfg. Postscheckkonto Hamburg 18149. Streifbandbestellungen und Anzeigenannahme: Rostock, Bei den Polizeigärten 2. Fernruf 1153

Rostock, den 15. Dezember 1924

Zum Geleit!

Die schlimmste Zeit ist vorüber. Die Gemüsemärkte sind mit reichem Vorrat ver[illegible] unserer Geldtasche wieder bekömmlicher. Schon sehen wir hier und da eine [illegible] Spaten aus der Hand legen, es lohnt sich nicht mehr. Das war kein echter Kleingä[illegible] Ihm i[illegible] Schöne und Gute unserer Gartenarbeit unbekannt geblieben! Er hat nie empfunden, was sein innerer Men[illegible] sondern nur das rein Materielle hat er im Auge gehabt. Das Bewußtsein, Geschöpf der Natur und doch auch wieder ihr Meister zu sein, war ihm fremd geblieben. Ihm gab die Betätigung in seinem Gärtchen, auf seiner Scholle nicht den höchsten und reinsten Lebensgenuß, den sie uns Kleingärtnern bietet, die uns die Kräfte verleiht, jeden Tag mit frischem Mut den Kampf ums Dasein aufzunehmen.

Wir wollen unsern Garten haben, wir müssen ihn haben und können ihn nicht mehr missen! Wir brauchen ihn auch nach wie vor! Denkt an die unzähligen Spatenstiche, die getan, die Arbeitsstunden, die angewandt sind! Denkt an die schönen Stunden der Muße und Erholung nach getaner Arbeit im sauberen Gärtchen inmitten unserer Familie!

Allerdings darf das Gärtchen uns nicht zu stark belasten, nicht zu teuer werden, es darf niemals ein Luxus unsern Einkünften gegenüber bedeuten. Die Ausgaben für die Pacht, der Düngemittel und Sämereien, der Abgaben für Umzäunung und Wasserversorgung sind häufig noch zu hoch. Hier muß versucht werden, eine Erleichterung zu schaffen.

Unsere Organisationen im Deutschen Reiche, die z. Z. über 400000 ordentliche Mitglieder hinter sich haben, stehen überall in ständiger Fühlung mit Ministerien und anderen Behörden. Gesetzliche Bestimmungen und Erlasse, Pachtpreise und Verträge werden durch ihre rege Mitarbeit z. T. für uns günstig beeinflußt und in die Bahnen gelenkt, die unsern Bedürfnissen entsprechen. Eine sachlich geleitete Presse der Kleingärtner unterstützt die Bemühungen unserer Verbände und Vereine.

Unsere engere Heimat, unser Mecklenburg, war bisher ohne Kleingartenzeitung trotz der stattlichen Zahl der mecklenburgischen Gartenpächter. Wir vermißten oft dieses Bindeglied, das uns Kleingärtnern in der engeren Heimat fester zusammenschmieden sollte, das weiter auch auf dem Gebiete der Gartenbautechnik, dem Gebiete des Obst- und Gemüsebaues sowie der Düngerlehre die nötigen Kenntnisse übermittelt, die doch nun einmal nötig sind, um unsere Erträge zu steigern und unsern Garten billiger zu gestalten.

Diesem Zweck soll nun in Zukunft

„Der Kleingärtner"

Monatsschrift für mecklenburgische Kleingärtner und Kleingartenvereine

dienen. Er soll vor allem die praktische Ausgestaltung des Kleingartens fördern helfen und zur rentabelsten Ausnutzung des Bodens die Wege weisen.

Mitarbeiter aus allen Kreisen der Kleingärtner und ihrer Freunde wird er freudig begrüßen und zu gewinnen versuchen. Durch Mitteilungen, Berichte und Anzeigen der Einzelvereine unseres Landes wird er ein Gesamtbild unserer Arbeit schaffen.

So geht denn „Der Kleingärtner" hinaus ins Land und stellt sich dem Einzelnen vor in der Erwartung, daß er gelesen wird und sein Inhalt Anklang und Zustimmung finde, daß ferner für ihn weiter geworben wird, damit er lebensfähig bleibe und weiter ausgestaltet werden kann zum Besten für die mecklenburgischen Kleingärtner und Kleingartenvereine.

Rostock, im Dezember 1924.

Albert Wendt.

Probe- und Werbenummer der Monatsschrift für mecklenburgische Kleingärtner und Kleingartenvereine „Der Kleingärtner"

„Entscheidungen des Kammergerichts und des Reichsgerichts in Aufwertungsfragen. (Deutsche Juristenzeitung) zusammengestellt von den Kammergerichtsräten Lehmann und von Velsen mitgeteilt von Oberpostinspektor Dörwaldt, Schwerin

Betr. Pachtvertrag
Ist nach Abschluß eines auf längere Dauer berechneten Pachtvertrages durch den Verfall der deutschen Währung ein starkes Mißverhältnis zwischen dem Marktbetrage, in dem der Zins ausgedrückt ist, und dem Wert der Nutzung getreten, so braucht der Verpächter das Pachtverhältnis nicht zu dem vereinbarten Pachtzins durchzuhalten.
Solange der Pächter das Pachtverhältnis fortsetzen will, kann der Verpächter allerdings grundsätzlich nicht die Lösung des Pachtvertrages verlangen, sondern nur die Festsetzung eines angemessenen Pachtzinses; die Regel, daß der Richter die vereinbarte

Vorwort

Ich will Dein Freund sein

Zum ersten Male läßt der Reichsverband für seine Mitglieder diesen Kalender erscheinen. Er bittet um Deine Gunst.

Ich will Dein Begleiter sein

An jedem Tage gibt es etwas nachzuschlagen, etwas einzutragen. Nimm mich mit, wenn Du Deinen Garten besuchst.

Ich will Deine Freude sein

In stillen Stunden, am Wintertag, nimm mich zur Hand und denke Deines Gartens und seiner Lust.

Ich bin noch jung und unerfahren

Weißt Du Verbesserungen, so teile sie dem Kalendermann mit.

Allen Mitarbeitern herzlichen Dank.

Hamburg, den 11. August 1925.

Der Kalendermann

Deutscher Kleingartenkalender für 1926 mit Vorwort

Geldleistung für die noch ausstehende Sachleistung nur dann zu ändern befugt ist, wenn beide Teile das Vertragsverhältnis fortsetzen wollen, findet in diesem Falle keine Anwendung, solange noch ein billiger Ausgleich der beiderseitigen Interessen im Wege der Erhöhung des Pachtzinses möglich ist. Will der Pächter dagegen das Pachtverhältnis nicht fortsetzen, falls der Zins erhöht wird, so darf der Verpächter nicht die Festsetzung eines höheren Pachtzinses verlangen, sondern nur die Aufhebung des Pachtverhältnisses. RG 104, 218 u.a."

Die Gartenbewertung

1926 wurde durch den Landesverband erstmals der Beschluss gefasst, die Gärten in den Vereinen zu bewerten. Der Landesverband strebte damit eine bessere Gartenbewirtschaftung an. Bewertungsrichtlinien und Ablauf sind aus dem beigefügten Muster für die Gartenbewertung ersichtlich.

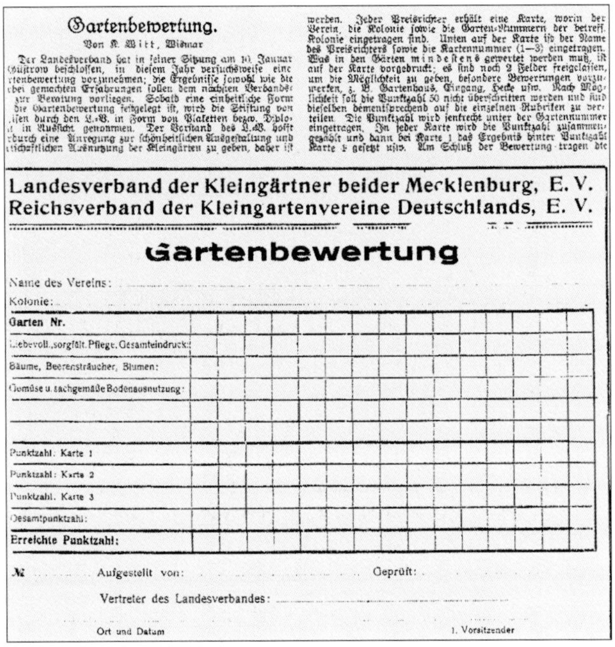

Gartenbewertung.

Von K. Witt, Wismar

Der Landesverband hat in seiner Sitzung am 10. Januar ...güstrow beschlossen, in diesem Jahr versuchsweise eine ...rtenbewertung vorzunehmen; die Ergebnisse sowohl wie die ...bei gemachten Erfahrungen sollen dem nächsten Verbands... zur Beratung vorliegen. Sobald eine einheitliche Form die Gartenbewertung festgelegt ist, wird die Stiftung von ...isen durch den L.-V. in Form von Plaketten bezw. Diplo... in Aussicht genommen. Der Vorstand des L.-V. hofft ...durch eine Anregung zur schönheitlichen Ausgestaltung und ...tschaftlichen Ausnutzung der Kleingärten zu geben, daher ist werden. Jeder Preisrichter erhält eine Karte, worin der Verein, die Kolonie sowie die Garten-Nummern der betreff. Kolonie eingetragen sind. Unten auf der Karte ist der Name des Preisrichters sowie die Kartennummer (1—3) eingetragen. Was in den Gärten mindestens gewertet werden muß, ist auf der Karte vorgedruckt; es sind noch 2 Felder freigelassen, um die Möglichkeit zu geben, besondere Bewertungen vorzumerken, z. B. Gartenhaus, Eingang, Hecke usw. Nach Möglichkeit soll die Punktzahl 50 nicht überschritten werden und sind dieselben dementsprechend auf die einzelnen Rubriken zu verteilen. Die Punktzahl wird senkrecht unter der Gartennummer eingetragen. In jeder Karte wird die Punktzahl zusammengezählt und dann bei Karte 1 das Ergebnis hinter Punktzahl Karte 1 gesetzt usw. Am Schluß der Bewertung tragen die

Landesverband der Kleingärtner beider Mecklenburg, E. V.
Reichsverband der Kleingartenvereine Deutschlands, E. V.

Gartenbewertung

Name des Vereins: ...

Kolonie: ...

Garten Nr.														
Liebevoll, sorgfält. Pflege, Gesamteindruck:														
Bäume, Beerensträucher, Blumen:														
Gemüse u. sachgemäße Bodenausnutzung:														
Punktzahl: Karte 1														
Punktzahl: Karte 2														
Punktzahl: Karte 3														
Gesamtpunktzahl:														
Erreichte Punktzahl:														

№ ... Aufgestellt von: ... Geprüft: ...

Vertreter des Landesverbandes: ...

Ort und Datum ... 1. Vorsitzender

Muster für die Gartenbewertung, 1926

Die Meinungen hierüber waren auch in Rostock geteilt. Die Vereinsmitglieder „Am Pütterweg" fragten sich:

„Wozu eine Prämierung der Gärten? Ein tüchtiger Schrebergärtner ist von sich aus schon auf eine möglichst beste Ausgestaltung und Ausnutzung seines Gartens bedacht. Außerdem gibt es in jeder Kolonie Gärtner, die immer mehr wollten und so ihre Nachbarn mitreißen würden, denn keiner will nachstehen! Und diejenigen, die ihre Gärten vernachlässigen und so einen Schandfleck im Verein darstellen, gehören eigentlich gar nicht zu uns! Und kann so einer etwa durch Prämierung der besten Gärten auch gebessert werden? Niemals!"

Deshalb beschlossen die Mitglieder statt der Einführung der Prämierung eine Ordnungskommission. Sie sollte von Zeit zu Zeit durch die Gärten gehen und die verwahrlosten Gärten feststellen. Die Pächter erhielten vom Vorstand schriftlich eine Aufforderung, ihre Gärten innerhalb einer festgelegten Frist in Ordnung zu bringen. Geschehe dies ohne triftigen Grund nach der zweiten Aufforderung ebenfalls nicht, so würde der Vorstand den Ausschluss des Pächters aus dem Verein beantragen, der verbunden wäre mit der Aufgabe des Gartens. In der Versammlung müssten sich dreiviertel der Mitglieder dafür aussprechen. Die Kleingärtner versprachen sich eine größere erzieherische Wirkung als über eine Prämierung.

Es lagen in der Gartenzeitschrift keine weiteren Angaben vor, welche Vereine sich der Problematik des Vereins „Am Pütterweg" anschlossen, und inwieweit der Beschluss des Landesverbandes problemlos verwirklicht wurde.

Landesverbandstage der Kleingärtner beider Mecklenburg

26. Mai 1923	Gründung des Landesverbandes in Bad Kleinen
3./4. Oktober 1925	Landesverbandstag mit Ausstellung in Rostock
15./16. Januar 1927	Landesverbandstag in Waren
7./8. Juli 1928	Landesverbandstag in Strelitz-Alt
29./30. Juni 1929	Landesverbandstag in Schwerin
9./10. August 1930	Landesverbandstag in Rostock
12. Juli 1931	Landesverbandstag in Güstrow
9./10. Juli 1932	Landesverbandstag in Bad Doberan
29. Mai 1933	Außerordentlicher Landesverbandstag in Güstrow zur verordneten Gleichschaltung aller Vereine

In der Einladung zum Landesverbandstag am 3. und 4. Oktober 1925 in Rostock wurde besonders auf die Ausstellung hingewiesen:

„Der Ortsverband Rostock veranstaltet am 2. Oktober bis zum 4. Oktober eine Obst- und Gemüseschau in der Realschule. Am 4. Oktober, 11 Uhr, Werbefestzug der Kleingärtner Rostocks. 2 Uhr nachmittags: Mittagessen (Heldts Wintergarten).
Anmeldung der Gäste bis zum 20. September an den Kollegen Karl Schmidt, Rostock, Ludwigstraße 33. Der Ortsverband Rostock sorgt für Unterbringung der Gäste. Es ist anzugeben, ob Frei-Quartier (eine Nacht mit Morgenkaffee) oder bezahlte Unterkunft gewünscht wird."

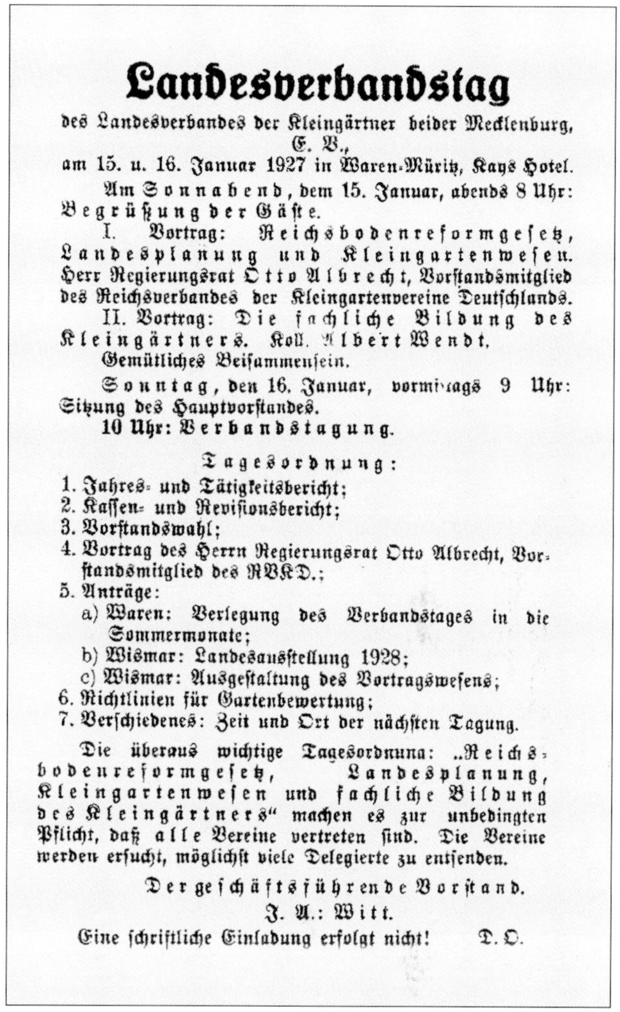

Landesverbandstag

des Landesverbandes der Kleingärtner beider Mecklenburg, E. V.,
am 15. u. 16. Januar 1927 in Waren-Müritz, Kays Hotel.

Am Sonnabend, dem 15. Januar, abends 8 Uhr: Begrüßung der Gäste.

I. Vortrag: Reichsbodenreformgesetz, Landesplanung und Kleingartenwesen. Herr Regierungsrat Otto Albrecht, Vorstandsmitglied des Reichsverbandes der Kleingartenvereine Deutschlands.

II. Vortrag: Die fachliche Bildung des Kleingärtners. Koll. Albert Wendt.

Gemütliches Beisammensein.

Sonntag, den 16. Januar, vormittags 9 Uhr: Sitzung des Hauptvorstandes.

10 Uhr: Verbandstagung.

Tagesordnung:

1. Jahres- und Tätigkeitsbericht;
2. Kassen- und Revisionsbericht;
3. Vorstandswahl;
4. Vortrag des Herrn Regierungsrat Otto Albrecht, Vorstandsmitglied des RVKD.;
5. Anträge:
   a) Waren: Verlegung des Verbandstages in die Sommermonate;
   b) Wismar: Landesausstellung 1928;
   c) Wismar: Ausgestaltung des Vortragswesens;
6. Richtlinien für Gartenbewertung;
7. Verschiedenes: Zeit und Ort der nächsten Tagung.

Die überaus wichtige Tagesordnuna: „Reichsbodenreformgesetz, Landesplanung, Kleingartenwesen und fachliche Bildung des Kleingärtners" machen es zur unbedingten Pflicht, daß alle Vereine vertreten sind. Die Vereine werden ersucht, möglichst viele Delegierte zu entsenden.

Der geschäftsführende Vorstand.
J. A.: Witt.

Eine schriftliche Einladung erfolgt nicht! D. O.

Landesverbandstag der Kleingärtner beider Mecklenburg am 15. und 16. Januar 1927 in Waren-Müritz

1929 gab es eine ganze Reihe nationaler und internationaler Tagungen, die eine weitere Stärkung des Kleingartenwesens zum Ziel hatten. Allein im September fanden der 7. Reichskleingärtnertag, die Ruhrländische Gartenbauausstellung, der Deutsche Städtetag und der 2. Internationale Kongress der Kleingartenverbände in Essen statt.
Auf dem 2. Internationalen Kongress der Kleingartenverbände wurde festgestellt, dass sich die Kleingartenbewegung in vielen europäischen Ländern, u.a. in Italien, Frankreich, Luxemburg, Holland, England, Österreich und auch in Deutschland durchgesetzt und erfolgreich entwickelt hätte. Übereinstimmend wurde die Aufgabe formuliert, dass der Bewegung der erforderliche Schutz gewährt und die notwendige Anerkennung zuteil werden müsste. Grundlage dieser weiteren Arbeit bilde das gegenseitige Vertrauen und der Wille zu einer konstruktiven Zusammenarbeit zwischen den Ländern, Regierungen bis hin zu Gemeinden mit den jeweiligen Ebenen der Kleingartenorganisationen.
Der Präsident der internationalen Kleingartenverbände, Herr Goemaere aus Brüssel, hob die gewachsene Bedeutung des Kleingartenwesens für alle Völker hervor. Er sprach den Wunsch aus, dass in allen Ländern der hohe soziale Aspekt der Kleingartenbewegung erkannt und unterstützt werde.
Ministerialrat Dr. Kaiserberg vom preußischen Ministerium des Innern erläuterte auf dem Kongress die „Rechtsgrundlagen des deutschen Kleingartenwesens". Er äußerte die Überzeugung, dass man sich bisher nur in Deutschland, Österreich und England umfassend mit dieser Problematik auseinandergesetzt habe. Er schlussfolgerte aus dem Vergleich der einzelnen Vorschriften in den Ländern, dass der Ausbau des Kleingartenrechts auch künftig eine wichtige Aufgabe bleiben werde.

Nach seiner Rückkehr vom 2. Internationalen Kongress in Essen informierte der Rostocker Ortsverbandsvorsitzende Schwartz die Vorstände der angeschlossenen Vereine über dessen Ergebnisse. Auch die Delegierten des deutschen Städtetages in Essen wiesen auf die Diskrepanz hin, dass aufgrund der Finanzlage in den Städten und Gemeinden die Wünsche und Forderungen der Kleingärtner und Staatsbehörden nicht immer gleichermaßen in Einklang zu bringen sind.

Anfang 1930 teilte das Reichsernährungsministerium mit, dass zur verbesserten Nahrungserzeugung von Obst in Deutschland allen bereitwilligen Kleingärtnern Beihilfen für die Pflanzung von Obstgehölzen gewährt würde. Hierbei ging es um eine Drosselung der Obstimporte. Es war eine auf das Jahr befristete Aktion, bei der auf Antrag der Kleingärtner für jeden neu angeschafften Obstbaum eine Beihilfe von einer Mark und für Beerensträucher 30 Prozent der Anschaffungskosten zugezahlt wurden.

Willkommen in Rostock!

Unser Garten ist zwar klein,
Schönes ist da drinnen,
Viel tausend Blümelein,
Die uns heiter stimmen.

Auf nach Rostock, der alten See- und Hansestadt, der Stadt der Sieben, mit den alten Toren, mit seinen alten, gotischen Bauten und alten Giebelhäusern, der Geburtsstätte des alten Blücher, der Landesuniversität!! Das ist der Ruf, der an alle mecklenburgischen Kleingärtner ergeht!

Herzlich willkommen heißen wir die Vertreter der Städte und Verbände. Herzlich begrüßt seien vor vor allem die Vertreter unserer Kleingartenbewegung. Wir verbinden damit den Wunsch, daß die Tagung des Landesverbandes besonders durch den Vortrag des ersten Vorsitzenden des Reichsverbandes, Herrn Rektor Förster, Frankfurt a. M., der über das Thema:

„Förderung des Kleingartenwesens durch Staat und Gemeinden"

zu uns spricht, einen anregenden, erfolgreichen Verlauf nehmen wird und dem Ortsverbande Rostock zur Erreichung seines Zieles eine kräftige Stütze sein möge.

Die Rostocker Kleingärtner werden Ihren Aufenthalt behaglich machen! Sie wollen Ihnen auch zeigen, daß hier in Rostock der echte Kleingartengedanke lebt, daß hier alles versucht wird, den Gedanken Dr. Schreber's zu verwirklichen, die vorhandenen Anlagen zu erhalten, und neue Daueranlagen zu schaffen.

Die Rostocker Gartenfreunde ersehnen den Augenblick, ihren Freunden von auswärts die Hand zum Willkommen bieten zu können, um sich mit ihnen über mancherlei Fragen des Kleingartens, die allen am Herzen liegen, zu unterhalten. Daneben hoffen wir auch, daß unsere lieben Gäste nach des Tages Last und Mühe einige schöne, frohe Stunden in unserm lieben Rostock genießen können, damit sie sich recht oft und gerne an den Rostocker Verbandstag erinnern.

In der angenehmen Erwartung, daß diese Wünsche sich erfüllen, rufen wir nochmals all unsern verehrten Gästen und lieben Freunden ein

herzliches Willkommen

zum Landesverbandstag der Kleingartenvereine beider Mecklenburg in Rostock zu.

W. Schwartz, Vorsitzender des Vorstandes des Ortsverbandes der Kleingartenvereine Rostocks.

„Willkommen in Rostock" hieß es im August 1930

Der Landesverband beschloss, die Jahresversammlung am 9. und 10. August 1930 in Rostock durchzuführen.

Als prominenter Gast wurde der 1. Vorsitzende des Reichsverbandes der Kleingartenvereine Deutschlands, Rektor Heinrich Förster, aus Frankfurt am Main erwartet, der zum Thema „Förderung des Kleingartenwesens durch Staat und Gemeinde" referieren wollte.

Zur Deckung der zusätzlichen Kosten beschloss die Hauptversammlung des Ortsverbandes Rostock eine Umlage von 20 Pfennig je Mitglied. In den Rostocker Zeitungen sollten am 9. August 1930 Fotos von hübschen Schrebergärten erscheinen, um so auf dieses Ereignis aufmerksam zu machen. Die Vereine sollten dazu Bilder von besonders repräsentativen Kleingartenidyllen zur Verfügung stellen. Zur Vorbereitung des Landesverbandstages wurde ein Ausschuss gebildet, der den Begrüßungsabend und den nachfolgenden Programmablauf festlegte. Den Vorsitz übernahm Herr Mellentin vom Verein „An der Schafweide".
Bei den Vorbereitungen fanden die vom Landesverband zur Verfügung gestellten Plakate mit dem Titel „Schafft Dauergärten" großen Anklang. Um die Kleingärtner zu interessieren, lautete das übergreifende Motto: „Die Behörden und die politischen Parteien sind bei diesem Vortrag vertreten, da darf kein Kleingärtner und keine Kleingärtnerin fehlen. Hier zeige jeder, daß wir zusammenstehen, einer für alle!"
Die Besichtigung der von der Auflösung bedrohten Schrebergartenkolonien „Am Pütterweg" und „Am Kesselborn" durch Delegierte der Jahresversammlung des Landesverbandes war Bestandteil des Programms.
Nicht nur für die von der Auflösung bedrohten Kleingartenkolonien, sondern für alle war es eine Ehrensache, die Lauben, Gärten und die Anlagen festlich herzurichten. Die Kolonien waren mit Lampions geschmückt, beflaggte Fahnenmasten rahmten die Festwiesen ein und die Anlagen selbst wurde gesäubert. Die Begeisterung und die Erwartungen waren hoch.

Repräsentative Fotos aus Rostocker Gärten wurden anlässlich der Tagung des Landesverbandes im August 1930 veröffentlicht.

„Hier ist Gutsein", hieß es 1930 zu diesem Foto ...

... und „Hübsch angelegter Gartenweg. Links vorn die Dahlie ‚Goldene Sonne'" stand unter dem Foto.

Im Bericht von der Tagung des Landesverbandes der Kleingärtner beider Mecklenburg e. V. am 9. Und 10. August 1930 hieß es:

*„Die Tagung des Landesverbandes der Kleingärtner beider Mecklenburg in Rostock bewies mit aller Deutlichkeit das Bestreben der Kleingärtner, ihren volkswirtschaftlichen und volksgesundheitlichen Zielen immer näher zu kommen. Ein Festabend leitete am Sonnabend den Verbandstag ein. Die Festansprache hielt der 1. Vorsitzende W. Schwartz vom Rostocker Ortsverband. Er würdigte insbesondere die kulturelle Seite der Kleingärtnerbewegung. Weitere Ansprachen folgten. Viel Anklang fand das von Mitgliedern des Rostocker Vereins „Pütterweg“ aufgeführte Bühnenstück „Die Heinzelmännchen im Schrebergarten und die zehn Gebote“... In der Diskussion sprach u.a. Stadtrat Schwanke/Wismar. Nicht ausreichend seien die Unterstützungen, die von den Wohlfahrts- und Arbeitsämtern und dergleichen gewährt wurden. Eine große wirtschaftliche Hilfe sei der Kleingarten in Notzeit. Aufgabe der Stadtverwaltung sei es, das Kleingartenwesen zu fördern. Schwanke betonte weiter die große kulturelle Bedeutung des Kleingartens. Leider seien in Mecklenburg noch nicht die Ausführungsbestimmungen zur Reichs-Kleingartenpachtordnung erlassen ... Bemerkenswert ist ein Antrag [*aus - Anm. d. A.*] Rostock: Der Landesverband wolle seinen Vorstand beauftragen, dahin zu wirken, daß das Landes-Grundsteuergesetz für Kleingartenvereine aufgehoben wird, weil sie gemeinnützig sind. Der Antrag wurde angenommen. In der Zeitungsfrage wurde nach längerer Debatte der geschäftsführende Vorstand bevollmächtigt, die schwebenden Verhandlungen in dem von A. Wendt/Rostock vorgetragenem Sinne zum Abschluß zu bringen.“*

1930: „„Unsere Scholle‘ betreten wir durch eine geschmackvolle, blumenumrankte Pforte“

Nach diesem Ereignis setzte der Landesverband seine Arbeit mit dem 9. Verbandstag im Juli 1931 in Güstrow fort.

Bereits auf dem Bahnhof wurde den Delegierten der 18 Vereine und ihren Gästen ein herzlicher Empfang bereitet. Neben Grüngirlanden und anderem Festschmuck war auch die neue Flagge des Reichsverbandes (in den Farben Grün-Weiß-Gelb) zu sehen.

Der Ortsverband Rostock hatte drei Anträge zur Beschlussfassung eingereicht.

Der 2. Vorsitzende des Reichsverbandes, Herr Reinholdt aus Berlin, sprach über die Notwendigkeit der Ausführungsbestimmungen zur Kleingartenordnung. Die zwischenzeitlich für Schwerin und Doberan erlassenen Ausführungsbestimmungen wertete er als ungeeignet, um sie auf das gesamte Mecklenburg zu übertragen. Sie sollten seinen Hinweisen entsprechend überarbeitet werden. Er versprach die Hilfe des Reichsverbandes, um auch in Mecklenburg zweckdienliche Ausführungsbestimmungen zur KGO zu schaffen. Die Vertreter von 3.076 Mitgliedern wählten die satzungsgemäß ausscheidenden Vorstandsmitglieder, Paul Michaelis, Otto Kanter (beide Wismar) und E. Otto (Schwerin) erneut in den geschäftsführenden Vorstand des Landesverbandes.

8. Anträge: Schwerin *), Rostock **);
9. Ort der nächsten Tagung;
10. Verschiedenes.

*) Antrag Schwerin, Pachtschutzvereinigung: Der Verbandstag wolle beschließen, die Vereine von der Zahlung der Beiträge an den Landesverband und Reichsverband für ihre erwerbslosen Mitglieder zu erlassen.

**) Anträge Ortsverband Rostock: 1. Der LV. möge beschließen, daß jedes Mitglied verpflichtet ist, den „Kleingärtner“ zu beziehen. — 2. Der LV. möge darauf hinwirken, daß auch in Mecklenburg (wie in Preußen) die Gemeinnützigkeit nur solchen Kleingartenvereinigungen zuerkannt werde, die dem LV. angeschlossen sind. — 3. Der LV. möge dem Ortsverband Rostock eine jährliche Beihilfe zu den Geschäftskosten bewilligen von 50 Mark.

Um recht zahlreichen Besuch der Tagung bittet

Der Vorstand.
J. A.: Michaelis, 1. Vors.

Anträge des Rostocker Ortsverbandes von 1931

1930: „Ruheplätzchen zwischen duftenden Blüten“

Die Schrebergärtnerfrau

In der bisherigen Darstellung der Entwicklungsgeschichte des Kleingartenwesens ist stets nur die Rede vom Schrebergärtner. Er war die Hauptperson und kümmerte sich um die wichtigsten Dinge im Garten und Verein. Aber was war mit der Frau an seiner Seite? Sie hatte ohne Aufhebens die vielen kleinen, aber auch wichtigen Dinge im Garten zu erledigen. Dabei war es unerheblich, ob sie organisiert war. Sie sorgte für Sauberkeit und Ordnung in der Laube, bearbeitete Beete und Gartenwege, bepflanzte Blumenrabatten, bereitete schmackhaftes Essen zu und beaufsichtigte die Kinder in der Spielecke. Kamen Gäste in den Garten, hatte sie alle Hände voll zu tun. Jeder kann selbst beurteilen, wie ein Garten ohne Frauenhand aussehen würde.

Mit dem unaufdringlichen Wirken der tätigen Schrebergärtnersfrau erhält der Garten seine Schönheit, strahlt Harmonie aus und bringt erholsame Gemütlichkeit, damals wie heute.

Die Frau als treuer Kamerad des Schrebergärtners.

Draußen vor der Stadt liegt die Kolonie der Schrebergärtner. Stets sieht man dort fleißige Menschen an ihrem Stückchen Garten arbeiten. Der Mann mit Spaten und Hacke, pflanzend und veredelnd. Die Frau, sein bester Kamerad, ist um ihn, sie darf hier draußen nicht fehlen. Wie würde wohl ein Garten aussehen, wenn keine Blumen darin blühen und Schönes und Nützliches nicht praktisch vereint sind! Hier ist das Arbeitsfeld der Frau! Dem Manne liegt es nicht, allerlei Kleinigkeiten zu erledigen, dazu sind wir da, den Mann zu ergänzen in harmonischem Gleichklang.

Aus dem Mai-Heft 1931 der Zeitschrift „Der Kleingärtner“.

Ganz im Sinne der damaligen Zeit stand weiter im „Kleingärtner“ von 1931 geschrieben:

„Die Rosenknospen werden ebenfalls ganz nach Anweisung des Mannes gewissenhaft abgeschnitten und zum Sträußchen fürs Heim zusammengebunden. Weiter geht man dem Manne zur Hand, indem man die Sträucher an Hölzer sorgsam anbindet wie Johannisbeeren, Dahlien, Nelken usw.…
Die Pflege der Tomaten kann die Frau auch ganz gut übernehmen, denn das Anbinden derselben und Ausknicken von unnützen Trieben ist eine Kleinigkeit. Das Reinigen der Wege ist Sache der Frau, ebenfalls das der Laube… Unbedingt ist nötig, daß die Laube ein ordentliches und freundliches Aussehen innen und außen aufweist. Gewöhnlich wird sich in dieser mal einen Augenblick Ruhe gegönnt und sieht es dann unordentlich darin aus, verdirbt es leicht die Lust zur fröhlichen Arbeit. Auch den bösen Nachbarn fällt es dann schwer, über uns zu lästern…“

Wie so oft gingen auch hier Theorie und Praxis weit auseinander. Spätestens in den Kriegsjahren hatten die Frauen alle Arbeiten allein zu erledigen und die Männer voll zu ersetzen.

Zahlungsverpflichtungen

Den Vereinen und Mitgliedern des Landesverbandes war es nur über den Landesverband selbst, und zwar in schriftlicher Form, möglich, mit dem Reichsverband zu korrespondieren.
Die Bezahlung der Monatsschrift „Der Kleingärtner“ erfolgte, wie auch die anderen Zahlungsverpflichtungen der Vereine, ab 1. Januar 1931 über den Ortsverband an den Reichs- und Landesverband.

Die vierteljährliche Beitragszahlung eines Mitgliedes betrug:

- für den Reichsverband	6 Pfennig
- für den Landesverband	9 Pfennig
- für die Monatsschrift „Der Kleingärtner“	12 Pfennig

Dieser Beitrag von 27 Pfennig war vierteljährlich im Voraus zu entrichten. Sollte die Monatsschrift über die Post bezogen werden, kamen noch einmal 9 Pfennig dazu. Der Ortsverband erhob einen Beitrag von 5 Pfennig im Quartal.

Inserate aus dem „Kleingärtner“, 1925/26

Ab 31. Januar 1931 wurde die Monatszeitschrift „Der Kleingärtner“ im landesverbandseigenen Verlag hergestellt und nicht mehr in der Rostocker Druckerei Wendt. Damit verbunden war eine Kostensenkung für den Bezug. Verstärkt sollten für den Inseratenteil bei mecklenburgischen Firmen geworben werden, was sich aber als sehr schwierig erwies.

Die Kleingärtner hatten es also selbst in der Hand, wenn sie ihre Bestellungen für Sämereien, Düngemittel, Pflanzen, Gehölze und Gerätschaften vorrangig bei den ortsansässigen Firmen tätigten.
Auf Grund der Kassenlage war der Ortsverband gezwungen, den jährlichen Beitrag auf 20 Pfennig pro Mitglied festzulegen. Die finanziellen Möglichkeiten erlaubten es auch nur, jeweils einen Delegierten zum Landesverbandstag zu entsenden.
Der Ortsverband wurde von den Einzelvereinen beauftragt, mit der Stadtverwaltung zu klären, welche der seinerzeit bestehenden Kleingartenkolonien als Dauerkolonie anerkannt werden sollten.
Am 9./10. Juli 1932 wurde in Doberan der 10. Landesverbandstag abgehalten.
Das Vorstandsmitglied des Reichsverbandes der Kleingartenvereine Deutschlands, Fritz Meyer, sprach zu den Delegierten über den Wert der Kleingartenorganisation, das Kleingartenrecht und den Zweck des Reichs- und Landesverbandes. Für die Schreberjugendpflege forderte er mehr Unterstützung seitens des Vereins.

LANDES-
VERBANDSTAG 1932

Nur Massenwirkungen bringen heute den erwünschten Erfolg, darum darf niemand die für uns alle so bedeutsame Tagung versäumen!!!

Verbandstage sind im Leben einer Organisation Schicksalstage, oft werden sie auch zu Wendepunkten im bisherigen Verbandsleben. **Neue Zeiten erfordern neue Wege!** Ob die neuen Wege gut und richtig sind, wird natürlich immer erst die Zukunft lehren. Wichtig bleibt vor allem aber **der Eindruck,** den ein Verbandstag einer **so großen Bewegung, wie die Kleingartenbewegung,** in der **Oeffentlichkeit,** bei den **Behörden** und **Parlamentsvertretern** hinterläßt.
Diesen Eindruck so gewaltig wie nur möglich zu gestalten, **ist Pflicht eines jeden organisierten Kleingärtners!**

Wer zu Hause bleibt und denkt, die andern werden schon für mich arbeiten, stärkt die Stellung unserer Gegner! Wer kann das mit ruhigem Gewissen verantworten? Sicherlich niemand, dem sein Garten mehr ist, als nur ein Obst- und Gemüselieferant! Darum, Mecklenburger Kleingärtner, tut Eure Pflicht, wie Ihr sie auch von Euren Führern verlangt. **Parole für den 9. und 10. Juli: Auf nach dem wunderschönen Bad Doberan zum Landesverbandstag!**
Der Verbandsvorstand.

Am 9./10. Juli 1932 wurde in Doberan der 10. Landesverbandstag abgehalten.

Ortsverband der Schrebergartenvereine Rostock e. V. 1925 bis 1932

Obwohl mit der Kleingarten- und Kleinpachtlandordnung von 1919 gesetzliche Maßnahmen zur Förderung und Erhaltung des Kleingartenwesens festgelegt waren, spürten die Rostocker Kleingärtner davon kaum etwas. Die Durchführungsbestimmungen zu diesem Gesetz waren in Mecklenburg – im Gegensatz zu anderen Ländern Deutschlands – noch nicht beschlossen. Das erschwerte die Entwicklung der mecklenburgischen Vereine und trug nicht zu ihrer weiteren Stärkung bei.
Auch von Seiten der Kämmerei der Stadt Rostock änderten sich die Beziehungen zu den Kleingartenvereinen kaum. Am 21. Februar 1925 fand in der Aula der Realschule eine Besprechung der Vorstände der Rostocker Kleingartenvereine statt. Es wurde über die Gründung eines Ortsverbandes beraten. Man erhoffte sich, von einem stabilen Ortsverband mehr Möglichkeiten zur

Durchsetzung aller Interessen und ein besseres Miteinander der bestehenden Kleingartenvereine.

Am 16. Mai 1925 gründete sich mit dem Zusammenschluss mehrerer Kleingartenvereine der Stadt („Am Galgenberg", „Am Pütterweg", „Am Zingel", „Obst- und Gemüsebauverein Gehlsdorf") der „Ortsverband der Schrebergartenvereine Rostock e. V.". Ihren Beitritt zum Ortsverband erklärten im Laufe des Jahres 1925 die Vereine „Am Kesselborn" (24. Juni 1925), „Gemeinnützige Baugenossenschaft Gartenstadt Rostock-Barnstorf" (5. September 1925) und „Cramonstannen" (21. November 1925).

Der Ortsverband fand von Beginn an großen Anklang, weil er bereit war, allen Kleingärtnern Hilfe und Unterstützung zu geben und den Vereinsvorständen jederzeit beratend zur Seite stand. In den Vorstand des Ortsvereins wurden Kleingärtner gewählt, die bereits in ihren Vereinen aktive Arbeit leisteten. Es wurde streng darauf geachtet, dass aus jedem angeschlossenen Verein ein Vertreter präsent war. Namentlich wurden gewählt:

1. Vorsitzender	Fritz Niemeyer; Studienrat, Lessingstraße 17
2. Vorsitzender	Wilhelm Schwartz, Obertelegraphensekretär, Feldstraße 38
Kassenführer	Wilhelm Voß, Obersteuerinspektor, Ludwigstraße 33
Schriftführer	Karl Schmidt, Lehrer, Ludwigstraße 32

Der neue Ortsverband hatte es sich zum Prinzip gemacht, die Vorstände der ihm angeschlossenen Vereine regelmäßig zu den Verbandssitzungen einzuladen. Das führte zu einer breiten Einbeziehung der Vereine und der einzelnen Kleingärtner in die Arbeit des Ortsverbandes. Auch unter den Vereinen fand ein intensiver Erfahrungsaustausch statt, der die Wirksamkeit der Arbeit des Ortsverbandes erhöhte.

Ein weiterer Beschluss regelte, dass an den Mitgliederversammlungen nach einem festgelegten Schlüssel (50:1) Vertreter der Vereine teilnehmen konnten. Die Bedeutung des Ortsverbandes bestand in der Bündelung der Interessen, die wirksamer in den übergeordneten Strukturen zur Sprache kamen, sei es im „Landesverband der Kleingärtner beider Mecklenburg" oder dann auch im „Reichsverband der Kleingärtner Deutschlands".

Im November 1925 erreichte der Ortsverband in seinen Verhandlungen mit der Kämmerei der Stadt, dass bei Beratungen zu Kleingartenangelegenheiten der Ortsverband eingeladen wurde. Als Ausdruck einer verbesserten Zusammenarbeit bot die Kämmerei Anfang 1926 dem Ortsverband im Süden der Stadt ein größeres Gelände zur Einrichtung von Dauerkleingärten an. Es handelte sich um Ackerland beim Grünen Weg, bei der Tweel und am Pulverturm sowie vor der Gemeinde Sildemow. In Anbetracht des offensichtlich zu langen Anmarschweges bis Sildemow lag darüber hinaus die Bereitschaft vor, eine Austauschfläche zu prüfen.

)eilage zu Nr. 6
l. Jahrgang

Der Kleingärtner

15. Juni
1925

Rostock. Am 16. Mai ist durch Zusammenschluß mehrerer Vereine ein Ortsverband der Schrebergärtenvereine Rostocks gegründet worden. 1. Vorsitzender ist Fritz Niemeyer, Studienrat, 2. Vorsitzender Schwartz, Ober-Teleg.-Sekr., Schriftführer Karl Schmidt, Lehrer, Kassenführer Wilh. Voß, Obersteuerinspektor. — Der Ortsverband hatte zum 8. Juni die Vorstände der hiesigen Kleingärtner-Vereine zu einer Besprechung über die Gestaltung des im Herbst in Rostock stattfindenden Bezirkstages eingeladen. Man war sich einig in dem Gedanken, daß bei dieser Tagung die Oeffentlichkeit auf unsere Bewegung aufmerksam gemacht werden müsse. Geplant wird eine dreitägige Obst- und Gemüseschau und ein Umzug durch die Straßen mit geschmückten Erntewagen. Die Vorstände der einzelnen Vereine werden in ihren Vereinen die Angelegenheit besprechen und dann in einer zweiten Versammlung am 1. Juli (abends 8 Uhr in derTonhalle) gemeinsam mit dem Ortsverband die Angelegenheit weiter fördern.

Schmidt.

Meldung im „Der Kleingärtner" vom 15. Juni 1925 über die Gründung des Rostocker Ortsverbandes der Schrebergartenvereine

Um auch von den Ämtern und Behörden mehr Zuspruch und Verständnis für die Belange des Kleingartenwesens zu erlangen, wurden am 9. Mai 1926 zum „Fest der Baumblüte" die Vertreter des Rates, der Stadtkämmerei und des Stadt-Erweiterungskomitees vom Ortsverband zu einer Rundfahrt durch die Kleingartenkolonien eingeladen. Mit viel Eifer hatten die Schreber- und Kleingärtner ihre Anlagen in Ordnung gebracht und festlich geschmückt. Abgestimmt mit der Blütenvielfalt wurden die Gartenlauben farbig gestrichen. Viele Kleingärtner waren mit ihren Familien und Freunden anwesend. Am Ende dieser Rundfahrt schätzten die erschienenen Stadtvertreter ein, dass „das Anlegen von Schrebergärten für die sittliche Ertüchtigung des Volkes in seiner Bedeutung nicht zu unterschätzen sei!"

Im Juni 1926 beklagte der Ortsverband, dass gegenwärtig nicht ausreichend Interesse für den Erwerb eines neuen Kleingartens vorhanden sei. Der Ortsverband, so der Vorsitzende, könne einerseits bei der Kämmerei nicht ständig nach Gelände für die Neueinrichtung von Kleingartenkolonien nachsuchen, wenn zum anderen die Interessenten ausblieben. Es wurde beschlossen, dass jeder Kleingärtner die Pflicht hat, die Werbung neuer Mitglieder aktiv zu unterstützen. Dennoch kam es zu keinem spontanen Anstieg der Mitgliederzahlen. Im Zeitraum März 1926 (6 Einzelvereine mit 604 Mitgliedern) bis Juni 1928 stieg die Gesamtzahl der neu aufgenommenen Mitglieder um 88 (nunmehr 8 Einzelvereine mit 692 Mitgliedern).

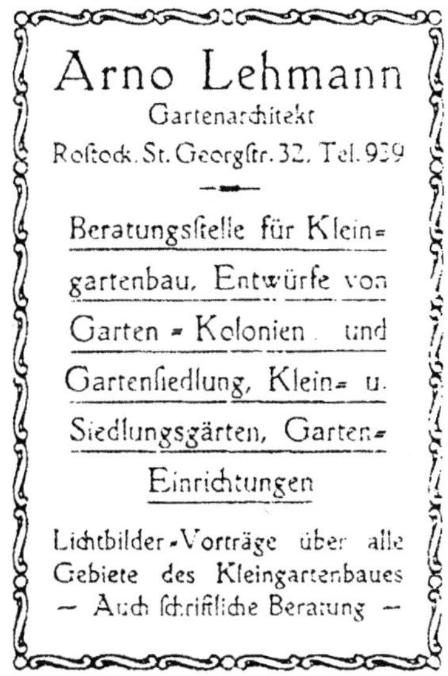

Inserate aus dem „Kleingärtner“, 1925/26

Ein Schwerpunkt in der Arbeit des Ortsverbandes bildete u.a. die Umsetzung des 1919 erlassenen Reichsgesetzes „Kleingarten- und Kleinpachtlandordnung“ im Land Mecklenburg und damit auch für Rostock. Da, wie bereits erläutert, die Landesregierung in Mecklenburg sich seit dem Inkrafttreten des Gesetzes mit der Herausgabe einer landesweit einheitlichen Ausführungsbestimmung bedeckt hielt, kam es immer wieder zur Benachteiligung von Kleingärtnern im Land. Bei den Verwaltungen und Behörden im Land führte dieser Zustand zu unterschiedlichen und teilweise willkürlichen Maßnahmen bei ihren Entscheidungen über die Anwendungen des Gesetzes und hemmte damit erheblich die Entwicklung des Kleingartenwesens in Mecklenburg. So konnten z.B. die Behörden den Ortsverbänden oder den Vereinen die Anerkennung ihrer Gemeinnützigkeit verwehren.
Bereits 1926 gab es durch den Ortsverband und von Seiten einzelner Kleingartenvereine in Rostock – aber auch landesweit – heftige Kritik an der Landesregierung. Man wollte damit erreichen, dass endlich die verbindlichen Richtlinien zur Umsetzung des Gesetzes erarbeitet werden. In Beratung mit der örtlichen Stadtverwaltung, auf Versammlungen und zentralen Ausstellungen und Tagungen wurde zumeist in mündlicher Form Kritik an der Haltung der Regierung geäußert und eine alsbaldige Abänderung gefordert. Es erschienen auch Beiträge in der Fachzeitschrift „Der Kleingärtner“, um auf diese Situation aufmerksam zu machen. In vereinzelten Fällen kam es vor, dass so ein Beitrag von der Tagespresse übernommen und der Öffentlichkeit zugänglich gemacht wurde.
1929, als sich der Landesverband Mecklenburg mit einer offiziellen Eingabe an den Rechtsausschuß des Mecklenburg-Schweriner Landtages wegen der noch immer fehlenden Ausführungsbestimmung zur KGO wandte, unterstützte der Ortsverband dieses Anliegen durch seine Unterschrift. In diesem Zusammenhang wollte sich der Ortsverband auch an den in Essen stattfindenden Deutschen Städtetag wenden und diesen bitten, dass auf dieser Tagung ein Vortrag über die Bedeutung des Kleingartenwesens in deutschen Städten gehalten wird. Leider liegen keine Kenntnisse darüber vor, ob dieser Bitte entsprochen wurde.

Während des in Rostock stattfindenden Landesverbandstages der Kleingärtner beider Mecklenburg am 3. und 4. Oktober 1925 wurde durch den Ortsverband Rostock zusätzlich eine Obst- und Gemüseschau durchgeführt, die das Können der Rostocker Kleingärtner eindrucksvoll dokumentierte. Der Ortsverband schätzte das Ergebnis dieser Ausstellung im Oktoberheft 1925 „Der Kleingärtner“ ein:

„Das Ereignis des Jahres in unserer Schrebergartenwelt ist gut gelungen, weil jeder an seiner Stelle seine Schuldigkeit tat. Jeder, der mitgeholfen hatte, stellte seit Monaten sein Können in den Dienst der Sache. Jeder Schrebergärtner versuchte durch natürlichen und künstlichen Dünger die Erträge seines Gartens auf ‚Ehrenpreisgröße‘ zu steigern. Jeder beteiligte Verein gab das Letzte an Mühe und Geld für die Stiftung von Preisen und zur Ausschmückung der Wagen für den Festumzug. Der Ortsverband dankt herzlich allen Beteiligten, Stiftern der Preise und den Behörden. Besonderen Dank gilt dem Bürgermeister Dr. Heydemann und der Kämmerei für ihr gutes Entgegenkommen. Die Ausstellung sollte den Rostocker Bürgern den Sinn und mehr Verständnis für die Tätigkeit der Rostocker Kleingärtner näher bringen. Das gelang offensichtlich!“

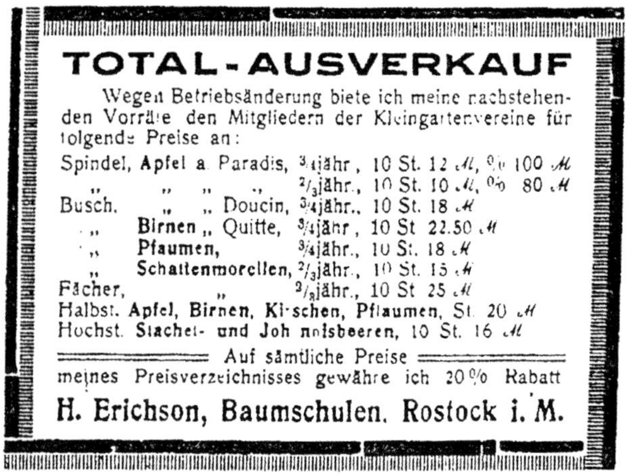

Inserate aus dem „Kleingärtner“, 1925/26

Der Ortsverband widmete sich der Vermittlung von Fachwissen an die Kleingärtner. Darin ging es um die richtige Sorten- und Standortwahl, um die Empfehlungen für die Auswahl des Saat- und Pflanzgutes, um das Düngen unter Beachtung von Natur und Umwelt, einem Grundanliegen der kleingärtnerischen Arbeit. Sehr hilfreich waren auch die Veranstaltungen mit Fachexperten, Besuche von Baumschulen, Gärtnereien und thematischen Ausstellungen. Die Begegnungen mit anderen Kleingärtnern im und außerhalb des Vereins förderte den Erfahrungsaustausch, gab wichtige und konkrete Hinweise in der Weiterbildung und praktischen Handhabung.

Mit zentralen Wettbewerben auf kleingärtnerischem Gebiet wie auch durch vereinsübergreifende kulturelle Veranstaltungen (Erntedankfeste; Spendenaktionen, Fachbeiträge, Filmveranstaltungen), deren Teilnahme jedem Kleingärtner freistand, wurden schnell Kontakte und Verbindungen zwischen den Kleingärtnern im Ortsverband und den anderen Kleingartenvereinen hergestellt.
Es war nach 1925 zur Tradition geworden, dass an den jährlich in einem Verein stattfindenden Frühlings-, Sommer-, Erntedank- und Wintervergnügen auch Kleingärtner anderer Vereine der Stadt teilnahmen.

Im August 1926 stand landesweit das Solidaritätsverhalten der Kleingärtner auf dem Prüfstand. Der Landesverband hatte in der Monatsschrift „Der Kleingärtner“ einen Aufruf unter dem Titel „Kleingärtner in Not“ veröffentlicht. Es wurde darin auf die Misere der Kleingärtner im Freistaat Anhalt verwiesen, die durch das Elbehochwasser großen Schaden genommen hatten. Viele Kleingartenanlagen standen vollständig bzw. teilweise unter Wasser. Nach dem Grundsatz „Jeder nach seinen Mitteln – auch die kleinste Gabe hilft!“ oder unter dem Motto „5 Pfennig von jedem Kleingärtner bringen schon eine Menge Geld!“ wurde Geld für den Neuaufbau der Gartenanlagen auch von den Rostocker Kleingärtnern gesammelt. Bekannt ist, dass die Vereine „Am Galgenberg“ 1926 den Betrag von 57,25 Reichsmark und „Am Pütterweg“ 1927 auf ihrem Gartenfest 20,00 Reichsmark spendeten. Zu den Gesamtspenden des Ortsverbandes Rostock liegen jedoch keine gesicherten Zahlen vor.

Kleingarten- und Kleinpachtlandordnung, Ausführungsbestimmungen, Bodenreformgesetz, Heimstättengesetz, Generalpacht und weitere verwirrende Begriffe prasselten unaufhörlich auf den einzelnen Kleingärtner und die Vereine herab und viele kannten den Inhalt dieser Begriffe und die Bedeutung dieser Vorschriften für ihre persönlichen Belange nicht. Deshalb organisierte der Ortsverband eine Reihe von Informationsveranstaltungen, auf denen der Kleingärtner mit dem Grundanliegen dieser Begriffe vertraut gemacht wurde. Dabei konnten den Referenten auch Fragen gestellt werden. Auf Einladung des Ortsverbandes und unter Mitwirkung mehrerer Vereine hielt 1927 z.B. Herr Dr. Damaschke aus Berlin in der Rostocker „Tonhalle“ einen Vortrag über „Was ist Bodenreform und was soll jeder deutsche Bürger, vor allem aber jeder Kleingärtner, darüber wissen.“

Da auch der Landesverband der Arbeitsgemeinschaft für das Reichsheimstättengesetz (Bodenreformgesetz) angehörte, war es fast eine Pflicht für jeden Kleingärtner, an derartigen Veranstaltungen teilzunehmen. In einer Eingabe des Landesverbandes, die von den Vereinen mit unterzeichnet wurde, ist die Landesregierung aufgefordert worden, sie möge sich mit allen Mitteln für das Bodenreformgesetz verwenden.

Generalpacht

Nach den Festlegungen der Kleingarten- und Kleinpachtlandordnung von 1919 war jeder gemeinnützige Ortsverband der Kleingärtner in Deutschland Generalpächter aller Kolonien. Er pachtete von den Eigentümern Land zur kleingärtnerischen Nutzung. Der Vertrag verlängerte sich nach Fristablauf automatisch, soweit nicht eine der vertragschließenden Seiten vorher kündigte. Der Ortsverband schloss durch ein Verwaltungsabkommen einen Vertrag mit den einzelnen Vereinen ab. Diese übernahmen dann alle Rechte und Pflichten des Generalpachtvertrages zwischen dem Ortsverband und den Eigentümern. Die Eigenständigkeit der Vereine wurde durch dieses Abkommen nicht beeinträchtigt. Die Vereine selbst schlossen als Vermittler des Ortsverbandes mit den jeweiligen Mitgliedern einen Unterpachtvertrag, der vom Ortsverband unterzeichnet wurde.

Auch der Berliner Ministerialrat Dr. Kaisenberg bezeichnete in einem Artikel im „Kleingärtner“ die Generalpacht als praktische Verfahrensweise ohne Besonderheiten. Er sagte unter anderem:

„Das Kleingartengesetz hat das Verbot der gewerbsmäßigen Generalpacht gebracht. Grundstücke dürfen zum Zwecke der Weiterverpachtung als Kleingärten nur durch Körperschaften oder Anstalten des öffentlichen Rechtes oder als ein gemeinnützig anerkanntes Unternehmen zur Förderung des Kleingartenwesens gepachtet werden. Die berufensten Träger der Generalpacht bilden heute die in gemeinnützigen Vereinen und Verbänden zusammengeschlossenen Kleingärtner. Die Stadtgemeinden gehen mehr und mehr dazu über, das gemeindliche, der Kleingartennutzung gewidmete Gelände durch die Organisation der Kleingärtner selbst betreuen zu lassen, weil erfahrungsgemäß der Kleingartenbau durch die Kleingartenorganisationen im Wege der Selbstverwaltung zweckmäßiger gefördert werden kann als auf behördlichem Wege.“

Wegen der noch immer fehlenden Ausführungsbestimmungen zur Kleingartenordnung war der Ortsverband Rostock nicht gemeinnützig. Er musste deshalb bei der Errichtung neuer Kleingärten immer wieder zu der Verfahrensweise greifen, zunächst die Generalpacht der Stadtkämmerei zu überlassen, um sie später wieder zu übernehmen. Zwangsläufig kamen unterschiedliche Festlegungen zustande, so in den Vereinen „Am Pütterweg“ und dem 1927 neu gegründeten Verein „Schafweide“. Ableitend aus der Generalpacht umzäunte die Stadt das Vereinsgelände „Schafweide“ und baute eine Brunnen- bzw. Pumpenanlage, welche die stabile Wasserversorgung gewährleistete. Solange der Vertrag lief, übernahm die Kommune auch die Wartung und Instandhaltung der Anlage. Die Stadt legte weiterhin fest, dass Gartenhäuser auf den Parzellen errichtet werden sollten und keine „Ackerbuden“ aufgestellt werden dürften.

Inserat aus dem „Kleingärtner“, 1926

Der am 9. November 1927 gegründete Schrebergartenverein „Schafweide“, südöstlich vom Schlachthof gelegen, zählte 43 Gärten. Es war der erste Verein Rostocks, der als „dauerndes Grünland“ im Bebauungsplan der Stadt ausgewiesen wurde. Die Stadt entlastete den Verein in der Gründungsphase finanziell, indem sie die Pacht staffelte. Im ersten Jahr betrug der Pachtzins 50 Pfennige je Quadratrute, später dann eine Mark.
Ein weiterer Beschluss des Ortsverbandes Rostock betraf die Gartenverkäufe. Die Verkäufe wurden nicht mehr selbst, sondern über eine im Verein gebildete Kommission vorgenommen. Danach hatte der Veräußerer der Kommission den Käufer zu benennen bzw. vorzustellen. Es ging darum, eine bessere Kontrolle über die Gartenverkäufe zu erhalten und dem Bestreben der Kämmerei, die Gärten meistbietend weiter zu verpachten, entgegenzuwirken. Außerdem ermöglichte dieser Beschluss minderbemittelten Interessenten, dass auch sie sich bewerben

Inserat aus dem „Kleingärtner", 1925

Der Vorstand hatte dieselben ausgearbeitet und wurden diese mit einigen kleinen Aenderungen angenommen. Es soll einem jeden Mitglied nach Fertigstellung je ein Exemplar zugestellt werden. Unter Verschiedenes wurden allerlei interne Angelegenheiten erledigt. Als letzter Punkt war die Auslosung von Anteilscheinen vorgesehen. Es wurden in diesem Jahre 115 Anteilscheine ausgelost, und zwar folgende Nummern: 1, 2, 3, 7, 8, 9, 29, 42, 46, 52, 59, 60, 63, 64, 68, 88, 89, 91, 95, 96, 97, 99, 110, 112, 113, 115, 116, 117, 118, 129, 131, 139, 140, 141, 143, 161, 177, 197, 199, 205, 210, 223, 227, 228, 234, 255, 256, 257, 260, 270, 271, 274, 279, 280, 285, 288, 303, 311, 315, 321, 324, 325, 326, 330, 345, 353, 370, 375, 377, 380, 388, 411, 422, 444, 460, 475, 484, 487, 488, 490, 492, 493, 497, 504, 520, 525, 526, 527, 529, 541, 542, 543, 545, 546, 550, 554, 571, 586, 588, 593, 605, 606, 609, 617, 618, 623, 625, 626, 638, 643, 648, 652, 664, 684, 690. Anschließend wurden 42 Scheine ausgezahlt. Die nicht zur Einlösung vorgelegten Anteile können noch bis 31.

Die Auslosung von Anteilscheinen wurde unter Punkt „Verschiedenes" bei den internen Angelegenheiten des Vorstandes vorgenommen. Die Nummern wurden in dieser Form veröffentlicht.

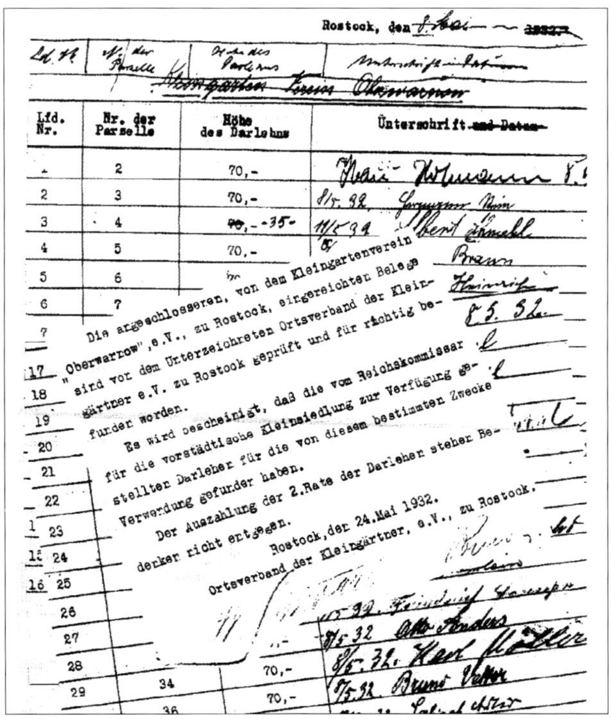

Darlehen für den KGV „Oberwarnow"

konnten. Sie hatten die Möglichkeit, über die Aufnahme eines Darlehens im Verein den vorfinanzierten Kaufpreis in Raten abzuzahlen. Aber auch von der allgemeinen wirtschaftlichen Notlage betroffene Kleingärtner erhielten über ihren Verein die Möglichkeit, einen Spar- oder Darlehensvertrag abzuschließen und entgingen so einer Zwangsversteigerung ihrer Gartenparzelle. Diese Kleingärtner waren meistens arbeitslos oder in Kurzarbeit beschäftigt. Ihre Ausgaben für Pacht, Saatgut, Dünger und Vereinsmitgliedschaft fielen aber stets an. Meist blieb ihnen deshalb nur die Stundung der Ausgaben. Auch auf die Arbeit der Vereine hatte das Einfluss, denn die Stundungen zogen sich oft über das gesamte Geschäftsjahr hin. Geplante Neuerungen des Vereins mussten verschoben oder ganz zurückgestellt werden.
Um die wirtschaftliche Not der betroffenen Kleingärtner und Vereine zu lindern und fremden Kapitalfluss zu verhindern, gründete der Reichsverband eine Spar- und Darlehenskasse.

Der Landesverband Mecklenburg empfahl den nachgeordneten Vereinen, sich der Initiative anzuschließen. Dazu sollte ein Vertrauensmann im Verein bestimmt werden, der die Kasse verwaltete. Jedes Mitglied konnte für sich oder seine Angehörigen je eine Sparkarte erhalten und so zwanglos viele Sparmarken zu 20 Pfennigen erwerben. War die Karte mit ihren 40 Feldern bis zum 1. Juli des Jahres voll geklebt, nahm diese an einer Gewinnziehung teil, bei der auf jede Karte zusätzlich ein Betrag von 5 bis 1.000 Mark gewonnen werden konnte. Auf das Guthaben wurden zum Jahresende Zinsen gezahlt. Der Verein nahm diese Sparkarten für die Begleichung der Pacht und anderer Ausgaben in Zahlung, weil er bei deren Einlösung das Bargeld erhielt.

Der Sparer erhielt von der Kasse kein Darlehen. Das Darlehen wurde nur an den Verein gegeben. Auf Beschluss des Kassenvorstandes wurde dem Verein zweckgebunden zur Einrichtung von Gärten ein Darlehen gewährt, wobei das Mitglied den Gartenkaufpreis und die anderen Sachwerte in Raten zurückzahlte. Ein Darlehen konnte auch bei einem Gartenkauf in Anspruch genommen werden. Handelte es sich um einen gut eingeschätzten Garten, der einen hohen Verkaufswert erwarten ließ, erfolgte in der Regel der Verkauf nur an gut bemittelte Bewerber. Um auch den anderen einen solchen Kauf zu ermöglichen, konnte durch Inanspruchnahme der Darlehenskasse Hilfestellung gegeben werden. Der Verein nahm für das neue Mitglied und zu diesem Zweck ein Darlehen auf. Das Mitglied zahlte an den Verein das Darlehen nebst Zinsen zurück.

Auf mehreren Beratungen im Ortsverband wurden die von den Einzelvereinen vorgelegten Entwürfe der Satzungen und Pachtverträge geprüft und genehmigt. Einer Kommission war es danach vorbehalten, die Endfassung zu bestimmen und die Vervielfältigung für die Vereine zu veranlassen.
Mit einer gemeinsamen Spendenaktion der Vereine, die jedes Jahr im Sommer stattfinden sollte, wollten die Vereine unter ihren Mitgliedern Blumen und Früchte sammeln und diese kostenlos an Bedürftige übergeben.

Im September 1931 diskutierte der Ortsverband auf Antrag einiger Vereine die Stundung der an das Reich zu leistenden Rückzahlungen mit den Vereinsvorständen. Weiter stand der Ersatz der Aussaat wegen Wasserschadens auf der Tagesordnung. An der Beratung konnten auch Vereinsmitglieder teilnehmen.

Der Ortsverband informierte die Teilnehmer über die ab 1. Juli 1932 gültige Bestellgebühr der Post von 1 1/2 Pfennig im Quartal für die Monatsschrift „Der Kleingärtner" und empfahl den Vereinen, künftig die Zeitschrift selbst auszutragen.

Es wurde weiterhin mitgeteilt, dass die im Juli durchgeführte Erdbeerspende ein sehr gutes Sammelergebnis erbracht hatte und nunmehr alle Anstrengungen auf die Blumenspende zu richten wären. Im Schrebergartenverein „Schafweide" waren durch Vermittlung des Wohlfahrtsamtes und einiger Armenpfleger am Sonntag, dem 26. Juni 1931, 55 Kinder aus den ärmsten Familien zu einem Erdbeeressen eingeladen worden. In dem Bericht stand dazu u.a.:

„Pünktlich um 3 Uhr nachmittags waren die Kinder in der Kolonie versammelt. Es wurden ihnen zuerst einige Buttersemmeln und eine Tasse Milch von den Damen des Vereins verabfolgt. Hierauf vergnügten sie sich eine Zeitlang mit Kinderspielen, und dann fand das von den Kindern langersehnte Erdbeeressen statt. Von den Mitgliedern waren Erdbeeren in reichem Maße gestiftet, so dass den Kindern, welche erst gegen Abend in die elterliche Wohnung zurückkehrten, noch Erdbeeren mitgegeben werden konnten."

1930: „Lieblingsplatz für die Kleinsten im Garten"

Schon seit einiger Zeit war der Ortsverband mit den städtischen Behörden in Verhandlung mit dem Ziel, dass aufgrund der geplanten Erschließung des Geländes südlich des Lloydbahnhofes (des heutigen Hauptbahnhofes), die 1920 bzw. 1922 entstandenen Kleingartenanlagen „Am Kesselborn" und „Am Pütterweg" nicht aufgelöst werden müssen. Der Fortbestand dieser Anlagen war 1929 durch die Absichtserklärung der Stadt, das Gelände der Vereine als Bauland freizugeben, gefährdet. Für über 300 Gärten und deren Pächter, meistens ältere Arbeiter und Angestellte, hätte dies das Ende ihrer kleingärtnerischen Tätigkeit bedeutet. Sie hatten mit viel Arbeit und erheblichen Kosten die Verwandlung des Ackers in veredeltes Gartenland vollzogen und jetzt, nach der Hälfte der Pachtzeit, wollte die Stadt den Kleingärtnern ihre schönen Gärten schon wieder wegnehmen.

Der Ortsverband konnte und wollte dies nicht zulassen. Er wandte sich am 18. Mai 1929 mit einer Eingabe an den Stadterweiterungsausschuss der Seestadt und bat unter Berücksichtigung der Erhaltung beider Kolonien um Überarbeitung der Festlegung. In seiner Begründung verwies der Ortsverband auf die Bedeutung dieser beiden Kleingartenkolonien als Grünfläche der Stadt und Erholungsstätte für viele Rostocker.

Als Ausgleichflächen für die beiden Kleingartenkolonien hatte die Stadtverwaltung dem Ortsverband Ackerland in Rostock-Bramow (zwischen der Warnemünder Bahn- und Hafenanlage und südlich des alten Friedhofes) angeboten. Darauf sollten neue Dauerkleingartenkolonien errichtet werden. Weil die künftigen Gärten nicht mehr in Stadtnähe lagen, bekundeten viele ältere Kleingärtner ihr Desinteresse an einem neuen Garten.

In die Auseinandersetzung um den Erhalt der Kleingartenkolonien „Am Kesselborn" und „Heydemann" (bisher „Am Pütterweg") wurde Ende 1931 auch der Verein „An der Satower Chaussee" einbezogen. In seiner kurzen, vierjährigen Vereinsgeschichte stand nun der weitere Bestand auf der Tagesordnung. Für den Bau einer Straße musste der Verein eine größere Bodenfläche abgeben. Fünf Pächter hatten ihren Garten aufgeben müssen. Jetzt sollte die Satower Chaussee verlegt werden, das bedeutete, dass weitere acht bis zehn Gärten dem Vorhaben zum Opfer fallen würden.

Einem Teil der Vereinsmitglieder wurde so die Freude am Kleingarten vergällt, alle Mühen und Aufwendungen waren umsonst gewesen. Verbittert über die behördliche Entscheidung, wandten

Kinderfest in der Gehlsdorfer Gartenkolonie „Toitenwinkler Weg" 1932

sich die Mitglieder an den Ortsverband in der Hoffnung, dass dieser mit Unterstützung des Landesverbandes, in Verhandlungen mit der Stadt das Bauvorhaben rückgängig machen könne, zumindest aber, dass eine akzeptable Lösung gefunden werde, die den Verein nicht belaste.
Gleichzeitig wurde die Monatsschrift „Der Kleingärtner" genutzt, um auf die Notlage der Rostocker Kleingartenvereine aufmerksam zu machen. In den veröffentlichten Artikeln wurde die Frage diskutiert, ob es sich unter diesen unklaren Verhältnissen noch lohne, neue Kleingartenkolonien, Dauergärten und Grüngürtel in den Städten und Gemeinden zu schaffen. Zwar erkannten die Reichs- und Landesregierung, die Gesundheits- und Wohlfahrtsämter, die Ärzteschaft und verschiedene Organisationen in den Kleingärten und in den Kleingartensiedlungen eine Möglichkeit, welche die Volksgesundheit fördere, die Folgen der Arbeitslosigkeit mindere und den Landhunger der Städter speise, aber die Praxis sah anders aus. Die Kleingärtner fühlten sich als die ersten Opfer, die ihre mühsam geschaffenen ideellen und materiellen Werte verloren, damit auf dem kultivierten Ackerland rücksichtslos ein Bauvorhaben in Rostock verwirklicht werden konnte.
Die oftmals umstrittenen Bauvorhaben der Stadt belasteten die Kleingärtner und die Entwicklung des Kleingartenwesens gleichermaßen. Diese Umstände verbreiteten Unruhe, Missmut und Verzweiflung unter den Kleingärtnern, die nunmehr auch weniger Argumente hatten, neue Mitglieder zu gewinnen. Aus diesem Grunde verhandelte der Ortsverband mit der Stadtkämmerei über die Bildung eines Kleingartenausschusses. Im Ergebnis entstand eine Arbeitsgemeinschaft, in der vereinbart wurde, dass der Ortsverband künftig zu allen grundlegenden Fragen der Kleingartenentwicklung in Rostock beratend hinzugezogen werden sollte.

Der Ortsverband war mit der Stadt wegen weiterer Erschließungen von Flächen zur Errichtung neuer Gartenanlagen ständig in Verhandlungen. Ein Erfolg stellte sich mit den ca. 30 Gärten am Geinitzweg ein. Diese nahe dem Stadtpark nach Kassebohm gelegene Fläche sollte zur Dauerkolonie erklärt und mit der dort bereits bestehenden Kolonie (vermutlich die Anlage „Am Stadtpark") verbunden werden. Die Generalpacht sollte zunächst der Ortsverband übernehmen und später an den neuen Verein abgegeben werden.

Ein weiteres Angebot der Stadt betraf die Schaffung einer Dauerkolonie am westlichen Stadtrand unmittelbar an der Chaussee von Rostock nach Bramow. Hier war das Problem, genügend Bewerber zu finden, da das Gelände weit außerhalb der Stadt lag.
Die Vereine wurden in einer Aktion des Ortsverbandes um tatkräftige Mithilfe gebeten. Sie dürften jetzt in der Werbung neuer Mitglieder nicht nachlassen.

Es war bekannt geworden, dass die Reichsregierung den Reichsverband der Kleingärtner Deutschlands künftig stärker fördern wollte. Dazu zählte die Zuerkennung der Gemeinnützigkeit für Verbände und Vereine, die dem Reichsverband angehörten. Ein weiterer Schwerpunkt war die Fortsetzung der Praxis in der Vergabe der Reichsmittel für die Einrichtung von Kleingärten von Erwerbslosen. Mehr als in anderen Städten oder Gemeinden Mecklenburgs nutzten viele Rostocker dieses Angebot. Ein Teil des bereitgestellten Geldes konnte nicht zweckentsprechend eingesetzt werden, weil die Stadt nicht ausreichend geeignetes Land zur Verfügung stellen konnte. Der Ortsverband unterstützte die Stadt tatkräftig bei der Suche nach neuen, für Kleingärten geeigneten Ackerflächen.

Zu Beginn des Jahres 1932 zählten zum Ortsverband 9 Vereine mit 721 Mitgliedern. Die Verteilung der Mitgliederzahl war wie folgt:

„Barnstorf"	146 Mitglieder	„Am Kesselborn"	140 Mitglieder
„An den Cramonstannen"	44 Mitglieder	„An der Satower Chaussee"	55 Mitglieder
„Am Galgenberg"	66 Mitglieder	„Schafweide"	43 Mitglieder
„Gehlsdorf"	61 Mitglieder	„Am Zingelgarten"	29 Mitglieder
„Heydemann"	137 Mitglieder		

Nachdem 1932 die Stadtverwaltung bereit war, eine Reihe von Landflächen auf ihre Eignung als Kleingartenland zu prüfen, kam neuer Schwung in die Kleingartenbewegung. Die Stadt zog damit Schlussfolgerungen aus den bereits erwähnten, nicht abgerufenen Reichsmitteln zur Förderung von Erwerbslosen.
Am Verbindungsweg wurden 49 Kleingärten an Erwerbslose verpachtet. Mit einem Teil des Geldes konnten einzelne Pächter in der Kolonie „Am Stadtpark" über den Ortsverband unterstützt werden. Diese Praxis wurde auch auf andere Kolonien übertragen. Auf dem Gelände beim Wossidlo-Park, gegenüber dem Schweizerhaus[3], entstand die dritte, neue Kolonie, die einen Bestand von 108 Gärten aufwies. Die Stadt erklärte sich bereit, die Pachtverträge mit den neuen Kolonien kostenlos abzuschließen. Der Ortsverband verhandelte mit dem Finanzamt bezüglich des Erlassens der Stempelgebühr. Die Zustimmung vom Finanzamt dazu wäre ein erster Schritt bei der Zuerkennung der Gemeinnützigkeit der Vereine.
Der Ortsverband informierte seine Vereine über das Ergebnis bereits länger geführter Verhandlungen mit der Stadt zu den neuen Pachtmöglichkeiten. Für die älteren Vereine lief demnächst die Pachtfrist aus, so dass Neuabschlüsse vorbereitet werden mussten. Der Ortsverband stellte es jedem Verein frei, die Pachtart zu wählen. Dort, wo der Verein sich für die Generalpacht entschlossen hatte, brauchte der Verein nicht selbst mit dem Grundstückseigentümer in Verhandlung zu treten. Für die neu entstandenen Vereine blieb es bei der Generalpacht durch den Ortsverband. Im Zuge der Verhandlungen gab es jetzt unterschiedliche Pachtpreise in den einzelnen Vereinen.
Auf Ersuchen des Ortsverbandes an die Stadtkämmerei wurden von ihr weitere Gebiete zur Anlegung von Dauergärten angeboten. Zur Pacht standen Ackerflächen bei Dahlwitzhof, am Grünen Wege und auf der Hoffeldmark Kassebohm zur Verfügung. Hinzu kam eine Fläche vor dem Ort Sildemow. Aufgrund der großen Entfernung zur Stadt teilte die Kämmerei mit, dass die als Dauerkolonien ungeeigneten Areale ganz oder teilweise ausgetauscht werden können. Der Ortsverband entschied sich wegen der großen Nachfrage für die Ackerflächen am Grünen Weg[4], an der Schwaaner Landstraße, am Stadtpark[5] und in Bramow. Da das Reich, wie bereits 1931, einen Betrag von 70 Mark pro Garten für die Erschließung zur Verfügung stellte, konnten auch Erwerbslose einen Großteil der 280 Gärten erhalten. Es war vorgesehen, dass der Ortsverband die Generalpacht übernahm und der Pächter den Vertrag mit dem Verein abschloss.
Die 1932 entstandenen Kleingartenvereine im Überblick:

„Am Hellberg"	Schwaaner Landstraße	33 Gärten
„Grüner Weg"	südlich vom Lloydbahnhof	68 Gärten
„Waldeslust"	am Stadtpark	108 Gärten
„Schöne Aussicht"	in Bramow	71 Gärten.

Noch vor Ende des Jahres 1932 waren die Gärten in den vier neu angelegten Kolonien restlos vergeben. Unberücksichtigt gebliebene Bewerber hofften weiter. Dem Ortsverband gehörten jetzt 1.176 Mitglieder in 16 Vereinen an. In Gegenzug musste die Kleingartenanlage „Oberwarnow" am Lüttichweg dem Bau des dortigen Wasserwerkes weichen. Schweren Herzens wechselten die Pächter

3 Heute steht an dessen Stelle des „Trihotel" in der Tessiner Straße
4 Südlich des Hauptbahnhofes, heute Mendelejewstraße, Tucholskistraße und Hochhäuser der Ziolkowskistraße
5 Heute Tessiner Straße

in die neu entstandene Kleingartenanlage „Waldeslust". Entsprechend einer Festlegung im Generalpachtvertrag hatten die neuen Kleingartenkolonien zum 1. Januar eines jeden Jahres ein namentliches Pächterverzeichnis mit Adresse und Gartennummer in zweifacher Ausfertigung dem Ortsverband zu übergeben, der ein Exemplar an die Stadtkämmerei weiter reichte.
1932 erklärte die Rostocker Stadtkämmerei, dass sie sich nicht in gewohnter Weise an den öffentlichen Versteigerungen für Pachtland beteiligen wollte. Sie meinte, dass dadurch der Pachtpreis für Landstücke in einer Reihe von Fällen unnötig und unrechtmäßig in die Höhe getrieben würde. Unrechtmäßig deshalb, weil einzelne Pächter ihre Flächen über Jahre ausbeuteten, ohne dem Boden Dung und andere Nährstoffe zugeführt zu haben, dieses Pachtland öffentlich versteigerten, aufgearbeitet dann wieder zu ersteigern versuchten und mit höheren Pachtpreisen zu spekulieren begannen. Vor solchen Machenschaften habe der kürzlich verstorbene Stadtrat Hans Gelpke (Stadtrat von 1920 bis 1931) die Stadt und den Ortsverband gewarnt.
Ausgang des Jahres 1932 wurden unter Einbeziehung des Ortsverbandes durch die Stadtkämmerei erneute Anstrengungen unternommen, um in den kommenden zwei Jahren die Voraussetzungen für die Erschließung von vier bis acht weiteren Kleingartenkolonien zu schaffen.
Die kalkulierte Mitgliederzahl des Ortsverbandes würde sich dann zwischen 1.400 bzw. 1.500 bewegen. Der Hintergrund bestand in den jährlich neu von der Reichsregierung zur Verfügung gestellten Förderbeträgen für die Erschließung und Einrichtung von Dauergärten. Die bisher gesammelten positiven Erfahrungen des Ortsverbandes brachten auch eine zunehmend effektivere Ausnutzung der bereitgestellten Mittel.
Die Vereinsvorstände und der Ortsverband waren sich darüber im Klaren, dass die Reichsförderung Einfluss auf die Eigenständigkeit ihrer Kleingartenorganisationen hat. Es war nicht auszuschließen, dass entgegen dem Grundsatz der Kleingartenvereine und -verbände eine politische Abhängigkeit zur Reichsregierung entstand. Der Ortsverband, die Vereine und deren Mitglieder wollten den Schrebergartenidealen treu bleiben und sich politisch nicht festbinden lassen.
Vor Beginn des 10. Landesverbandstages beider Mecklenburg im Juli 1932 schrieb der Ortsverbandsvorsitzende Schwartz im „Kleingärtner":

„Wir Kleingärtner wollen uns unseren Führern im Reichsverband noch mehr anvertrauen, weil ohne Leitung und tüchtiger Führung unsere Sache nicht vorankommt. Jeder soll deshalb freudig daran mitwirken! Jeder, der nur an seinen Garten denkt und sagt, was geht mich das andere an, hat den Sinn und Wert der deutschen Kleingärtnerschaft noch nicht erkannt. Wir wollen nicht mit dem zufrieden sein, was wir haben, sondern wollen auch für unsere Mitmenschen – besonders den Unbemittelten – sorgen, daß auch sie einen schönen Schrebergarten ihr eigen nennen können. Wenn wir dieses Ziel erreichen wollen, muß uns auch ein einheitlicher Wille beseelen. D. h. nicht, an Althergebrachtem festhalten kann uns weiterbringen, sondern jeder helfe, das Beste herauszufinden! Dann aber mit aller Kraft die neuen Gedanken verwirklichen!"

Schwartz betonte, dass die Tätigkeit des Ortsverbandes ausschließlich den Rostocker Kleingärtnern gewidmet wäre und es auch künftig so bleiben solle. Der Vorstand erwarte aber auch, dass er bei allen Kleingärtnern Verständnis und viel Mitarbeit finde – wie bisher. Der Artikel schloss mit den Worten: „Einigkeit macht stark!"
Unüberhörbar und immer massiver breiteten sich 1932 nationalsozialistische Töne in der Kleingärtnerorganisation aus. Von mehr Ordnung durch Organisation aller Kleingärtner im Sinne des Volkswohlstandes und zur besseren Nutzung des Bodens war die Rede.
Mit Gründung der Ortsgruppe der NSDAP in Rostock im Februar 1925 und dem Einzug der NSDAP im November 1930 in das Rostocker Stadtparlament erhielten diese Tendenzen „öffentlichen Charakter". Demonstriert wurde es u. a. auf den Großveranstaltungen der NSDAP am 30. April 1931 in den „Barnstorfer Anlagen" mit Goebbels als Redner und besonders auf der Wahlveranstaltung am 25. Oktober 1932 mit Adolf Hitler vor etwa 16.000 Zuhörern.
Gleichzeitig erging die Aufforderung an alle nicht organisierten Kleinlandpächter, sich der künftigen neuen Organisation von Kleingärtnern anzuschließen.

Kapitel 3

Das Rostocker Kleingartenwesen unter dem Hakenkreuz (1933 bis 1945)

„Die Aufgabe des Reichsbundes und seiner Glieder besteht darin, daß das Kleingarten- und Kleinsiedlerland nach dem Darré'schen Gedanken von Blut und Boden als Verpflichtung zu Staat und Volk in der Idee Gemeinnutz geht vor Eigennutz zu nutzen ist."

Aus einem Aufruf des Landesgruppenführers Skamel, September 1933

„Kulturarbeit im Moor hinter der See" – Foto vom „Freiwilligen Arbeitsdienst" in der Wochenendbeilage des „Rostocker Anzeiger" am 24. April 1932. Gräben wurden ausgehoben und der Moorboden wurde mit Seesand vermengt, um neues Gartenland entstehen zu lassen.

Gesetze und Bestimmungen für Kleingärtner

Schon bald nach der Machtübernahme durch die Nationalsozialisten am 30. Januar 1933 wurden Bestimmungen und Gesetze erlassen sowie Maßnahmen ergriffen, die erheblichen Einfluss auf die im Reichsverband der Kleingartenvereine Deutschlands zusammengeschlossenen Kleingärtner hatten.
Auf Reichsebene waren dies in schneller Folge u. a.:

4. April 1933	unter Richard Walther Darré wird die Reichsführergemeinschaft des deutschen Bauernstandes gebildet.
29. Juni 1933	Darré wird Reichsminister für Ernährung und Landwirtschaft
14. Juli 1933	Gesetz über die Neubildung des deutschen Bauerntums
29. Juli 1933	Gründung des Reichsbundes der Kleingärtner und Kleinsiedler Deutschlands
13. September 1933	Gesetz über den vorläufigen Aufbau des Reichsnährstandes § 1 besagt u. a.: „Die Landwirtschaft im Sinne dieses Gesetzes umfaßt auch Forstwirtschaft, Gartenbau, Fischerei und Jagd."

Stempel des Kleingärtnervereins „Fährhufe"

Stempel der Kleingartenkolonie „Cramonstannen", 1920 bis 1932

Wie in anderen Bereichen des öffentlichen Lebens sah es auch im Rostocker Kleingartenwesen alles andere als rosig aus.
Im Geleitwort der Zeitschrift „Der Kleingärtner" zum Jahresbeginn 1933 schätzte der Vorstand des Landesverbandes der Kleingärtner beider Mecklenburg e. V. mit seinem Vorsitzenden Michaelis die Situation wie folgt ein:

„Das alte Jahr sollte uns so viele Hoffnungen erfüllen, sollte uns Mecklenburger Kleingärtnern ein besseres sein. Leider, leider können wir fast auf der ganzen Linie unserer Kämpfe, Bemühungen und Wünsche wenig positiv Gutes für uns verbuchen. Die Rostocker Kleingärtner haben einige Erfolge zu verzeichnen, indem sie den Ortsverband durch Neuerstehung von Gartenkolonien stärken. In der Gesamtorganisation ist aber ein Fortschritt nicht zu bemerken.
Pachtpreissenkungen, bessere Regelung der kleingärtnerischen Rechtsverhältnisse und anderes mehr blieben aus. So stehen wir denn am Anfang des neuen Jahres inmitten großer Arbeitslosigkeit und namenlosen Elends weitester Bevölkerungsschichten und warten und hoffen, daß es besser, daß es wieder menschenwürdig werde. Wir Kleingärtner marschieren mit anderen Organisationen in Reih und Glied, um den staatlichen, städtischen und anderen Behörden mitzuhelfen, für unsere Volksbrüder Arbeit und Brot zu schaffen... Möchten sich doch alle mecklenburgischen Kleingärtner im Jahre 1933 uns anschließen, möchten sie doch alle einsehen, daß Einigkeit stark macht und daß Eigenbrötlerei dem großen Ganzen noch nie etwas genützt hat! Im Jahre 1933 muß es wieder bergauf gehen, wenn nicht größere Verzweiflung Platz greifen soll!"

Kleingärtnerwirtschaft im Sinne der „Blut- und Bodenpolitik"

Resignation? Die Praxis sah anders aus. Es erfolgte in Mecklenburg eine rasche Zuwendung zu nationalsozialistischen Ideen. Die Agrarkrise 1927/28, die zunehmende Verschuldung der Landwirtschaft und der mit ihr verbundenen Industrien hatten folgenschwere Auswirkungen auf die Stadtbevölkerung, so auch in Rostock. Von großer Arbeitslosigkeit betroffene Bevölkerungsschichten warteten darauf, dass das Leben endlich wieder besser wurde und waren auch aus diesem Grund besonders anfällig für die Agitation und Propaganda der NSDAP.

In einer Entschließung des Gesamtvorstandes des Reichsverbandes der Kleingartenvereine Deutschlands (1. Vorsitzender war von 1923 bis 1933 Heinrich Förster), veröffentlicht im „Kleingärtner" 6/1933, hieß es u. a.:

„Der Reichsverband ist entschlossen, unter der Regierung des nationalen Aufbaus auf dem Gebiet der Volkswirtschaft und Volkswohlfahrt an der Lösung der ihm gestellten staatserhaltenden Aufgaben weiter zu arbeiten und durch Erfüllung seiner Pflichten dem Volke und dem Vaterlande zu dienen."

Diese Entschließung wurde vom Landesverbandsvorstand vorbehaltlos unterstützt:

„Der Landesverbandsvorstand der Kleingartenvereine beider Mecklenburg e. V. stellt sich geschlossen hinter die Entschließung des Reichsverbandes und erwartet von seinen Vereinen und Mitgliedern treueste Gefolgschaft.
Wismar, den 21. Mai 1933 *Der Landesverbandsvorstand*
Michaelis, 1. Vorsitzender"

Die auf Reichsebene erfolgte Annäherung setzte sich auch auf örtlicher Ebene fort. So hatte bereits im April 1933 der Vorsitzende des Ortsverbandes Rostock der Kleingartenvereine, Obertelegraphensekretär Wilhelm Schwartz, im „Kleingärtner" gefordert: „Führergeist, Führerprinzipien, Führerqualitäten müssen bei einem Vereinsführer in reichem Maße vorhanden sein, soll er den Anforderungen der heutigen Zeit genügen."
Vom Kleingärtner verlangte er, „das Gesamtwohl der Organisation höher zu stellen als die Sorge um den eigenen Garten und das eigene Wohl."

An einen Fortbestand bisheriger Organisationsformen und Arbeitsweisen in den zentralen und regionalen Verbänden des Kleingartenwesens war nicht zu denken.
Die Situation dieser Zeit wurde von Dr. Ing. Hans Kammler, dem späteren „Reichsbundführer" (1933–1935) der Kleingärtner und Kleinsiedler Deutschlands, so eingeschätzt:

„Wohl war die Gründung und Tätigkeit des Reichsverbandes eine Leistung in der Zeit der Zerrissenheit und Parteienwirtschaft, eine Anerkennung durch die öffentliche Hand und besonders durch die Wirtschaft erfolgte jedoch nicht. Hieran wurde neben der zu dieser Zeit vorherrschenden liberalistischen und materialistischen Einstellung besonders jedem Kleingärtner die Schuld gegeben. Dem deutschen Kleingärtner wurde unterstellt, daß er niemals über das Vereinsleben hinaus die Volksgemeinschaft gesehen hat. Jeder sehe nur sich und seine Sorgen und nur die materiellen Dinge der Kleingartenwirtschaft, ohne auf Forderungen der Grundeigentümer, Kommunalverwaltungen und der Volksgemeinschaft Rücksicht zu nehmen. Auch den Vorständen der Kleingärtnerschaft wurde bescheinigt, daß sie nicht die bevölkerungs- und ernährungspolitischen Aufgaben sähen und sich nur um die materiellen Belange ihrer Mitglieder kümmerten."

„Das kultivierte Moorland" in Warnemünde nach 1933. Im Hintergrund die Häuser Parkstraße 13 und 14/15. Das parzellierte Land bildet heute die Grundfläche der Kleingärten südlich der Gartenstraße.

Da die bisherige Führung des Reichsverbandes der Kleingärtner nicht die Gewähr gab, die Kleingärtnerwirtschaft im Sinne der neuen Blut- und Bodenpolitik der Nationalsozialisten zu mobilisieren, wurde auf Anordnung der Reichsleitung der NSDAP am 29. Juli 1933 der „Reichsbund der Kleingärtner und Kleinsiedler Deutschlands e. V." gegründet. Eine Vertretung der Interessen der Kleingärtner im liberalistischen und marxistischen Sinne wurde vom Reichsbund grundsätzlich abgelehnt.
Der Reichsbund hatte dabei die ihm von der Reichsleitung der NSDAP, Amt für Agrarpolitik, gestellten Aufgaben durchzusetzen:

„Die Nutzung des Landes, des Kleingartens und der Kleinsiedlung im Sinne der Verbundenheit von Blut- und Boden als Grundlage für Staat und Volk zu gewährleisten, das Kleingarten- und Kleinsiedlungswesen nach dem Grundsatz ‚Gemeinnutz geht vor Eigennutz' zu fördern und die Selbstverwaltung des Kleingarten- und Siedlungslandes sowie den ideellen und materiellen Schutz der Kleingärtner und -siedler zu besorgen."

Damit begann auch für das Kleingartenwesen beider Mecklenburg ein neuer Abschnitt.

Die Gleichschaltung

Maßnahmen zur Gleichschaltung, die jeden Bereich des Staates und des sozialen Lebens im nationalsozialistischen Sinne ausrichten sollten, wurden schnell und massiv praktiziert.
Der von Hitler am 26. Mai 1933 zum Reichsstatthalter von Mecklenburg-Schwerin, Mecklenburg-Strelitz und Lübeck ernannte Friedrich Hildebrandt erhielt mit dem Gesetz zur Gleichschaltung der Länder mit dem Reich vom 7. April 1933 alle Vollmachten, die Durchsetzung der nationalsozialistischen Politik zu überwachen.
Die Gleichschaltung führte auch im Vereins- und Verbandswesen zu Verboten und zur Eingliederung in entsprechende Organisationen der NSDAP. „Niemand, der nicht erfaßt, nichts, was nicht ausgerichtet ist", war die Devise des Reichsbauernführers Darré.

In den Folgemonaten nahm der Reichsbund der Kleingärtner und Kleinsiedler seine Arbeit auf. Auf dem ersten Kleingärtner- und Kleinsiedlertag in Nürnberg wurden Ziele, Aufgaben und Organisation des Reichsbundes verkündet. Es wurden Fachschaften gegründet und deren Führer benannt. In den Fachschaften „Kleingärtner" und „Kleinsiedler" waren Mitte 1933 mehr als 750 Tausend Kleingärtner und Kleinsiedler zusammengefasst. Diese setzten sich zusammen aus den Mitgliedern des ehemaligen Reichsverbandes der Kleingartenvereine Deutschlands, des Hauptverbandes der Reichsbahnkleinwirte und einem Teil der anerkannten Kleingärtner- und Kleinsiedlerorganisationen. Zum Landesgruppenführer der Landesgruppe Mecklenburg der Kleingärtner im Reichsbund der Kleingärtner und Kleinsiedler Deutschlands e. V. wurde Parteigenosse (Pg.) Skamel ernannt.

Für alle Aktivitäten galt der Grundsatz:

„Alle Arbeiten der Landesgruppe sind in Verbindung mit dem agrarpolitischen Apparat der NSDAP im nationalsozialistischen Sinne durchzuführen."

Vordringliche Aufgaben waren:

- *„Eingliederung des Landesverbandes der Kleingärtner beider Mecklenburg in die Landesgruppe.*
- *Ernennung des Schriftführers, des Kassenführers, des Bearbeiters für Rechts- und Streitfragen.*
- *Im organisatorischen Aufbau Überführung der Vereine des ehemaligen Landesverbandes in die Landesgruppe nach dem Führerprinzip. Einbeziehung aller dem ehemaligen Landesverband nicht angeschlossenen Kleingärtner-Organisationen.*
- *Die politische Betreuung der Mitglieder durch Gau-, Kreis- und Ortsgruppenleiter der*

NSDAP und deren Beauftragte in Verbindung mit den Landesgruppen-, Stadtgruppen- und Vereinsführern.
- *Durchführung der Jugendpflege nach den vom Reichsjugendführer und dem Reichsbundesführer aufgestellten Richtlinien."*

Die Landesgruppe Mecklenburg wurde streng nach dem Führerprinzip organisiert und setzte sich aus den Stadtgruppen Rostock, Schwerin und Bad Doberan sowie aus den Kleingartenvereinen der Städte Wismar, Güstrow, Neustrelitz/Strelitz, Waren, Krakow, Malchin und Feldberg zusammen. Zum Führer der Stadtgruppe Rostock wurde der Vorsitzende des Ortsverbandes Wilhelm Schwartz ernannt.
Die Gleichschaltung wurde auf allen Ebenen im Kleingartenwesen rücksichtslos durchgesetzt: Vereinsvorsitzende wurden nicht mehr gewählt, sondern als Vereinsführer ernannt. Die Zustimmung der NSDAP-Behörden musste vorliegen.
Neue Bewerber für einen Kleingarten hatten einen Fragebogen auszufüllen, der u. a. Angaben zu folgenden Punkten verlangte:
- deutsche Reichsangehörigkeit
- deutsches oder artverwandtes Blut
- Frontkämpfer
- Kämpfer für die nationale Erhebung
- gesundheitsgeschädigt als Kämpfer für die nationale Erhebung
- kriegsgeschädigt.

Die politische Betreuung der Mitglieder machten der Reichsbund, die nachgeordneten Landes- und Stadtgruppen und die Vereinsführungen als einzige von der NSDAP anerkannte Kleingartenorganisationen zu einer bedeutenden Aufgabe. Die Vereinsführer hatten die Pflicht, die nationalsozialistischen Ideen durch Beauftragte der NSDAP den Vereins-mitgliedern zugänglich zu machen. Von nun an wurden Mitglieder-Pflicht-Versammlungen in den Rostocker Kleingartenvereinen durchgeführt, auf denen die Ziele des Nationalsozialismus dargelegt wurden. Auch die noch nicht in Vereinen zusammengefassten Kleingärtner

Postverlagsort: Wismar.

Der Kleingärtner

Zeitschrift der Landesgruppe Mecklenburg der Kleingärtner im Reichsbund der Kleingärtner und Kleinsiedler Deutschlands e. V.

Erscheint am 1. eines jeden Monats. Durch die Post bezogen kostet „Der Kleingärtner" 0.30 RM. für das Vierteljahr ausschl. Bestellgeld. Einzelnummern 0.10 RM. Bestellungen nehmen alle Postanstalten entgegen. Schriftleiter: Dencker, Wismar. Verlag: Landesgruppe Mecklenburg der Kleingärtner im Reichsbund der Kleingärtner und Kleinsiedler Deutschlands e. V., Sitz Güstrow.

Inseraten-Verwaltung: Eberhardtsche Hof- und Ratsbuchdruckerei, Wismar, Hinter dem Rathause Nr. 15, Fernsprech-Anschluß Nr. 2941 und 2942. Anzeigenpreis: Es kostet die 8 gespaltene Petitzeile 0,15 Reichsmark, die 92 Millimeter breite Reklamezeile im redaktionellen Teil 1.00 Reichsmark. Erfüllungs- und Zahlungsort Wismar i. Meckl.

Nummer 12 — Güstrow, den 1. Dezember 1933 — 9. Jahrgang

Der erste Mecklenburgische Kleingärtnertag

Wismar, 13. und 14. Januar 1934

„Auf nach Wismar!" rufe ich allen Volksgenossen zu, die in der Landesgruppe Mecklenburg der Kleingärtner im Reichsbund der Kleingärtner und Kleinsiedler Deutschlands den Gedanken von „Blut und Boden" des Reichsbauernführers Darré im Dritten Reiche, dem Reiche unseres

Volkskanzlers Adolf Hitler

zur Tat werden lassen wollen.

Nicht kleinliche Vereinsmeierei soll uns in Wismar in Anspruch nehmen. **Getragen von dem Willen, daß der Kleingärtner ein Glied der wahren Volksgemeinschaft werden muß, soll der 1. Kleingärtnertag uns den Weg weisen, den wir Kleingärtner beschreiten müssen, um in der Idee „Gemeinnutz geht vor Eigennutz" den uns gegebenen Boden nutzen zu können.**

Nicht einseitige Interessenvertretung wie in den 14 Jahren des Niederganges schweißt uns Kleingärtner zusammen. Der Wille, in den uns gesteckten Grenzen die

Verbundenheit von Mensch und Boden als Grundlage für Staat und Volk

gestalten zu helfen, hat uns jetzt zusammengeführt.

Heil Hitler!

Der Landesgruppenführer der Kleingärtner
Stamel.

Im „Kleingärtner" 12/33: Der 1. Mecklenburgische Kleingärtnertag

.... Gruppe

Fragebogen

für Bewerber um einen Kleingarten.

1. Vor- und Zuname des Ehemannes: ....
Wohnort: .... Straße: ....
Alter: .... Jahre
2. Name der Ehefrau (Vorname): .... Mädchenname: ....
Alter: .... Jahre
3. a) Besitzen Sie und Ihre Ehefrau die deutsche Reichsangehörigkeit? ....
b) Sind Sie beide deutschen oder artverwandten Blutes? ....
4. Wieviel minderjährige Kinder leben im elterlichen Haushalt? ....
im Alter von ...., ..., ..., ..., ..., ... Jahren
5. Zahl der Wohn- und Schlafzimmer in der Wohnung? ....
6. Welchen Beruf haben Sie? ....
Wie hoch ist Ihr monatliches — wöchentliches — Reineinkommen? ....
7. Sind Sie und Ihre Familie gesund und erbgesund? ....
8. Sind Sie a) Frontkämpfer? .... Kämpfer für die nationale Erhebung? ....
b) gesundheitsbeschädigt als Kämpfer für die nationale Erhebung? ....
kriegsbeschädigt? .... arbeitsbeschädigt? ....
9. Wann haben Sie oder Ihre Ehefrau
a) Landarbeit betrieben? ....
b) einen Garten bewirtschaftet? ....
10. Besondere Wünsche (z. B. Lage des Kleingartens): ....
11. Bemerkungen (z. B. Höhe des Eigenkapitals): ....

Ich versichere hiermit die Richtigkeit der obigen Angaben. Es ist mir bekannt, daß mir der Kleingarten wieder entzogen werden kann, wenn sich herausstellt, daß ich unrichtige Angaben gemacht habe.

........, den .... 193 ....

(Unterschrift)

Kleingarten — Muster a
Fragebogen für Kleingartenbewerber

Beglaubigte Abschrift.

3 B. R. 287.

Stadtgruppe Rostock
der Kleingärtner im Reichsbund der
Kleingärtner u. Kleinsiedler
Deutschlands e. V.

Rostock, den 20. Juli 1935.

F ü h r e r e r n e n n u n g.

Im Einverständnis mit der N.S.D.A.P. ernenne ich Sie hiermit zum Führer des Kleingärtnervereins "Weiße Rose" zu Rostock im Reichsbund der Kleingärtner und Kleinsiedler Deutschlands e. V.

Ich heiße Sie zu Ihrer Ernennung herzlich willkommen, in der bestimmten Hoffnung, mit Ihnen zum Wohle unserer Kleingartenbewegung und somit zum Wohle unseres geliebten Vaterlandes im nationalsozialistischen Sinne arbeiten zu können.

Heil Hitler !
gez. Unterschrift
Stadtgruppenführer.

Herrn
Wilhelm K u r z m a n n,
R o s t o c k,
Hansastr. 5.

Stadtgruppe R o s t o c k
er Kleingärtner im Reichsbund der
Kleingärtner u. Kleinsiedler
Deutschlands e. V.

Rostock, den 16. Dezember 1935.

Vorstehende Ernennung des Herrn Wilhelm Kurzmann Rostock, als Vereinsführer des Kleingärtnervereins "Weiße Rose" zu Rostock, wird von mir hiermit bestätigt.

gez. Unterschrift
Stadtgruppenführer.

wurden aufgefordert, an solchen Schulungen teilzunehmen. Alle Veranstaltungen der Vereine mussten angemeldet und die Genehmigung beim Kreis-Propaganda-Amt der NSDAP beantragt werden.

Auch die Jugendarbeit in den Gartenkolonien wurden gleichgeschaltet. Veranstaltungen der Schreberjugend in bisheriger Form wurden untersagt und es wurde festgelegt, dass die Schreberjugend künftig nur noch in enger Fühlungnahme mit der Führung der Hitlerjugend zu wirken habe.

Den Vereinsführern wurden dazu konkrete Richtlinien erteilt.

Zwischen der Reichsjugendführung und dem Reichsbund der Kleingärtner und Kleinsiedler Deutschlands wurde im Frühjahr 1934 ein Abkommen abgeschlossen, das im Wesentlichen zum Inhalt hatte:

„Der Reichsbund erkennt die Notwendigkeit einer einheitlichen staatspolitischen Erziehung der Jugend durch den NS-Staat und die Hitlerjugend (HJ) an und gliedert die gesamte Jugendpflegearbeit in die HJ ein."

Die in den Kleingärten vorhandenen Einrichtungen für die Jugend wurden der HJ zur Verfügung gestellt, blieben jedoch Eigentum des Reichsbundes. Der Reichsbund löste seine Jugendgruppen auf und verwies die Mitglieder in die HJ. Die soziale Arbeit mit Jugendlichen in den Kleingarten- und Siedlervereinen unterstand den zuständigen Ämtern der HJ. Schulung und soziale Betreuung der jugendlichen Mitglieder des Reichsbundes wurden vom Reichsbund finanziert.

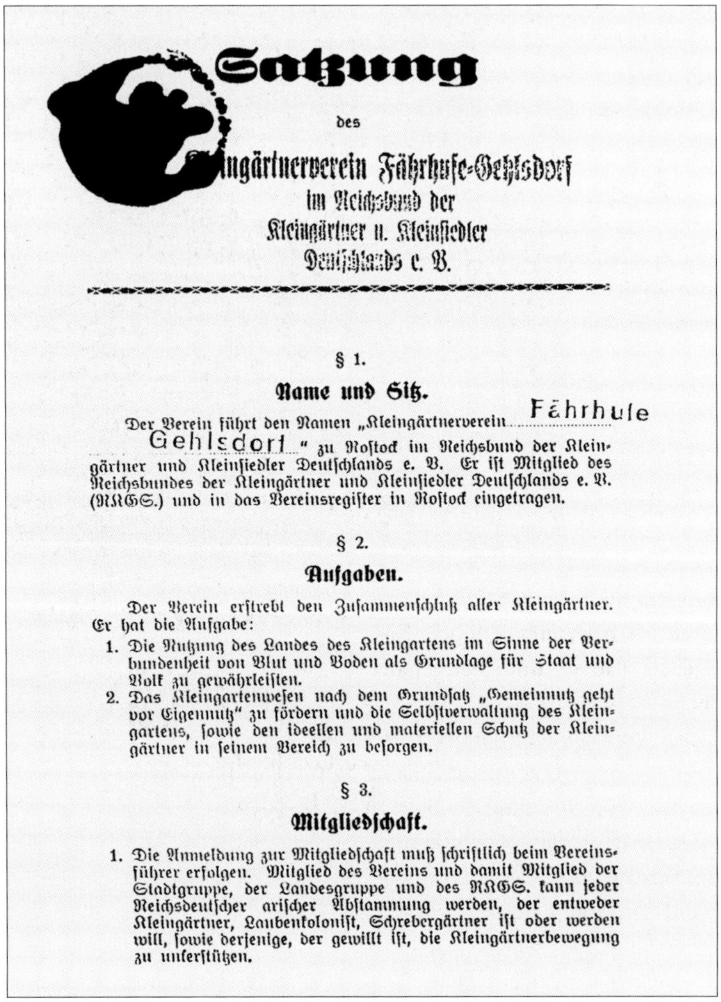

Satzung

des

ingärtnerverein Fährhufe-Gehlsdorf
im Reichsbund der
Kleingärtner u. Kleinsiedler
Deutschlands e. V.

§ 1.

Name und Sitz.

Der Verein führt den Namen „Kleingärtnerverein Fährhule Gehlsdorf" zu Rostock im Reichsbund der Kleingärtner und Kleinsiedler Deutschlands e. V. Er ist Mitglied des Reichsbundes der Kleingärtner und Kleinsiedler Deutschlands e. V. (RKGS.) und in das Vereinsregister in Rostock eingetragen.

§ 2.

Aufgaben.

Der Verein erstrebt den Zusammenschluß aller Kleingärtner. Er hat die Aufgabe:

1. Die Nutzung des Landes des Kleingartens im Sinne der Verbundenheit von Blut und Boden als Grundlage für Staat und Volk zu gewährleisten.
2. Das Kleingartenwesen nach dem Grundsatz „Gemeinnutz geht vor Eigennutz" zu fördern und die Selbstverwaltung des Kleingartens, sowie den ideellen und materiellen Schutz der Kleingärtner in seinem Bereich zu besorgen.

§ 3.

Mitgliedschaft.

1. Die Anmeldung zur Mitgliedschaft muß schriftlich beim Vereinsführer erfolgen. Mitglied des Vereins und damit Mitglied der Stadtgruppe, der Landesgruppe und des RKGS. kann jeder Reichsdeutscher arischer Abstammung werden, der entweder Kleingärtner, Laubenkolonist, Schrebergärtner ist oder werden will, sowie derjenige, der gewillt ist, die Kleingärtnerbewegung zu unterstützen.

Die bisherigen Satzungen der Kleingartenvereine wurden außer Kraft gesetzt und Mustersatzungen den Vereinen übergeben.

Als vordringliche Aufgabe wurde darin u. a. festgelegt:

„Der Verein erstrebt im Dienste des nationalsozialistischen Staates den Zusammenschluß aller Kleingärtner (in erster Linie Selbstversorger).
Der Verein hat die Aufgabe, die Nutzung des Landes des Kleingartens im Sinne der Verbundenheit von Blut und Boden als Grundlage für Staat und Volk zu gewährleisten und das Kleingartenwesen nach dem Grundsatz ‚Gemeinnutz geht vor Eigennutz' zu fördern und die Selbstverwaltung des Kleingartens sowie den ideellen und materiellen Schutz des Kleingärtners in seinem Bereich zu besorgen."

Auch die Rahmengartenordnung wurde entsprechend präzisiert. Sie legte fest, dass mindestens 50 Prozent der Gartenfläche für die Erzeugung von Obst und Gemüse zu nutzen sind. Der individuelle Verkauf von gärtnerischen Erzeugnissen durch den Pächter wurde untersagt. An die einzelnen Pächter erging die Aufforderung, sich der nationalsozialistischen Bewegung anzuschließen und täglich die Hakenkreuzflagge als Symbol des Dritten Reiches im Garten aufzuziehen.

Den im Reichsbund vereinigten Kleingartenvereinen wurde in den meisten Fällen nach Prüfung der Status eines gemeinnützigen Unternehmens von den Amtsgerichten zuerkannt. Nur so konnten die Kleingartenvereine mit Förderung rechnen. Noch nicht im Reichsbund vereinnahmte Gartenvereine wurden aufgefordert, dem Reichsbund beizutreten, da sonst keine Förderung erfolgen könne.

Das Meldewesen wurde straff organisiert. Vereinsführer, die Fristen für Meldungen u.a. nicht einhielten, wurden öffentlich in der Zeitschrift „Der Kleingärtner" verwarnt oder sogar durch andere ersetzt.
Nach nahezu zweijähriger Herrschaft des nationalsozialistischen Systems wurde von den übergeordneten Stellen eingeschätzt, dass die Gleichschaltung auf diesem Gebiet des öffentlichen Lebens mit Hilfe der genannten Anordnungen und Praktiken als erfolgreich abgeschlossen betrachtet werden konnte.

Die „Erzeugungsschlacht"

Die wirtschaftliche Entwicklung Deutschlands insbesondere nach dem Ersten Weltkrieg führte dazu, dass die Ernährung des Volkes aus eigenem Boden immer mehr vernachlässigt wurde. Obwohl Nahrungsgüter in erheblichem Umfang erzeugt wurden, stieg die Lebensmitteleinfuhr ständig an, da eigene Erzeugnisse nicht preisgünstig waren. Bald nach der Machtübernahme wurde Bilanz gezogen, inwieweit der Bedarf an Nahrungsmitteln durch eigene Erzeugnisse aus deutscher Landwirtschaft gedeckt werden könnte. Es ergab sich, dass in der Nährstoffgruppe Kohlenhydrate (Mehl, Zucker, Kartoffeln) die Erzeugung annähernd ausreichend war, die von Eiweiß und Fetten jedoch nicht den Erfordernissen entsprach, da der Anbau von Pflanzen zur Erzeugung von Eiweißen und Fett über die in Frage kommenden Haustierarten vernachlässigt worden war. Um hier Abhilfe zu schaffen und die Ernährungspolitik den künftigen Erfordernissen anzupassen, wurde künftig die so genannte „Erzeugungsschlacht" propagiert.
Bereits am 18. November 1934 wurde das Programm dieser „Erzeugungsschlacht" verkündet, deren Ziel die weitestgehende unabhängige Ernährung des deutschen Volkes war. Sie war sowohl auf die Ertragssteigerung der landwirtschaftlichen und gärtnerischen Erzeugnisse als auch auf einen Mehranbau von Kulturpflanzen gerichtet, die Eiweiß, Fette und Rohstoffe liefern sollten.
Nach 1937 wurde in der Rostocker Stadtgruppe wie auch außerhalb bemängelt, dass nicht alle Kleingärten so bewirtschaftet würden, wie es die ernährungspolitische Situation Deutschlands erforderte. Zurückgeführt wurde dies auf nicht ausreichende Kenntnisse beim Gartenbau und bei der Kleintierhaltung wie auch auf ungenügende Aufklärung der Kleingärtner durch entsprechende Schulungen.

Eröffnung der Grünen Woche 1936 – Werbeveranstaltung des Reichsnährstandes

Es wurde auf den Anbau von Sonnenblumen orientiert und besonders auf den von Sojabohnen, da diese Pflanzen einen hohen Eiweißgehalt (36%) und Fettgehalt (18%) aufweisen.
Zunächst – etwa in den Jahren 1934 bis 1937 – diente dieser Anbau in den Kleingärten zur Sammlung von Erfahrungen, denn die Kleingärtner wurden verpflichtet, über die Ergebnisse auf Fragebögen zu berichten. Da bereits das Ziel „selbstversorgender Kleingärtner" in Sicht war, wurde

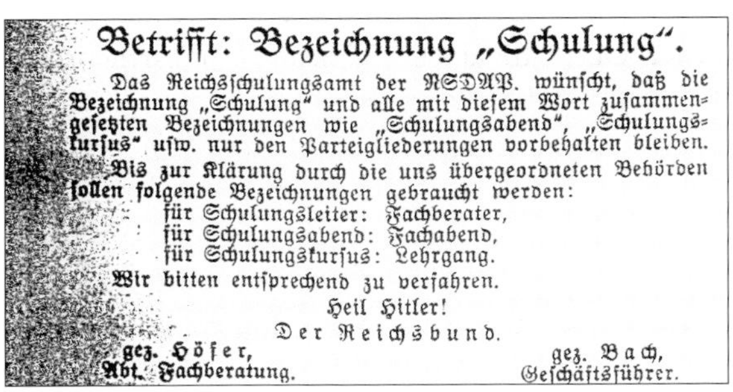

Betrifft: Bezeichnung „Schulung".

Das Reichsschulungsamt der NSDAP. wünscht, daß die Bezeichnung „Schulung" und alle mit diesem Wort zusammengesetzten Bezeichnungen wie „Schulungsabend", „Schulungskursus" usw. nur den Parteigliederungen vorbehalten bleiben.
Bis zur Klärung durch die uns übergeordneten Behörden sollen folgende Bezeichnungen gebraucht werden:
für Schulungsleiter: Fachberater,
für Schulungsabend: Fachabend,
für Schulungskursus: Lehrgang.
Wir bitten entsprechend zu verfahren.
Heil Hitler!
Der Reichsbund.
gez. Höfer, Abt. Fachberatung.
gez. Bach, Geschäftsführer.

Anweisungen zur Bezeichnung „Schulung", „Der Mecklenburgische Kleingärtner", 5.4.1937

10 Gebote „Kampf dem Verderb"

1. „Kampf dem Verderb" rettet kostbares Volksvermögen und dient unserer Nahrungsfreiheit.
2. Die tüchtige Hausfrau läßt keine Nahrungsmittel verderben!
3. Kaufe stets die Nahrungsmittel, die Jahreszeit und deutscher Boden Dir gut und preiswert bieten.
4. Wer gepflegte Erzeugnisse kauft, kauft billig und dient deutscher Qualitätserzeugung.
5. Kaufe Vorräte nur in Ueberschußzeiten, wenn Du sie in Küche, Keller und Boden vor dem Verderb schützen kannst.
6. Bewahre Deine Vorräte täglich vor ihren Erzfeinden: Schmutz, Hitze, Frost und Feuchtigkeit.
7. Bekämpfe jeden auftretenden Schädling sofort und energisch, denn aus ihm entwickeln sich Millionen neuer Zerstörer.
8. Die Liebe geht durch den Magen, bereite darum Mahlzeiten mit Sorgfalt und Verständnis.
9. Zeige durch zweckmäßige Resteverwertung, daß Du eine gute Hausfrau bist! Du sparst damit an Haushaltsgeld.
10. „Kampf dem Verderb" ist der Erntedank des deutschen Volkes!

zugleich auf den genügenden Anbau von Kartoffeln und Gemüse hingewiesen. Weil das im Vordergrund stehende Gemüse Licht und Sonne brauchte, war der Obstbaumbestand auf eine Gartenseite zu beschränken. Auch sollten keine Hochstämme, sondern nur Zwerg- und Buschobst gepflanzt werden.

In die „Erzeugungsschlacht" sollten nach dem Willen der NS-Behörden alle Kleingärtner einbezogen werden. Aber noch 1938 wurde bemängelt, dass es einen beträchtlichen Teil nicht organisierter Kleingärtner gab, die durch die festgelegten Schulungen nicht erfasst wurden.

„Warum und Weil"

Drei Fragen und Antworten, die dem Kleingärtner und Kleinsiedler wie das ABC geläufig sein müssen.

Warum ist der Kleingarten die geeignete Stelle, in der die Bodenverbundenheit wiedergefunden werden kann?

Weil nur die Arbeit mit der Pflanze in der Natur und damit die Beschäftigung mit dem Boden selbst die Bodenverbundenheit schaffen kann.

Warum fordern wir Dauer-Kleingärten?

Weil der Reichsbund anstrebt, daß die Stadtmenschen nicht nur mit dem Boden verbunden werden, sondern auch mit ihm verwachsen bleiben.

Warum gibt es einen Reichsbund der K.G. und K.S.?

Weil der Staat ein Interesse daran hat, daß jeder Kleingärtner und Kleinsiedler zu einer großen Einheit zusammengeschlossen wird, damit die Betreuung einheitlich ist und somit zum allgemeinen Nutzen geschieht.

W. J. R.

Der Anschluss solcher Kleingärtner an den Reichsbund wurde in einem Beitrag im „Kleingärtner" von 1938 mit folgender Begründung gefordert:

„Alljährlich werden in Deutschland durch unsachgemäße Bearbeitung und Pflege des Bodens, von Pflanzen und Kleintieren sowie durch mangelnde Bekämpfung pflanzlicher und tierischer Schädlinge größte Ernteausfälle verursacht. Diese Verluste sind in erster Linie darauf zurückzuführen, daß ein großer Teil der nicht durch die Organisation erfaßten Kleingärtner mit den Fragen der Bodenbearbeitung und Kleintierhaltung nicht genügend vertraut ist. Diese deutschen Kleingärtner müssen fachlich so geschult werden, daß sie allesamt geeignet sind, das ihnen anvertraute Stück Land so zu bewirtschaften, wie es die deutsche ernährungspolitische Lage verlangt."

Verweigerte ein Pächter die Mitgliedschaft im Reichsbund, weil er sich z. B. auf alte Pachtverträge stützte, wurden diese Verträge kurzerhand geändert bzw. aufgehoben.

Der inzwischen propagierte Vierjahresplan hatte durch die reichsgesetzlichen Bestimmungen über die Erfüllung dieses Planes auf dem Gebiet der Volksernährung für die Kleingärtner erhebliche Folgen. Vierjahresplan und „Erzeugungsschlacht" bildeten eine Einheit. Inhalte und Ziele wurden durch intensive Schulungen vermittelt. Für die Rostocker Stadtgruppe wurde am 5. Februar 1938 durch den Stadtgruppenleiter Pg. Huffziger festgelegt:

Schulung der Stadtgruppenschulungsleiter 1934 in Rostock

„Für jeden der Stadtgruppe angehörenden Kleingärtner sind die von seinem Verein angesetzten planmäßigen Fachberatungen verbindlich. Jedes unentschuldigte Fernbleiben von diesen Fachtagungen wird von dem Fachberater in der von ihm zu führenden Anwesenheitsliste angezeigt. Wer drei solcher Fehlanzeigen in der Anwesenheitsliste hat, verwirkt damit sein Recht auf weitere Zugehörigkeit zum Verein und ist mir über die Geschäftsstelle der Stadtgruppe zu melden. Es tritt dann für diesen säumigen Kleingärtner der § 3, Absatz 6 der Satzung (Verlust des Gartens!) in Wirksamkeit".

Die Auflagen für die Kleingärtner wurden immer umfangreicher und zwingender. Alle Bestände wurden genauestens erfasst, um Auskunft über zu erwartende Erträge zu erhalten.

Die Obstbaumzählung vom 1. bis 19. September 1938 erstreckte sich zum Beispiel auf Apfel-, Birnen-, Süß- und Sauerkirschen-, Quitten-,

Pflaumen- und Zwetschgenbäume wie auch auf Mirabellen-, Renekloden-, Aprikosen- und Pfirsichbäume, Mandel- und Walnussbäume, Edelkastanien, Johannis-, Stachelbeer- und Himbeersträucher.

Der für die deutsche Volksernährung so wichtige Kartoffelanbau in den Kleingärten wurde gesetzlich geregelt. Auch deshalb, weil sich immer wieder gezeigt hatte, dass Gärten und Kleinflächen die Ausgangspunkte für Kartoffelkrankheiten darstellten. Verfügt wurde, dass Gartenflächen jeglicher Größe höchstens zu einem Drittel der Gesamtfläche mit Kartoffeln oder Tomaten bestellt und nur krebsfeste Kartoffelsorten angebaut werden durften. Auch die vorgeschriebene Fruchtfolge musste beachtet werden.

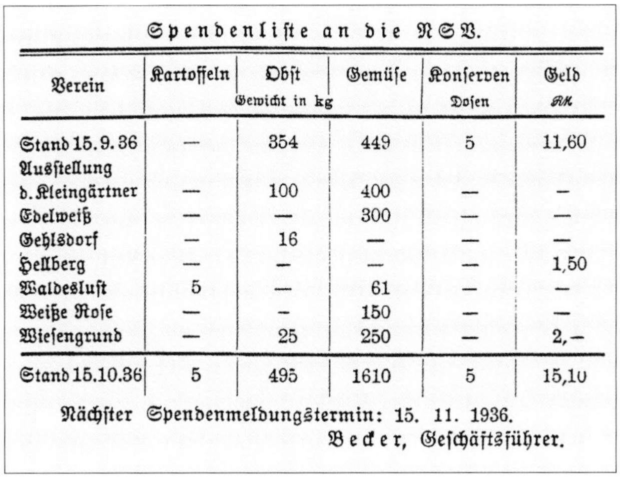

Spendenliste an die NSV.

Verein	Kartoffeln	Obst	Gemüse	Konserven	Geld
		Gewicht in kg		Dosen	RM
Stand 15.9.36	—	354	449	5	11,60
Ausstellung d. Kleingärtner	—	100	400	—	—
Edelweiß	—	—	300	—	—
Gehlsdorf	—	16	—	—	—
Hellberg	—	—	—	—	1,50
Waldeslust	5	—	61	—	—
Weiße Rose	—	—	150	—	—
Wiesengrund	—	25	250	—	2,—
Stand 15.10.36	5	495	1610	5	15,10

Nächster Spendenmeldungstermin: 15. 11. 1936.
Becker, Geschäftsführer.

Spendenliste an die NS-Volkswohlfahrt, 1936

Nach dem Erntedankfest 1935 wurde besonders der geschmückte Wagen der Rostocker Kolonie Heydemann im „Mecklenburgischen Kleingärtner" gewürdigt.

Den Vierjahresplan zu erfüllen, wie im Februar 1938 gefordert worden war, hatten offensichtlich zahlreiche Kleingärtner nicht befolgt. Im Oktober 1938 wurde deshalb diese Forderung nochmals in der Fachpresse an die Adresse der Rostocker Kleingärtner gerichtet:

„Es sei daher Allen, die es angeht, gesagt: Nehmt diese Anordnung nicht zu leicht! Ihr macht Euch durch Nichtbeachtung einer Sabotage des Vierjahresplanes schuldig, der von jedem deutschen Menschen, dem eine Stück deutscher Erde anvertraut ist, bedingungslos verlangt, daß er sich durch gewissenhafte Beachtung und Erfüllung der reichsgesetzlichen Bestimmungen dieses Vertrauens in vollem Maße würdig erweist. Wer jetzt wieder versagt, der muß die Folgen selbst tragen."

Zum gleichen Anliegen wurde für die Rostocker Kleingärtner am 27. Oktober 1938 in der „Philharmonie"[1] eine Großveranstaltung organisiert.

Saal der „Philharmonie", Ansichtskarte aus den 20er Jahren

Hier wurden ähnliche Töne laut, wie sie zuvor in der Presse zu finden waren. Bemängelt wurde die offensichtlich geringe Teilnahme der Kleingärtner. Ein Referent der Reichsbehörde zum Vierjahresplan, Pg. Dr. Zschimmer, stellte vehement Forderungen an die Kleingärtner. Diese sollten gewährleisten, dass die Auflagen des Vierjahresplanes erfüllt werden. Auf die Folgen der Nichterfüllung kam er unverblümt zu sprechen:

1 Tanzgaststätte, später Gewerkschaftshaus zwischen Doberaner Straße und Patriotischer Weg; nach Umbau 1942/43 entstand hier das „Neue Haus" des im April 1942 zerbombten Stadttheaters, heute Volkstheater Rostock.

„Mit allen Dingen haushälterisch und sparsam umgehen, seinen Garten so bearbeiten und auswerten, daß er den Hauptteil seiner Familienernährung zu bieten vermag. Das alles bedingt einen regelmäßigen Besuch der Fachberatungen. Jeder Kleingärtner, der hier versagt, ist für die Bearbeitung eines Stücks vom deutschen Erdboden unwürdig und muß rücksichtslos aus den Reihen der deutschen Kleingärtner ausgemerzt werden".

Der Stadtgruppenführer Huffziger verurteilte abschließend sogar die Saumseligkeit der Rostocker Kleingärtner und forderte die Vereinsführer auf, hier ganz gehörig aufrüttelnd zu wirken:

„Wer in der Durchführung der reichsgesetzlichen Anordnung zur Durchführung des Vierjahresplanes versagt, kann nicht Kleingärtner sein!"

Die Forderungen an die Kleingärtner im Zusammenhang mit der „Erzeugungsschlacht" gingen weiter, so hieß es unter dem Motto „Segen der Kräuter", dass noch jährlich Millionenbeträge für Würz- und Heilkräuter ins Ausland fließen würden. Im Rahmen des Vierjahresplanes sei das nicht mehr zu verantworten. Zurückgegriffen wurde auf die „Kulturhöhe" unserer Vorfahren, die durch die Kenntnis der Pflanzen und ihrer Heilwirkung zur Erhaltung der Gesundheit beigetragen haben. Die Kleingärtner wurden aufgerufen, Kräutergärten anzulegen, um Devisen zu sparen.
Besonders die NS-Frauenschaft wirkte bei der Durchführung dieser Maßnahme drängend mit. Noch vor Kriegsbeginn wurde im Rahmen der „Erzeugungsschlacht" der Kleingärtnerschaft, so der damalige Terminus für die organisierten Kleingärtner, eine neue Aufgabe gestellt: Seidenbau. In der Fachpresse stand hierzu u. a.:

„Naturseide ist neben ihrer Bedeutung als Bekleidungsstoff ein für das deutsche Volk lebensnotwendiger, also unentbehrlicher Rohstoff. Weder unsere Technik noch unsere Wehrmacht können auf Naturseide verzichten. Darum ist es eine vordringliche Aufgabe im Rahmen des Vierjahresplanes, Naturseide in solchem Maße zu erzeugen, daß die Rohstofffreiheit erlangt und die Kampfkraft unserer Wehrmacht gesichert werden kann."

Die Reichsregierung half mit entsprechenden Verordnungen nach. Am 28. September 1939 wurde der Runderlass des Reichsarbeitsministers Nummer IV a 5 Nr. 3125-18/39 über den Anbau von Maulbeeren in Kleinsiedlungen und Kleingartenanlagen veröffentlicht. Dieser Runderlass forcierte den bereits am 3. August 1935(!) unter Nr. 110-397/35, II. Ang. veröffentlichten Erlass über die Seidenraupenzucht.
Schüler und Lehrer sollten die Pflege und Ernte übernehmen, wenn die Pächter infolge der Einberufung zum Wehrdienst nicht mehr in der Lage waren, notwendige Arbeiten durchzuführen. Weil Seidenraupen nur Maulbeerlaub fressen und das Anlegen von Pflanzungen nicht gestattet war, da der Boden für die Ernährung des Volkes benötigt wurde, wurden Kleingärtner beauftragt, Maulbeeren in Heckenform in ihren Gärten anzupflanzen. Offensichtlich kamen aber die Kleingärtner diesen Aufrufen kaum nach. Vorgesetzte Behörden beklagten die bisherige Ablehnung und nur geringe Einsicht in dieses Programm.
Ähnlich sah es mit der Bienenzucht aus. Auch hier wurde eine Steigerung der Erträge verlangt. Deutschland erzeugte im Durchschnitt 320.000 dz Honig und 9.000 dz Wachs im Jahr. 1939 mussten noch 70.380 dz Honig und 9.500 dz Wachs aus dem Ausland eingeführt werden. Die Kleingärtner wurden aufgerufen, sich innerhalb der Reichsfachgruppe Imker maßgebend an der Erzeugung von Honig und Wachs zu beteiligen.
Der Kriegsbeginn im September 1939 veränderte die Bedeutung des Kleingartens radikal. Von nun an war er Bestandteil der Erhaltung von Wehr- und Arbeitskraft. Die Gartenarbeit musste von den in der Heimat verbliebenen Familienangehörigen und den noch nicht zur Wehrmacht einberufenen Kleingärtnern verrichtet werden. Sie wurden von der Gauleitung bis zur Stadtgruppenleitung herunter aufgefordert, an der „Erzeugungsschlacht" künftig aktiver mitzuwirken.

Es wurden konkrete Hinweise gegeben, wie zu säen und zu bepflanzen war, um möglichst hochwertige und volle Ernten zu erzielen.

Der Kompostierung als wichtigste Humusquelle für den Kleingarten wurde breiter Raum gewährt, da die Beschaffung von Stalldünger zwangsläufig schwieriger wurde. Die intensive Nutzung der Gartenflächen sollte durch Zwischen-, Vor- und Nachfrüchte sichergestellt werden. Gemüsearten, die den Vorzug im Anbau haben sollten, wurden genannt. Auch für die Beschaffung von Saatgut und dessen sparsame Verwendung gab es entsprechende Richtlinien. Ab 1941 wurden Bezugsscheine für Pflanzkartoffeln ausgegeben.
Mit viel Aufwand wurde Propaganda zur Ernährung betrieben. Die Ernährungsweise der Vorkriegszeit wurde als unzweckmäßig bezeichnet und den Kriegsbedingungen angepasst. Es wurde als jedermanns Pflicht angesehen, sich gesund und leistungsfähig zu erhalten.

„Eintopf-Sonntag": Eine Mahlzeit zu 50 Pfennig in einem exklusiven Restaurant. So konnte man sich als „echter Volksgenosse" ausweisen und sparte Devisen für die deutsche Rüstung.

Viele Rezepte in der Presse sollten Anregung geben, wie die Grundnährstoffe und Ergänzungsstoffe optimal eingesetzt werden konnten. Zur Bewältigung all dieser Teilaufgaben wurde in der Seestadt Rostock Anfang 1940 ein Kleingartenamt errichtet. Sein Leiter wurde Stadtrat Dr. Altvater. Dieses Amt koordinierte u. a. die Aufgaben und Verpflichtungen der Kleingärtner wie auch die Ablieferung der Erzeugnisse. Als wichtigste Aufgabe wurde angesehen, alle Kleingärtner in die „Erzeugungsschlacht" einzubeziehen, auch die, die bisher noch nicht dem Reichsbund beigetreten waren. Solche Kleingärtner wurden als so genannte „wilde" Kleingärtner bezeichnet. Es gab Anlagen, in denen nicht ein Pächter organisiert war. So organisierten sich zwar die Warnemünder Kleingartenvereine im Landesbund des Reichsbundes, traten aber nicht der Stadtgruppe Rostock bei.
Den nicht organisierten Kleingärtnern wurde vorgeworfen, dass sie ihre Gärten nicht ordnungsgemäß bewirtschafteten und die Gärten ein Schandfleck für die Stadt wären.
Der Vorschlag, alle Kleingärtner zu einer Zwangsorganisation zusammenzuschließen, konnte jedoch noch nicht in die Praxis umgesetzt werden. Vielmehr wurde nach Einwirkungsmöglichkeiten gesucht, um Veränderungen herbeizuführen. Dazu zählten Vorkehrungen zur Abwehr pflanzlicher und tierischer Schädlinge mit Hilfe polizeilicher Anordnungen.
Es wurde außerdem geprüft, ob dem Eigentümer, der offensichtlich keinen Einfluss auf Aussehen und Bewirtschaftung der Gärten nahm, der Besitz des Landes zugunsten der Organisation im Reichsbund entzogen werden sollte. Als eine weitere Möglichkeit wurde die Vergabe von Daueranlagen nur über die Kleingärtnerorganisation angestrebt. Nicht als Daueranlagen ausgewiesene Kleingartenanlagen sollten mit der Zeit verschwinden. So sollte gewährleistet sein, dass alle Kleingartenflächen nach den Grundsätzen bewirtschaftet werden, wie sie vom Reichsbund und Reichsnährstand aufgestellt worden waren. Das restliche Gelände, das dann immer noch von nicht organisierten Kleingärtnern bewirtschaftet wurde, sollte nur noch als Grabeland gelten.

Pächterauswahl und Kriterien der Pachtverträge

Die Ernährungssituation spitzte sich bereits vor dem Krieg immer mehr zu. Die Volksernährung sollte durch eine großzügige Förderung des Kleingartenwesens gesichert werden, das bedeutete, neue Flächen mussten der kleingärtnerischen Nutzung zugeführt werden und zwar als Dauergartenanlagen. Nur auf dieser Grundlage war eine exakte Planung der Erzeugnisse aus einem Kleingarten möglich. Entsprechende Gesetze bereiteten die Gewährung von Reichsdarlehen und von Beihilfen für Kleintierhaltung, Bienenbestände und Maulbeersträucher vor. Die Verordnung zur Veränderung von Vorschriften über Kleinsiedlungen und Kleingärten vom 26. Februar 1938 – RG Bl. I S. 233 – war dazu eine der gesetzlichen Grundlagen.

Am 8. September 1938 konkretisierte ein Runderlass des Reichsarbeitsministers (IV a 5 Nr. 3214/21) die Errichtung von Kleingartendaueranlagen und enthielt Maßnahmen gegen widerstrebende oder ungeeignete Kleingärtner.
Bei der Planung neuer Kleingartendaueranlagen war zu berücksichtigen, dass sie nur dann als vollwertig angesehen werden konnten, wenn sie möglichst nahe bei den Wohnungen zukünftiger Pächter lagen, die so genannte „Kinderwagenentfernung".

Die recht umfangreiche finanzielle Förderung von neu geschaffenen Daueranlagen war aber auch mit neuen Maßstäben bei der Auswahl der Pächter verbunden und brachte darüber hinaus auch die Überprüfung der Pächter vorhandener Kleingartenanlagen mit sich.
In den Bestimmungen über die Förderung von Kleingärten vom 22. März 1938 war festgelegt worden, welche Personen für die mit Reichshilfe neu geschaffenen Kleingartenanlagen in Frage kämen. Es wurden Grundvoraussetzungen aufgeführt, die jeder Pächter, dem deutscher Boden zur Bewirtschaftung überlassen wurde, zu erfüllen hatte. Familien bzw. Einzelpächter, die bereits im Besitz von Kleingärten waren, wurden ebenfalls dahingehend überprüft, ob und inwieweit sie den Ansprüchen genügten. Gab es in einer Anlage Kleingärtner, die den Anforderungen nicht entsprachen, sollte ihnen die Weiternutzung des Kleingartens entzogen werden.
Diese allgemeine Formulierung wurde durch folgenden Satz konkretisiert:

„Dies trifft vor allem zu, wenn der Kleingärtner oder seine Ehefrau Juden sind, oder wenn es sich um Familien handelt, die erbkrank sind und deshalb den Garten nicht ordnungsmäßig bewirtschaften können; daneben ist selbstverständlich auch solchen Kleingärtnern zu kündigen, die durch ihr Verhalten gezeigt haben, daß sie sich dem Gemeinschaftsgeist, der in einer solchen Anlage herrschen muß, nicht fügen können."

Offensichtlich waren Zweifel aufgetreten, ob es im Hinblick auf den weitgehenden Schutz des Kleingartenrechts rechtens war, solchen Familien ohne weiteres den Kleingarten zu nehmen. Von übergeordneten Stellen wurde dazu bemerkt, dass der Schutz des Kleingartenrechts, der die Verbundenheit des deutschen Menschen mit dem Boden sichern will, letztlich nur geeigneten Familien zugute kommen konnte. Jüdischen Pächtern, die bei Verwaltungsbehörden vorsprachen, wurde der Schutz versagt, den das Kleingartenrecht sonst gewährte. Allein die Tatsache, dass sie nach der 1. Verordnung zum Reichsbürgergesetz vom 14. November 1935 (RGbl. I, S. 1333) § 5) den an die Reinheit des Blutes zu stellenden Anforderungen nicht genügten, wurde als wichtiger Grund für die Kündigung des Kleingartenvertrages angesehen.

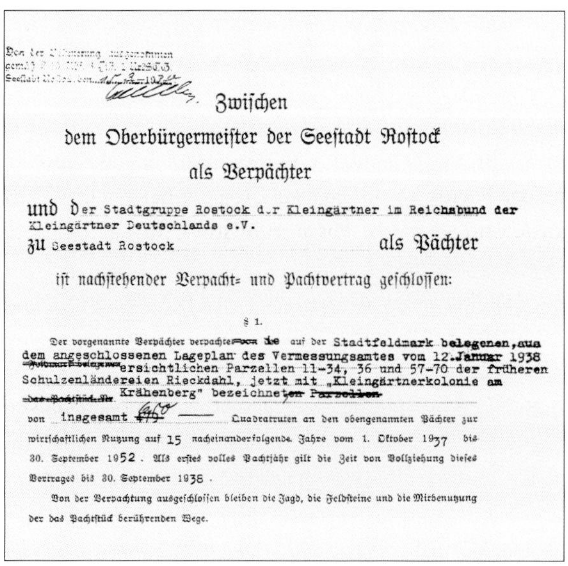

Von der Versteuerung ausgenommen [illegible]
Seestadt [illegible]

Zwischen

dem Oberbürgermeister der Seestadt Rostock

als Verpächter

und der Stadtgruppe Rostock d.r Kleingärtner im Reichsbund der Kleingärtner Deutschlands e.V.

zu Seestadt Rostock als Pächter

ist nachstehender Verpacht- und Pachtvertrag geschlossen:

§ 1.

Der vorgenannte Verpächter verpachtet die auf der Stadtfeldmark belegenen, aus dem angeschlossenen Lageplan des Vermessungsamtes vom 12. ~~Januar~~ 1938 ersichtlichen Parzellen 11-34, 36 und 57-70 der früheren Schulzenländereien Rieckdahl, jetzt mit „Kleingärtnerkolonie am Krähenberg" bezeichnet~~en Parzellen~~

von insgesamt ~~479~~ [illegible] Quadratruten an den obengenannten Pächter zur wirtschaftlichen Nutzung auf 15 nacheinanderfolgende Jahre vom 1. Oktober 1937 bis 30. September 1952. Als erstes volles Pachtjahr gilt die Zeit von Vollziehung dieses Vertrages bis 30. September 1938.

Von der Verpachtung ausgeschlossen bleiben die Jagd, die Feldsteine und die Mitbenutzung der das Pachtstück berührenden Wege.

Nach 1938 war es Juden nicht mehr möglich, einen Kleingarten zu bewirtschaften. Ob und wie viele Kleingärten in Rostock von einem solchen zwangsweise erfolgten „Pächterwechsel" betroffen waren, konnte nicht ermittelt werden.
Pachtverträge wurden grundsätzlich auf der Ebene der Besitzer des Landes (Stadt, Kirche, Großbauer) und der Stadtgruppe geschlossen (Generalpachtvertrag).
Die Kleingärtner erhielten Pachtverträge, die zwischen ihnen und den Kleingartenvereinen abgeschlossen wurden (Unterpachtvertrag).

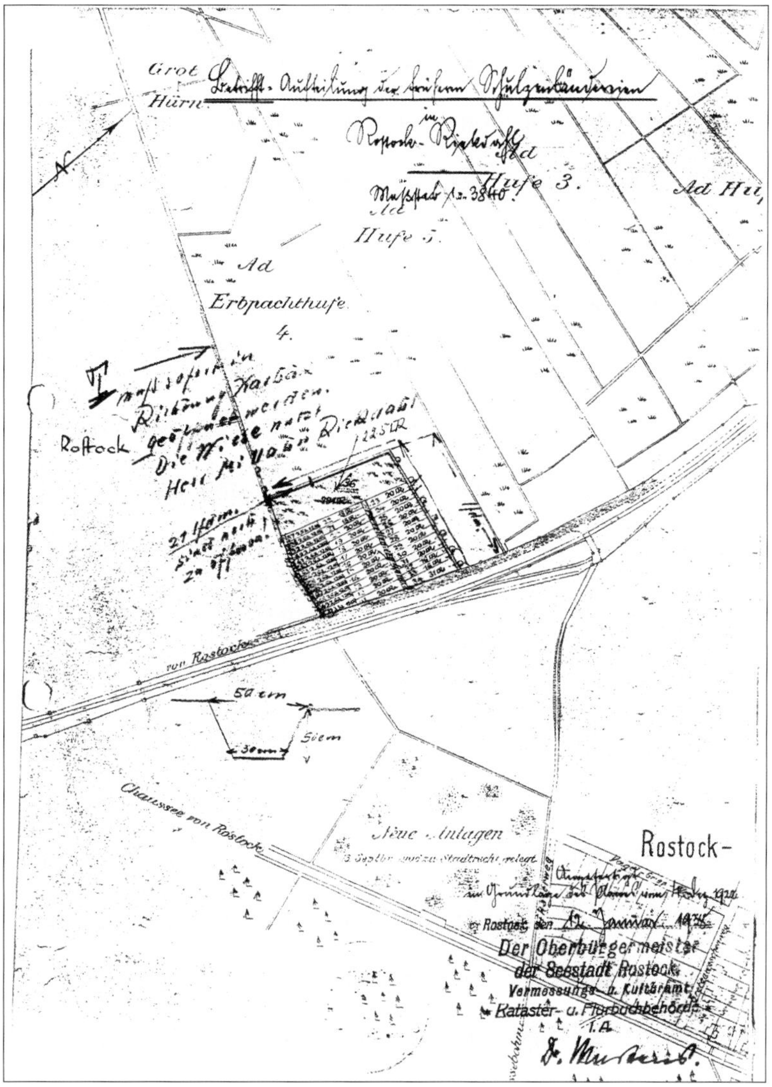

Karte der früheren Schulzenländereien in Rostock-Riekdahl, 1935

Mitgliedskarte Nr. 1464 *

Herr Aug.Wienke,Joh.Alb.2
Frau
ist Mitglied des Kleingärtnervereins Gehlsdorf e. V.
zu Rostock und damit Mitglied der Stadtgruppe Rostock der Kleingärtner im Reichsbund der Kleingärtner Deutschlands e. V.

Der Leiter der Stadtgruppe Rostock.

Rostock, den 21. Sep. 1936

Diese Karte dient als Ausweis bei allen Veranstaltungen der Reichsbundunterorganisationen. Sie sorgfältig aufzubewahren; ein Verlust ist der Stadtgruppe durch den Verein umgehend anzuzeigen.

Mitgliedskarte, 1936

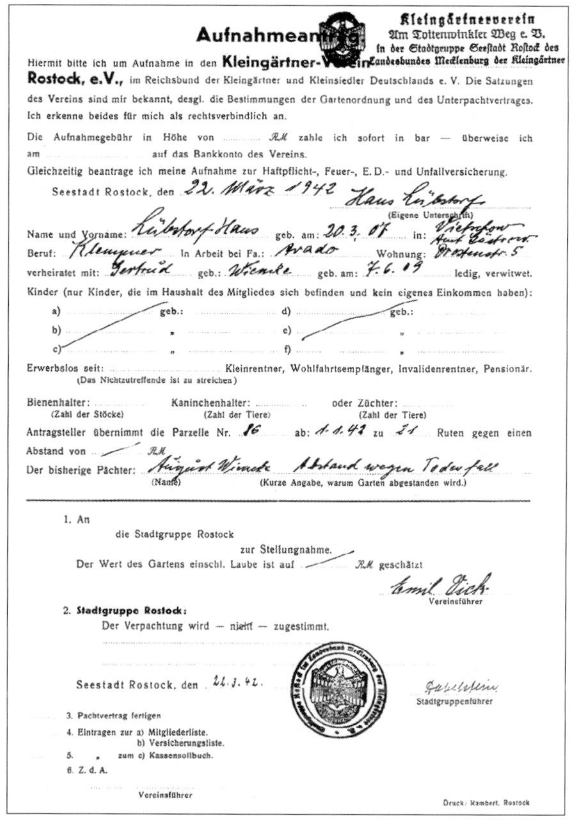

Aufnahmeantrag

Kleingärtnerverein Am Tottenwinkler Weg e. V. in der Stadtgruppe Seestadt Rostock des Landesbundes Mecklenburg der Kleingärtner

Hiermit bitte ich um Aufnahme in den **Kleingärtner-Verein Rostock, e.V.**, im Reichsbund der Kleingärtner und Kleinsiedler Deutschlands e. V. Die Satzungen des Vereins sind mir bekannt, desgl. die Bestimmungen der Gartenordnung und des Unterpachtvertrages. Ich erkenne beides für mich als rechtsverbindlich an.

Die Aufnahmegebühr in Höhe von ...... RM zahle ich sofort in bar — überweise ich am ...... auf das Bankkonto des Vereins.

Gleichzeitig beantrage ich meine Aufnahme zur Haftpflicht-, Feuer-, E. D.- und Unfallversicherung.

Seestadt Rostock, den 22. März 1942 ...... (Eigene Unterschrift)

Name und Vorname: ...... geb. am: 20. 3. 07 in: ......
Beruf: Klempner In Arbeit bei Fa.: Arado Wohnung: ......
verheiratet mit: Gertrud geb.: Wienke geb. am: 7. 6. 09 ledig, verwitwet.

Kinder (nur Kinder, die im Haushalt des Mitgliedes sich befinden und kein eigenes Einkommen haben):
a) ...... geb.: ...... d) ...... geb.: ......
b) ...... " ...... e) ...... " ......
c) ...... " ...... f) ...... " ......

Erwerbslos seit: ...... Kleinrentner, Wohlfahrtsempfänger, Invalidenrentner, Pensionär.
(Das Nichtzutreffende ist zu streichen)

Bienenhalter: ...... (Zahl der Stöcke) Kaninchenhalter: ...... (Zahl der Tiere) oder Züchter: ...... (Zahl der Tiere)

Antragsteller übernimmt die Parzelle Nr. 16 ab: 1. 1. 42 zu 21 Ruten gegen einen Abstand von ...... RM

Der bisherige Pächter: August Wienke (Name) Abstand wegen Todesfall (Kurze Angabe, warum Garten abgestanden wird.)

1. An
die Stadtgruppe Rostock
zur Stellungnahme.
Der Wert des Gartens einschl. Laube ist auf ...... RM geschätzt
Emil ...... Vereinsführer

2. **Stadtgruppe Rostock:**
Der Verpachtung wird — ~~nicht~~ — zugestimmt.

Seestadt Rostock, den 21. 3. 42. ...... Stadtgruppenführer

3. Pachtvertrag fertigen
4. Eintragen zur a) Mitgliederliste.
b) Versicherungsliste.
5. " zum c) Kassensollbuch.
6. Z. d. A.

Vereinsführer

Druck: Rambert, Rostock

Aufnahmeantrag, 1942

Die Zeitdauer eines Pachtvertrages von 1939/40 betrug in der Regel fünf Jahre und konnte auf jeweils weitere fünf Jahre verlängert werden, wenn der Vertrag nicht von einer Seite gekündigt wurde.

Der Verpächter konnte das Pachtverhältnis kündigen, wenn das Pachtgrundstück nicht oder nur mangelhaft bewirtschaftet wurde, der Pächter sich „sonstige Verfehlungen hat zuschulden kommen lassen, die seine Entfernung aus der Kleingartenanlage geboten erscheinen ließ", der Pachtpreis drei Monate nicht bezahlt wurde und wenn das Pachtgrundstück für einen Zweck benötigt wurde, für den Land enteignet werden musste.

Der Pachtpreis wurde 1939 mit 10 RM pro Jahr festgelegt, der in monatlichen Teilbeträgen von 0,85 RM zu zahlen war. Vom Reich bzw. von der Stadt Rostock zur Verfügung gestellte Darlehen mussten mit jährlich 15 RM bzw. 1,25 RM monatlich getilgt werden.

Das Pachtgrundstück durfte nur kleingartengemäß und nicht gewerblich oder zu Wohnzwecken genutzt werden. Das Nutzungsrecht der Pächter beschränkte sich bei Obstbäumen und -sträuchern auf das Abernten, die Pflege sowie den laufenden Ersatz der dem Grundeigentümer gehörenden Bäume und Sträucher. Bauliche Anlagen durften nur mit Zustimmung des Verpächters errichtet werden. Zuwiderhandlungen wurden mit der sofortigen Kündigung geahndet.

Der Pächter wurde verpflichtet, an Arbeiten für gemeinschaftliche Einrichtungen teilzunehmen und Umlagen für diese zu zahlen. Bei Nichtbeteiligung mussten 0,68 RM je Stunde gezahlt werden. Außerdem wurde der Pächter verpflichtet, an fachlichen Schulungen teilzunehmen und eine Fachzeitschrift zu halten.

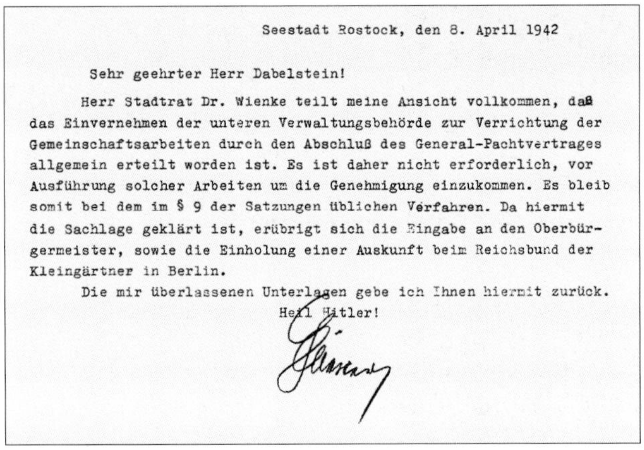

Seestadt Rostock, den 8. April 1942

Sehr geehrter Herr Dabelstein!

Herr Stadtrat Dr. Wienke teilt meine Ansicht vollkommen, daß das Einvernehmen der unteren Verwaltungsbehörde zur Verrichtung der Gemeinschaftsarbeiten durch den Abschluß des General-Pachtvertrages allgemein erteilt worden ist. Es ist daher nicht erforderlich, vor Ausführung solcher Arbeiten um die Genehmigung einzukommen. Es bleib somit bei dem im § 9 der Satzungen üblichen Verfahren. Da hiermit die Sachlage geklärt ist, erübrigt sich die Eingabe an den Oberbürgermeister, sowie die Einholung einer Auskunft beim Reichsbund der Kleingärtner in Berlin.

Die mir überlassenen Unterlagen gebe ich Ihnen hiermit zurück.

Heil Hitler!

Brief von 1942, der auf die „Verrichtung der Gemeinschaftsarbeiten" laut Generalpachtvertrag hinweist.

Wohnlauben in Kleingärten

Die Errichtung von Lauben und anderen Baulichkeiten in den Kleingärten hatte nach Richtlinien zu erfolgen, die der Reichsbund herausgab.

Bedingt durch Wohnungsnot und Erwerbslosigkeit Anfang der 30er Jahre wurden zahlreiche Lauben als Wohnlaube genutzt, weil sich die betroffenen Pächter keine anderen Wohnungen zu angemessenen Preisen leisten konnten. Diese Dauerwohnlauben besaßen mindestens einen Aufenthalts- und Schlafraum mit Küchenecke, Abort und Geräteraum.

Am 1. Juli 1935 wurde ein Gesetz beschlossen, das dem Verpächter gestattete, außer der Pacht für die kleingärtnerische Nutzung des Gartens zusätzlich ein weiteres Entgelt für die ständige Nutzung der Laube zu Wohnzwecken zu verlangen. Der größere Teil der Lauben in den Gärten war aber nur für einen kurzzeitigen Aufenthalt eingerichtet. Eine relativ geringe Größe und einfache Ausstattung waren kennzeichnend.

Als so genannte Typenbauten wurden vom Gauheimstätten-Amt Grundrisse für 11 m² und 16 m² Grundfläche erarbeitet.

Die meisten Rostocker Kleingärtner bauten jedoch ihre Lauben nach eigenem Ermessen.

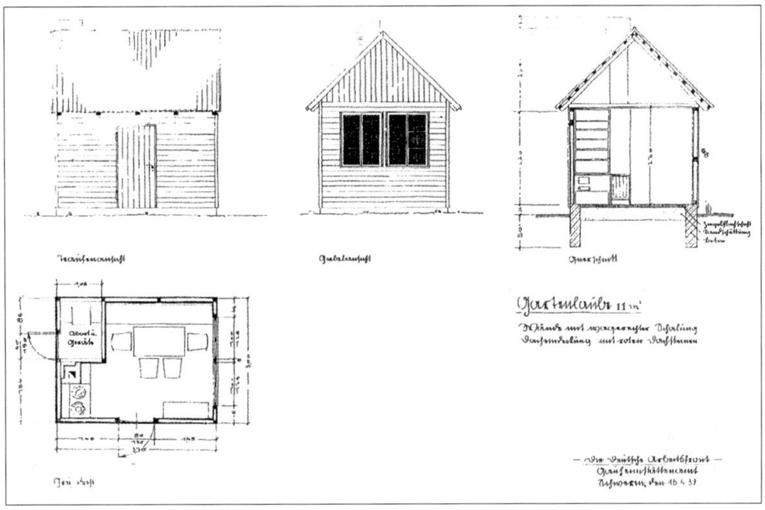

Laubentyp, 1939

Garten mit Laube in der Kolonie „An den Cramonstannen", etwa 1938

Vom Gartenfreund zum „Volksgenossen"

Der Januar 1933 war durch rege Versammlungstätigkeit der Vereine gekennzeichnet. So führte die Schrebergartenkolonie „Dr. Ernst Heydemann" am 21. Januar in der „Tonhalle" einen bunten Abend durch. Ein recht umfangreiches Programm bot für jeden etwas: Konzert, Ansprache, Streichquartett von Mozart, „Großvater erzählt Geschichten" (Erlauschtes aus der Kolonie), ein Bühnenstück, humoristische Plauderei und Gesangsvorträge, Tanz.

Versammlungsort der Kleingartenvereine war auch das „Restaurant zum Greif" in der Kasernenstraße 57 (heute Budapester Straße), Ansichtskarte von etwa 1935

Die Haupt- und Generalversammlungen anderer Kleingartenvereine hatten in den meisten Fällen einen ähnlichen Inhalt. So die Kolonie „Satower Chaussee" am 7. Januar im „Restaurant zum Greif" in der Kasernenstraße 57, am 18. Januar der Schrebergartenverein „Schafweide" in „Schwarks Bierstuben" im Friedhofsweg, der Schrebergartenverein „Am Stadtpark" in „Bernhardts Restaurant" am Neuen Markt 25 mit den Hauptpunkten: Protokollverlesung, Geschäfts- und Kassenbericht, Revisionsbericht, Neuwahlen vom Vorstand und Rechnungsprüfern, Satzungsänderungen.

Vom Schrebergartenverein „Am Kesselborn" e. V., der am 5. Dezember 1932 in „Riecks Gesellschaftshaus"[2] seine Generalversammlung abhielt, wurde u. a. berichtet:

„Da der Verein jetzt 10 Jahre besteht, wird ein Wintervergnügen am 4. Februar `33 in ‚Riecks Gesellschaftshaus' abgehalten. Alte und junge Mitglieder haben zu erscheinen, da kein Eintritt erhoben werden soll."

Und weiter hieß es:

„Freudig begrüßt wurde das zahlreiche Erscheinen der Mitglieder, insbesondere auch das große Interesse der Nichterschienenen, zudem es sich um die Generalversammlung handelte. Das Motto: Was soll ich dahin gehen, andere machen es ja für mich, scheint sich bei unseren Mitgliedern ziemlich einzubürgern."

Der Festwagen des Gartenvereins „Am Stadtpark" für den großen Festzug anlässlich des „Plattdeutschen Volkstages" am 9. Juli 1933. Im Vordergrund der Vorsitzende des Ortsverbandes, W. Schwartz.

Ebenso klagte der Vorstand der Kolonie „Satower Chaussee":

„Am 7. Januar 1933 war unsere Generalversammlung. Fleißig hatten wir eingeladen, Resultat gut! Es fehlten nur zwei Drittel unserer Mitglieder!"

Im Juli 1933 fand in Rostock ein großes Volksfest statt. Der Rostocker Ortsverband der Kleingärtner hatte seine Vereine aufgerufen, tatkräftig mitzuwirken und der

2 „Riecks Gesellschaftshaus" befand sich zusammen mit dem Hotel „Stadt Doberan" in der Eselföterstraße 23/24, von 1954 bis 1991 war es das „Kleine Haus" des Rostocker Volkstheaters.

übrigen Bevölkerung zu zeigen, dass die Kleingärtner auf dem richtigen Weg zur Volksgesundung wären. Es wurde vermerkt, dass erstmals eine Schreberjugendgruppe auftrat und ein Vereinswagen schöner als der andere war.

Selbstverständlich wurde eine solche Veranstaltung für propagandistische Zwecke genutzt und wie folgt bewertet:

„Die Volksgenossen müssen anerkennen, daß unsere Kleingartenbewegung mit ihrer volkswirtschaftlichen Werte schaffenden Kraft zu einer Kulturmacht geworden ist, deren Bedeutung für die Zukunft unseres Volkes noch nicht abzusehen ist.“

Fest im Gehlsdorfer Kleingartenverein „Toitenwinkler Weg“, etwa 30er Jahre

Aber der Vorsitzende des Schrebergartenvereins „Schafweide“ beschwerte sich, dass beim Ausschmücken des Wagens zum Festumzug nur einige wenige Mitglieder mit Hand anlegten. „Die Mehrzahl hielt es nicht für nötig, tatkräftig mitzuarbeiten.“

Der Inhalt der Vereinsversammlungen hatte sich im Verlauf des Jahres 1933 den neuen Bedingungen angepasst.
So hielt der Kleingartenverein „Satower Chaussee“ am 30. September des Jahres eine Versammlung ab, auf der der neu ernannte „Führerstab“ vorgestellt wurde. Die neuen Satzungen wurden verlesen und angenommen. Und – die Fahne der Kleingartenvereine war jetzt die Hakenkreuzfahne. Es gab eine „freiwillige“ Fahnenspende, von der Hakenkreuzfahnen angeschafft wurden. Die Mitglieder wurden zudem aufgefordert, sich an der Winterhilfe zu beteiligen – „Geben ist Pflicht!“ Außerdem wurden die Vereinsmitglieder aufgerufen, Mitglied der Nationalsozialistischen Volkswohlfahrt (NSV) zu werden. Ein dreifaches „Sieg-Heil“ beendete diese Versammlung.

So oder ähnlich verliefen zu dieser Zeit die Versammlungen in den Vereinen.
Am 30. Oktober 1933 wurden alle Vereinsvertreter zu einer außerordentlichen Versammlung einberufen. Wegen der Überführung des alten Reichsverbandes in den neuen Reichsbund der Kleingärtner war es notwendig geworden, auch eine regionale Veränderung vorzunehmen. Der „Ortsverband der Kleingärtner Rostock“ wurde nun zur „Stadtgruppe Rostock der Kleingärtner im Reichsbund der Kleingärtner und Kleinsiedler Deutschlands e. V.“.
Führer der Stadtgruppe wurde mit Einverständnis der NSDAP der Pg. Schwartz. Der Stadtgruppe Rostock wurde zu den Wahlen am 12. November 1933 eine rege Tätigkeit nachgesagt. Kassenprüfungen hatten eine mangelhafte, unübersichtliche Führung der Kassenbücher und Belege ergeben. Abhilfe sollte eine einheitliche Mustervorgabe schaffen.
Großen Erfolg hatte die Aktion zum Winterhilfswerk: 14 Zweispännerfuhren Gemüse konnten abgeliefert und 250 RM in bar gesammelt werden.

Die politische Schulung der Kleingärtner wurde durch die monatliche Veranstaltung der Stadtgruppe durchgesetzt.
Die Stadtgruppe Rostock hatte sich zwar mit ihren Mitgliedern voll in den Dienst der Wahlpropaganda zum 12. November gestellt, trotzdem war es schwierig, Eintrittskarten zum diesbezüglichen Vortrag des Reichsstatthalters Hildebrandt umzusetzen.
Ähnliche Berichte gaben die Kleingartenvereine „Galgenberg“, „Am Zingel“, „Dr. Ernst Heydemann“, „Drög Eck“, „Schafweide“, „Richard Wossidlo“, „Fährhufe Gehlsdorf“, „Satower Chaussee“.

Die von den Vereinen genutzten Versammlungsstätten sind in einer Auswahl aus folgender Übersicht zu erkennen:

Verein	*Versammlungsstätte*	
„Am Zingel“	Restaurant Gerberschütting,	Ecke Gerberbruch/Gerbergang
„Dr. E. Heydemann“	Restaurant Teßmer,	Ecke Karlstr./Schröderstraße
	Weyers Restaurant,	Wismarsche Straße
„Galgenberg“	Wilhelmsburg,	Alexandrinenstraße
„Kommerzienrat Scheel“	Wintergarten	Breite Straße 23
„Einsiedler“	Restaurant Stadthalle	
	Gasthaus Weiser	Beginenberg
	Gasthaus Timm	
	„Schweizer Haus“	Tessiner Straße
„Verzage nicht“	„Tonhalle“	Brandesstraße 12
„Am Kesselborn“	Riecks Gesellschaftshaus	Eselföterstraße 23/24
	St.-Georg-Knabenschule	St.-Georg-Straße
„Am Stadtpark“	Bernhardts Vereinshaus	Neuer Markt 25
„Rostock-Ost“	W. Schnells Restaurant	Große Scharrenstraße
„Am Verbindungsweg“	Restaurant Stadthalle	
„Grüner Weg“	Riecks Gesellschaftshaus	Eselföterstraße 23/24
„Schafweide“	Schwarks Bierstuben	Friedhofsweg
„Rote Burg“	„Zur Post“	Garbräterstraße 4
„Heidberg“	„Gemütliche Ecke“	Fritz-Reuter-Straße
„Uns Hüsung“	Gaststätte Weiser	Beginenberg
„Wossidlopark“	„Schweizer Haus“	Tessiner Straße
„Satower Chaussee“	Restaurant „Zum Greif“	Kasernenstraße 57
Ortsverband Rostock	Bernhardts Restaurant	Neuer Markt 25
Stadtgruppe	Aula Oberrealschule	Lindenstraße
	Stralsunder Vereinsbrauerei Rostock	Große Wasserstraße 14
	„Philharmonie“	Doberaner Straße

Stempel des Kleingärtnervereins „Am Verbindungsweg“, 1933 bis 1945

Ende 1933 gehörten der Stadtgruppe Rostock bereits 21 Kleingartenvereine an. Die Zunahme der organisatorischen Aufgaben innerhalb der Stadtgruppe Rostock veranlasste die Leitung, eine Geschäftsstelle in der Niklotstraße 1 einzurichten, die ihre Tätigkeit am 1. April 1934 aufnahm. Alle Eingaben, Anfragen u.Ä. waren an diese Stelle zu richten. Eine öffentliche Sprechzeit zweimal in der Woche von je einer Stunde gab den Kleingärtnern der Stadtgruppe die Möglichkeit, ihre Probleme vorzubringen und sich Rat zu holen.

Der Seestadt Rostock wurde laut eines Artikels im „Kleingärtner“ um diese Zeit eine vorbildliche Bodenpolitik bestätigt. Es hieß dort:

„Unter den wenigen deutschen Städten, die schon seit vielen Jahren zielbewußt darauf hingearbeitet haben, daß ihre Bewohner durch den Besitz eines Kleingarten vor der Loslösung von der heimatlichen Scholle mit all ihren nachteiligen bevölkerungspolitischen und seelischen Folgen bewahrt bleiben, ist die alte Seestadt Rostock mit an erster Stelle zu nennen“.

Fast jede zweite Familie war dem Bericht zufolge bereits Besitzer eines Kleingartens. Möglich wurde das, weil Rostock über einen ungewöhnlich großen eigenen Grundbesitz verfügte.

Ein Höhepunkt im Vereinsleben der Stadtgruppe Rostock sollten Veranstaltungen am 15. Juli 1934 sein, die parallel zum Reichswerbetag der deutschen Kleingärtner und Kleinsiedler im Reichsbund auf dem Tempelhofer Feld in Berlin stattfanden.
Alle Kleingärtner und ihre Familien wurden aufgerufen, teilzunehmen und den Rostocker Einwohnern zu zeigen, dass die Kleingärtner „den Willen und die Idee des Führers Adolf Hitler aufgenommen haben. Das Motto ist: Kleingärtner an die Front."
Den Berichten nach waren die Veranstaltungen ein voller Erfolg für die propagierte nationalsozialistische Ideologie.

Dagegen kam es im August 1935 zur Kündigung von etwa 100 Parzellen auf der Westseite der Lübecker Straße. Diese Fläche wurde für den Aufbau des neuen Botanischen Gartens der Universität benötigt.
Bereits im Herbst 1934 war einem großen Teil der Rostocker Kleingärtner im Bereich der Lübecker Straße gekündigt worden, da das Gelände für wichtige Bauvorhaben genutzt werden sollte.
Die Versicherung übergeordneter Stellen, dass weitgehend Kündigungsschutz für die Kleingärtner bestünde und Dauergärten geschaffen werden sollten, ging ins Leere. Nach langem Bemühen gelang es der Stadtgruppe, an der Südseite der Satower Chaussee Ersatzgelände zu beschaffen, um so einen Teil der gekündigten Kleingärtner neu anzusiedeln.
So entstand als neue Kolonie der Kleingartenverein „Weiße Rose". In vielen freiwilligen Arbeitsstunden wurde Stoppelfeld zu Gartenland umgewandelt.
Die Fachpresse sagte hierzu:

„In enger Volksgemeinschaft, der Kopfarbeiter neben dem Handarbeiter, die Frau neben dem Mann, wurde hier geschafft, Einer für alle und alle für einen. Ein schönes Beispiel wirklicher Volksgemeinschaft und enger Kameradschaft. Die finanzielle Belastung wurde um so höher bewertet, da die meisten Mitglieder aus einkommensschwachen Schichten kamen."

Der Gehlsdorfer Kleingartenverein „Toitenwinkler Weg" beim Festumzug zum „Tag der Rosen", 1936

Zu Beginn 1936 zählte die Stadtgruppe 31 Vereine mit 2.385 Mitgliedern.

Vom 4. bis 12. Oktober 1936 veranstaltete die Stadtgruppe Rostock eine groß angelegte Werbewoche. Reichsbund- und Landesgruppenführer sowie der Oberbürgermeister sprachen über Aufgaben und Ziele der Kleingartenbewegung und das Kleingartenwesen von Rostock.
Tausende Kleingärtner wären der Bewegung angeschlossen worden, hätten aber keine Ahnung von Aufgaben und Zielen, wurde geurteilt. Jedem Kleingärtner wurde im Lyzeum am Goetheplatz eine Ausstellungsfläche von 1 m² zur Verfügung gestellt, die er nach eigenem Ermessen gestalten konnte. Restlose Beteiligung wurde erwartet. Die Werbewoche wurde außerdem genutzt, um die Forderungen der Kleingärtner publik zu machen. „Gebt uns Dauergärten" – war der Ruf aus Tausenden bedrängten Kleingärtnerherzen.
Da viele Gärten in Gefahr waren, wurde der Hoffnung Ausdruck gegeben, dass die Rostocker Kleingärtner alles daran setzen würden, diese Werbewoche zu einem gewaltigen Erfolg für die gesamte Kleingärtnerschaft werden zu lassen.
Im Januar 1937 erfolgte ein weiterer Wechsel in der Stadtgruppenleitung Rostock. Pg. Felten (seit 1935 Leiter der Stadtgruppe) schied aufgrund seiner verstärkten Tätigkeit in der NSDAP aus. Als neuer Stadtgruppenleiter wurde Pg. Huffziger ernannt. Die Tätigkeitsberichte der Kleingartenvereine ließen etwa ab dieser Zeit einen gewissen Gleichklang erkennen.

Nach der Gleichschaltung mit ihren teilweise unterschiedlichen Auswirkungen setzte eine Stabilisierung in der Tätigkeit ein. Der Kleingärtneralltag war gekennzeichnet durch regelmäßige Pflichtversammlungen und Schulungen. Winterhilfs- und andere NSV-Spenden wurden angemahnt. Gartenerzeugnisse mussten in bestimmtem Umfang abgeliefert werden.

1936 wurde ein „Notpfennig für den Aufbau“ eingeführt. Er sollte zur Beihilfe für die neu anzulegenden Kleingartenkolonien und zur Anschaffung gemeinnütziger Einrichtungen bei schon bestehenden Anlagen genutzt werden. Die Anreicherung des „Notpfennigs“ erfolgte durch ständige Umlage bei allen Mitgliedern der Stadtgruppe.

Eine Gesamteinschätzung für das Jahr 1936 lässt erkennen, dass die Stadtgruppe bei der Gestaltung des Bebauungsplanes mit großen Schwierigkeiten zu kämpfen hatte, wenn es um die Ausweisung von Dauerkleingärten ging. Das gestellte Ziel wurde nicht erreicht. So musste z. B. eine junge Kolonie am Kühlmannsweg (südlicher Umringungsweg des alten Friedhofes, 1936 lt. Adressbuch unbebaut) wieder geräumt werden, weil städtische Interessen dies verlangten. Andererseits entstand 1936 die erste Dauerkolonie „Immendiek“, die zu einer öffentlichen Erholungsstätte ausgebaut werden sollte. Ebenfalls in diesem Jahr wurde auf Landesgruppenebene ein Wettbewerb durchgeführt, an dem von der Stadtgruppe Rostock die Kleingartenvereine „Edelweiß“, „Heydemann“, „Satower Chaussee“, „Weiße Rose“ teilnahmen. Sieger des Wettbewerbs der Einzelgärten war der Verein „Satower Chaussee“ mit Garten-Nr. 15 (Schuldt). Bemängelt wurde in allen Anlagen die zu große Anzahl von Obstbäumen.

Kleingärtner-Verein „Weiße Rose“

Mitgliedsbuch

für

Herrn Nebe Fritz
Frau

Straße .... Nr. ....

Parzelle Nr. .... ☐ Rt. .... Hauptb. Nr. ....

im

Reichsbund der Kleingärtner und Kleinsiedler Deutschlands e. V.

Mitgliedsbuch des KGV „Weiße Rose“ für Herrn Fritz Nebe mit Quittierungen für Beiträge bis September 1940

Ein besonderes Ereignis im Rostocker Kleingartenwesen stellte die 1937 neu gegründete Kleingartenanlage „Edelweiß“ dar. Die ursprüngliche Anlage, 1933 gegründet, befand sich an der Warnemünder Chaussee gegenüber der Siedlung Reutershagen. Diese wurde im Oktober 1937 aufgelöst, da das Land für bauliche Zwecke benötigt wurde. Einem Teil der 317 Mitglieder wurde hinter dem Ort Barnstorf am Mönckwedener Weg neues Gartenland in Form einer so genannten Dauerkolonie zugewiesen. Von der ehemaligen größten mecklenburgischen Kleingartenkolonie konnten aber nur 64 Mitglieder in die neue Anlage übernommen werden. Mit dieser Anlage sollte etwas grundsätzlich Neues geschaffen werden. Deshalb wurde auch eine deutliche Unterstützung durch die Stadt gewährt, so zum Beispiel Pachtermäßigung auf 5 Jahre, Wasseranschluss und Drainagearbeiten auf Stadtkosten. Mit großem Aufwand wurde eine Musteranlage geschaffen, die auch der Öffentlichkeit zugänglich war. Von übergeordneten Stellen wurde die Anlage als mustergültig und einzigartig für Mecklenburg anerkannt. Am 10. Juli 1938 erfolgte die Einweihung.

Frauen vor dem neuen Vereinshaus in der KGA „Edelweiß“, 1938

Hochzeitsgesellschaft vor dem Vereinshaus der KGA „Edelweiß“ in den 40er Jahren

Obwohl die Kleingartenanlage „Edelweiß“ bei der Neugründung 1937 nicht wenig unter „nationalsozialistischer Schirmherrschaft“ stand, wurde sie auch mit der Bezeichnung „Rote Kolonie“ belegt. Offensichtlich gab es eine größere Anzahl von Vereinsmitgliedern, die durch ihre Tätigkeit in den Industriebetrieben der Stadt Angehörige der sozialdemokratischen oder kommunistischen Partei gewesen waren bzw. diesen Ideologien zumindest nahe standen und dies in Wort und Tat, wenn auch versteckt, ausdrückten.

Aus der Entstehungsgeschichte der Dauerkleingartenanlage „Edelweiß“

Gemeinschaftslied der Dauerkolonie Edelweiß

Melodie: Hinaus in die Ferne ...

Wir haben gerungen mit Hacke und mit Scheit;
Den Boden bezwungen mit uns'rer Einigkeit!
Drum mög' es so für alle Zeiten sein:
Für unsere Gemeinschaft tritt jeder ein!

Mit Herzen und Händen das Werk wir packten an:
Wir werden's fortsetzen, was hier so schön begann.
Stets tatbereit, voll Eifer und voll Mut,
Denn alles, was wir schaffen, kommt uns zugut.

Dem Boden verbunden sind wir hier Mann für Mann,
Die stets bei der Arbeit im Garten trifft man an.
O „Edelweiß“, du Schatz im grünen Kleid,
Wir wollen treu dir bleiben für alle Zeit.

Der Segen der Erde ist uns'rer Mühe Preis;
Zufrieden ist jeder bei uns in „Edelweiß“!
Drum laßt uns nun für immer machen kund:
Du „Edelweiß“ im Grünen, hältst uns gesund.

Verfasser: Bruno Herzberg.
Zum steten Gesang gewidmet von Friedr. W. Hoffmann.
Druck: „Rostocker Anzeiger“.

Gemeinschaftslied der Dauerkolonie „Edelweiß“
Die Neugründung „beflügelte“ auch die „Literaten“ unter den Gartenfreunden

„Die Kleingartenanlage ‚Edelweiß‘ wurde am 14. Juli 1933 gegründet. Sie lag an der Warnemünder Chaussee gegenüber der Siedlung Reutershagen. Am 1. Oktober 1937 wurde dieselbe, welche seinerzeit 317 Mitglieder umfaßte, aufgelöst, weil das Land für bauliche Zwecke verwendet werden sollte. Einem Teil der Mitglieder, 64 an der Zahl, wurde hinter dem Orte Barnstorf/Mönckwedener Weg neues Land in Form einer Dauerkolonie zugewiesen. Hier entstand die jetzige Anlage ‚Edelweiß‘. Das Gelände bestand aus einer 30 Jahre bestehenden Kuhweide, deren Gelände sich durch Unebenheiten besonders auszeichnete und deren Planierung außerordentlich viel Erdarbeiten verlangte, weil große Löcher auszufüllen waren und Erhöhungen beseitigt werden mußten…
Am 10. Oktober 1937 wurde dann mit der Erschließungsarbeit des Geländes begonnen. Unter Zuhilfenahme einer Gleisanlage von 300 Metern Länge und 6 Loren wurden von den Mitgliedern in einer fast unvorstellbar kurzen Zeit die Erdarbeiten geschafft, so daß mit der Anfuhr der Gartenhäuser – durchweg in einem Ausmaß von 2 mal 4 Metern begonnen werden konnte. Von 64 Mitgliedern waren durchschnittlich 53 an jedem Sonntag anwesend. Jedes Mitglied leistete bis heute zum Aufbau der Kolonie ca. 185 freiwillige Arbeitsstunden, insgesamt wurden also bis heute rund 11.500 Arbeitsstunden freiwillig geleistet. Von den zur Verfügung stehenden 27 Sonntagen in der Zeit vom 10. Oktober 1937 bis 8. Mai 1938 wurde an 23 Sonntagen gearbeitet, eine Leistung, die vorher nie ein Gartenverein zustande gebracht hat...“

Die Dauerkolonie „Edelweiß“ wurde 1938 als Grünanlage der Öffentlichkeit übergeben.

„Eine willkommene Ruhepause: Mutter erscheint mit dem Essentopf“

Im Sommer 1939 stand die Kleingartenanlage „Edelweiß“ noch einmal im Mittelpunkt des mecklenburgischen Kleingartenwesens. Anlässlich des 50. Geburtstages Adolf Hitlers wurden vom Reichsbund 200 Dauerkleingärten im ganzen Reich zur Verfügung gestellt. Diese Gärten waren für Parteigenossen bestimmt, die „Verdienste im Kampf um den Nationalsozialismus" erworben hatten. Die Vorschläge dazu kamen von der Gauleitung über die Vereinsleitung. Auf Mecklenburg entfielen fünf Gärten. Diese so genannten „Adolf-Hitler-Gärten" wurden ausschließlich der Dauergartenanlage „Edelweiß" zugeordnet.

Übergabe der „Adolf-Hitler-Gärten", 1939

Zu diesem Zeitpunkt waren außer der Anlage „Edelweiß" nur die Anlagen „Immendiek" und „Fährhufe" als Daueranlagen ausgewiesen.
„Edelweiß" hatte die günstigsten Voraussetzungen, da das zusätzlich benötigte Land ohne Probleme von der Stadt und der Heeresverwaltung zur Verfügung gestellt wurde. Alle Arbeiten für die fünf „Adolf-Hitler-Gärten" wurden von Mitgliedern der Anlage „Edelweiß" geleistet. Die Holzhandlung Mitzlaff lieferte das Holz für die Lauben. Durch ausgesuchte Fachleute wurde die Bepflanzung vorgenommen. Die Finanzierung erfolgte durch Reichsbund, Landesbund und Stadtgruppe.
Unter großer Beteiligung erfolgte im Mai 1939 die Übergabe der fertig eingerichteten, bepflanzten und besäten Gärten an die neuen Pächter.
Die fünf ausgesuchten Parteigenossen wurden verpflichtet, sich der Gemeinschaft der Kleingärtner anzupassen und sich aktiv für die Belange der Partei einzusetzen.
Im Rahmen dieser Veranstaltung wurden die Kleingartenanlage „Zingel", „Komm. Rat Scheel", „Stadtpark", „Waldeslust" und „Cramonstannen" ebenfalls zu Dauerkleingartenanlagen erklärt.

Der Kriegsbeginn am 1. September 1939 verändert das Kleingartenwesen radikal. Kurz zuvor hatte der Stadtgruppenleiter Huffziger sein Amt an den bisherigen stellv. Stadtgruppenleiter Dabelstein übergeben. Geschäftsführer der Stadtgruppe wurde Gf. Hahn.
Der Inhalt der Vereinsversammlungen entsprach künftig den wehrwirtschaftlichen Bedingungen. Viele Kleingärtner waren zur Wehrmacht einberufen worden und mussten die Bewirtschaftung des Gartens den Familienangehörigen, vor allem den Frauen, überlassen.

Deckblatt einer Schrift zur „Unterrichtung der Unterorganisationsleiter des Reichsbundes Deutscher Kleingärtner e. V."

Familie in den 30er Jahren vor ihrer kleinen Gartenlaube in der Anlage „Edelweiß"

Die Vereinstätigkeit konzentrierte sich neben rein organisatorischen Aufgaben auf die Fachberatungen zur Erzeugung von Lebensmitteln für die Eigenversorgung sowie für die Abgabe an zentrale Stellen zur Versorgung der Bevölkerung. In vermehrtem Umfang wurden auf entsprechenden Veranstaltungen Hinweise für „zeitgemäßes Kochen und restlose Ausnutzung der Ernteerzeugnisse" gegeben.

Frauen in ihrem Kleingarten

Frauenfachberatungs-Tagung am 5. Juni 1939.

Tagungsort: Restaurant Teßmer, Rostock, Schröderstraße.

Landesbundleiter Schwartz begrüßte die vollzählig erschienenen Bezirks-Frauenfachberaterinnen, Landwirtschaftsrat Jaentsch, die Landesbund-Frauenfachberaterin Pgn. Milkowski sowie die Vertreterinnen des Deutschen Frauenwerks. Er gab einen gedrängten Rückblick auf die historische Entwicklung des Kleingartenwesens und ging kurz auf die Fachberatungsarbeit des Reichsbundes ein, die nun durch eine besonders wichtige Abteilung, die Frauenfachberatung, erweitert werden soll.

Landesbund-Fachberater, Landwirtschaftsrat Jaentsch, sprach dann über bisherige Fachberatungsarbeit im Anbau und der Verwertung der Gartenbauerzeugnisse. Er verstand durch Frage und Antwort eine lebhaft interessierte Arbeitsgemeinschaft herzustellen und streifte wichtige Themen, wie z. B. Eindosen oder Einwecken, Verwendung von Zucker, Mosterei durch Süßmostapparat oder Kleinmostapparat usw.

Die Pgn. Milkowski gab einen kurzen Ueberblick über die

„Kleingärtnerfrauenfachberatungen“ wurden organisiert, damit die Frau in Abwesenheit des Mannes „Bescheid weiß“.

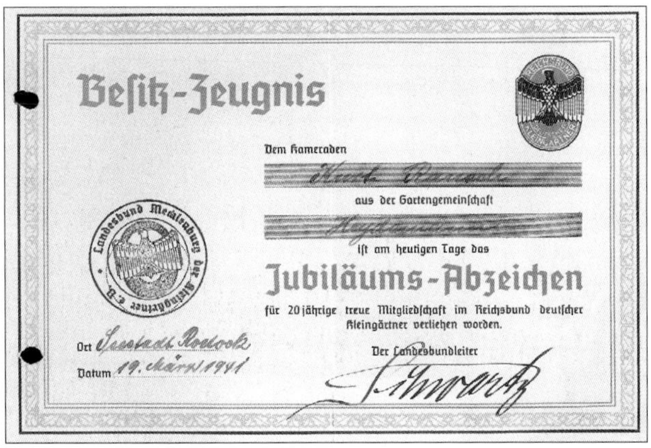

Besitz-Zeugnis

Dem Kameraden

aus der Gartengemeinschaft

ist am heutigen Tage das

Jubiläums-Abzeichen

für 20jährige treue Mitgliedschaft im Reichsbund deutscher Kleingärtner verliehen worden.

Ort Seestadt Rostock

Datum 19. März 1941

Der Landesbundleiter

Besitz-Zeugnis von 1941

Artikel zur Kartoffelkäfergefahr im „Kleingärtner“

Kleingärtner! Augen auf! Kartoffelkäfergefahr!

Von Dr. Hans Thiel, Leiter des Kartoffelkäfer-Abwehrdienstes, Heidelberg.

ZdR. Dem Aufruf zum gesteigerten Anbau landwirtschaftlicher Erzeugnisse wurde überall, nicht nur in bäuerlichen Kreisen, 100prozentig Folge geleistet. Jedes bisher unbenutzte Stückchen Land wurde mit Gemüse und Kartoffeln bebaut. Jeder will so seinen Beitrag zur Sicherung der deutschen Volksernährung leisten. Nachdem nun aber die Bestellungsarbeiten überall beendet sind, gilt es, die wachsenden Kulturen vor Schädlingen zu schützen, um das Möglichste am Ernteertrag herauszuholen. Nun droht aber gerade unserem wichtigsten Nahrungsmittel, der Kartoffel, durch den Kartoffelkäfer eine ernste Gefahr. Der Kartoffelkäfer, auch Koloradokäfer nach seinem Herkunftsland genannt, ist etwa 1 cm lang, gelb, mit 10 schwarzen Längsstreifen auf den Flügeldecken und trägt auf dem Halsschild eine V-förmige schwarze Zeichnung. Wenn sich im Frühjahr der Boden wieder erwärmt und die Kartoffeln wieder auflaufen, verläßt der Kartoffelkäfer den Boden, in dem er in etwa 30 cm Tiefe überwintert hat. Der Käfer beginnt sofort am Kartoffellaub zu fressen. Nach der Kopulation beginnt das Weibchen seine orangegelben Eier an der Unterseite der Blätter abzulegen. Nach einigen Tagen, je nach der Witterung, beginnen die 1,5 mm großen Larven zu schlüpfen. Die Larven sind rot und tragen auf jeder Seite zwei Reihen schwarzer Punkte. Binnen 3 Wochen wachsen die Larven nach dreimaliger Häutung zur Größe von 1,5 cm heran und gehen nun zur Verpuppung in den Boden. Nach weiteren 8 Tagen schlüpft bereits der Käfer, so daß also nach insgesamt 5 bis 6 Wochen bereits die zweite Generation vorhanden ist. Zu ihrer Ernährung benötigt die etwa 31 Millionen betragende starke Nachkommenschaft eines einzigen Kartoffelkäferweibchens das Laub von 2½ ha Kartoffelland. Die ungeheuere Vermehrungsfähigkeit, Gefräßigkeit und Flugfähigkeit des Kartoffelkäfers machen ihn zum gefährlichsten Schädling unseres Kartoffelanbaues. Noch ist der größte Teil Deutschlands frei vom Kartoffelkäferbefall. Durch die infolge des Krieges bedingte gesteigerte Verkehrsfrequenz besteht jedoch die Gefahr der Verschleppung. Jeder Kartoffelanbauer — und sei er es auch in kleinstem Maße — achte daher stets auf das Auftreten des Kartoffelkäfers!

Was ist nun zu tun, wenn verdächtige Funde festgestellt werden? Zunächst ist die zuständige Ortspolizeibehörde von dem Fund zu verständigen, nachdem die Fundstelle mit einem Stock gekennzeichnet wird. Werden Käfer gefunden, so werden diese sämtlich abgesammelt und am besten in Spiritus abgetötet. Werden Larven, Eigelege oder Puppen gefunden, so werden lediglich 2 oder 3 Stück in Spiritus gelegt und abgetötet. Die restlichen bleiben sitzen, bis von der Polizei bzw. dem Beauftragten des Kartoffelkäfer-Abwehrdienstes weitere Weisungen ergehen. Jeder bedenke, daß es nicht nur gilt, seine eigenen Kartoffeln zu schützen, sondern daß vor allem der gesamte deutsche Kartoffelanbau vor diesem Großschädling geschützt werden muß. Wer daher einen Kartoffelkäferfund verheimlicht, stellt sich außerhalb der deutschen Volksgemeinschaft und wird in entsprechender Weise bestraft werden. Da der Kartoffelkäfer manchmal auch an anderen Kulturpflanzen, selbst an Unkräutern gefunden wird, ohne jedoch daran zu fressen, sei nochmals die dringende Mahnung an alle gerichtet, jeden verdächtigen Fund der Polizei zu melden.

Festumzüge, Gartenfeste entfielen nach Erklärung des totalen Krieges 1943 vollständig.
Alle Aktivitäten waren bis Kriegsende der „Erzeugungsschlacht“ zugeordnet.
Zu mehr Einsatz sollten auch verschiedene Auszeichnungen beitragen. Bereits 1938 wurde vom Reichsbund Deutscher Kleingärtner eine neues Mitgliedsabzeichen ausgegeben. Ihm folgten Jubiläumsabzeichen für 10-, 20-, 25- und 50-jährige Mitgliedschaft sowie Broschen für Kleingärtnerfrauen und -töchter in verschiedenen Ausführungen und Ehrenzeichen.

Etwa seit 1940 waren keine Tätigkeitsberichte der Vereine im bisherigen Umfange der Stadtgruppe zugeleitet worden, vielmehr gab es in hohem Maße Anordnungen und Festlegungen. Diese betrafen die Beihilfe zur Ernährung im Rahmen der „Erzeugungsschlacht“; die Ablieferung festgelegter Quoten musste zwingend eingehalten werden. Immer wieder forderte das Winterhilfswerk Spenden.
Die Saatgutabgabe wurde ab 1942 reduziert und eine entsprechende Verpflichtungserklärung musste abgegeben werden.

„Ich versichere, daß ich

1. *diese Menge unter Zugrundelegung meines für 1943 vorgesehenen Anbauplanes unter Berücksichtigung des durch Anordnung Nr. 32/42 vom 14. Dezember 1942 (RNVbl. Seite 540) der Hauptvereinigung der deutschen Gartenbauwirtschaft als zulässige Höchstmenge bekannt gegebenen Samenbedarfes berechnet habe;*
2. *dabei meine eigenen noch vorhandenen Samenvorräte berücksichtigt habe;*
3. *keine Doppelbestellungen vorgenommen habe;*
4. *die von mir vorgesehenen Flächen mit dem bestellten Samen bebauen werde; sollte mir dies aus irgendwelchen Gründen nicht möglich sein, so verpflichte ich mich, dies unter Angabe der Gründe und der nicht ver wendeten Samenarten und -mengen dem zuständigen Gartenbauwirtschaftsverband mitzuteilen.*

Ich bin mir bewußt, daß ich nur die auf obigem Abschnitt als Richtlinien aufgeführten Aussaatmengen für die vorgesehenen Aussaatflächen verwenden darf.
Ich bin mir bewußt, daß ich mich durch wahrheitswidrige Angaben einer Bestrafung – gegebenenfalls nach der Verbrauchsregelungs-Strafordnung – aussetze.“

Einen großen Umfang nahm die Schädlingsbekämpfung besonders beim Volksnahrungsmittel Kartoffel ein. Das vermehrte Auftreten des Kartoffelkäfers wurde dabei dem Kriegsgegner angelastet.

Eine besondere Funktion wurde den Kleingärtnern im Stadtbereich und an seinen Grenzen gleich zu Anfang des Krieges zuteil: Da in zunehmendem Maße mit feindlichen Luftangriffen auf die Stadt mit ihren Rüstungsbetrieben gerechnet wurde, forderte der Luftschutz, mit Hilfe bestehender und neu zu errichtender „Brandschneisen“ (Gartenanlagen), die „Luftempfindlichkeit“ der Stadt herabzusetzen. Im Rahmen der Förderung von Kleingärten sollten diese als Dauergärten ausgewiesen werden.

In erster Linie sollte für diesen Zweck öffentliches Land in Anspruch genommen werden, soweit es nicht für vordringlichere Zwecke benötigt wurde. Falls davon nicht genügend zur Verfügung gestellt werden konnte, musste auf Privatland zurückgegriffen werden, d. h. es erfolgte Enteignung oder Zwangspacht.
Dem Kleingarten wurden neben der luftschutztechnischen Sicherung eine seelische Stärkung der Widerstandskraft der Heimatfront zugeordnet.

Von den Luftangriffen britischer Bomberverbände am 24. und 25. April 1942 auf die Stadt waren auch Kleingärten betroffen. Die Geschäftsstelle des Landesbundes wurde schwer beschädigt und zahlreiche Bombenabwürfe stellte man in Gartenanlagen fest, so z. B. allein in der Kleingartenanlage „Jägerbäk“ 66 Sprengbomben, 43 Phosphorkanister und eine Anzahl Blindgänger.

Ersatzleistungen für Bombenschäden mussten laut Anordnung des Oberbürgermeisters der Stadt Rostock beim Kriegsschädendienst beantragt werden. Die Beseitigung der Schäden sollte von den Kleingärtnern selbst vorgenommen werden, da Arbeitskolonnen zum Zuschütten der Bombentrichter von Seiten der Stadt wegen vordringlichen Einsatzes an anderer Stelle nicht zur Verfügung gestellt werden konnten.
Mit Sicherheit ist anzunehmen, dass bombengeschädigte Familien Lauben nach den Luftangriffen als zeitweilige Wohnunterkünfte nutzten, bis Ersatzwohnraum geschaffen werden konnte. Konkrete Angaben liegen für die Rostocker Kleingartenanlagen jedoch nicht vor. Ab Juli 1944 war es offiziell gestattet worden, Lauben als Dauerwohnungen einzurichten.

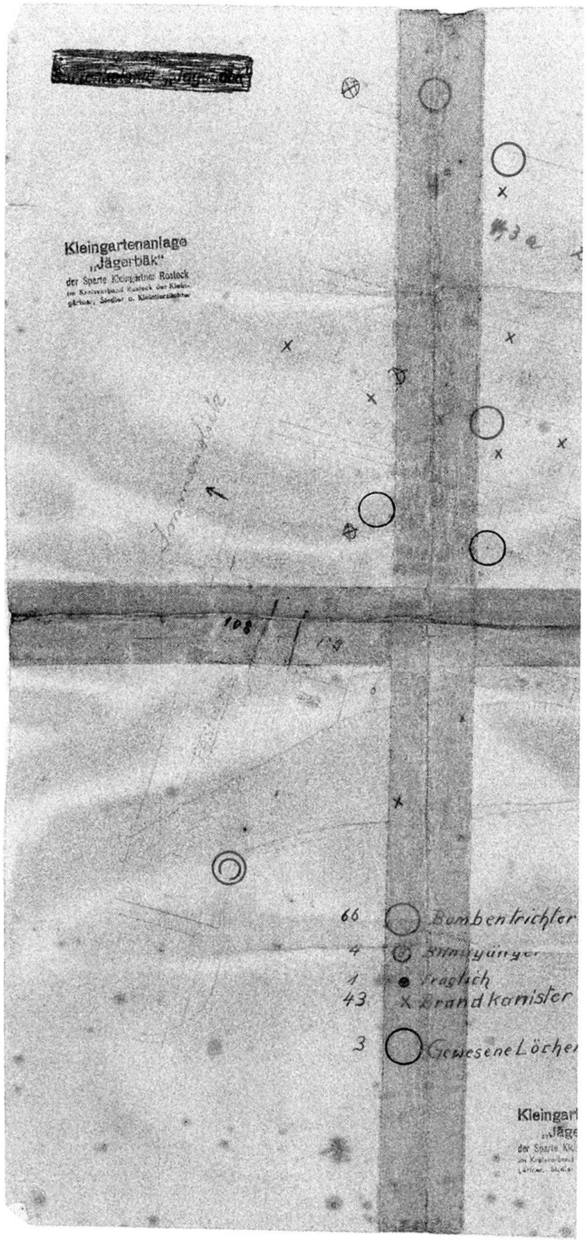

Ausschnitt aus einer Karte der KGA „Jägerbäk“ mit Angaben zu Bombentrichtern, Blindgängern und Brandkanistern

Die Zeit bis Kriegsende war durch die Auswirkungen des totalen Krieges geprägt. Die meisten männlichen Mitglieder der Kleingartenvereine befanden sich an der Front, waren in Kriegsgefangenschaft, in Lazaretten oder sogar gefallen. In der Heimat verbliebene Kleingärtner oder deren Familienangehörige bewirtschafteten ihre Gärten so gut es unter den bestehenden Bedingungen möglich war.

Bezug von Handelsdünger.

Hinsichtlich des Bezuges von Handelsdünger teilte auf der Reichsbundtagung Pg. Höfer mit, daß vom Stickstoffdünger 85 Prozent des früheren Bezuges, vom Phosphor 25 Prozent freigegeben werden.

Bei früheren Sammelbestellungen wendet sich der Vereinsleiter an den Händler, bei früherem Einzelbezug tut dies der Kleingärtner selbst und beantragt die Lieferung. Neuangesetzte Kleingärtner erklären auf einem Sonderantrag an die Landesbauernschaft, warum früher keine Belieferung erfolgt ist und werden dann gleichfalls berücksichtigt.

gez.: Schwartz.

Mit dem 1. Mai 1945 war auch für die Rostocker Kleingärtner die Zeit unter dem Hakenkreuz beendet, was blieb, waren Zerstörung, Hunger und Not.

Kapitel 4

Rostocker Kleingärtner in der Nachkriegszeit (1945 bis 1959)

Von der „Kleingartenhilfe des FDGB“ über die Verordnung zur Förderung des Kleingarten- und Siedlungswesens und der Kleintierzucht bis zur Gründung des Zentralverbandes der Kleingärtner, Siedler und Kleintierzüchter (VKSK)

Festumzug in einer Kleingartenanlage

Der Neubeginn der Kleingärtnerorganisation in Deutschland

Mit der bedingungslosen Kapitulation Deutschlands im Mai 1945 endete auch die Herrschaft der NSDAP über das deutsche Volk. Der Weg war frei für demokratische Verhältnisse im neuen Deutschland.
Es galt dafür alle verfügbaren Kräfte zu mobilisieren und einzusetzen.
Deutschland wurde 1945 in vier Besatzungszonen und die bisherige Hauptstadt Berlin in vier Sektoren eingeteilt. Dies erschwerte die einheitliche Durchsetzung der im Potsdamer Abkommen festgelegten Grundsätze und Maßnahmen für den Aufbau eines antifaschistisch-demokratischen Deutschlands erheblich. Die Folge war, dass sich die Bewältigung der Vergangenheit und der Neubeginn in Deutschland in den einzelnen Besatzungszonen unterschiedlich vollzogen.

Für die Kleingärtnerorganisation in Deutschland bedeutete das Ende der NS-Herrschaft ihre Befreiung von der immer unerträglicher gewordenen Bevormundung durch die NSDAP. Nichts war möglich gewesen in den Kleingartenvereinen und Kleingartenverbänden ohne Zustimmung oder Genehmigung der nationalsozialistischen Machthaber.
Nach der Auflösung des bisherigen „Reichsverbandes deutscher Kleingärtner“ im Mai 1945 herrschte über die weitere Entwicklung der Kleingärtnerorganisation in Deutschland völlige Ungewissheit. Viele erinnerten sich an die in der Weimarer Republik praktizierten Organisationsstrukturen und dachten, dass sie durch Neuwahlen ihre aus der NS-Zeit belasteten Vorstände nur erneuern müssten, um fortbestehen zu können. Andere, wie zum Beispiel Vereine in Berlin, die 1945 den „Provinzialverband“ Berlin-Brandenburg der Kleingärtner und Kleinsiedler gründeten, wollten auf der Basis des ehemaligen Reichsbundes ihre Kleingärtnerorganisation weiterführen.
In einigen Ländern und Städten bestand die Auffassung, dass ohne solche Personen, die bislang aktiv die Entwicklung der Kleingärtnerorganisation voran gebracht hatten, ein Neuaufbau kaum möglich sein würde.
Der unmittelbar nach Kriegsende bekannt gegebene Befehl Nr. 1 der sowjetischen Militäradministration in Deutschland (SMAD) verbot mit Nachdruck jegliche Tätigkeit von Parteien und Organisationen in der sowjetischen Besatzungszone. Seine Befolgung wurde streng kontrolliert und brachte damit die Kleingärtnerorganisationen in eine Zwickmühle. Die Zeit drängte, um die weitgehend intakten Organisationsformen der Kleingärtner zu reaktivieren.
Um die Kleingärtnerorganisation wieder auf demokratische Verhältnisse und die sich daraus ableitenden neuen Bedingungen einzustimmen, waren landesweit Neuanfänge erforderlich.
Nach der Wiederzulassung von politischen Parteien und Organisationen fasste die im April 1946 aus der Vereinigung von KPD und SPD hervorgegangene SED den Beschluss, die Kleingärtner-organisationen in den Ländern Sachsen, Thüringen, Brandenburg, Sachsen-Anhalt und Mecklenburg-Vorpommern entsprechend den veränderten Bedingungen neu aufzubauen, zu fördern und zu stärken.
Im SED-Zentralsektretariat (ZS) wurde hierfür extra ein Referat „Kleingartenhilfe“ verantwortlich gemacht. Es sollte – ähnlich wie in der „Vereinigung der gegenseitigen Bauernhilfe“ (VdgB) – eine einheitliche Organisation der Kleingärtner auf Orts- und Kreisebene aufgebaut werden. Neue Vereine bildeten sich, aber nur in Thüringen (1946), Brandenburg und Sachsen-Anhalt (1947) entstanden Landesverbände.
Mit dem Beschluss des Zentralsekretariats der SED vom 17. September 1946 über die Bildung von „Vereinigungen für Kleingartenhilfe“ in der sowjetischen Besatzungszone lag auch schon ein Musterstatut für die Kleingartenorganisation vor. Durch die unterschiedlichen Auffassungen und Wege zur Bildung dieser Vereinigungen in den Ländern der sowjetischen Besatzungszone entstanden auch unterschiedliche Festlegungen und Organisationsformen.
Die Kompetenzstreitigkeiten zwischen der „Deutschen Verwaltung für Land- und Forstwirtschaft“ (DVLuF) und der „Deutschen Zentralverwaltung für Arbeit und Sozialfürsorge“

(DVAuS) waren sehr hinderlich beim Zusammenschluss der Länderorganisationen zu einem Zentralverband der Kleingärtnerorganisationen. Hinzu kam die Untätigkeit der Landesregierungen bei der Organisationsgründung. Auch die bestehenden Landesverbände der Kleingärtner lehnten zunächst die Bildung von Vereinigungen der Kleingartenhilfe als einheitliche Organisation in der sowjetischen Besatzungszone erfolgreich ab.
In Mecklenburg war es Regierungsrat Gerhard Grüneberg, der auf der Beratung am 27. April 1948 die anwesenden Vorsitzenden der Kreisorganisation der Kleingärtner über die Lage informierte. Er ging davon aus, dass sich auch in verschiedenen Kreisen und Gemeinden Mecklenburgs Kleingärtner weigerten, ihre bestehenden Kleingartenvereine aufzulösen. Er verwies auf Fälle, wo Amtsgerichte wegen unklarer juristischer Grundlagen die Löschung der zur Auflösung vorgesehenen Kleingartenvereine im Vereinsregister ablehnten. Allen Kleingärtnern im Land sollte deshalb die enorme Bedeutung des Zusammenschlusses der Kleingärtner in einer großen Organisation bewusst gemacht werden. Hervorgehoben wurde außerdem, dass der Beitritt zur Vereinigung der Kleingartenhilfe auf freiwilliger Basis erfolge. Voraussetzung wäre nur, dass die betreffende Person den Grund und Boden nicht erwerbsmäßig nutze.
Am Schluss dieser Beratung verabschiedeten die anwesenden Delegierten eine Resolution an den Ministerrat des Landes Mecklenburg:

„Die am 27.04.1948 in Schwerin versammelten Vorsitzenden der Kleingarten-Organisationen faßten einmütig den Beschluß, den Ministerrat zu bitten, auf dem ordnungsgemäßen Wege die Auflösung aller bestehenden Kleingarten-Organisationen zu veranlassen, um dadurch den Weg zur Gründung der Vereinigung der Kleingartenhilfe in allen Orten und Kreisen freizumachen.
Im Auftrag der Anwesenden
gez. H. Wieding, Wismar - gez. Br. Krüger, Schwerin“

Es wurde folgender Zeitplan vorgeschlagen: Bis zum 1. Juni 1948 sollten sich aus Vertretern der einzelnen Ortsvereinigungen die Kreisvereinigungen bilden. Aus ihren Vertretern sollte noch im Monat Juni 1948 der Landesvorstand der Kleingartenhilfe gewählt werden, um dann die Landesvereinigung der Kleingartenhilfe zu bilden. Denn nur sie war berechtigt, beim zuständigen Landesparlament den Antrag auf Anerkennung als „Körperschaft des öffentlichen Rechts“ zu stellen.
Die weitere Entwicklung des Kleingartenwesens in der sowjetischen Besatzungszone wurde zunächst durch die Beschlüsse der 12. Tagung der SED vom Juli 1948 gestoppt. Der stellvertretende Parteivorsitzende der SED, Walter Ulbricht, lehnte die Fortsetzung des sich gerade erst entwickelnden Prozesses der Bildung von „Vereinigungen der Kleingartenhilfe“ bis hin zu einem Zentralverband ab. Er forderte die Zulassung der Vereinigungen nur auf Kreisebene, um so aus sicherheitspolitischen Gründen die Tätigkeit dieser Vereinigungen besser unter Kontrolle zu halten. In der Folgezeit wurde sogar die Auflösung und letztlich das Verbot dieser Vereinigungen angeordnet.

Die Rostocker Kleingärtnerorganisation in den ersten Nachkriegsjahren

Nach Beendigung des Zweiten Weltkrieges gingen die meisten Kleingärtner daran, die Kriegsschäden in ihren Kleingärten zu beseitigen. Bombentrichter, Panzergräben und Schützenstellungen wurden zugeschüttet, Wege geebnet, beschädigte Wasserleitungen repariert und zerstörte Gartenlauben aufgebaut. Jeder Kleingärtner verwendete die ihm zugänglichen Materialien für die Instandsetzung und Erneuerung seiner Parzelle und transportierte das, was er sich organisierte, mit der Schubkarre, dem Handwagen oder auf dem Fahrrad in den Garten. Notgedrungen musste in dieser Zeit mehr Zeit und Mühe für den Garten verwendet werden als für den Fortbestand einer Kleingartenorganisation in Rostock.
Auf Befehl des damaligen sowjetischen Stadtkommandanten, Major Grommow, wurden noch im Mai 1945 sämtliche Kleingartenvereine in der Stadt aufgelöst. Den Vereinsleitern entzog man sämtliche Befugnisse. Pauschal wurde festgestellt, dass sie auf Grund ihrer Funktion im Reichs-

bund politisch die NS-Herrschaft unterstützt hatten und deshalb keine Vertreter der Kleingärtnerorganisation mehr sein könnten. Daraufhin erschien am 21. Mai 1945 in jeder Kleingartenkolonie ein Aushang des Bezirksältesten mit folgendem Inhalt:

„Sämtliche Gartenkolonien der Stadt sollen der Kämmerei je einen Vertrauensmann, der politisch einwandfrei ist, bestimmen, damit über diesen die Weiterbewirtschaftung der Kleingartenparzellen garantiert werden kann. Schwerpunktmäßig geht es auch um solche Fälle, die wegen Evakuierungen, Tod, Flucht usw. des Pächters brach liegen."

Aktion Grabeland

Rostocks Einwohnerzahl war nach Kriegsende sprunghaft angestiegen. Bereits 1947 hatten zusätzlich etwa 21.000 Heimgekehrte, Umsiedler und Flüchtlinge in der Stadt ein neues Zuhause gefunden. Alle mussten versorgt werden. Viele beantragten deshalb bei der Stadtverwaltung Gartenland zur Aufbesserung der schlechten Ernährungslage. Die Stadt hatte jedoch vor 1945 alle verfügbaren Flächen als Kleingärten, Kleinlandparzellen und Grabeland verpachtet. Die katastrophale Situation zwang die Stadtverwaltung zu drastischen Maßnahmen.

Der Rostocker Neue Markt in den Jahren nach 1945

Der Oberbürgermeister beauftragte im September 1945 die Kämmerei mit der Umwandlung aller städtischen Anlagen in Grabeland. Zunächst wurde Grabeland nach Antragseingang vergeben, auf Grund der bis Jahresende ansteigenden Nachfrage wurde es erforderlich, bestimmten Personengruppen wie Opfern des Faschismus, Kriegsgeschädigten, Kinderreichen, Minderbemittelten, Flüchtlingen und Umsiedlern bevorzugt Grabelandflächen zu geben.

Um die arbeitende Bevölkerung in Rostock zusätzlich mit Gartenerzeugnissen zu versorgen, machte der sowjetische Stadtkommandant den Oberbürgermeister Anfang 1946 für die Nutzung aller der Stadt zur Verfügung stehenden kleingärtnerischen Flächen verantwortlich. Es erging folgendes Schreiben an den Rostocker Oberbürgermeister Albert Schulz:

„Militärkommandant der Stadt Rostock — *19. März 1946*
An den
Oberbürgermeister der Stadt Rostock
Herrn Schulz

Der Chef der Provinz, Generalmajor Skosyrew befahl, daß jeder Arbeiter und Angestellte der Stadt Rostock einen Gemüsegarten haben soll, damit jedes Stück des städtischen Bodens ausgenutzt werde. Häuser, die von Offizieren besetzt sind und Gartenland besitzen, sollen auch unbedingt ausgenutzt werden. Zerstörte Häuser sind fortzuräumen und die Flächen sind als Gemüsegärten abzugeben. Es ist eine Bekanntmachung zu erlassen und auszuhängen, damit die Einwohner, welche keinen Gemüsegarten besitzen, sich bei Ihnen melden und ein benötigtes Stück Land von nicht mehr als 0,5 - 0,7 Hektar erhalten [vermutlich liegt hier ein Schreibfehler vor, Anm. d. A.].

Erlauben Sie auch eine Herbeiführung der kollektiven Bearbeitung des Bodens durch Arbeiter und Angestellte der Betriebe und Anstalten.

Veranlassen Sie in dieser Hinsicht eine Reihe von Beratungen mit Spezialisten und Leitern der Unternehmen und Behörden, Gewerkschaften und Parteien.
Generalmajor Skosyrew erklärte, daß die Stadt Rostock für die Gemüsegärten einen Vorschuß an Kartoffeln für die Saat erhalten wird.
Über den Gang der Vorarbeiten für die Bestellung des Bodens der individuellen Gemüsegärten berichten Sie mir am 24.3.1946.

Der Militärkommandant des Kreises Rostock
gez. Kryloff"

Vermerk des Oberbürgermeisters vom 20. März 1946 unter diesem Brief:

„Herrn Stadtrat Schwanke, Kämmerei,
mit der Bitte um Veranlassung des Erforderlichen
und Bericht bis zum 23. d. M."

Der Oberbürgermeister ermächtigte daraufhin die Bezirksältesten, die bis zum 1. April 1946 nicht kleingärtnerisch bewirtschafteten Vor- und Hausgärten neu zu vergeben. Dies betraf auch Flächen von zerstörten Häusern. Dabei waren die bestehenden Eigentumsverhältnisse völlig unerheblich.
Durch Bekanntmachung wurden die Einwohner der Stadt aufgefordert, auf den freien Flächen Kartoffeln und Gemüse anzubauen. Es bestand auch die Möglichkeit, dass Betriebe und Anstalten diese kollektiv bearbeiteten.
Die Stadt erhielt zur Absicherung der Flächenbearbeitung vom Chef der SMAD des Landes Mecklenburg-Vorpommern, Generalmajor Skosyrew, ein zusätzliches Kontingent an Saatkartoffeln und Sämereien.
Mit der Vergabe von Grabeland hatte die Stadtverwaltung das Kleingartenamt in der Neuen Wallstraße Nr. 71 beauftragt.

Zu Grabeland in der Stadt wurden 1945 und in den Folgejahren neben Landflächen auch stadtbekannte Plätze und Einrichtungen wie der Schiller-, Dürer-, Kastanien-, Gustloffplatz (später Thomas-Müntzer-Platz) und der Sedanplatz (heute zum Zoo gehörend). Es gehörten weiter dazu: der Rosengarten, der Schwanenteich, die Alte Rennbahn, die Bismarckhöhe (später Platz der Jugend), die Parkanlage am Skagerrakdenkmal zwischen Thünenstraße und Parkstraße, der Springbrunnen in der Schillingallee. Das betraf auch den Universitätssportplatz, das Volksstadion, das heutige Eisstadion und den Hockey- und Tennisplatz.

Zu Grabeland wurden auch Flächen, die vordem von der NSDAP und vom Militär genutzt worden waren: das Aufmarschgelände der NSDAP (heute Ostseestadion), die ehemalige Luftwarte und auch das Übungsgelände in den Barnstorfer Anlagen. Teile des Tannenwaldes, heute das Gelände des Restaurants „Jägerhütte", wo die Stadt Brennholz rodete, wurden anschließend als Grabeland angeboten.

Seine Erinnerungen über diese Zeit hat Gartenfreund Ziegler zu einem Erlebnisbericht verarbeitet.

Quittung über Zahlung einer Anerkennungsgebühr für die landwirtschaftliche Nutzung einer Grabelandfläche am Schwanenteich vom 16. Juli 1947

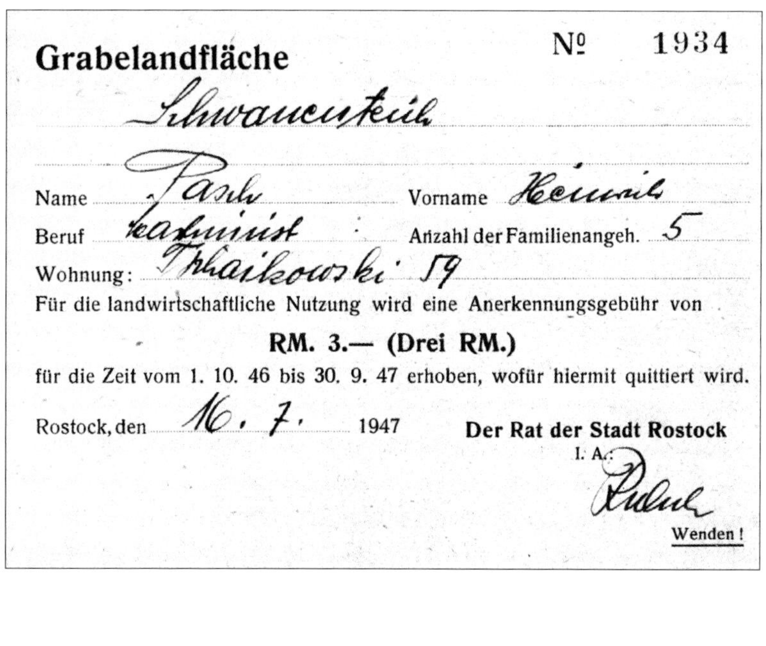

Grabelandfläche № 1934

Schwanenteich

Name Pasch Vorname Heinrich
Beruf [illegible] Anzahl der Familienangeh. 5
Wohnung: Tschaikowski 59
Für die landwirtschaftliche Nutzung wird eine Anerkennungsgebühr von

RM. 3.— (Drei RM.)

für die Zeit vom 1. 10. 46 bis 30. 9. 47 erhoben, wofür hiermit quittiert wird.

Rostock, den 16. 7. 1947 **Der Rat der Stadt Rostock**
I. A. [illegible]

Wenden!

„Es war ein warmer sonniger Tag im Juli 1946, als aus einem Haus in der Maßmannstraße in der Nähe der Sparkasse ein Ehepaar einen klobigen Handwagen aus dem Keller auf die Straße trug. Drei Kinder sprangen munter um beide herum. Der Handwagen war ein typisches Nachkriegsprodukt und fast ausschließlich aus Holz. Nur die Splinte, die die Räder auf den Holzachsen hielten, und die Ringe, die auf die Vollholzräder geschraubt waren, waren aus Eisen. Der Wagen rollte schwer und wurde von den beiden Jungen gezogen, während das Mädchen an der Hand der Mutter vorweg ging und der Vater, schwer am Stock gehend, er trug eine Beinprothese seit dem Ersten Weltkrieg, ging am Schluß der Familie. Auf dem Wagen stand ein Korb mit etwas zu Trinken, im Wagen lagen Gartengeräte, eine Hacke, eine Harke und ein Spaten. Es waren Schulferien und so zog die ganze Familie in den entfernt liegenden Garten, wie sie es nannten. Es war Grabeland im Nordwesten der Stadt an der ehemaligen Luftwarte, nach der auch die Gartenanlage benannt war, unmittelbar an der Bahnstrecke nach Doberan gegenüber den großen Speichern des ehemaligen Heeresverpflegungslagers. Für den Weg dorthin brauchte die Familie fast eine Stunde. Sie gingen die Maßmannstraße, heute Schillingallee, entlang bis zur Bismarckhöhe, später war es der Platz der Jugend, vorbei an den Universitätskliniken auf der linken Seite und den Resten der Alten Rennbahn rechts, die nach dem Krieg zu einer Kleingartenanlage wurden. Hinter der Alten Rennbahn lag das ehemalige Aufmarschgelände der Nazis, heute Ostseestadion, auf dem ebenfalls Kleingärten entstanden waren. Auch auf dem Sportplatz der Universität links vor der Bismarckhöhe waren Gärten angelegt worden. Rechter Hand lag das ehemalige Barackenlager für Fremdarbeiter, heute Eisstadion, um das herum Gärten bestellt wurden.

Die Familie wandte sich nun nach rechts und ging in Richtung Volksstadion vorbei am heutigen Kastanienplatz, auf dem der Boden bearbeitet wurde. Auf dem Weg zur Gaststätte Trotzenburg, zu der Zeit eine Lungenheilstätte, ging es vorbei an den ehemaligen Hockey- und Tennisplätzen und dem Tierpark, auf deren Gelände ebenfalls Gärten angelegt waren. Der Weg ging in den Barnstorfer Wald hinein und nach kurzer Zeit kam ein in den letzten Kriegstagen ausgehobener Panzergraben; für den klobigen Handwagen die schlimmste Strecke, denn es ging erst in den Graben hinein und durch den losen gelben Sand auf der anderen Seite wieder heraus. Die ganze Familie quälte sich, bis der Wagen hinter dem Graben wieder auf dem Weg stand. Weiter ging es durch den Hochwald der Barnstorfer Anlagen, in denen rechter Hand versteckt ein ehemaliger Schießstand lag, heute Zoogelände. Linker Hand war eine freie Fläche, die sich ständig vergrößerte, denn hier rodete die Stadtverwaltung den Wald, um Brennholz zu schaffen. Nach der Rodung wurden auch auf diesem Gelände, wo sich heute die Jägerhütte befindet, Kleingärten angelegt. Dort wo der Wald zu Ende war, lag die Gartenanlage ‚Luftwarte', in der die Familie ihren ‚Garten' hatte. Es war eine sandige, mit Trockengräsern bewachsene Brachlandfläche, eingeteilt in kleine Parzellen. An vier Ecken waren Holzpflöcke von etwa 50 Zentimeter Höhe eingeschlagen und darauf war Spanndraht genagelt, den man irgendwo gefunden hatte. So war die Fläche abgegrenzt und dort, wo der Draht fehlte, war der Eingang zum Garten. Am Ende der Fläche stand eine aus alten Brettern zusammengenagelte wacklige Bank, auf der sich der schwerbeschädigte Gartenbesitzer ab und zu ausruhen konnte.

Der Tag, an dem die Familie ihren Garten aufsuchte, war kein glücklicher. Die Zwiebeln, die ganz gut gediehen, waren gestohlen worden, die Erbsen, die schon für den nächsten Mittag eingeplant waren, hatten andere geerntet und es war viel zu trocken, so daß an den Tabakpflanzen, die der Vater sich mühsam besorgt hatte, die Blätter vergilbten. Fünf kleine Gurken, ein paar kleine Radieschen und die ersten kleinen Mohrrüben waren an diesem Tag das, was die Familie mit heim nahm.

Ja, es waren schwere Zeiten, und der Mann dachte auf dem Heimweg darüber nach, wo er wohl bei Bekannten in ländlichen Gebieten um Rostock neue Saaten und neue Pflanzen für den Garten her bekommen könnte, denn der mußte im Kampf gegen den Hunger neu bestellt werden, wenn einen Teil auch andere ernteten."

Grundlage für die Nutzung von Grabeland waren die „Leihbedingungen für Grabeland" der Stadt Rostock. Der Nutzungsvertrag galt stets nur für das laufende Kalenderjahr. Die darin aufgeführten Festlegungen mussten bis ins Detail eingehalten werden. Anderenfalls drohte dem Nutzer die sofortige und entschädigungslose Rücknahme der Fläche. Es war verboten, auf der Fläche Objekte baulicher Art zu errichten, eine Wasserzuführung anzuschließen, die Fläche zu umzäunen, Obstgehölze und Dauergewächse anzupflanzen, die durch Pfähle markierte Fläche zu verändern oder das Grabeland „Dritten" zu überlassen.

Kleingarten-Kolonie
Luftwarte
Block I

Quittung

Herr/~~Frau~~ Walter Ziegler

Zahlte heute für die Parzelle Nr. 102

Gartenpacht 1949/50	7.–	DM
Wassergeld		„
Umlage		„
Verwaltungskosten	2.–	„
Wachgebühr		„
Gesamt	9.–	DM

Rostock, den 15. Septbr. 1949

erhalten
Kolonie-Vertrauensmann

Nr. 3 M 10 Hansa-Druck-Konau, Rostock C 1288

Quittung über die Pachtzahlung für eine Parzelle in der Kleingarten-Kolonie „Luftwarte", 1949/50

Mit Zusatzvertrag vom 15. Juni 1948 übertrug die Stadt alle in ihrem Eigentum befindlichen Grabelandflächen in die Verwaltung des Kleingartenausschusses. Es war jedoch zu beachten, dass nur die von der Stadtkämmerei genehmigten Grabelandflächen vergeben werden durften.

Der Nutzer war jederzeit mit dem Risiko konfrontiert, dass die Nutzfläche aus den unterschiedlichsten Gründen seitens des Verpächters vorzeitig gekündigt werden konnte. Nur wenn die Kündigung in die Zeit der Wachstumsperiode fiel – also vom 15. April bis 31. Oktober – erhielt er die verausgabten Kosten für das Saatgut erstattet.

So verfügte die Stadtverwaltung mit Schreiben vom 6. Januar 1948 wegen des zweigleisigen Ausbaus der Straßenbahnlinie zwischen Holbeinplatz und Schwarzem Weg nach Bramow, die sich entlang der Hamburger Straße befindlichen Grabelandflächen auf einer Breite von 15 m aufzukündigen.

Auch die Grabelandpächter in der Tschaikowskistraße erhielten am 8. Dezember 1949 ihr Kündigungsschreiben, weil hier Wohnbauten entstehen sollten. Es betraf alle diejenigen, die Grabeland südlich des Baublocks in der Hans-Schemm-Straße (ehemals Gebäude der enteigneten Firma Gesellschaft für Kleinwohnungs- und Siedlungsbau mbH Berlin) bearbeiteten.

Wegen Errichtung eines Kinderspielplatzes auf der Grabelandfläche Jung-Jochen-Platz beim Eikboomweg in Alt-Reutershagen wurde den Pächtern mit Wirkung vom 5. April 1950 gekündigt.

Insgesamt muss aber auch festgestellt werden, dass aus vielen Grabelandflächen nach und nach richtige Kleingartenanlagen wurden, die die Jahre überdauerten.

Kündigung von Kleingärten ehemaliger NSDAP-Mitglieder

Die Auseinandersetzung mit ehemaligen NSDAP-Mitgliedern im Bereich des Kleingartenwesens in Rostock begann am 31. Januar 1946, noch auf Anordnung des am 20. Januar verstorbenen Oberbürgermeisters Otto Kuphal, war willkürlich und erfasste rund 200 Betroffene.

Die Stadt als Verpächterin von Kleingartenland verschickte kurzfristig per Einschreibebrief einheitlich formulierte Kündigungsschreiben folgenden Inhalts:

Einschreiben!

Herrn....................

Betrifft: Rücknahme von Kleingärten.

Auf Grund Ihrer Mitgliedschaft bei der Nazipartei bezw. aktiver Betätigung im faschistischen Sinne kündige ich Ihnen .... den in Ihrer Nutzung befindlichen Kleingarten in der Kleingartenkolonie ....

Sämtliche Anpflanzungen und Anlagen, insbesondere Gartenhaus und Umzäunung haben auf der Parzelle zu verbleiben. Sie erhalten hierfür nach Vergebung des Gartens die von dem neuen Pächter zu zahlende Entschädigung von meiner Dienststelle ausgezahlt.

Datum I. A.:

Wenn nach Erhalt dieses Schreibens nach Ablauf eines Monats kein Einspruch gegen diese Kündigung erhoben wurde, kam es zur Neuverpachtung des Gartens. Bei fristgemäßem Einspruch erhielt der Betroffene folgende Aufforderung:

Herrn ....
Betrifft: Rücknahme von Kleingärten.
Ihr Einspruch gegen die Kündigung des von Ihnen bewirtschafteten Kleingartens in der Kolonie ....
Um entscheiden zu können, ob Ihnen der Garten belassen werden kann, wollen Sie durch Bescheinigung des Bezirksältesten nachweisen, daß Sie kein aktiver Nazi gewesen sind. In gleicher Weise ist durch Bescheinigung des Vertrauensmannes der Kleingartenkolonie nachzuweisen, daß Sie innerhalb der Gartengemeinschaft nicht als aktiver Faschist hervorgetreten sind.
Diese Bescheinigungen sind binnen 14 Tagen hier vorzulegen, widrigenfalls über den Garten anderweitig verfügt wird.
Datum I. A.:

Gelang ihm dieser Nachweis, bekam er eine schriftliche Bestätigung, dass er den Garten behalten durfte.

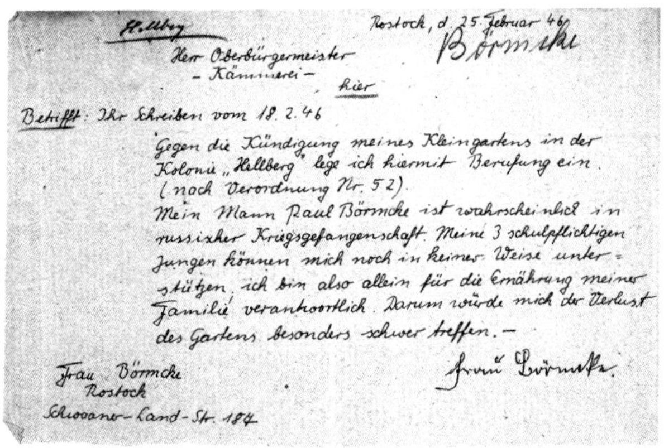
Hellberg
Rostock, d. 25. Februar 46
Börmcke
Herr Oberbürgermeister
– Kämmerei –
hier
Betrifft: Ihr Schreiben vom 18. 2. 46
Gegen die Kündigung meines Kleingartens in der Kolonie „Hellberg" lege ich hiermit Berufung ein. (noch Verordnung Nr. 52).
Mein Mann Paul Börmcke ist wahrscheinlich in russischer Kriegsgefangenschaft. Meine 3 schulpflichtigen Jungen können mich noch in keiner Weise unterstützen, ich bin also allein für die Ernährung meiner Familie verantwortlich. Darum würde mich der Verlust des Gartens besonders schwer treffen. –
Frau Börmcke
Frau Börmcke
Rostock
Schwaaner-Land-Str. 184

Frau B. aus Rostock erhob Einspruch gegen die Kündigung ihres Kleingartens

Im Ergebnis dieser Verfahrensweise konnten mehr als zwei Drittel der gekündigten Gartenpächter den erforderlichen Nachweis über ihre Inaktivität während der NS-Zeit in der Gartenkolonie erbringen und beantragten bei der Stadtverwaltung die Rücknahme der schriftlich übersandten Kündigungen. In Einzelfällen war es unvermeidlich, dass eine solche Kündigungsrücknahme erst über den Präsidenten des Landes Mecklenburg-Vorpommern entschieden wurde.
Die Landesverwaltung Mecklenburg-Vorpommern erließ am 20. Januar 1946 die „Verordnung Nr. 52 über den Kündigungsschutz für Kleingärtner". Sie schaffte endlich Klarheit und beendete damit auch die in Rostock und anderen Orten „willkürlich vorgenommenen Kündigungen von Gärten wegen der ehemaligen Zugehörigkeit zur NSDAP".

In einem Schreiben der Schweriner Landesregierung, Abteilung Arbeit und Sozialfürsorge, vom 7. März 1946 an die Stadtverwaltung von Rostock stand:

„Die Verordnung Nr. 52, betreffend Kündigungsschutz für Kleingärten, ist im Einvernehmen mit der Sowjetischen Militärischen Administration herausgegeben. Es ist in Zukunft hiernach zu handeln, d.h. da nicht sämtlichen Angehörigen der früheren Nazi-Partei die Kleingärten gekündigt werden sollen, sondern nur den aktiven Mitgliedern der NSDAP."

Aus „Verordnung Nr. 52 über den Kündigungsschutz für Kleingärtner", veröffentlicht im Amtsblatt der Landesverwaltung Mecklenburg-Vorpommern, Jahrgang 1946

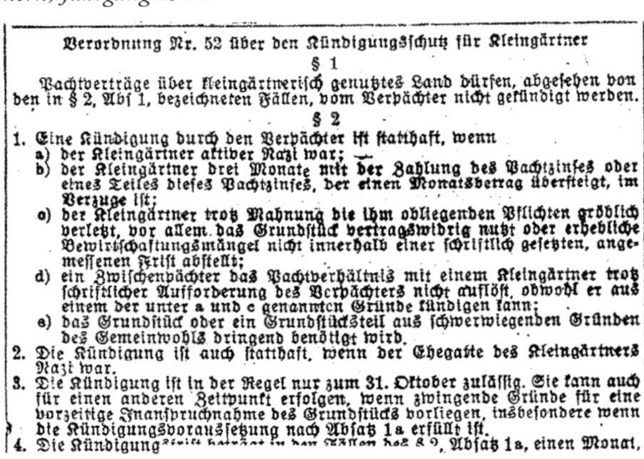
Verordnung Nr. 52 über den Kündigungsschutz für Kleingärtner

§ 1

Pachtverträge über kleingärtnerisch genutztes Land dürfen, abgesehen von den in § 2, Abs 1, bezeichneten Fällen, vom Verpächter nicht gekündigt werden.

§ 2

1. Eine Kündigung durch den Verpächter ist statthaft, wenn
   a) der Kleingärtner aktiver Nazi war; —
   b) der Kleingärtner drei Monate mit der Zahlung des Pachtzinses oder eines Teiles dieses Pachtzinses, der einen Monatsbetrag übersteigt, im Verzuge ist;
   c) der Kleingärtner trotz Mahnung die ihm obliegenden Pflichten gröblich verletzt, vor allem das Grundstück vertragswidrig nutzt oder erhebliche Bewirtschaftungsmängel nicht innerhalb einer schriftlich gesetzten, angemessenen Frist abstellt;
   d) ein Zwischenpächter das Pachtverhältnis mit einem Kleingärtner trotz schriftlicher Aufforderung des Verpächters nicht auflöst, obwohl er aus einem der unter a und c genannten Gründe kündigen kann;
   e) das Grundstück oder ein Grundstücksteil aus schwerwiegenden Gründen des Gemeinwohls dringend benötigt wird.
2. Die Kündigung ist auch statthaft, wenn der Ehegatte des Kleingärtners Nazi war.
3. Die Kündigung ist in der Regel nur zum 31. Oktober zulässig. Sie kann auch für einen anderen Zeitpunkt erfolgen, wenn zwingende Gründe für eine vorzeitige Inanspruchnahme des Grundstücks vorliegen, insbesondere wenn die Kündigungsvoraussetzung nach Absatz 1a erfüllt ist.
4. Die Kündigung[illegible], Absatz 1a, einen Monat,

In dieser Verordnung war im Einzelnen festgelegt, dass der Verpächter zur Kündigung berechtigt war, wenn

a) sich der Kleingärtner oder dessen Ehepartner – nur wenn dieser auch Gartenpächter war – als aktiver Nazi betätigt hatte,
b) ein Kleingärtner 3 Monate oder mit mehr als einem Monatsbetrag seines Pachtzinses in Verzug lag,
c) ein Kleingärtner trotz Mahnung die ihm obliegenden Pflichten gröblichst verletzte, vertragswidrig handelte oder erhebliche Bewirtschaftungsmängel nicht fristgemäß beseitigte,
d) ein Kleingärtner der Kündigung des Zwischenpächters nach a) oder c) trotz schriftlicher Aufforderung des Verpächters nicht nachkam,
e) im Interesse des Gemeinwohls die Pacht- oder Teilfläche dringend benötigt wurde.

Weitere Festlegungen der Verordnung Nr. 52 betrafen Kündigungsfristen und das Recht eines Kleingartenvereins bzw. einer Körperschaft des Öffentlichen Rechts, den gekündigten Pächter zu beauflagen, dass er die auf der Pachtfläche befindlichen Baulichkeiten, Weganlagen, Wasserführungen, Umzäunungen, Bäume, Sträucher, überwinterte Nutzpflanzen und Gartengeräte im Interesse einer geordneten Weiterverpachtung zurücklassen müsste. Für seine Sachverluste – gegebenenfalls auch Ernteverluste – hatte ihm der Nachfolger laut Festlegung des Verpächters, eine Entschädigung (Abstandssumme) zu zahlen. Möglich war auch die Zahlung der Summe über die zuständige Gemeinde.
Innerhalb von 14 Tagen hatte der Betroffene die Möglichkeit, gegen die angeordnete Beauflagung und die gezahlte Entschädigungssumme bei der Unteren Verwaltungsbehörde (Landrat oder Bürgermeister mit Vollmacht der Unteren Verwaltungsbehörde) Beschwerde zu führen. Bei Abweisung seiner Beschwerde wurde die Beauflagung und Auszahlung der Entschädigungssumme wie angeordnet wirksam.

Stempel von 1945/46

Auf der Grundlage der Verordnung Nr. 52 legte die Rostocker Stadtverwaltung fest, dass sie jetzt nur noch die ihrerseits angeordneten Gartenkündigungen ehemaliger NSDAP-Mitglieder auf Rücknahme prüft, die nach Inkrafttreten der Verordnung eingereicht wurden. Für alle vor dem 20. Januar 1946 ausgesprochenen Gartenkündigungen blieb die getroffene Entscheidung rechtskräftig. Gekündigte Gärten ehemaliger NSDAP-Mitglieder wurden in Abstimmung mit dem Antifa-Block vorwiegend an Opfer des Faschismus und Antifaschisten vergeben.

Kündigungen von Kleingärten in Rostock zwischen 1945 und 1946 wegen ehemaliger Mitgliedschaft der Pächter zur NSDAP (nach vorhandenen Unterlagen)

Kleingartenkolonien	*Kündigungsschreiben Anzahl der Gärten*	*Gekündigt*	*Kündigungen zurückgezogen*
„Cramonstannen"	6	keine	
„Fährhufe"	30	3	27
„Galgenberg"	14	1	13
„Grüner Weg"	15	2	13
„Heydemann"	26	4	22
„Hellberg"	7	keine	
„Große Hörn"			
„Verbindungsweg"	4	keine	
„Kesselborn"	21	keine	
„Kommerzienrat Scheel"	16	2	14
„Mooskuhle"	6	keine	
„Rostock-Ost"	4	keine	
„Schafweide"	20	1	19
„Toitenwinkler Weg"	20	2	18
„Einsiedler"	1	1	
„Sonnenschein"	nicht bekannt		
„Verbindungsweg"	8	1	7
„Wossidlo-Park"	7	keine	
„Am Zingel"	1	1	
„Dahlwitzhöfer Weg"	1	1	
Kündigungen vor der Verordnung Nr. 52			
„Rönngraben"	10	3	7
„An'n Immendieck"	15	1	14

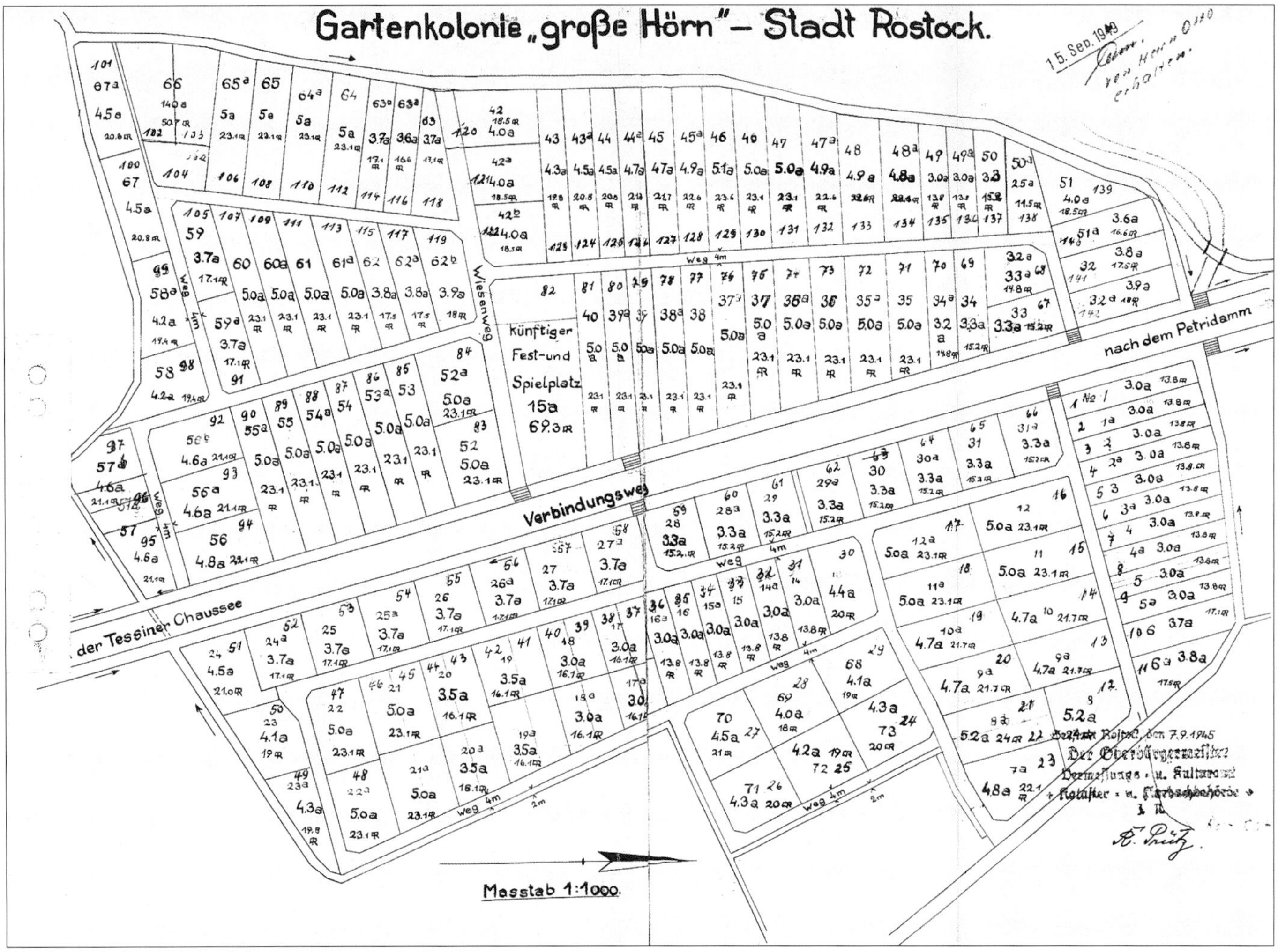

Gartenkolonie „Große Hörn", Plan von 1945

Obleute, Vertrauensmänner und Kleingärtner aus den Kleingartenkolonien „Schafweide", „Verbindungsweg", „Kommerzienrat Scheel", „Kesselborn", „Hellberg", „Galgenberg", „Fährhufe" und „Heydemann" wurden durch die von der Kündigung betroffenen Kleingärtner als Entlastungszeugen herangezogen. Sie bestätigten, dass diese Kleingärtner in ihren Kleingartenkolonien nicht als aktive NSDAP-Mitglieder wirkten.

Generalpachtvertrag und Kleingartenausschuss

Ungeachtet des Befehls Nr. 1 der SMAD fanden sich bereits 1945 Rostocker Kleingärtner zusammen, um die Kleingärtnerorganisation wieder arbeitsfähig zu machen. Sie nutzten die ehemalige Stadtgruppe als Basis für den Neubeginn. Eine 12-köpfige Gruppe aus Vertrauensmännern der Kleingartenkolonien bildete die „kommissarische Stadtgruppe" der Rostocker Kleingärtnerorganisation, deren Leiter ein Herr Bauer war.

Die „kommissarische Stadtgruppe" stellte am 13. Juni 1945 an den damaligen Oberbürgermeister Christoph Seitz den Antrag, alle noch nicht in Generalpacht der „kommissarischen Stadtgruppe" befindlichen städtischen Gärten an sie zu überführen. Weiterhin sollte die Stadtverwaltung dahingehend mitwirken, dass alle Privatverpächter der Stadt ebenfalls ihre verpachteten Gärten in die Generalpacht der „kommissarischen Stadtgruppe" einbinden. Nur so wäre eine wirksame Verbesserung der Ernährungssituation zu erreichen. Die Kleingärtner würden dann auch die kleinste brachliegende Gartenfläche effektiv nutzen und maximalen Ertrag einbringen.

Die Rostocker Stadtverwaltung wehrte sich u.a. mit folgenden Argumenten:

- Die städtischen Geländeflächen ständen aufgrund von verschiedenen Bauvorhaben nicht auf Dauer für eine Kleingartennutzung zur Verfügung.
- Bei Rücknahme von Kleingartenflächen hätte die Stadt den Kleingärtner finanziell zu entschädigen. Eine Belastung, die zusätzlich zum Bauvorhaben entstehen würde.
- Die Überführung von städtischen Gärten in die Generalpacht, die für den Pächter mit der Erfüllung zusätzlicher Auflagen verbunden wäre und damit höhere Kosten verursache, sei dem Pächter nicht zuzumuten.
- Für die Rücknahme von in Generalpacht übergebenen Gartenflächen könnten nicht immer Ersatzflächen geboten werden.

Die „kommissarische Stadtgruppe" bot sich mehrmals an, die Bedenken der Stadtverwaltung zu entkräften und verwies auf ein langjährig gutes Zusammenwirken zwischen Stadtverwaltung und Kleingärtnern. Eine geharnischte Antwort der „kommissarischen Stadtgruppe" vom 21. August enthielt u.a. folgende Argumente:

„...Es ist eigentlich verwunderlich und kaum zu verstehen, daß gerade die Kämmerei der Stadt Rostock, welche die fortschrittlichste in ganz Mecklenburg sein sollte, in dieser Sache die Uhr zurückdrehen möchte. (Es sei denn, daß jemand besonderes Interesse an der Einzelverpachtung hätte.-) Im Grunde müßte die Kämmerei der größten Stadt Mecklenburgs mit der Zeit marschieren und die Organisation der Kleingärtner als das betrachten, was sie in Wirklichkeit ist: die uneigennützige Vertreterin der Kleingärtner und die Bekämpferin aller Quecken und allen Unrats auf städtischem Gartenland. – Aus diesen Gründen möchte ich meinen Antrag vom 13.6.45 hiermit wiederholen und bitte um baldigen positiven Bescheid.
kom. Stadtgruppenleiter

Daraufhin wurde am 25. August 1945 der Generalpachtvertrag über das Kleingartenland der Stadt Rostock vom Oberbürgermeister und der „kommissarischen Stadtgruppe" der Kleingärtnerorganisation unterzeichnet.

Die Stadt Rostock überführte die in der Rostocker Feldmark gelegenen Ackerstücke von insgesamt 14.221 Quadratruten (20,87 ha) in die Generalpacht.
Das bedeutete, die „kommissarische Stadtgruppe" übernahm die Verwaltung und Unterverpachtung der Parzellen an die Kleingärtner und Kleinlandwirte.
Sie hatte die Aufgabe, für 760 Pächter Unterpachtverträge abzuschließen, aus denen ein jährlicher Pachtzins von insgesamt 4.942,35 RM resultierte, der vollständig an die Stadtverwaltung abzuführen war.

Durch die in Generalpacht übernommenen Flächen der Rostocker Feldmark wurden nach Ortslage den bestehenden Kleingartenkolonien wie folgt zugeordnet:

Generalpachtvertrag von 1945, erste Seite und letzte Seite (Ausschnitt)

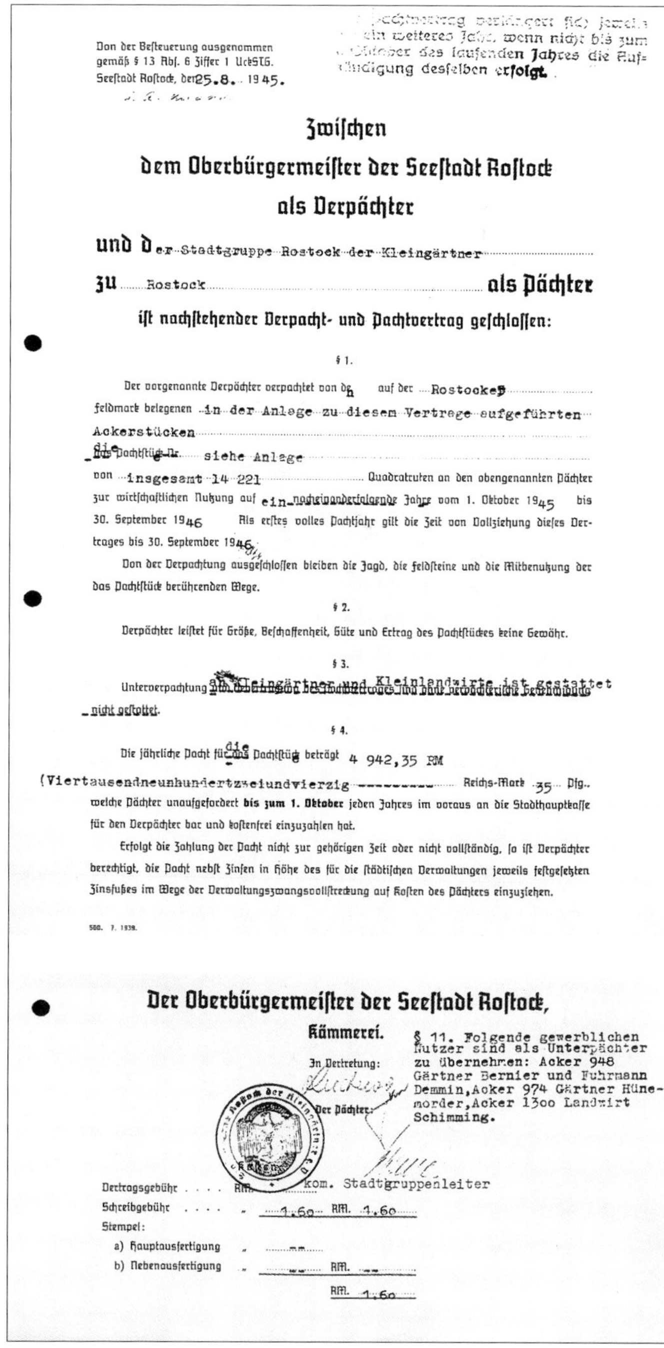

Von der Besteuerung ausgenommen gemäß § 13 Abs. 6 Ziffer 1 UckStG.
Seestadt Rostock, den 25.8. 1945.

Pachtvertrag verlängert sich jeweils ein weiteres Jahr, wenn nicht bis zum Oktober des laufenden Jahres die Aufkündigung desselben erfolgt.

Zwischen
dem Oberbürgermeister der Seestadt Rostock
als Verpächter
und der Stadtgruppe Rostock der Kleingärtner
zu Rostock als Pächter
ist nachstehender Verpacht- und Pachtvertrag geschlossen:

§ 1.

Der vorgenannte Verpächter verpachtet von den auf der Rostocker feldmark belegenen in der Anlage zu diesem Vertrage aufgeführten Ackerstücken die Pachtstück Nr. siehe Anlage von insgesamt 14 221 Quadratruten an den obengenannten Pächter zur wirtschaftlichen Nutzung auf ein Jahr vom 1. Oktober 1945 bis 30. September 1946 Als erstes volles Pachtjahr gilt die Zeit von Vollziehung dieses Vertrages bis 30. September 1946.

Von der Verpachtung ausgeschlossen bleiben die Jagd, die Feldsteine und die Mitbenutzung der das Pachtstück berührenden Wege.

§ 2.

Verpächter leistet für Größe, Beschaffenheit, Güte und Ertrag des Pachtstückes keine Gewähr.

§ 3.

Unterverpachtung an Kleingärtner und Kleinlandwirte ist gestattet

§ 4.

Die jährliche Pacht für die Pachtstück beträgt 4 942,35 RM
(Viertausendneunhundertzweiundvierzig ——— Reichs-Mark 35 Pfg.,
welche Pächter unaufgefordert **bis zum 1. Oktober** jeden Jahres im voraus an die Stadthauptkasse für den Verpächter bar und kostenfrei einzuzahlen hat.

Erfolgt die Zahlung der Pacht nicht zur gehörigen Zeit oder nicht vollständig, so ist Verpächter berechtigt, die Pacht nebst Zinsen in Höhe des für die städtischen Verwaltungen jeweils festgesetzten Zinsfußes im Wege der Verwaltungszwangsvollstreckung auf Kosten des Pächters einzuziehen.

500. 7. 1939.

Der Oberbürgermeister der Seestadt Rostock,
Kämmerei.
In Vertretung:

Der Pächter:
kom. Stadtgruppenleiter

§ 11. Folgende gewerblichen Nutzer sind als Unterpächter zu übernehmen: Acker 948 Gärtner Bernier und Fuhrmann Demmin, Acker 974 Gärtner Hünemorder, Acker 1300 Landwirt Schimming.

Vertragsgebühr . . . . RM. —
Schreibgebühr . . . . „ 1.60 RM. 1.60
Stempel:
a) Hauptausfertigung „ —
b) Nebenausfertigung „ — RM. —
RM. 1.60

„Kesselborn“	52 Parzellen	„Dwarsweg“	69 Parzellen
„Kleiner Born“	83 Parzellen	„Lütten Pohl“	75 Parzellen
„Pferdewiese“	39 Parzellen	„Biestower Kirchsteig“	25 Parzellen
„Heydemann“	31 Parzellen	„Mittelborn“	18 Parzellen
„Groter Pohl“	91 Parzellen	„Altstädter Born“	72 Parzellen
„Dahlie“	19 Parzellen	„Rote Burg“	64 Parzellen
„Heidberg“	15 Parzellen	„An’n schewen Barg“	16 Parzellen
„Weiße Rose“	65 Parzellen	keinem Verein zugeordnet	6 Parzellen

Weil die Tätigkeit der „kommissarischen Stadtgruppe“ keine rechte Unterstützung durch die sowjetische Stadtkommandantur fand, verhandelte der Oberbürgermeister Albert Schulz im März 1946 mit dem sowjetischen Stadtkommandanten, damit der in Rostock wieder die Kleingartenvereine zuließe. Er verwies darauf, dass überall in der sowjetischen Besatzungszone diese Vereine beständen, nur in Rostock wären sie noch aufgelöst und verboten. Die Wiederzulassung sei bedeutsam für die Entwicklung des Kleingartenwesens in der Stadt und erspare die zur Zeit aufwändige Verwaltungsarbeit durch die Stadtkämmerei.

An den Oberbürgermeister erging daraufhin die Aufforderung, einen Ausschuss von drei Personen zu bilden, der die künftige Verwaltung der Kleingärtnerorganisation übernimmt. Dieser sollte bei Erfordernis Kleingärtner für ehrenamtliche Aufgaben heranziehen.

Protokoll vom 23. 08. 1946 (Ausschnitt)

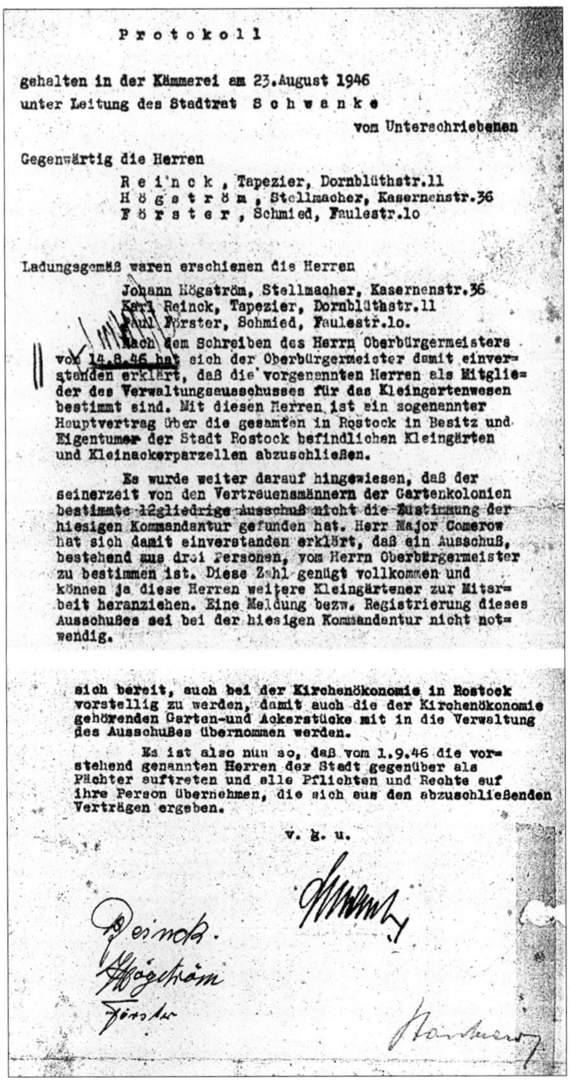

P r o t o k o l l

gehalten in der Kämmerei am 23.August 1946
unter Leitung des Stadtrat S c h w a n k e
vom Unterschriebenen

Gegenwärtig die Herren
R e i n c k , Tapezier, Dornblüthstr.11
H ö g s t r ö m , Stellmacher, Kasernenstr.36
F ö r s t e r , Schmied, Faulestr.lo

Ladungsgemäß waren erschienen die Herren
Johann Högström, Stellmacher, Kasernenstr.36
Karl Reinck, Tapezier, Dornblüthstr.11
Paul Förster, Schmied, Faulestr.lo.

Nach dem Schreiben des Herrn Oberbürgermeisters vom 14.8.46 hat sich der Oberbürgermeister damit einverstanden erklärt, daß die vorgenannten Herren als Mitglieder des Verwaltungsausschusses für das Kleingartenwesen bestimmt sind. Mit diesen Herren ist ein sogenannter Hauptvertrag über die gesamten in Rostock in Besitz und Eigentumer der Stadt Rostock befindlichen Kleingärten und Kleinackerparzellen abzuschließen.

Es wurde weiter darauf hingewiesen, daß der seinerzeit von den Vertrauensmännern der Gartenkolonien bestimmte 12gliedrige Ausschuß nicht die Zustimmung der hiesigen Kommandantur gefunden hat. Herr Major Comerow hat sich damit einverstanden erklärt, daß ein Ausschuß, bestehend aus drei Personen, vom Herrn Oberbürgermeister zu bestimmen ist. Diese Zahl genügt vollkommen und können ja diese Herren weitere Kleingärtener zur Mitarbeit heranziehen. Eine Meldung bezw. Registrierung dieses Ausschußes sei bei der hiesigen Kommandantur nicht notwendig.

sich bereit, auch bei der Kirchenökonomie in Rostock vorstellig zu werden, damit auch die der Kirchenökonomie gehörenden Garten-und Ackerstücke mit in die Verwaltung des Ausschußes übernommen werden.

Es ist also nun so, daß vom 1.9.46 die vorstehend genannten Herren der Stadt gegenüber als Pächter auftreten und alle Pflichten und Rechte auf ihre Person übernehmen, die sich aus den abzuschließenden Verträgen ergeben.

v. g. u.

Reinck.
Högström
Förster

Laut Protokoll der Stadtkämmerei vom 23. August 1946 bestimmte der Oberbürgermeister folgende Personen für den Ausschuss:

Karl Reinck,	Tapezierer, Rostock, Dornblüthstraße 11 als 1. Vorsitzender
Johann Högström	Stellmacher, Rostock, Kasernenstraße 36 (heute Budapester Straße)
Paul Förster	Schmied, Rostock, Faulestraße 10.

Dem Ausschuss wurde mit Wirkung vom 1. September 1946 in einem Hauptpachtvertrag die Gesamtverantwortung für das Kleingartenland übertragen. Die Tätigkeit der „kommissarischen Stadtgruppe“ war somit beendet.

Die Ausschussmitglieder wurden als Pächter verpflichtet, die Substanz, den Besitzstand und die Rechte der Pachtstücke jederzeit zu wahren und dafür Sorge zu tragen, dass die Pachtflächen nach geltendem Recht und kleingärtnerischen Bestimmungen genutzt und bearbeitet werden.

Am 6. September 1946 wurde der Hauptpachtvertrag unterzeichnet und trat am 30. Oktober 1946 in Kraft.

Der Hauptpachtvertrag konnte nur ergänzt und verändert werden, wenn alle drei Ausschussmitglieder gemeinsam den Antrag stellten. Das einzelne Ausschussmitglied hatte das Recht, sollte er die Vertragsbedingungen nicht mehr erfüllen können, aus dem Vertrag auszuscheiden. Die beiden verbleibenden Ausschussmitglieder würden bis zur Bestimmung eines Nachfolgers durch die Stadt als Verpächter die Arbeit weiter führen.

In dem 13 Paragraphen umfassenden Vertragswerk übertrug die Stadt Rostock dem „Ausschuss für Kleingartenwesen der Stadt Rostock“ Befugnis über die sich im Besitz und Eigentum der Stadt befindenden Kleingärten,

Kleinpachtzellen und Kleingartenkolonien einschließlich der Kolonien, die am 23. August 1946 bereits vertraglich übergeben wurden. Der Ausschuss wurde verpflichtet, im Sinne des Kleinpachtlandwesens zur gewissenhaften und ordnungsgemäßen Verwaltung der Pachtflächen beizutragen. Für die einzelnen Pachtflächen wurde grundsätzlich ein schriftlicher Unterpachtvertrag mit dem Einzelpächter abgeschlossen. Dieser enthielt auch eine Gartenordnung.

Der Hauptvertrag enthielt die Festlegung, dass der Ausschuss selbständig über die Rücknahme von Pachtflächen und deren Weiterverwendung entscheiden dürfte. Jener Ausschuss entschied auch über finanzielle Entschädigungen, wenn Pachtflächen für gemeinnützige Zwecke gekündigt werden mussten.

Der Verpächter erhielt jährlich eine aktualisierte Aufstellung der Pachtflächen. Danach erfolgte die Abrechnung des Pachtzinses pünktlich bis zum 1. Oktober des jeweiligen Jahres im Voraus. Für Zahlungsrückstände haftete der Ausschuss. Jährlich bis zum 1. Dezember legte der Ausschuss dem Verpächter einen konkreten Haushaltsplan vor, der die Verwendung der finanziellen Mittel für die Instandhaltung, Pflege und Sauberkeit der Kleingartenanlagen und deren Anliegerbereiche umfasste. Im Detail gehörten hierzu auch Erhaltungsmaßnahmen für Brücken, Stege, Wege, Zufahrten, Wasserläufe, Vorfluter u.v.a. in den Gartenanlagen.
Organisiert wurden ebenso die Schädlingsbekämpfung, die Winterspritzung und der Schutz vor Wildschäden, deren Kosten der Pächter zu tragen hatte.

Zwei Stempel vom „Kleingartenausschuss", 1945 bis 1950

Im Hauptpachtvertrag wurde dem Ausschuss zugestanden, soweit der Auftrag dazu erteilt würde, das Eigentum der Kirchenökonomie und das in Privatbesitz befindliche kleingärtnerisch genutzte Garten- und Ackerland mit zu verwalten.
Die Stadtkämmerei übergab dem Ausschuss die in ihrem Besitz befindlichen Akten über das Kleingartenwesen.
Dieser Hauptpachtvertrag mit seinen sechs Zusatzpachtverträgen bildete die entscheidende Grundlage der Tätigkeit des neuen Kleingartenausschusses für die kommenden Jahre. Auf ehrenamtlicher Basis wurden jährlich neu zu wählende Vertrauensleute aus den Kleingartenkolonien in die Verwaltungstätigkeit des Ausschusses einbezogen. Der so „erweiterte" Kleingartenausschuss hatte seinen Sitz im Heiligengeisthof Nr. 42.

Der Kleingartenausschuss konzentrierte sich in seiner Tätigkeit zunächst auf folgende Schwerpunkte:

1) *Im Kampf gegen den Hunger jedes verfügbare Stück Land für den Anbau von Nahrungsmitteln zu nutzen;*
2) *Sicherung guter Erträge durch die Beschaffung von Saatgut, Düngemitteln und Gartengeräten;*
3) *Erschließung und Übergabe von bisher noch nicht verpachteten Landflächen zur kleingärtnerischen Nutzung.*

Neu entstanden durch diese sechs Zusatzpachtverträge mit der Stadt die Kleingartenkolonien „Otto Kuphal", „Barnstorf", „Damerow", „Am Koppelsoll", „Hellbach", „Volksstadion", „Waldessaum", „Kohlgrützbarg", „Barnstorfer Busch", „Wiesenrand", „Warnowblick", „Marienehe" mit 22.219,5 Quadratruten und Kleingartenparzellen mit 9.325,7 Quadratruten. Insgesamt eine Fläche von 31.545,2 Quadratruten (46,30 ha).

Einladung der Pächter zum Gespräch über den Pachtvertrag, 1947

Absender:

Kleingarten-Ausschuss ROSTOCK Heiligengeisthof 42

bei Untermietern auch Name des Vermieters

Sprechzeit
von 9 — 11 Uhr
außer Mittwoch u. Samstag

Postkarte

DEUTSCHE POST

Herrn
Josef Hermann
3 Rostock
Georgienenweg 34

Straße, Hausnummer, Gebäudeteil, Stockwerk oder Postschließfachnummer;
bei Untermietern auch Name des Vermieters

Rostock den 25.7.47

Betr.: Pachtvertrag ehem. Exerzierplatz.

Der Kleingarten-Ausschuß Rostock, Heiligengeisthof 42, ist als Generalpächter des früheren reichseigenen Geländes (ehem. Exerzierplatz) eingesetzt.
Sie wollen bitte bis zum 29.7.47 zwecks Rücksprache Ihres Pachtvertrages über 1 Morgen Land mit dem Landratsamt auf der Geschäftsstelle des Kleingarten-Ausschußes vorsprechen.

Kleingarten-Ausschuss ROSTOCK Heiligengeisthof 42

2500 □m

In der „Landeszeitung" stand am 8. Juni 1947 dazu folgender kleiner Artikel:

„Rostock hat 60 Gartenkolonien. Der Stadtkreis Rostock hat 60 Kleingartenkolonien mit rund 10.000 Gartenparzellen, das sind 450 Hektar Land. Von der Kämmerei Rostock sind an 3.500 Pächter Grabeland verpachtet worden. Der ehemalige Exerzierplatz bei Barnstorf ist in 740 Kleingartenparzellen aufgeteilt. Von der Landesregierung wurden 900 Zentner Kunstdünger für die Kleingärtner zur Verfügung gestellt, ebenso 330 Zentner Saatkartoffeln. Kleinsaat wurde im freien Handel verkauft. Es ist geplant, in diesem Jahre Solidaritätssammlungen durchzuführen und den Ertrag den Kliniken zuzuführen. Selbstschutzwachen werden wieder eingeteilt, um die Kleingärten vor Dieben zu schützen. Im vergangenen Winter sind vorwiegend Steinobstbäume erfroren. Auch Brombeer- und Erdbeerpflanzen haben sehr gelitten."

Über die Beschwerlichkeiten der damaligen Zeit beim Herrichten eines Kleingartens berichtete Frau Karin Schmalstieg:

„Meine Eltern erhielten 1946 oder 1947 ein Stückchen Flugplatz der Heinkel-Werke. Zwischen Bombentrichtern und Schotterboden wurden hier viele Parzellen verteilt. Mit Graben und Säen war hier nichts zu machen. Ich selbst war 10 Jahre alt, meine Schwester gerade drei Jahre und wir wohnten in der Ulmenstraße. Es gab kaum privat ein Auto, vielleicht gerade mal ein Fahrrad. Wir besaßen einen Ziehwagen. Auf diesem transportierten wir alles in den „Garten". Wenn es hieß, „nach dem Essen gehen wir in den Garten", wäre ich am liebsten immer weggelaufen. Der Ziehwagen wurde mit Mist aus dem Kaninchenstall beladen, abgedeckt, und meine Schwester saß oben drauf. Dann ging es zu Fuß nach Marienehe. In unserer heutigen Zeit unvorstellbar! Die Arbeit in unserem Garten begann mit dem Abtragen der Schlacke, danach holten wir Mutterboden von den Bombentrichtern und auch das Wasser mußten wir von dort holen. Aber als wir das erste Gemüse ernteten, waren alle Mühen vergessen. Später baute mein Vater ein kleines Gartenhaus mit Plumpsklo. Wenn wir vor der kleinen Hütte saßen, waren wir alle froh und glücklich. Nur der Weg zum Garten war immer noch sehr lang. Die Straßenbahn der Linie 2 fuhr nur bis Alt-Reutershagen und wir legten so manchen Kilometer zurück. Wenn ich heute an der Anlage in Marienehe vorbei fahre, erinnere ich mich noch immer an unseren Garten. Meine Eltern verkauften ihn nach 25 Jahren aus gesundheitlichen Gründen und ich wollte ihn damals nicht. Mein Eltern haben echte Pionierarbeit geleistet und den Grundstein für eine schöne Naherholungsstätte mit gelegt."

Ein kleines Gartenhäuschen wurde aus Brettern gezimmert.

Kaffeepause im Garten

In einem Schreiben des Kleingartenausschusses von 1950 ging es ebenfalls um die kleingärtnerische Nutzung dieses ehemaligen Reichsgeländes 1948 und 1949. Der Treuhandabwicklungsstelle in Rostock wurde u.a. mitgeteilt:

„…daß wir im Jahre 1948 den ehem. Heinkelsportplatz in einer Gesamtgröße von 11,2 ha für kleingärtnerische Zwecke in Nutzung genommen haben. Im Sommer 1949 wurde das ehem. Heinkelbarackenlager, begrenzt zwischen Warnemünder Bahn – Rahnstädter Weg und Reutershagen, für Kleingarten-Parzellen vermessen und den Unterpächtern zur Urbarmachung und Räumung verpachtet. Im Frühjahr 1949 wurde der Kleingarten-Ausschuß bei der hiesigen Kommandantur vorstellig, um das Rollfeld des ehem. Flugplatzes Marienehe für Graswerbung in Nutzung zu nehmen. Dieser Antrag wurde dem Kleingarten-Ausschuß stattgegeben…"

Unmittelbar nach Abschluss des Hauptpachtvertrages mit der Stadt kam es zwischen dem Kleingartenausschuss und der Kirchenökonomie in Rostock zu den erforderlichen Absprachen, damit sie auch das in ihrem Besitz befindliche kleingärtnerisch genutzte Kirchenland in der Größe von 11.097,4 Quadratruten in seine Verwaltung übergibt.

Bescheinigung

Herr
Frau
ist als Pächter für
Kolonie
Ackerstück
Parzelle ... eingetragen.
Rostock, den ... 194
I. A.
Gebühr ... D-Mark
bezahlt

Nr. 3 M 10 Hansa-Druck-Konau, Rostock D 449 (844/49)

Bescheinigung von 1950, dass Frau Liesbeth Schröder als Pächterin der Parzelle 128 in der KGA „Am Koppelsoll" eingetragen ist.

Mit dem Vertreter der Kirchenökonomie, Richard Freytag, konnte am 18. September 1946 ein Generalpachtvertrag abgeschlossen werden. In den Bestimmungen des Vertrages war eindeutig festgelegt, dass der Ausschuss als Pächter mit jedem Einzelpächter einen Unterpachtvertrag in schriftlicher Form abzuschließen hatte, der inhaltlich allen Festlegungen des Generalpachtvertrages entsprach. Außerdem hatte er der Verpächterin jährlich eine aktuelle Bestandsliste der Unterpächter zu übergeben. In seiner Verantwortung lag auch die pünktliche Zahlung der vollständigen Pachtsumme in der Höhe von 5.742,00 RM.

Ohne Zustimmung der Verpächterin und der Bauaufsichtsbehörde durften mit Ausnahme von Gartenlauben keine Gebäude auf den Pachtstücken errichtet werden. Auch eine andere, nicht kleingärtnerische Nutzung des Pachtgrundstückes war strikt verboten. Die Umzäunung der Kleingartenkolonien und Kleinparzellen, deren Unterhaltung und die Bekämpfung der Schädlinge gingen zu Lasten des Pächters. Die Kirchenökonomie übertrug in einem Zusatzvertrag vom 18. Februar 1948 weitere Pachtstücke an den Kleingartenausschuss zur Verwaltung.
Bereits Mitte 1947 konnte der Kleingartenausschuss im Ergebnis seiner bisherigen Tätigkeit mitteilen, dass im Stadtkreis Rostock zur Zeit:

„60 Kleingartenkolonien bestehen und die 450 ha kleingärtnerisch genutztes Land von ca. 10.000 Kleingärtnern bearbeitet werden,
740 Pächter Kleingartenparzellen bewirtschaften und mit 3.500 Grabelandnutzern ein Vertragsverhältnis abgeschlossen wurde.
Erfreulich ist, daß die Rostocker Kleingärtner bei der 1947 von der Volkssolidarität durchgeführten Obst- und Gemüsesammlung insgesamt

730 Zentner	*Gemüse*
3 Zentner	*Rhabarber*
3 Zentner	*Obst*
132 kg	*Salat*
18 kg	*Kohlrabi*

ablieferten und diese Erträge den Rostocker Universitätskliniken kostenlos zur Verfügung gestellt werden konnten."

Für Gemüsesaatgut und Jungpflanzen gab es 1949 Bezugsscheine dieser Art.

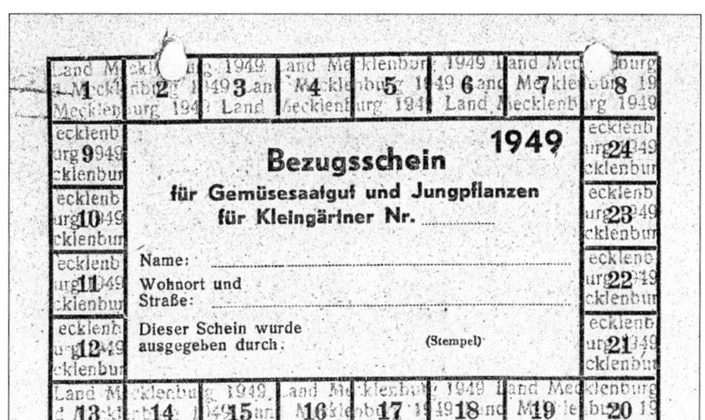

Bezugsschein 1949
für Gemüsesaatgut und Jungpflanzen
für Kleingärtner Nr. ....
Name:
Wohnort und Straße:
Dieser Schein wurde ausgegeben durch: (Stempel)

Abschnitte 1–24: Land Mecklenburg 1949

Nr. 3 M 10 Hansa-Druck-Konau, Rostock C 9023 (1713/49)

Zur Freude der Rostocker Kleingärtner und mit Blick auf die Entstehung weiterer Kleingartenkolonien im Jahr 1948 stellte die Landesregierung in Mecklenburg Ende 1947 bereits 900 Zentner Dünger, 330 Zentner Saatkartoffeln und Kleinsamen zur Verfügung und sorgte auch 1948 für die Bereitstellung zusätzlicher Saat- und Düngemittel. Der Kleinsamen konnte im freien Handel erworben werden. Dafür musste der Kleingärtner bei seinem Vertrauensmann in der Kleingartenkolonie einen „Bezugsschein" zum Erhalt von Sämereien und Jungpflanzen erwerben.

Über die Schwierigkeiten beim „Erstehen" der Sämereien berichtete die „Landeszeitung" am 3. April 1948:

„Gartenbestellung – aber womit?
Vor den Samenhandlungen Hofmann und Kemke stehen lange Schlangen. Immer 4 und 5 Menschen nebeneinander. Alle Klein-, Kleinst- und sonstigen Gärtner wollen sich auf Grund ihres Berechtigungsscheines Sämereien und Saatgut holen. Wer die Zeit hat, zwei oder mehr Stunden anzustehen, kann in den nächsten Tagen mit der Frühjahrsaussaat beginnen. Die Berufstätigen aber brauchen nicht säen. Sie machen aus ihrem Stückchen Gartenland am besten eine Liegewiese. Oder sollte in kürze eine Verordnung über die Gewährung von Sonderurlaub zum Einkauf von Sämereien erscheinen? Warum wird hier keine Abhilfe geschaffen? Ist man der Meinung, daß zwei Geschäfte dieser Art für eine Stadt wie Rostock genügen? Hat man dabei auch an die Bevölkerung an den Stadträndern gedacht? Weshalb verteilt man keine Sämereien an die Drogerien und Blumengeschäfte?! Damit wäre uns allen geholfen."

Die Ausgabe von Saatkartoffeln und Düngemitteln war Aufgabe der Vertrauensleute in den Kolonien, um eine gerechte Verteilung für alle Gartenfreunde zu gewährleisten.
Um die Ernteerträge künftig besser vor Dieben zu schützen, wurde verstärkt auf den Einsatz von Selbstschutzwachen in den Kleingartenkolonien verwiesen. Schwieriger war diese Maßnahme bei den Kleinlandpächtern zu verwirklichen. Ihre Gärten lagen oft weit vom Wohnsitz entfernt und durften auch nicht eingezäunt werden. So hofften sie mehr auf die Kontrollen der Polizeistreifen, um den Dieben beizukommen.

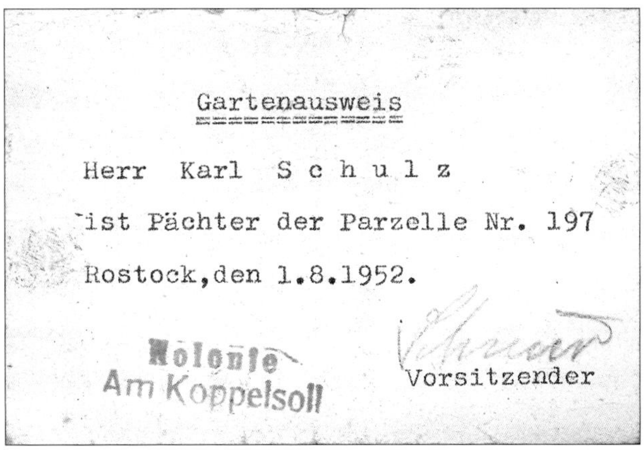
Gartenausweis

Herr Karl Schulz

ist Pächter der Parzelle Nr. 197

Rostock, den 1.8.1952.

Kolonie Am Koppelsoll

Vorsitzender

Gartenausweis für Karl Schulz von 1952

Die „Landeszeitung" berichtete am 7. August 1948 über Maßnahmen, die den Gartenbesitzern helfen sollten.

„Gartenausweis bitte!
Um die Lebensmittellage zu verbessern und um den täglichen Küchenzettel etwas abwechslungsreicher zu gestalten, haben sich viele Rostocker einen Kleingarten zugelegt. Obwohl die Möglichkeit zum Erwerb eines Dauerkleingartens nicht bestand, mußte manches Stück Brachland daran glauben und dient jetzt zur Erhöhung der Rationen. Viel Schweiß und Mühe steckt im Boden, bis man die Früchte seiner Arbeit in Gestalt von Kartoffeln, Bohnen, Gurken usw. sieht und hoffentlich nach Hause tragen kann. Hoffentlich, denn leider will mancher da ernten, wo er nicht gesät hat. Um diesen üblen Nutznießern der ehrlichen Arbeit das Handwerk zu legen, führte die Polizei Gartenkontrollen durch, und wer sich nicht als Gartenbesitzer ausweisen kann, muss mit allerlei Unannehmlichkeiten rechnen. Kleingärtner, denkt also daran, wenn ihr zu eurem Garten geht, den Ausweis einzustecken, damit ihr euch als rechtmäßige Besitzer ausweisen könnt. Die Kontrollen, die für euch sein sollen, können sich sonst leicht gegen euch richten und manche Schwierigkeit bringen."

Das Ehepaar Szameitat erinnerte sich gern an Begegnungen und Feste im Damerower Kleingarten.

Bereits 1949 waren Hildegart und Wilhelm Szameitat begeisterte Kleingärtner in der Gartenanlage Damerow. Sie waren dabei, als das Wasser noch aus dem Bach geholt wurde, als man Stromkabel verlegte und 1959 die ersten Gartenlauben aus Brettern entstanden. Und stets war auf sie Verlass. Vor allem die Gestaltung von Kinderfesten mit der christlichen Jugend war ihnen auch zu DDR-Zeiten ein Herzensbedürfnis. Für ihr mutiges Engagement und aktives Einsetzen für den christlichen Glauben wurde beiden im September 1998 das Verdienstkreuz am Bande des Verdienstordens der Bundesrepublik Deutschland verliehen.

1945 war der altehrwürdige Rostocker Stadtteil Marienehe mit seiner klösterlichen Geschichte ein großes mit Trümmern und Bombentrichtern übersätes Stück Erde, das häufig wegen der nicht mehr funktionierenden Drainagen unter Wasser stand. Hier war bereits 1939 die Kleingartenkolonie „Jägerbäk" entstanden. Altehrwürdig auch deren ältestes Mitglied, Paul Emner. Sein Alter: 90 Jahre, die man ihm bei unserer Begegnung nicht ansah. Einmalig seine erste, 1957 errichtete Gartenlaube: eine aus dem nahen ehemaligen Heinkel-Flugzeugwerk geborgene Flugzeugkanzel, die er einfach auf Stelzen gestellt hatte. Seine Arbeitsstunden für die Anlage blieben ungezählt, verbrachte doch Gartenfreund Emner die meiste Zeit des Sommers hier in seinem zweiten Zuhause. Nicht zuletzt hatten auch seine netten Nachbarn und die zahlreichen Feste im Lauf der Jahrzehnte, an die er sich gern erinnerte, ihren Anteil daran, dass sich Paul Emner in seinem Garten so wohl fühlte.

Paul Emner mit Enkel und Urenkel in seinem Garten

Aufbau einer neuen Kleingärtnerorganisation

Das Bestreben gesellschaftlich engagierter Kleingärtner und Kleinsiedler in Brandenburg, Thüringen und Sachsen zur Bildung eines Zentralverbandes der Kleingärtnerorganisation war nicht aufzuhalten. Nach Beratungen mit Vertretern der Hauptverwaltung des Innern, der Hauptverwaltung der Land- und Forstwirtschaft und der vorgenannten Landesverbände der Kleingärtner beschloss das Zentralsekretariat der SED am 1. November 1948 die Bildung der „Kleingartenhilfe des FDGB". Dem FDGB als größter Massenorganisation in der sowjetischen Besatzungszone (damals an die fünf Millionen Mitglieder) wurde die Verantwortung für den Aufbau, die Rahmenbedingungen, die Motivation und das Wirken der Kleingärtner und Kleinsiedler übertragen.

Nach Beratungen mit dem Bundesvorstand des FDGB, Abteilung Sozialpolitik - Kleingartenhilfe wurde sehr schnell Einigung über die zweckmäßigste Form des Organisationsaufbaus und über eine Satzung erreicht. In schneller Folge wurde danach der Zonenausschuss (später Zentralausschuss) am 1. Januar 1949 gewählt und am 17. November 1949 durch den Bundesvorstand des FDGB dem Gesetzentwurf zur „Förderung des Kleingartenwesens" zugestimmt.

Am 1. September 1949 erschien erstmals die für alle Kleingärtner in der sowjetischen Besatzungszone zugängliche Fachzeitschrift „Der Kleingärtner". Nach dem Entwurf einer neuen Satzung für die „Kleingartenhilfe des FDGB" wurde diese

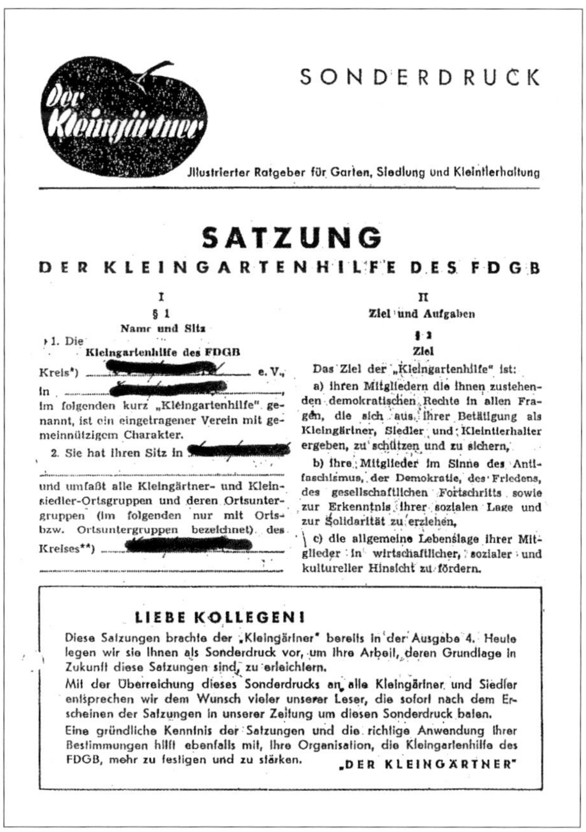

Der Kleingärtner

SONDERDRUCK

Jllustrierter Ratgeber für Garten, Siedlung und Kleintierhaltung

SATZUNG

DER KLEINGARTENHILFE DES FDGB

I

§ 1

Name und Sitz

1. Die

Kleingartenhilfe des FDGB

Kreis*) [redacted] e. V.,

in [redacted],

im folgenden kurz „Kleingartenhilfe" genannt, ist ein eingetragener Verein mit gemeinnützigem Charakter.

2. Sie hat ihren Sitz in [redacted]

und umfaßt alle Kleingärtner- und Kleinsiedler-Ortsgruppen und deren Ortsuntergruppen (im folgenden nur mit Orts- bzw. Ortsuntergruppen bezeichnet) des Kreises**) [redacted]

II

Ziel und Aufgaben

§ 2

Ziel

Das Ziel der „Kleingartenhilfe" ist:

a) ihren Mitgliedern die ihnen zustehenden demokratischen Rechte in allen Fragen, die sich aus ihrer Betätigung als Kleingärtner, Siedler und Kleintierhalter ergeben, zu schützen und zu sichern,

b) ihre Mitglieder im Sinne des Antifaschismus, der Demokratie, des Friedens, des gesellschaftlichen Fortschritts sowie zur Erkenntnis ihrer sozialen Lage und zur Solidarität zu erziehen,

c) die allgemeine Lebenslage ihrer Mitglieder in wirtschaftlicher, sozialer und kultureller Hinsicht zu fördern.

LIEBE KOLLEGEN!

Diese Satzungen brachte der „Kleingärtner" bereits in der Ausgabe 4. Heute legen wir sie Ihnen als Sonderdruck vor, um Ihre Arbeit, deren Grundlage in Zukunft diese Satzungen sind, zu erleichtern.

Mit der Überreichung dieses Sonderdrucks an alle Kleingärtner und Siedler entsprechen wir dem Wunsch vieler unserer Leser, die sofort nach dem Erscheinen der Satzungen in unserer Zeitung um diesen Sonderdruck baten.

Eine gründliche Kenntnis der Satzungen und die richtige Anwendung ihrer Bestimmungen hilft ebenfalls mit, Ihre Organisation, die Kleingartenhilfe des FDGB, mehr zu festigen und zu stärken.

„DER KLEINGÄRTNER"

Die Satzung der Kleingartenhilfe des FDGB wurde 1950 im „Kleingärtner" veröffentlicht.

Schrift des FDGB aus dem Jahre 1949 zum Kleingartenwesen

in der Nr. 3 der Fachzeitschrift „Der Kleingärtner" vom 1. Februar 1950 zur Diskussion gestellt und anschließend als Grundlagendokument bestätigt. Am 20. März 1950 trat der Beschluss über die „Anerkennung der Gemeinnützigkeit aller der Kleingartenhilfe des FDGB angeschlossenen Kleingartenvereine" in Kraft.

Am 16. September 1950 fand anlässlich der Großen Deutschen Gartenbauausstellung in Leipzig-Markkleeberg ein Kleingärtnertag statt, auf dem die Delegierten feststellten, dass die Kleingärtner und Kleinsiedler den Anschluss an die „Kleingartenhilfe des FDGB" vollzogen hätten. Sie riefen alle noch nicht organisierten Kleingärtner zum Beitritt in die neue Organisation auf. Bereits 1951 hatten sich in der „Kleingartenhilfe des FDGB" ca. 650.000 Kleingärtner und Kleinsiedler vereint.

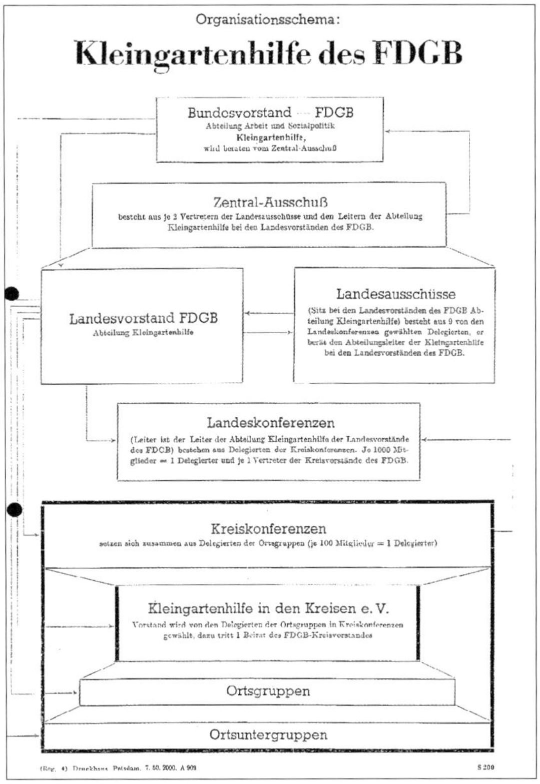

Organisationsschema der Kleingartenhilfe des FDGB

In der Folgezeit reifte bei den Mitgliedern und im FDGB die Erkenntnis, dass die vorhandenen Organisationsstrukturen im FDGB nicht mehr ausreichten und es sinnvoll wäre, dass das Kleingartenwesen einen selbstständigen Verband gründete.

So kam es im Juli 1951 zur Trennung der Kleingartenhilfe vom FDGB und zur Wahl des Sekretariats des Zentralausschusses der Kleingartenhilfe. Geschäftsführer wurde der ehemalige FDGB-Funktionär Johann Tadler. Der „Kleingärtner" wurde offizielles Organ dieses Verbandes.

Am 16. Oktober 1952 konstituierte sich der „Zentralverband der Kleingärtner, Kleinsiedler und Kleintierzüchter" als Körperschaft des Öffentlichen Rechts in Berlin. Der für den 15. bis 17. Mai 1953 vorgesehene 1. Verbandstag in Leipzig, auf dem die offizielle Gründung vollzogen werden sollte, wurde durch die SED verhindert. Durch das Einlenken des Zentralvorstandes kam es zum Verzicht auf den Zentralverband und nach dessen Auflösung Ende 1953 zum Aufbau des „Verbandes der Kleingärtner, Siedler und Kleintierzüchter" auf Orts- und Kreisebene (entstanden aus der Kleingartenhilfe des FDGB und dem Sektor Kleintiere). Grundlage für ihre Tätigkeit war das am 7. Juli 1954 vorgelegte Musterstatut. Mit dem Erlass der „Verordnung zur Förderung des Kleingarten- und Siedlungswesens und der Kleintierzucht" vom 22. April 1954 des Ministerrates der DDR wurden die Kreisverbände der Kleingärtner, Siedler und Kleintierzüchter den Räten der Kreise unterstellt. Gleichzeitig erfolgte die Löschung der „Kleingartenhilfe des FDGB" aus den Vereinsregistern.

Für die Anleitung des Verbandes der Kleingärtner, Siedler und Kleintierzüchter auf Kreis- und Ortsebene waren die Zentralen Fachkommissionen der Kleingärtner, Kleinsiedler und Kleintierzüchter zuständig. Durch ihre landesweite Initiative kam es am 28./29. November 1959 in Leipzig zur lang ersehnten Gründung des „Verbandes der Kleingärtner, Siedler und Kleintierzüchter" (VKSK) als Zentralverband in der DDR.

Bauvorhaben der Stadt und ihre Auswirkungen auf die Kleingartenkolonien

Mit der Gründung der DDR am 7. Oktober 1949 wurde die Tätigkeit der SMAD in der ehemaligen sowjetischen Besatzungszone eingestellt.

Auch in Rostock übergab der sowjetische Stadtkommandant die Verwaltungsfunktion in deutsche Hände. Umfangreiche bauliche Maßnahmen und neue Wirtschaftsbetriebe in der Stadt waren geplant. So sollte bereits 1950/51 das Fischkombinat entstehen, die Altstadt aufgebaut werden und in Reutershagen sollten Wohnhäuser gebaut werden. Weitere Vorhaben betrafen die Warnowwerft, das Dieselmotorenwerk, die Stadtteile Reutershagen I und II, das Sportforum, die Neue Medizinische Klinik, das Hygieneinstitut, die Umwandlung des Platzes der Jugend und des Kastanienplatzes zu Volksfestzentren der Stadt.

Mit diesem Programm war bereits 1950 für alle Kleingärtner in der Stadt unübersehbar, dass dem umfangreichen Bauprogramm sehr viele Kleingartenkolonien, Grabelandflächen und Einzelgärten Platz machen mussten. Es betraf u. a. die Gartenvereine „Kesselborn", „Altstädter Born", „Rote Burg", „Pferdewiese", „Alte Rennbahn".

Zu Kündigungen von Kleingartenland kam es auch in Warnemünde. Mit Datum vom 28. August 1949 hatte der Rat der Stadt Rostock mit der Vereinigten Kleingartenhilfe e. V. Warnemünde, vertreten durch die Kleingärtner Otto Brinkmann, Joachim Jasmund und Richard Heimann, gerade erst einen Pachtvertrag geschlossen und auf insgesamt 8.439 Quadratruten folgende Kleingartenkolonien geschaffen:

„Neue Moorkolonie"	mit 134 Parzellen
„Alte Moorkolonie"	mit 93 Parzellen
„Schleusenberg"	mit 17 Parzellen
„Beim Neuen Friedhof"	mit 44 Parzellen
Ackerparzellen an der R.-Wagner-Straße	mit 88 Parzellen
Ackerparzellen auf dem früheren „Arado"-Flugplatz	mit 480 Parzellen

Am 1. Oktober 1950 wurden bereits Ackerparzellen in der Größe von 5.654 Quadratruten wieder aufgekündigt und der Warnowwerft zur weiteren Nutzung übergeben. In einem Zusatzvertrag vom 4. Juli 1950 wurde in Übereinstimmung mit der Stadt ein 4.505 Quadratruten großes Gelände des Gartenmeisters Alfred Kadgien aus der Hufe 5 in Groß-Klein in 244 Parzellen umgewandelt und somit ein gewisser Ausgleich geschaffen.

In einer „NNN-Zeitreise" vom 5. Oktober 1999 wurde unter der Überschrift „Auf dem Arado-Flugfeld siedelten die Kleingärtner" über diese Jahre Folgendes geschrieben:

„… Selbst den Flugplatz des zerstörten Arado-Flugzeugwerkes gab man 1946 zur Anlage von Parzellen frei. Hunderte Kleingärtner gruben dort das ehemalige Flugfeld um, zäunten ihr Ackerland ein und pflanzten Bohnen, Erbsen und Kartoffeln an. Den Samen organisierte sich jeder selbst. Kartoffeln wurden vor dem Auslegen mehrmals geteilt, selbst Schalen brachten am Ende noch eine kleine Ernte. Weiße Bohnen und gelbe Erbsen vom Kaufmann dienten als Samen. Einige Sorten tauschten die Gärtner unter sich oder beim Bauern. Auf dem Flugplatz konnten die Gärten nur knapp zwei Jahre genutzt werden, dann begann der Bau der Warnowwerft. Auch die Gärten zwischen den Trümmern der Flugzeughallen mussten gleich nach der ersten Ernte wieder geräumt werden. Immerhin fast zwei Jahre war es möglich, den Mittagstisch durch Eigenanbau zu erweitern… "

Mit Blick auf weitere Planvorhaben der Stadt nach 1950 wie die Erweiterung des Rostocker Zoos und die Rückführung der noch als Grabeland benutzten Sportanlagen (z. B. das Volksstadion) waren in den folgenden Jahren weitere Kündigungen von kleingärtnerisch genutztem Land unumgänglich.

Einfache kleine Bretterhäuschen standen in den Kleingartenanlagen der Nachkriegsjahre

Durch die Eingemeindungen von Biestow, Evershagen, Krummendorf, Petersdorf, Stuthof und Toitenwinkel in den Stadtkreis Rostock ergaben sich 1950 auch neue Möglichkeiten für die Errichtung von Kleingartenanlagen und Kleinlandparzellen. So konnte die Kleingartenkolonie „An'n Biestower Kirchstieg", am Grünen Weg gelegen, um 14 Parzellen (275 QR) erweitert werden. Andere Landflächen wurden für eine kleingärtnerische Nutzung vorbereitet.

„Kleingartenhilfe des FDGB" in Rostock

Der Landesausschuss der „Kleingartenhilfe des FDGB" Mecklenburg versuchte durch monatliche Rundschreiben alle „Kreisvereinigungen der Kleingartenhilfe des FDGB" im Land auf aktuelle Maßnahmen, Anordnungen und Festlegungen hinzuweisen.

Vereinigung der Kleingartenhilfe Rostock

Mitgliedskarte Nr. 976

Herr/Frau Schirmer, Paul

ist Mitglied der Kleingartenhilfe Rostock.

Der Leiter der Stadtgruppe Rostock

Rostock, den 1. April 1949.

Diese Karte dient als Ausweis bei allen Veranstaltungen der Kleingartenhilfe und ist sorgfältig aufzubewahren; ein Verlust ist der Stadtgruppe umgehend anzuzeigen.

Nr. 4 M 10 Hansa-Druck-Konau, Rostock C 7724

Mitgliedskarte der Vereinigung der Kleingartenhilfe Rostock Nr. 976 von 1949

So wurde u.a. darauf verwiesen, dass die örtlichen Polizeibehörden Kontrollen zur durchgeführten Winterschädlingsbekämpfung im Obstbau vornehmen würden, die Berichterstattung und Jahresabrechnung unter Einbeziehung der Revision zu erfolgen hätte, ob eine Landesausstellung oder Delegiertenversammlung vorzubereiten wäre oder wie es um die Beschaffung von Material, Düngemittel, Gartengerätschaften stünde. Zur Diskussion standen ebenso Fragen des Pachtpreises, die Schätzrichtlinie und das Ablieferungssoll. Es war also den einzelnen Ortsgruppen und Kreisverwaltungen überlassen, was sie aus der Fülle der Informationen dieser Rundschreiben für ihre Tätigkeit umsetzen könnten.

Auch in Rostock hatte sich 1950 die Mehrzahl der Kleingartenkolonien für einen Anschluss an den FDGB ausgesprochen.

Für die Bildung einer Rostocker Ortsgruppe der „Kleingartenhilfe des FDGB" e. V. war ein neuer Vorstand zu benennen. Es war nicht verwunderlich, dass die Rostocker Kleingärtner ihrem bisherigen Vorsitzenden Karl Reinck erneut das Vertrauen aussprachen, um die Entwicklung des Kleingartenwesens in Rostock voran zu bringen. Ihm zur Seite stand Werner Stankiewitz als 2. Vorsitzender. Die Funktion des Hauptkassierers übernahm der seit 1946 an der Seite von Karl Reinck tätige Johann Högström. Die neue Geschäftsstelle befand sich in der Schnickmannstraße 2. Mit Beginn ihrer neuen Tätigkeit in der Vereinigung der „Kleingartenhilfe des FDGB" wählte der Vorstand der Ortsgruppe den „Apfel" zu ihrem Symbol, der nun im Siegel des Vorstandes sichtbar war.

Stempel der Ortsgruppe der Kleingartenhilfe des FDGB (o.) und der Kreisvereinigung der Kleingartenhilfe (u.), 1950 bis 1953

Die neu geschaffene „Ortsgruppenleitung der Kleingartenhilfe des FDGB" konnte aufgrund ihrer Anbindung an den FDGB keineswegs allein über ihre weitere Tätigkeit bei der Entwicklung des Kleingartenwesens in der Stadt entscheiden. Bei allen Vorhaben und Maßnahmen waren die enge Abstimmung und Zusammenarbeit mit dem Kreisvorstand des FDGB in Rostock notwendig.

Die zunächst wichtigste Aufgabe des Vorstandes für die in der neuen Vereinigung zusammenzuschließenden Rostocker Kleingärtner und Kleinsiedler bildete die Vorbereitung und Durchführung der Wahlen für den Aufbau der Ortsgruppe, des Kreisverbandes und des Landesausschusses. Es folgten die Erarbeitung einer Satzung, Kleingartenordnung, die Registrierung als Vereinigung und die Erneuerung der 1946 mit der Stadt, der Kirchenökonomie und mit Privatpächtern abgeschlossenen Generalpachtverträge. Diese Verträge waren ja an den Kleingartenausschuss als Pächter und nicht an die „Kleingartenhilfe des FDGB" verpachtet worden. Hinzu kam, dass nicht mehr die Kämmerei, sondern das Kommunale Wirtschaftsunternehmen (KWU) von der Stadt mit der Wahrnehmung ihrer Interessen beauftragt wurde.

Ohne Zweifel musste der neue Vorstand eine enorme Mehrarbeit leisten, um die anstehenden Aufgaben im Interesse der Kleingärtnerorganisation allseitig zu bewältigen. Neben den territorialen Erfordernissen galt es, den Forderungen auf Landesebene und zentraler Stelle gleichermaßen nachzukommen. Durch die Fortsetzung des Aufbauprogramms der Regierung der

DDR kam es auch in Rostock immer wieder zur Auflösung, aber ebenso zu Neubildungen von Kleingartenanlagen, die dem Vorstand ständig zusätzliche Aktivitäten abverlangten.
Leider enthalten die bisher zur Verfügung stehenden auswertbaren Dokumentationen aus den Archiven und sonstigen Unterlagen keine näheren Angaben über die 1950/51 abgelaufenen Wahlen zur Bildung der Ortsgruppe Rostock und der Delegierten zur Kreis- und Landeskonferenz. Es gibt auch keine Hinweise darüber, wann sich die „Kreisvereinigung der Kleingartenhilfe des FDGB" Rostock in das Vereinsregister beim Amtsgericht Rostock eintragen ließ. Aus vorliegenden Schreiben ist jedoch ersichtlich, dass Ende 1950 die Rostocker Ortsgruppe arbeitsfähig war.

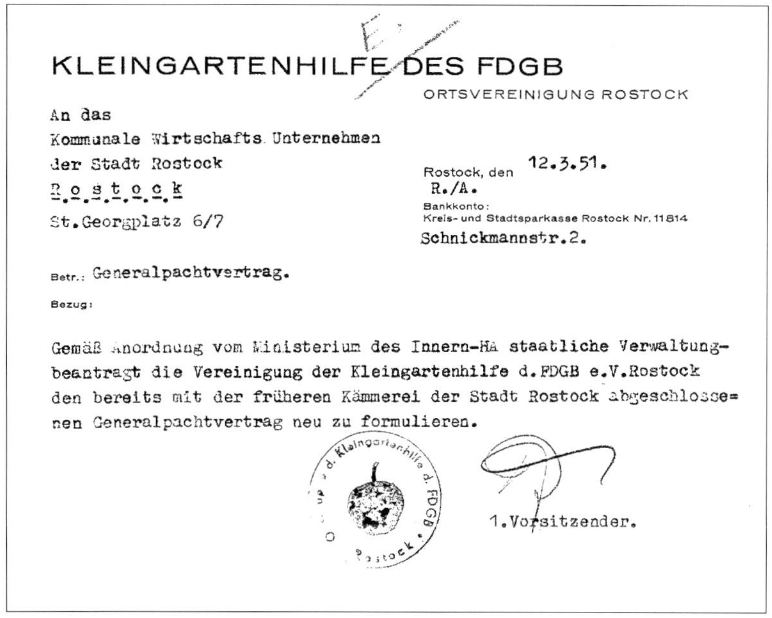
KLEINGARTENHILFE DES FDGB
ORTSVEREINIGUNG ROSTOCK

An das
Kommunale Wirtschafts Unternehmen
der Stadt Rostock
R o s t o c k
St.Georgplatz 6/7

Rostock, den 12.3.51.
R./A.
Bankkonto:
Kreis- und Stadtsparkasse Rostock Nr. 11814
Schnickmannstr.2.

Betr.: Generalpachtvertrag.
Bezug:

Gemäß Anordnung vom Ministerium des Innern-HA staatliche Verwaltungbeantragt die Vereinigung der Kleingartenhilfe d.FDGB e.V.Rostock den bereits mit der früheren Kämmerei der Stadt Rostock abgeschlossenen Generalpachtvertrag neu zu formulieren.

1.Vorsitzender.

Schreiben der Ortsvereinigung der Kleingartenhilfe an das Kommunale Wirtschaftsunternehmen der Stadt Rostock von 1951 zur Neuformulierung des Generalpachtvertrages

Auf der Jahreshauptversammlung zum Abschluss des Geschäftsjahres 1951 sprach Kollege Ebert von der Kleingartenanlage „Am Kesselborn" im Namen der Versammlungsteilnehmer dem Vorstand der „Ortsgruppe der Kleingartenhilfe des FDGB" Dank und Anerkennung für seine geleistete Arbeit aus. Deshalb unterbreitete er auch den Vorschlag, dass die Mitglieder des alten Vorstandes erneut kandidieren sollten. Diesen Vorschlag unterstützten in der Diskussion die Kollegen (beim FDGB wurden die Gartenfreunde mit Kollege angesprochen) Freude („Marienehe"), Fanter („Hellberg"), Glöde („Waldessaum") und Apel („Schöne Aussicht"). So wurden in offener Wahl einstimmig wiedergewählt:

Kollege	Reinck	als	1. Vorsitzender
Kollege	Stankiewitz	als	stellv. Vorsitzender
Kollege	Högström	als	Kassierer
Kollege	Alm	als	Schriftführer
Kollege	Lankow	als	Beirat
Kollege	Baur	als	Beirat
Kollege	Sehlmacher	als	Revisor
Kollege	Schumacher	als	Revisor
Kollege	Weber	als	Revisor

Zwischenzeitlich war die Baracke am Saarplatz in Rostock der neue Sitz der Rostocker Kreisvereinigung geworden.

Der „Ausschuss der Kleingärtner, Siedler und Kleintierzüchter" in Berlin forderte im Oktober 1952 alle „Kreis-Organisations-Kommissionen" auf, als Grundlage für die weitere Tätigkeit des Kleingartenwesens in der DDR den aktuellen Mitgliederstand mitzuteilen. Hierbei war von den neuen Strukturen der Verwaltung auszugehen, d. h. es mussten die neue Kreisgrenzen berücksichtigt werden. 1952 führte man in der DDR eine administrative Gebietsreform durch; aus den Ländern wurden 15 Bezirke.

Stichtag für die Erarbeitung war der 16. Oktober 1952. Der „Kreis-Organisations-Kommission" lag als Ergebnis die Gesamtmitgliederzahl von 10.401 vor.

Als verantwortlicher Leiter aller Sparten in Warnemünde, Rostock, Tessin, Kavelstorf und Rövershagen wirkte der Kollege Burmeister.

Übersicht über die Anzahl der Mitglieder

	Warnemünde	Rostock	Tessin	Kavelstorf	Rövershagen	Gesamt
Spartenleiter Kleingärtner Kollege Reinck	501	8.175	36			8.712
Spartenleiter Siedler Kollege Penz		458				458
Spartenleiter Bienenzüchter Kollege Basedow		310	51	40	34	435
Spartenleiter Rassegeflügelzucht Kollege Schult	36	196	20			252
Spartenleiter Hundezucht Kollege Berger	65	162				227
Spartenleiter Kaninchenzucht Kollege Kurzmann	38	160	28			226
Pelztierzucht Kollege Schnäkel		46				46
Spartenleiter Seidenraupenzucht Kollege Nagel		11				11
Spartenleiter Ziegenzucht Kollege Kobrow	34					34
Mitglieder	674	9.518	135	40	34	10.401

Stempel der Ortsgruppe Rostock des Verbandes der Kleingärtner, Siedler und Kleintierzüchter ab 1953

Stempel des Kreisverbandes Rostock ab 1953

Verband der Kleingärtner, Siedler und Kleintierzüchter

Ende 1952 standen Neuwahlen im „Verband der Kleingärtner, Siedler und Kleintierzüchter" an. Zur Unterstützung dieser Wahlen wurden in den Ausgaben Nr. 24 und 25 der Zeitschrift „Der Kleingärtner" umfassend der strukturelle Aufbau der Organisation, die Richtlinien zur Vorbereitung und Durchführung der Wahlen und der Entwurf der Satzung mitgeteilt. Aus der Bildung von Bezirken und Kreisen in der DDR ergab sich, dass sich auch die Struktur des Kleingartenwesens veränderte.

Für den neuen „Verband der Kleingärtner, Siedler und Kleintierzüchter" war folgende Struktur bindend:

- Zentralverband in Berlin
- Bezirksverbände
- Kreisverbände
- Ortsgruppenzentrale
- Ortsgruppen

Im Bezirk Rostock gab es den Bezirksvorstand, in der Stadt Rostock den Kreisverband, die Ortsgruppenzentrale und die Ortsgruppen.

In Vorbereitung der Wahlen war bei den Funktionären und Kleingärtnern der Stadt besonders die neue Zusammensetzung und Organisationsform des Ortsverbandes von Interesse. Es bestand die Forderung, dass die Ortsgruppen in der Größe zwischen 100 bis 250 Mitglieder, nach Straßen gegliedert, gebildet werden sollten. Dabei war es unerheblich, ob die Mitglieder als Kleingärtner, Siedler oder Kleintierzüchter ihrem Hobby nachgingen.

Alle 50 neu zu bildenden Ortsgruppen in Rostock unterstanden dem Ortsgruppen-Vorsitzenden. In seiner Leitungstätigkeit unterstützten ihn die jeweiligen Spartenleiter. Dem Vorsitzenden oblag auch die Kassenführung. Da die eingehenden Spartengelder nur den betreffenden Sparten zur Verfügung standen, war es naheliegend, dass die Spartenleiter die Kassengeschäfte durchführten.

Für heftige Diskussionen bei den Mitgliedern hatte auch der neue Beitragssatz geführt. Er war pro Mitglied auf 6,00 DM im Jahr nach folgendem Schlüssel festgelegt:
Abgabe an

- den Zentralverband	monatlich	0,06 DM	=	0,72 DM im Jahr
- den Bezirksverband	monatlich	0,08 DM	=	0,96 DM im Jahr
- den Kreisverband	monatlich	0,16 DM	=	1,92 DM im Jahr
- die Ortsgruppe	monatlich	0,10 DM	=	1,20 DM im Jahr
- die Versicherung	monatlich	0,10 DM	=	1,20 DM im Jahr
	monatlich	0,50 DM	=	6,00 DM im Jahr

Um arbeitsfähig zu sein, wurden am 9. Dezember 1952 im Kreis- und Bezirksverband Rostock zunächst vorläufige Vorstände gewählt. Den Vorsitz im Kreisverband übernahm Ernst Alm, den im Bezirksverband Karl Reinck. Außerdem wurden an diesem Tag auch die Spartenleiter kommissarisch benannt. Der Tätigkeitsschwerpunkt dieser Vorstände bestand in der Vorbereitung und Durchführung der Wahlen für die neu zu bildenden Ortsgruppen.
Auf der Kreiskonferenz am 15. März 1953 im „Gesellschaftshaus Rieck“ wurden dann gewählt:

Vertrauensmänner

aus 69 Kleingartenanlagen und von 7 Ackerstücken

Der Bezirksvorstand Rostock

1. Vorsitzender	Reinck, Karl
Stellvertretender Vorsitzender	Kobrow, Paul
Sekretär	Drebelow, Carl

Vorstand des Kreisverbandes Rostock Stadt und Land

1. Vorsitzender	Alm, Ernst
Stellvertretender Vorsitzender	Böhler, Karl
Kassierer	Högström, Johann
Stellvertretender Kassierer	Döscher, Walter
Schriftführer	Pauly, Friedrich
Stellvertretender Schriftführer	Zülow, Elsa
Beirat	Lübcke, Otto
Beirat	Schuldt, Richard
Beirat	Basedow, Willy
Erweiterter Vorstand	Burmeister, Hermann
Erweiterter Vorstand	Reiche, Margarete
Revisor	Erdbahn, Hermann
Revisor	Borchwardt, Wilhelm
Revisor	Ande, Hans Ulrich
Revisor	Grube, Fritz

Mitgliedsbuch ab 1953

Spartenleiter

Kleingärtner	Alm, Ernst
Siedler	Pauly, Friedrich
Bienen	Basedow, Willy
Rassegeflügel	Schuldt, Richard
Hunde	Lorenz, Werner
Kaninchen	Kurzmann, Wilhelm
Pelztiere	Schnäkel, Franz
Ziegen	Kobrow, Paul
Kanarien	Munds, Hans

Ortsgruppenvorstände im Kreisverband

Tessin	Albrecht, Ernst
Sanitz	Tank, Erich
Rövershagen	Lippkow, August
Kavelstorf	Müller, Werner
Warnemünde	Lübcke, Otto

Vorstand Sparte Kleingärtner Rostock

1. Vorsitzender	Alm, Ernst
Stellvertretender Vorsitz.	Ebert, Wilhelm
Stellvertretender Kassierer	Sehlmacher, Herbert
Schriftführer	Engler, August
Beisitzer	Schnur, Theodor
Beisitzer	Erdbahn, Hermann
Beisitzer	Borchwardt, Erwin
Revisor	Kurth, Erwin
Revisor	Wienholz, Hermann
Revisor	Prüter, Emil

Zum Abschluss des Geschäftsjahres 1953 zog der erste Vorsitzende Alm für die Sparte „Kleingartenkultur" Rostock eine positive Bilanz. Er hob besonders die aktive Unterstützung der Vertrauensmänner bei den Wahlen, der Aufkündigung und Neuanlage von Kleingartenanlagen sowie der Winterspritzung zur Bekämpfung der Kartoffelkäfer und Wühlmäuse hervor.

Aufkleber und Stempelaufdrucke machten in den 50er Jahren auf eine Kartoffelkäferplage aufmerksam.

Die Vertrauensmänner hatten auch großen Anteil am Aufbau der neuen Geschäftsstelle. Dieser wurde notwendig, weil der Stadtbezirk II am bisherigen Standort am Saarplatz neue kommunale Einrichtungen für die Bürger schaffen wollte. Nachdem der Rat der Stadt Rostock am 19. Oktober 1953 den Umzug vom Saarplatz in die Viergewerkerstraße 2a genehmigt hatte, erfolgte am 5. November die Abschätzung von fünf Parzellen in der Viergewerkerstraße. Nach Auszahlung der Abstandssumme von insgesamt 753 DM an die bisherigen Gartenpächter wurde am 8. November in freiwilliger Gemeinschaftsarbeit das Barackenfundament ausgeschachtet. Am 14. November 1953 begann der Abriss der alten Baracke und ihr Neuaufbau in der Viergewerkerstraße. Am 20. Januar 1954 waren drei Büroräume bezugsfertig. Bis zu diesem Zeitpunkt hatten die Kleingartenkolonien Umlagegelder (pro Mitglied 0,60 DM) in Höhe von 2.400 DM für den Umbau eingezahlt. An die Säumigen erging die Aufforderung, den Restbetrag von insgesamt 2.100 DM bis zum 15. Februar 1954 an den Verband abzuführen. Dieser Betrag sollte für den weiteren Ausbau der Geschäftsstelle sowie den Bau eines Kulturraumes, eines Düngerschuppens und eines Raumes für die Obstpresse verwendet werden.
Im Jahresbericht 1953 der Sparte Kleingärtner Rostock war u.a. zu lesen:

„7. Umbau der Geschäftsstelle – Baracke –
Koll. Tied vom Stadtbezirk II teilt mit, daß 2 Baracken für Stadtbezirk II errichtet werden sollen. Wir müßten den Platz räumen.
Der Umbau der Baracke vom Saarplatz zur Vier-Gewerkerstr. wird vom Rat der Stadt genehmigt.
Die Baracke Umbaukosten sind von der Sparte Kleingartenkultur zu tragen.
5 Parzellen werden für den Umbau der Baracke zur Vier-Gewerkerstr. 2a abgeschätzt und nach Auszahlung der Abstandssumme (gesamt 753,– DM) geräumt.
Ausschachtung des Barackenfundamentes in freiwilliger Gemeinschaftsarbeit.
Baracken-Umbau begonnen.
Baracke zur Hälfte abgebrochen.
Erste Hälfte der Baracke in der Viergewerkerstr. 2a aufgestellt.

Zweite Hälfte der Baracke abgebrochen u. Viergewerkerstr. 2a aufgestellt.
Drei Büroräume sind bezugsfertig. Für Barackenumbau sind bisher 2.400,– DM von den Kolonien bezahlt worden. Wir bitten, daß die rückständigen Beträge bis zum 15.2.54 auf Konto 10050 Kreis- u. Stadtsparkasse Rostock eingezahlt werden (2.100,– DM).
Ich möchte nicht versäumen, von dieser Stelle aus dem Rat der Stadt Rostock
Koll. Peckerun, Abt. Aufbau
Koll. Hellmann, Abt. Materialversorgung
Koll. Wintrich, Abt. gewerbl. Wohnraumlenkung
Koll. Jaeger, Abt. Stadtplanung u. Architektur
Koll. Holz, Abt. Wasserwirtschaft
Koll. Schmidt, Abt. Bauaufsicht
Koll. Volkmann, Abt. Bauaufsicht
Koll. Lau, Abt. Grundstücksverwaltung
Im Namen der Sparte Kleingartenkultur unseren herzlichsten Dank für die Bereitstellung des Baugeländes und der erforderlichen Materialien auszusprechen. In jeder Weise fanden wir vollste Unterstützung, und es war hierdurch unserem Kollegen Högström nur möglich, den Umbau der Baracke so zügig durchzuführen. Wenn ich dem Koll. Högström für die umsichtige Arbeit meinen allerherzlichsten Dank ausspreche, so glaube ich, tue ich dieses im Namen von allen anwesenden Kollegen. Es war keine leichte Arbeit, zumal in der schlechten Jahreszeit November bis Januar.
Wir wollen nicht vergessen, unseren hilfsbereiten Kollegen der Sparte Kleingartenkultur unseren allerherzlichsten Dank auszusprechen.“

Zu Beginn des Geschäftsjahres 1954 wurde ersichtlich, dass im Zusammenhang mit der vorgesehenen Reorganisierung des Verbandes zusätzliche Aufgaben durch den Vorstand gelöst werden müssten. Wegen Krankheit stand der Vorsitzende des Kreisverbandes Alm längere Zeit dem Vorstand nicht zur Verfügung. Deshalb beauftragte der Bezirksverband Rostock seinen Sekretär Drebelow und das Vorstandsmitglied des Kreisverbandes Apel mit der Führung der Geschäftsstelle bis zur Genesung des 1. Vorsitzenden. Zusätzlich wurde ihnen in Verbindung mit Alm und seinem Hauptkassierer Högström Kassenvollmacht erteilt. Mit dieser Maßnahme war der Vorstand endlich arbeitsfähig.

465

GESETZBLATT
der
Deutschen Demokratischen Republik

1954	Berlin, den 11. Mai 1954	Nr. 46

Tag	Inhalt	Seite
22. 4. 54	Verordnung zur Förderung des Kleingarten- und Siedlungswesens und der Kleintierzucht	465
3. 5. 54	Vierte Durchführungsbestimmung zur Verordnung über die Bildung von Kollegien der Rechtsanwälte	466
30. 4. 54	Anordnung zur Änderung der Ersten Durchführungsbestimmung zur Verordnung über die Prämienzahlung für das ingenieurtechnische Personal einschließlich der Meister und für das kaufmännische Personal in den volkseigenen und ihnen gleichgestellten Betrieben. — Wirtschaftszweig Deutsche Reichsbahn / II. Teil —	467
	Hinweis auf Verkündungen im Zentralblatt der Deutschen Demokratischen Republik	468

Verordnung
zur Förderung des Kleingarten- und Siedlungswesens und der Kleintierzucht.
Vom 22. April 1954

Mit der bereits erwähnten Verordnung der Regierung der DDR vom 22. April 1954 zur Förderung des Kleingarten- und Siedlungswesens und der Kleintierzucht (GBl. I Nr. 46 vom 11.05.1954) wurde die Reorganisierung des bisherigen „Verbandes der Kleingärtner, Siedler und Kleintierzüchter“ eingeleitet. Infolge dieser Verordnung waren der Zentralverband und die Bezirksverbände aufzulösen. Einziger Interessenvertreter der Kleingärtner, Siedler und Kleintierzüchter sollte nur noch der Kreisverband bzw. in größeren Städten der Stadtverband sein. Er musste beim Rat des Kreises bzw. beim Rat der Stadt registriert werden, erhielt damit den Status einer juristischen Person und war somit allein berechtigt, Grundstücke zur Weiterverpachtung an Kleingärtner anzupachten.
Der Kreisverband untergliederte sich entsprechend dieser Verordnung in Orts- und Betriebssparten mit entsprechenden Fachgebieten, die auf dieser Ebene Interessengemeinschaften und zur Koordinierung ihrer Tätigkeit Orts- oder Stadtbezirksausschüsse bilden konnten.
Zwischen dem Regierungsbeschluss vom 22. April 1954 und der Umsetzung dieser Verordnung gab es erhebliche Zeitverluste. So wurde z. B. das Musterstatut erst am 7. Juli 1954 im Zentralverordnungsblatt Nr. 29 der DDR veröffentlicht und danach in der Tagespresse abgedruckt. Die Ursachen waren darin zu sehen, dass die verantwortlichen Stellen Einwände bei der Abfassung

der Texte zu Satzung und Maßnahmen zur Umsetzung der Verordnung geltend machten. Unterschiedliche Auffassungen bestanden bei der

- Bestätigung der Verbände, d. h., ob die Registrierung durch die Deutsche Volkspolizei oder die örtlichen Räte der Kreise und Bezirke erfolgen sollte,
- Bestätigung der Rechtsfähigkeit der zu bildenden Zucht-Kommissionen,
- Art der erforderlichen engen Zusammenarbeit zwischen den örtlichen Organen und dem jeweiligen Kleingärtnerverband,
- Festlegung der Beitragshöhe für die Mitglieder.

So war es nicht zu vermeiden, dass zwischenzeitlich – und noch bis in die Jahre 1955/56 – die Kreisverbände mit einer Vielzahl von „Vorläufigen Arbeitsrichtlinien, Anordnungen und Festlegungen" in ihrer Tätigkeit belastet wurden, bis diese durch gültige Dokumente ersetzt werden konnten.

Zur Neubildung des Rostocker Kreisverbandes wurden für den 20. Juni 1954 Neuwahlen zur Besetzung des Vorstandes angesetzt. Sie sollten im HO-Gesellschaftshaus (ehemals „Bellevue" und später „Konzerthaus Mau") stattfinden. Eingeladen waren Delegierte aus 83 bestehenden Ortsgruppen der Stadt. Diese wählten im Namen von 9.586 Mitgliedern der Sparten Kleingärtner (7.341), Siedler (857), Ziegenzüchter (275), Kaninchenzüchter (195), Geflügelzüchter (210), Imker (461), Pelztierzüchter (46), Hundezüchter (166) und Kanarienzüchter (36) folgenden Vorstand:

1. Vorsitzender	Münds, Hans
2. Vorsitzender	Kurzmann, Wilhelm
Sekretär	Drebelow, Carl
Sachbearbeiter Kleingarten- u. Siedlungskultur	Alm, Ernst
Sachbearbeiter Kleintierzucht	Drebelow, Carl

Als Vertreter der Sektionen

Kleingärtner	Alm, Ernst
Bienenzucht	Drebelow, Carl
Ziegenzucht	Kobrow, Paul
Kaninchenzucht	Kurzmann, Wilhelm
Hundezucht	Lorenz, Werner
Kanarienzucht	Münds, Hans
Edelpelztierzucht	Schnäkel, Franz
Rassegeflügelzucht	Schuldt, Richard
Siedler	Pauly, Friedrich

Nach dem Ableben des bisherigen Hauptkassierers Högström am 18. Mai 1954 übernahm das bisher ehrenamtlich als Hauptkassierer tätige Vorstandsmitglied Sehlmacher diese Aufgabe in der Sektion Kleingärtner.

Im August 1954 fand in den Barnstorfer Anlagen in Rostock die erste „Landwirtschaftliche Lehr- und Leistungsschau" statt. Als Vertreter des Rostocker Kreisverbandes nahm daran die Sparte Kleingartenkultur teil und erhielt für ihre gezeigten Leistungen den Ehrenpreis des Ministeriums für Land- und Forstwirtschaft. Die Sparten Rassegeflügel, Kaninchen, Edelpelztiere, Kanarien und Ziegen wurden mit zahlreichen ersten und zweiten Preisen geehrt.

Die Sparte Siedler aus Reutershagen hatte für den 25.000 Besucher dieser Veranstaltung eine Präsent-Kiste mit Obst, Gemüse und 20 Eiern gestiftet, die einer Rostocker Rentnerin überreicht wurden. Das ausgestellte Obst, Gemüse und die Konserven bekamen die Rostocker Altenheime kostenlos zur Verfügung gestellt.

Zur besseren Zusammenarbeit mit den Städteplanern des Rates der Stadt Rostock wurde im Vorstand des Kreisverbandes, Sparte Kleingartenkultur, eine Kommission aus den Mitgliedern Alm, Glöde, Apel, Moser und Sehlmacher gebildet. Sie sollte künftig verhindern, dass die Stadt wie bisher über die Auflösung von Kleingartenland entschied, ohne den Kreisverband einzubeziehen. So war bekannt geworden, dass mit der Fertigstellung des Schwanenteiches im Stadtteil Reutershagen die Kleingartenanlagen „Am Koppelsoll“ und „Otto Kuphal“ einem geplanten Sportplatzbau weichen sollten. Öffentlich angekündigt waren auch bevorstehende Kündigungen von Gärten in den Anlagen „Dahlie“, „Sonnenschein“ und „Waldessaum“ zu Gunsten von Planungsbauten der Stadt. Dies sorgte selbstverständlich für Unruhe unter den Kleingärtnern. Zwar wurden diese Vorhaben später verworfen, aber andere wurden realisiert.

Mit der Neubildung des Kreisvorstandes war es auch notwendig geworden, die Generalpacht- und Unterpachtverträge entsprechend den neuen Bedingungen zu überarbeiten und neu abzuschließen, demzufolge Unterpachtverträge nur noch der 1. Vorsitzende einer Sparte und nicht mehr der Vorsitzende einer Kleingartenanlage unterzeichnen durfte.

Der Vorstand der Sparte Kleingartenkultur beschloss am 25. Mai 1954 im Interesse seiner Mitglieder folgende Maßnahmen:

- *„Kauf einer Dosenverschlußmaschine, um den Vereinen bei der Konservierung von Obst und Gemüse zu helfen.*
- *Auftrag an die Fa. Kröpelin zur Anfertigung von 2 Tanzflächen aus Holzteilen in der Größe von insgesamt je 9 x 12 m, die sich die Kleingartenvereine nach Zahlung einer Leihgebühr ausleihen konnten.*
  Anschaffungskosten: 1.000,00 DM.
- *Konsequente Auseinandersetzung mit allen säumigen Pacht- und Beitragszahlern.*
- *Freie Gärten dürfen nicht brach liegen. Sie sind als zusätzliche Pachtflächen an Mitglieder im betreffenden Verein zu vergeben“.*

Der Neuaufbau des Verbandes brachte es mit sich, dass die auf der Grundlage der Kleingarten- und Kleinpachtlandordnung vom 31. Juli 1919 arbeitenden Kleingartenschiedsgerichte ihre Tätigkeit einstellten. Sie entsprachen nicht mehr den gewachsenen Anforderungen des staatlichen Aufbaus und der Arbeitsweise der staatlichen Organe in der DDR. Deshalb wurde zum 31. Januar 1955 ihre Auflösung entsprechend GBl. Nr. 6/55 der DDR angeordnet.
Im Teil II dieses Gesetzblattes wurde festgelegt, dass bei Streitfragen innerhalb des Kleingartenverbandes oder zwischen privaten Personen künftig der Rat des Kreises und nicht mehr das zuständige Schiedsgericht zu entscheiden hatte. So auch in Rostock.

Am 4. Oktober 1954 trat die Anweisung des Ministeriums der Finanzen der DDR über die „steuerliche Behandlung der Kreisverbände der Kleingärtner, Siedler und Kleintierzüchter“ (Gesetzblatt der DDR Nr. 42 vom 23.10.1954) in Kraft.
Der § 13 der Abgabenordnung enthielt folgende Festlegungen:

- *„Die nach der Verordnung vom 22.04.1954 neu gebildeten Kreisverbände und die ihnen angeschlossenen Orts- und Betriebssparten sind mit den Einnahmen, die sich aus der Verordnung und dem Musterstatut ergaben, von der Körperschafts- und Gewerbesteuer befreit. Vermögen unterliegt nicht der Vermögenssteuer. Werden jedoch Gewerbebetriebe (Mostereien, Gärtnereien, Kantinen etc.) unterhalten, besteht Körperschafts-, Gewerbe- und Vermögenssteuerpflicht.*
- *Die Einnahmen der Kreisverbände und der angeschlossenen Orts- und Betriebssparten aus Lieferungen und Leistungen an ihre Mitglieder unterliegen der Umsatzsteuer nach geltenden Bestimmungen. Satzungsmäßige Leistungen, die durch Mitgliederbeiträge abgegolten werden, können nicht besteuert werden.“*

Diese Regelung trat am 1. Januar 1954 in Kraft. Steuerrückstände der Rechtsvorgänger der jetzigen Kreisverbände (Kleingartenvereine und Kleingartenhilfen des FDGB) wurden erlassen, soweit sie sich nicht aus einem Gewerbebetrieb ergaben.

Beim Ministerium für Land- und Forstwirtschaft der DDR, Hauptabteilung Pflanzliche Produktion, wurde im Juni 1955 im Zusammenhang mit der Reorganisation des Verbandes ein Referat „Für Fragen des Kleingärtner- und Siedlungswesens und der Kleintierzucht zur Koordinierung der Arbeit der Kreisverbände der Kleingärtner, Siedler und Kleintierzüchter“ gebildet. Analog verfuhren die Bezirke und Kreise. Sie wollten damit eine einheitliche Betreuung und Anleitung der Kreisverbände und Fachsparten gewährleisten.

Am 29. Juli 1955 gab das genannte Ministerium die „Richtlinie für die Tätigkeit der Revisionskommissionen der Kleingärtner, Siedler und Kleintierzüchter sowie für die Zentrale-Fach- und den Bezirks-Fachkommissionen der Kreisverbände der Kleingärtner, Siedler und Kleintierzüchter“ heraus.
Entsprechend dieser Richtlinie waren in den Orts- und Bestriebssparten, den Kreisverbänden, den Bezirks- und Zentralen Fachkommissionen der Kreisverbände Revisionskommissionen zu bilden. Sie sollten in ihrem Verantwortungsbereich regelmäßig prüfen, ob die Verbandsorgane ordnungsgemäß die ihnen übertragenen Aufgaben erfüllten. Dazu gehörten insbesondere das Führen der Kassengeschäfte, die Einhaltung der gesetzlichen Bestimmungen, die schnelle Bearbeitung von Anfragen und Beschwerden, die Tätigkeit des Vorstandes nach der Geschäftsordnung, die Verwaltung der Vermögenswerte und die richtige Verwendung der Mitgliedsbeiträge. Die Revisionskommissionen sollten mit beratender Stimme an den Vorstandssitzungen teilnehmen.
Der Kreisverband Rostock setzte sich 1955 wie folgt zusammen:

- Kleingärtner und Siedler		8.715 Mitglieder
- Kleintierzüchter		1.358 Mitglieder
- Ortssparten	43	8.558 Mitglieder
- Betriebssparten	1	515 Mitglieder

Stempel der KGA „Weiße Rose“, 1953 bis 1959

Die 3. Tagung der Zentralen Fachkommissionen der Kleingärtner und Siedler fand am 2. und 3. August 1956 im Klubhaus der Rostocker Neptunwerft statt. Wichtigster Tagesordnungspunkt war die Berichterstattung über ihre Tätigkeit und die Annahme des Musterstatuts für die zentralen Fachkommissionen.
Außerdem ging es um die „Verordnung zur Neuregelung des Kündigungsschutzes für Pächter von Kleingärten“ und die „Anordnung über den Kündigungsschutz für Pächter von Kleingärten“ vom 17. Mai 1956, GBl. Teil I, NR. 52/1956, S. 457.
Die Delegierten hatten abends die Möglichkeit, eine Kulturveranstaltung des Kreisverbandes Rostock zu besuchen und am anderen Tag Gartenanlagen und Siedlungen in der Stadt und im Bezirk Rostock zu besichtigen.

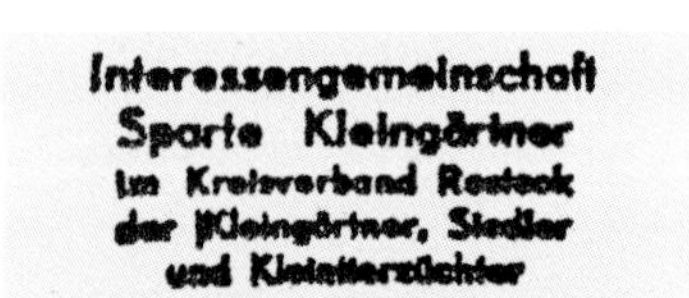

Stempel der „Interessengemeinschaft Sparte Kleingärtner“, 1957 bis 1959

Offensichtlich erst 1957 hat sich die Sparte Kleingärtner des Kreisverbandes Rostock umbenannt und führte nun die Bezeichnung: „Interessengemeinschaft Sparte Kleingärtner im Kreisverband Rostock der Kleingärtner, Siedler und Kleintierzüchter.“
Jedenfalls war im Protokollbuch über die Vorstandssitzungen der Sparte Kleingärtner von 1957 bis in das Jahr 1959 ein solcher Stempelabdruck enthalten.

Am 4. Juni 1957 wurde die „SED-Betriebsgruppe Sparte Kleingärtner Rostock-Warnemünde“ gegründet. Es sollte in den Folgejahren in allen Kleingartenanlagen zur Bildung von Parteigruppen kommen, was aber nicht durchgängig der Fall war.

Wettbewerbe um die „Beste Kleingartenanlage“, den „Besten Kleingarten“ bzw. den „Besten Kleingärtner“ rückten wieder stärker in den Vordergrund.
Nach der Wettbewerbsauswertung fanden die Auszeichnungen und Prämierungen der Besten überwiegend auf dem zentralen Erntedankfest der Sparte jeweils im Oktober statt, das unter anderem entweder im Klubhaus der Neptunwerft, in der „Trotzenburg“ oder auch auf dem Platz der Jugend durchgeführt wurde.
Fast jährlich wurden die vorgeschriebenen Wettbewerbsrichtlinien geändert. Daran hatten sich die Mitglieder des Vorstandes der Sparte Kleingärtner in Rostock inzwischen gewöhnt.

Wanderpreis für die „Beste Kleingartenanlage“ Rostocks, gestiftet vom Kreisverband Rostock der KSK, Foto von November 1955

Für 1957 war wie schon in den Jahren zuvor ein Gartenwettbewerb angesetzt worden, an dem sich diesmal nur die Kleingartenanlagen „Barnstorf“, „Cramonstannen“, „Heydemann“, „Otto Kuphal“, „Koppelsoll“, „An'n Immendieck“, „Schutow“, „Edelweiß“ und „Verbindungsweg“ beteiligten. Leider liegen zum Ergebnis keine Angaben vor. Bekannt ist nur, dass die Krone für das Erntedankfest die Kleingartenanlage „Toitenwinkler Weg“ anfertigte.
Im Wettbewerb 1958 sollten die drei besten Kleingartenanlagen und die drei besten Gärten ermittelt werden. Im Gegensatz zum Vorjahr besagte die Festlegung, dass der Stadtbereich Rostock in die drei Bezirke Ost, Süd und West einzuteilen war und dort je eine Wettbewerbskommission gebildet werden müsste. Diese Kommissionen und das Fachschulungskollektiv der Sparte Kleingärtner waren für die Gesamtauswertung verantwortlich. Auch hier fehlen die Angaben über die Auswertungsergebnisse.
Ganz so trocken waren die Erntefeste und Wettbewerbsauswertungen allerdings auch nicht. Es war und ist eine alte Tradition in den Kleingartenanlagen und -vereinen, dass Gartenfeste und viele andere Geselligkeiten genauso zum Vereinsleben gehören wie die Gemeinschaftsarbeit. Auch die Rostocker Kleingärtner machten da keine Ausnahme. In den Chroniken vieler Kleingartenvereine sind diese Gartenfeste, verbunden mit den verschiedensten Veranstaltungen, dokumentiert.

Ansteckknadel zur Ehrenplakette der zentralen Fachkommission Kleingärtner und Siedler

EHREN URKUNDE

für jährige treue Mitarbeit in der Sparte

gewidmet

Rostock, den

Der Vorstand

I. VORSITZENDER

Ehrenurkunde für langjährige Mitarbeit in der Sparte

Im Stil jener Jahre ist ein Bericht vom 19. Dezember 1956 über das Erntefest der Rostocker-Warnemünder Kleingärtner abgefasst. Im ersten Teil heißt es:

„Die Sparte Kleingärtner Rostock-Warnemünde im Kreisverband Rostock der Kleingärtner, Siedler und Kleintierzüchter feierte am 20.10.56 in der HO Gaststätte Waldrestaurant in Rostock ihr diesjähriges Erntefest.
Eingeladen waren durch den Vorstand der Interessengemeinschaft Sparte Kleingärtner Rostock-Warnemünde, dem die Durchführung des Erntefestes oblag, zwei Kollegen vom Vorstand und drei Kollegen von jeder Kleingartenanlage mit ihren Frauen. Am Fest nahmen

Ehrenplakette der zentralen Fachkommissionen Kleingärtner und Siedler

Gartenfest 1955:
„Hausmusikanten" luden zum Tanz.

620 Personen teil. Es war leider nicht möglich, mehr Kollegen zum Erntefest einzuladen, weil uns ein größeres Lokal in Rostock nicht zur Verfügung stand. Um 20.15 Uhr wurde das Erntefest mit dem Einzug der Erntekrone und des Erntewagens eröffnet. Die Kulturgruppe (3 Mädels u. 1 Junge) waren in Mecklenburger Tracht gekleidet und wurden beim Einzug von allen anwesenden Gartenfreunden stürmisch begrüßt. Nach dem Einmarsch nahm die Kulturgruppe Aufstellung vor der Bühne und das Erntelied wurde deklamiert:

Zum Erntefest 1956

Wieder ist die Zeit gekommen,
wo die Frucht vom Baum genommen,
wo wir aus der Erde Schoß
Ernte bergen, reif und groß.
Wenn auch oft der Vater grollte,
weil es Jochen anders wollte,
heute sitzen beid' zum Lohne
unter ihrer Erntekrone.

Überreichen Erntesegen
brachte uns trotz Sturm und Regen,
wider aller Leut' Erwarten
unser schöner Schrebergarten.
Oftmals kamen Anverwandte,
Onkel, Vetter, Base, Tante,
freundlich und auf leisen Sohlen,
um sich recht viel Frucht zu holen.

Saure Wochen – frohe Feste.
Liebe Kleingärtner und Gäste,
heut vergeßt die Alltagssorgen,
denkt an heut und nicht an morgen.
Wir als Jugend, Euch zum Lohne,
bringen heut' die Erntekrone.
Wunsch der Jugend, Ost und West
Hand in Hand beim Erntefest!

Stürmischer Beifall entlohnte die Jugend für ihre sehr gut gelungene Darbietung. War es doch der erste Auftritt der jungen Kulturgruppe.
Die Erntekrone wurde nun Kollegen Klöckling als ältestem Vorsitzenden aller Kleingartenanlagen Ros-tocks übergeben und anschließend der Erntetrunk vollführt.
Sodann begrüßte der Vorsitzende der Interessengemeinschaft, Koll. Alm, die erschienenen Gartenfreunde und Gäste. Mehr noch als bisher, so betonte Koll. Alm, mögen die Mitglieder Ertragssteigerungen in ihrer Kleingartenparzelle erzielen und somit dazu beitragen, die volkswirtschaftliche Bedeutung des Kleingartens aufzuzeigen und durch die Gartenerzeugnisse mitzuhelfen, den zweiten Fünfjahrplan zu erfüllen. Nicht nur der Wunsch der Jugend, wie im Erntelied zum Ausdruck gebracht, sondern unser aller Wunsch ist es, daß wir endlich, nach fast elf jähriger Trennung, mit unseren Schwestern und Brüdern im Westen unserer Heimat ein einiges, friedliebendes, demokratisches Deutschland werden…"

Nach Aufzählung aller Prämierten stand in diesem Bericht, der als Pressetext an Rostocker Tageszeitungen und die Redaktion „Der Kleingärtner" verschickt worden war, die Einschätzung:

„Das Erntefest verlief in harmonischer, feuchtfröhlicher Stimmung im Tanz und Gespräch unter der schönen Erntekrone bis zum Schluß um 3 Uhr früh. Es hat gezeigt, wie wertvoll ein kollegiales Zusammensein sich auswirkt und wie notwendig wir als Menschen dieses Zusammensein haben müssen. Mögen sich alle Mitglieder der Sparten, wie wir in Rostock-Warnemünde als Sparte Kleingärtner zusammengehörig fühlen, dann ist die Zusammenarbeit auf Kreisebene eine gute und gedeihliche."

Martin Fiebach und Fritz Scheel installierten im kalten Winter 1962/63 die Lichtleitung in der Anlage „Edelweiß".

Die Kleingärtner der Stadt Rostock waren auch am „Nationalen Aufbauwerk" beteiligt. Niemand weiß heute mehr, wie viele Stunden jährlich abgerechnet worden sind.

Aufbaukarten und Ehrennadeln waren Zeugnis für diese Leistungen.

In diesen Jahren feierten u.a. folgende Kleingartenanlagen ihr 25-jähriges Bestehen.

Am 19. Oktober 1957	die Kleingartenanlage „Windrose"
Am 2. November 1957	die Kleingartenanlage „Dahlie"
Am 27. Juli 1958	die Kleingartenanlage „Grüner-Weg"
Am 27. Juli 1958	die Kleingartenanlage „Edelweiß"
Am 10. Februar 1959	die Kleingartenanlage „Sonnenschein" und die Kleingartenanlage „Weiße Rose"

Seit 1946 übergab der Ortsvorstand zu diesen Jubiläen eine Prämie von 50,00 DM und ein Begleitschreiben mit den Unterschriften der Vorstandsmitglieder. Der Gedanke, die Jubilare auf einer Ehrentafel zu verewigen, war noch nicht verwirklicht worden.

Der Bau der neuen Schiffbautechnischen Fakultät erforderte die Kündigung von Teilen der Kleingartenanlage „Groter Pohl" zum 1. Oktober 1957. Im Zusammenhang mit dem Ostseehafenbahnbau kam es 1958 auch zu Teilkündigungen in den Kleingartenanlagen „Dahlwitzhöfer-Weg" und „Schafweide". Die Ostseezeitung vom 9. Januar 1958 berichtete, dass weitere Bauvorhaben in der Südstadt, in Gehlsdorf und in Dierkow das Fortbestehen dortiger Kleingartenanlagen gefährdeten.

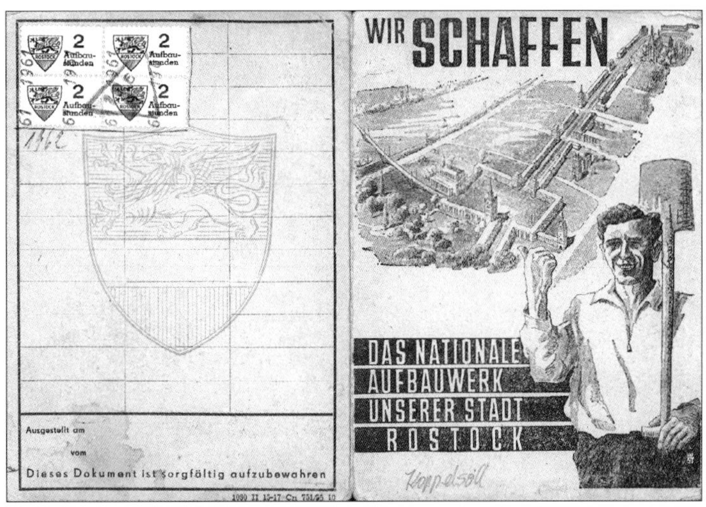

Aufbaukarte für das Nationale Aufbauwerk der Stadt Rostock, 1961

Auf der am 08./09. April 1958 durchgeführten Kreisdelegiertenkonferenz stellte die Sparte Kleingärtner des Kreisverbandes Rostock folgende Anträge zur Beschlussfassung:

- In der Zusammensetzung sollte der Vorstand künftig mit fünf statt bisher drei Kleingärtnern arbeiten und die Zahl der Vorstandsmitglieder auf neun erhöhen.
- Bei der Ehrung verdienter Mitglieder mit der „Ehrennadel in Silber" bzw. „Ehrennadel in „Gold" sollte der Grundsatz zur Anwendung kommen:
  „Silber" auf 1.000 Mitglieder eine Auszeichnung
  „Gold" auf 4.000 Mitglieder eine Auszeichnung.

Im Wirtschaftsjahr 1958 fasste der Vorstand der Sparte Kleingärtner im Kreisverband Rostock folgende Beschlüsse:

1. Zur körperlichen Entlastung der an der manuell betriebenen Obstpresse eingesetzten Vorstandsmitglieder wird diese trotz finanzieller Mehrkosten durch den Kauf einer Hydraulikpresse ersetzt. In der Preßzeit standen diese Mitglieder täglich weit über acht Stunden an der

Maschine und verarbeiteten in dieser Zeit zwischen 15 bis 20 Zentner Obst zu Saft. Hinzu kam die tägliche Maschinensäuberung. Mit der neuen Maschine sollte die Ertragsleistung gefördert und qualitativ verbessert werden. Außerdem entstanden den Kleingärtnern weniger Preßkosten.

2. Pro Mitglied wird für 1958 eine einmalige Umlage in Höhe von 0,20 DM erhoben. (0,10 DM für die Unterstützung des Lehrgartens in Güstrow und 0,10 DM für die vom Hochwasser geschädigten Kleingartenanlagen in Sachsen). Weiterhin zahlt jedes Mitglied 1959 und 1960 jeweils 0,10 DM Umlage für die Vorbereitung und Durchführung der 1961 in Erfurt stattfindenden Internationalen Gartenausstellung (IGA).
3. Die alle 6 Jahre durchzuführende Obstbaumzählung wird für alle Rostocker Kleingartenanlagen für die Zeit vom 01. bis 30.09.1958 festgelegt. Dazu wird eine einheitliche Zählliste herausgegeben. Die Kleingartenanlagen haben im Zusammenhang mit der Obstbaumzählung die Möglichkeit, ihre Bestellung für neue Obstbäume über den Spartenvorstand einzureichen.
4. Der zwischen der Stadtreinigung Rostock, Abt. Schädlingsbekämpfung und der Sparte Kleingärtner zentral abgeschlossene Dienstleistungsvertrag wird mit Datum vom 14.10.1958 aufgelöst. Jede Kleingartenanlage kann danach mit der vorgenannten Institution einen eigenen Vertrag schließen.
5. Die Durchführung der Fachschulung 1958/1959 erfolgt wegen der großen Anzahl von insgesamt 427 Teilnehmern in 6 Lehrgängen. Erfreulich war, daß die Schiffbaufakultät Rostock für diese Lehrgänge kostenlos die dazu erforderlichen Hörsäle zur Verfügung stellte.

Zu Beginn des Jahres 1959 kam es nach Verhandlungen mit dem Rat der Stadt Rostock, Abteilung Grundstücksverwaltung, zur Neubildung einer Kleingartenanlage am Südhang in Dierkow-Ost, die nach beiderseitigen Vorstellungen als Dauerkleingartenanlage eingerichtet werden sollte.
Aber mit der Fortsetzung des Bauprogramms in der Stadt wurde auch die weitere Kündigung von Kleingartenland unvermeidlich.
Zunächst traf es die Kleingartenanlage „Waldessaum, Block 2", in der zum 1. April 1959 insgesamt 34 Parzellen für den Erweiterungsbau der Kinder- und Jugendsportschule gekündigt werden mussten.
Auch die Kleingartenanlage „Schutow" blieb nicht verschont und musste 25 Parzellen für einen Schulneubau abgeben.
Zum 8. Dezember 1959 erfolgte die Kündigung von 19 Parzellen in der Kleingartenanlage „Galgenberg".

Am 1. September 1959 forderte der Straßenbau im zu errichtenden Stadtteil Südstadt die Teilkündigung von Parzellen in den Kleingartenanlagen „Dwarsweg", „Goldwiese", „An'n schewen Barg", „Lütter Pohl", „Am Biestower Kirchstieg" und „Kleiner Born".

In der Kleingartenanlage „Am Koppelsoll" steht noch heute im Garten Nr. 31 diese alte Gartenlaube von 1948. Sie hat ihre Originalgröße von 2 m x 1,50 m behalten. Auf das alte Holz nagelte Gartenfreund Erich Bull später Blech.

Aus der Tagespresse war zu entnehmen, dass im Zusammenhang mit dem Wohnungsbauprogramm in der Südstadt voraussichtlich 26 Kleingartenanlagen in diesem Bereich ihre Kündigung zwischen dem 1. Oktober und 31. Dezember 1959 erhalten sollten. Eine namentliche Auflistung der betroffenen Anlagen fehlte in der Veröffentlichung.
Das Stadtbauamt Rostock bot dem Kreisverband im Gegenzug ein Austauschgelände auf der Hufe V in Biestow an. Unter der Leitung des VEB Kommunale Wohnungsverwaltung Rostock wurde hier die erste neue Dauerkleingartenanlage mit 200 Parzellen für einen Zeitraum von 25 Jahren nach einem konkreten Anlage- und Bepflanzungsplan eingerichtet. Die neuen Gartenparzellenpächter konnten sich entsprechend den Vorgaben für eine von zwei Bebauungsarten

und Laubentypen entscheiden. Die Entstehung weiterer Dauerkleingartenanlagen in diesem Bereich sollte in der Folgezeit verwirklicht werden.

Erst am 9. Juni 1959 fand in der Mensa der Universität Rostock in der Schwaanschen Straße die Jahreshauptversammlung der Sparte Kleingärtner des Kreisverbandes Rostock für das abgelaufene Wirtschaftsjahr 1958 statt. Der Versammlungstermin kam so spät zustande, weil nach Rechenschaftslegung und Wahl des Spartenvorstandes für 1959 die Mitglieder umfassend über die vorgesehene Neubildung des Zentralverbandes und die Beratung der Bezirks-Fachkommission informiert werden sollten.
Für ihre Verdienste in der Kleingartenbewegung zeichnete der Kollege Apel von der Bezirks-Fachkommission die Mitglieder Theodor Schnur und Willi Hempel mit der „Ehrennadel" des Verbandes in Silber aus.
Zur Wahl des neuen Spartenvorstandes „Kleingärtner" unterbreitete der Kollege Awe von der Kleingartenanlage „Groter Pohl" den Vorschlag, dass sich angesichts der guten Arbeitsleistung der bisherige Vorstand erneut zur Kandidatur stellen sollte. Somit wurden einstimmig wiedergewählt:
„Alm, Ernst als Vorsitzender
und als Mitglieder

Weber, Hans	Sehlmacher, Herbert	Krause, Richard
Schnur, Theodor	Lübcke, Otto	Hacker, Willi
Erdbahn, Hermann	Wendt, Heinrich.	

Für drei ausgeschiedene Mitglieder kamen neu in den Vorstand:

Siedenbiedel, Georg	Patzwald, Otto	Rohde, Otto."

Ein geruhsames Stündchen im Garten „Am Kösterbecker Weg", 1959

Als Delegierter zum Gründungskongress des „Verbandes der Kleingärtner, Siedler und Kleintierzüchter" (VKSK) am 28./29. November 1959 in Leipzig wurde von den Mitgliedern einstimmig der neue Spartenvorsitzende Ernst Alm gewählt.
Für die Teilnahme an der Festveranstaltung in Leipzig anlässlich des 10. Gründungstages der DDR am 7. Oktober 1959 fiel die Delegierung auf das Kreis-Fachkommissionsmitglied August Colberg vom Kreisverband Rostock. Aus gleichem Anlass bereitete die Sparte Kleingärtner in den Räumen der Geschäftsstelle in Rostock eine Kollektivschau über die Entwicklung des Kleingartenwesens der Stadt vor und forderte alle Rostocker Kleingartenanlagen zur Mitwirkung auf.
Weiterhin wurde beschlossen:

„1. Nach den neuen Festlegungen der Zentralen-Fachkommission entfällt ab 1959 der Wettbewerb um die beste Kleingartenanlage. Statt dessen muß jede Kleingartenanlage ihre zwei besten Gärten an den Kreisverband melden. Das Fachschulungskollektiv bewertet diese Gärten. Es können jedoch nur die fünf besten Gärten aus den Bereichen Rostock, Warnemünde, Tessin und Sanitz für eine Prämierung vorgeschlagen werden.
2. Jede Kleingartenanlage hat bis zum 01.09.1959 eine eigene Schätzkommission aus mindestens 3 Kleingärtnern zu bilden und dem Fachschulungskollektiv zur Teilnahme am Lehrgang zur Ausbildung als Schätzer zu melden.
3. Jedem durch Kündigung wegen Baumaßnahmen betroffenen Kleingärtner ist bevorzugt die Möglichkeit zur Pacht einer neuen Gartenparzelle zu gewähren.
4. Der Lehrgarten bei der Geschäftsstelle in der Viergewerkerstraße soll ganzjährig durch die Mitglieder des Fachschulungskollektivs und mit Unterstützung von drei Rentnern entsprechend seines Verwendungszweckes bearbeitet werden. Es wird angestrebt, solche Rentner einzubeziehen, die ihre Parzellen wegen baulicher Maßnahmen verloren haben.
5. Aufgrund des verstärkten Befalls durch den Kartoffelkäfer, den Apfelwickler und der Wildkanin-

chenplage muß sofort mit den erforderlichen Maßnahmen zur wirksamen Schädlingsbekämpfung begonnen werden.

6. *Alle festgestellten Gartenlaubeneinbrüche sind unverzüglich dem zuständigen ABV zu melden."*

Am 15. Oktober 1959 fand in der Geschäftsstelle des Kreisverbandes eine erweiterte Vorstandssitzung mit allen Vorsitzenden der Rostocker Kleingartenanlagen statt. Der Stellvertretende Vorsitzende des „Organisations-Komitees zur Bildung des Verbandes der Kleingärtner, Siedler und Kleintierzüchter" vom Bezirksverband Rostock, Kollege Sehlmacher, erläuterte das neue Statut und den Organisationsaufbau des künftigen Verbandes.

Insgesamt gesehen waren die Jahre 1945 bis 1959 für die Rostocker Kleingärtner von zwei wesentlichen Etappen gekennzeichnet.

In der ersten Etappe 1945 bis 1950/51 leisteten die Kleingärtner im Kampf gegen den Hunger und bei der Beseitigung der Kriegsfolgen einen bedeutenden Beitrag zur Versorgung der Rostocker Bevölkerung, indem sie neue Kleingartenanlagen aufbauten und umfangreiche Grabelandflächen bewirtschafteten. Für diesen Zeitraum sind Hinweise auf die Gründung folgender Kleingartenanlagen vorhanden:

„Schleusenberg"	1945	„Am Waldessaum IV"	1946
„Am Koppelsoll"	1946	„Am Waldessaum VII"	1946
„Am Kösterbecker Weg	1946	„Wurmberg"	1946
„Barnstorf"	1946	„Am Waldessaum VI"	1947
„Barnstorfer Busch"	1946/49	„Am Waldessaum V"	1947
„Damerow"	1946	„Goldwiese"(alter Standort)	1947
„Hufe V"	1945/46	„Volksstadion"	1948
„Luftwarte"	1946	„Beim Schuster"	1948
„Otto Kuphal"	1946	„Kohlgrützbarg"	1948
„Sternwarte"	1946	„Marienehe"	1948
„Wiesenrand"	1946/48	„Hufe II"	1949
„Am Waldessaum III"	1946	„Warnowblick"	1949

In der zweiten Etappe zwischen 1951/52 und 1958/59 hatten sich die nach 1945 gegründeten Kleingartenanlagen gefestigt und bildeten mit den aus den 20er und 30er Jahren bestehenden Altanlagen einen bedeutenden Wirtschafts- und Versorgungsfaktor. Zugleich schufen die sich mehrfach ändernden Strukturen und Organisationsformen des Kleingartenwesens immer wieder Unruhe.

In diesem Zeitraum überwog die Kündigung von Parzellen gegenüber der Gründung neuer Anlagen. Neu gegründet wurden die vier Kleingartenanlagen „Schutow" (1953), Erlen „Erlengrund" und „Am Waldessaum II" (beide 1954) und „Wiesengrund" (1959).

Gartenhaus in der KGA „Am Kösterbecker Weg" im September 1959

Dasselbe Gartenhaus in der KGA „Am Kösterbecker Weg" heute

Kapitel 5

Rostocks Kleingärtner im „Verband der Kleingärtner, Siedler und Kleintierzüchter“(VKSK) (1959 bis 1990)

Die DDR wird zur „Republik der Kleingärtner“

Stand der Kleingartenanlage „Dr. E. Heydemann“ zum 35. Jahrestag der DDR 1984 mit dem Leitspruch: „Unsere Anlage ist eine produktive Stätte. Sie dient der sinnvollen Freizeitgestaltung und Erholung“.

Nun gibt es doch wieder einen Zentralverband!

Sechs Jahre nach der ursprünglich schon 1953 vorgesehenen Gründung des „Verbandes der Kleingärtner, Siedler und Kleintierzüchter der DDR“ (vgl. Kapitel 4) fand am 28. und 29. November 1959 endlich der Gründungskongress in Leipzig statt.
361 Delegierte aus allen Kreisen und Bezirken waren in die Messestadt gekommen, um durch die Gründung eines Zentralverbandes die Interessenvertretung der Kleingärtner, aber auch der Siedler und der verschiedenen Sparten Kleintierzüchter, zu verbessern.

Nr. 24 Groß-Berlin
Mitte Dezember 1959 / 11. Jahrgang
Preis 25 Pfennig

Der Kleingärtner

Zeitung für Garten, Siedlung und Kleintierzucht
Organ des Verbandes der Kleingärtner, Siedler und Kleintierzüchter

Diese Ausgabe enthält: Bericht und Arbeitsentschließung vom Gründungskongreß

„Brüder in eins nun die Hände“

Von Karl Stein, Dresden

Das Streben der Mitglieder nach einem einheitlichen Verband ist am 28. und 29. November in Leipzig in Erfüllung gegangen. Unsere Delegierten haben den einheitlichen großen Verband der Kleingärtner, Siedler und Kleintierzüchter – Zentralverband – beschlossen. Das Nebeneinanderarbeiten von acht verschiedenen Fach- und Zuchtkommissionen gehört nunmehr der Vergangenheit an. An seine Stelle ist das geschlossene einheitliche Handeln unserer demokratischen Massenorganisation, des Verbandes der Kleingärtner, Siedler und Kleintierzüchter – Zentralverband – getreten.

Durch dieses Werk des Gründungskongresses ist ein neues Blatt in der Geschichte des Kleingarten- und Siedlungswesens und der Kleintierzucht in der Deutschen Demokratischen Republik aufgeschlagen worden. Der Schritt vom Ich zum Wir ist auf der höchsten Ebene unseres Verbandes getan worden. Das reicht selbstverständlich nicht aus, die demokratischen Prinzipien des Sozialismus in unserer gesamten Organisation wirksam werden zu lassen. Um voranzukommen, ist es notwendig, daß alle Mitglieder und Funktionäre ein Höchstmaß an Aktivität in der nächsten Zeit entfalten.

Zuerst gilt es, den Gründungskongreß in jedem Kreisverband und in jeder Sparte auszuwerten. Daraus ergibt sich für die Delegierten die Aufgabe, daß sie den Mitgliedern und Funktionären über dessen Verlauf berichten. Dabei werden sie sich leiten lassen von der Losung, die dem Kongreß Ziel und Richtung gab: „Alle Kraft unserer einheitlichen, demokratischen Massenorganisation für den Sieg des Sozialismus.“

Dieses Leitmotiv beherrschte den Kongreß und klang in allen Diskussionsreden mit, wenn auch hier und da in Einzelfragen manchmal die Meinungen auseinandergingen. Unvergeßlich wird

(Fortsetzung auf Seite 2)

Auf dem Gründungskongreß am 28. und 29. November 1959 in Leipzig wurde der Kollege Karl Stein einstimmig zum Vorsitzenden des Verbandes der Kleingärtner, Siedler und Kleintierzüchter – Zentralverband – gewählt. Mit dieser Wahl haben die Delegierten einen langjährigen, erfahrenen Funktionär an die Spitze unseres einheitlichen Verbandes gestellt. Bereits seit 1946 arbeitet Kollege Stein in der Organisation aktiv mit und ist zur Zeit hauptamtlich beim Kreisverband Dresden als Geschäftsführer tätig. Foto: Bauernbild

Wir wünschen unseren Lesern und den Mitgliedern des Verbandes ein frohes WEIHNACHTSFEST und ein erfolgreiches NEUES JAHR

Titelblatt „Der Kleingärtner. Zeitung für Garten, Siedlung und Kleintierzucht“ Nr. 24/1959

Der Kreisverband Rostock informierte seine Spartenvorstände mit einem Rundschreiben vom 14. Dezember 1959. Es hieß u.a.:
„... auf dem am 28./29. 11. 1959 in Leipzig durchgeführten Gründungs-Kongreß wurde das Statut gegen 12 Stimmen von 361 Teilnehmern angenommen. Es liegt jetzt an uns, nach diesem Statut zu arbeiten, um unseren Verband als Massenorganisation aufzubauen. Wir wissen, wie viel Arbeit die Neubildung in sich trägt und verkennen nicht, welch Idealismus jeden Funktionär des Verbandes beseelen muß, um diese Arbeit zu vollenden. Jedoch die zurückliegenden Jahre zeigen, dass Schwierigkeiten überwunden wurden, und so wollen wir auch vertrauensvoll in die Zukunft blicken. Zum Wohle unseres Verbandes, zum Wohle unserer Deutschen Demokratischen Republik.
Die Richtlinien für die Neubildung des Verbandes werden uns voraussichtlich im Januar 1960 vom Zentralvorstand über das Bezirks-Org.-Komitee zur Weitergabe an alle Sparten zugeleitet. Sobald wir in Besitz dieser sind, geben wir Nachricht. Es ist daher erforderlich, dass die Jahreshauptversammlungen in den Sparten erst zur Durchführung kommen, wenn die Richtlinien bekannt sind.“

Als Gründungstag des VKSK gilt der 29. November 1959.
Die Struktur des Zentralverbandes orientierte sich an der politischen Verwaltungsstruktur und gliederte sich nach unten in die:

- Bezirksverbände
- Kreisverbände
- Ortssparten (soweit erforderlich)
- Betriebssparten (soweit erforderlich)
- Fachsparten.

Zum Kreisverband Rostock – damals noch nicht begrenzt auf das Verwaltungsgebiet der Stadt – gehörten zum Zeitpunkt der Gründung des Zentralverbandes folgende Sparten:

Sparte Kleingärtner:	73 Kleingartenanlagen in Rostock
	6 Kleingartenanlagen in Warnemünde
	1 Kleingartenanlage in Tessin
	1 Kleingartenanlage in Sanitz
Sparte Siedler:	Dierkow-Ost
	Dierkow-West
	Reutershagen
Sparte Imker:	je 1 in Rostock, Kavelstorf, Rövershagen und Tessin
Sparte Rassegeflügel:	je 1 in Rostock, Warnemünde, Sanitz, Tessin und Kavelstorf
Sparte Rassetauben:	Rostock
Sparte Ziergeflügel und Exoten:	Rostock

Sparte Kanarien:	Rostock
Sparte Rassekaninchen:	in Rostock M 16, Gehlsdorf M 29, Warnemünde M 59 und Tessin M 82
Sparte Edelpelztiere:	Rostock
Sparte Ziegen und Milchschafe:	in Rostock, Warnemünde und Sanitz
Reichsbahnbetriebssparten:	Rostock, Warnemünde und Tessin

Gemäß Statut waren die Sektionen Sporttauben sowie Dienst- und Gebrauchshundewesen (vermutlich aus Sicherheitserwägungen) dem Zentralvorstand aufsichtsmäßig unterstellt und rechenschaftspflichtig, während Rassehundezüchter in den Kreisverbänden des VKSK verblieben. In den achtziger Jahren verzeichnete das Statut zusätzlich die Fachsparten Wochenendsiedler und Mietergärtner als zum VKSK gehörend.
Das Statut wurde auf den Verbandstagen 1966, 1977, 1982 und 1988 jeweils ergänzt bzw. verändert.
Aus der Gründung des Zentralverbandes ergaben sich vielfältige Veränderungen und Neuerungen, weniger in personeller Hinsicht, sondern vielmehr durch die Einführung einheitlicher Regelungen und Richtlinien für das gesamte Kleingartenwesen in der DDR. Der „Demokratische Zentralismus“ hatte auch im Kleingarten Fuß gefasst.
Kurze Zeit nach seiner Gründung war der VKSK bereits als „demokratische Massenorganisation“ (Gesetzblatt der DDR Teil I Nr. 1 vom 9.01.1960) anerkannt worden.

Damit nahm der VKSK als Teil der „Nationalen Front der DDR“ in den Folgejahren immer stärker an der politischen Massenarbeit zur „Verbesserung der materiellen und kulturellen Lebensbedingungen in den Städten und Gemeinden“ teil, wie man noch sehen wird.
Am 26. Januar 1960 erging eine Einladung des Kreisverbandes Rostock an alle Spartenvorstände.

„Betr.: Neubildung des Verbandes der Kleingärtner, Siedler und Kleintierzüchter
Werte Kollegen!
Da nunmehr der Gründungskongress in Leipzig (28./29.11.59) durchgeführt, die Auswertung der ersten Tagung des gewählten Zentralvorstandes (11./12.01.1960) durch das Bezirks-Org.-Komitee Rostock (16.01.60) erfolgte, der Vorstand des Kreisverbandes Rostock durch Schreiben des Bez.-Org.-Komitees (22. u. 30.12.59 und 18.01.60) über die durchzuführenden Versammlungspläne und künftigen Aufgaben unterrichtet ist und die Anerkennung des Verbandes der Kleingärtner, Siedler und Kleintierzüchter als demokratische Massenorganisation im Gesetzblatt Nr. 1 Teil I Seite 1 vom 09. Januar 1960 veröffentlicht erschien, will der Kreisvorstand Rostock mit allen Kollegen der Spartenvorstände über die Neubildung des Verbandes eine Aussprache führen, in der allen Vorstandsmitgliedern die Durchführung der Verbandsbildung veranschaulicht wird.
Zu dieser Versammlung, die am
08. Februar (Montag) 1960 um 20 Uhr im Speiseraum der
Neptun-Werft in Rostock
(Straßenbahnhaltestelle Holbeinplatz, dann durch die Max-Eyth-Str., zum Klubhaus der Neptun-Werft part.) stattfindet, laden wir hiermit den gesamten Vorstand aller Sparten und den Vorsitzenden der Revisionskommission, siehe obige Aufstellung 1. bis 11. herzlich ein und bitten um pünktliches, vollzähliges Erscheinen“.

Mit kollegialem Gruß!
Kreisverband Rostock
Kurzmann Alm
1. Vorsitzender Sachbearbeiter

VKSK

STATUT

des

Verbandes der Kleingärtner, Siedler und Kleintierzüchter

Beschlossen auf dem 1. Verbandstag am 6./7. April 1963 in Leipzig

Schon im Laufe des Jahres 1960 kam viel Neues auf die Kleingärtner zu. Mehrere Rundschreiben des Zentralverbandes erreichten den Kreisverband. Alles wurde nach und nach einheitlich geregelt, so u. a. auch die Mitgliedschaft und der Beitrag.

Ab 1. Januar 1961 bekam jedes Mitglied ein neues Mitgliedsbuch.
Gleichzeitig wurden die Beitragsmarken abgeschafft, und die Sparten selbst durften die Art und Weise der Beitragsquittierung in den Mitgliedsbüchern festlegen. Dieser Vorgang zog sich aber längere Zeit hin und so kam es, dass noch etliche Jahre die alten Mitgliedsbücher und teilweise auch Beitragsmarken verwendet wurden.
Aber die Einführung neuer Regelungen zu Beiträgen, Abrechnungen, Ausweisen u.a. war nicht die Hauptsache.

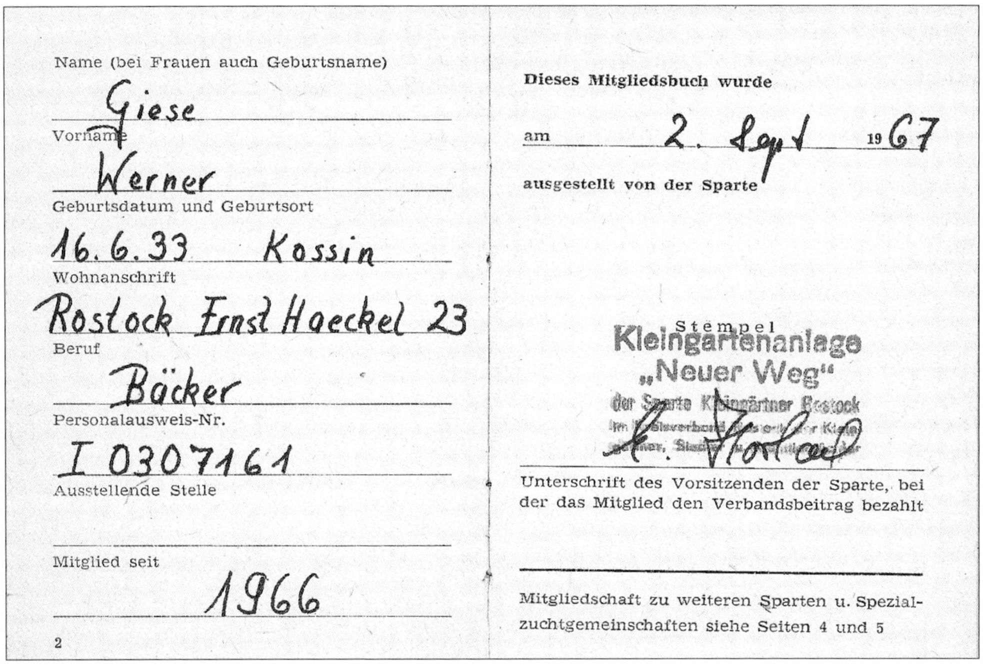
Name (bei Frauen auch Geburtsname)
Giese
Vorname
Werner
Geburtsdatum und Geburtsort
16.6.33 Kossin
Wohnanschrift
Rostock Ernst Haeckel 23
Beruf
Bäcker
Personalausweis-Nr.
I 0307161
Ausstellende Stelle

Mitglied seit
1966

2

Dieses Mitgliedsbuch wurde
am 2. Sept 1967
ausgestellt von der Sparte

Stempel
Kleingartenanlage „Neuer Weg"
der Sparte Kleingärtner Rostock

Unterschrift des Vorsitzenden der Sparte, bei der das Mitglied den Verbandsbeitrag bezahlt

Mitgliedschaft zu weiteren Sparten u. Spezialzuchtgemeinschaften siehe Seiten 4 und 5

Mitgliedsbuch Nr. 27 des VKSK, ausgestellt am 2. September 1967

Wettbewerb – ökonomischer Leistungsvergleich

Im Vordergrund stand der jährliche Wettbewerb. Entsprechende Richtlinien wurden vom Zentralverband herausgegeben, die mit einem sehr detaillierten Punktsystem jede Sparte am Jahresende bewertete.

So gab es nach den „Wettbewerbsrichtlinien des besten Kleingärtners und Siedlers 1961/62" jeweils maximal 5 Punkte für den Gesamteindruck des Klein- und Siedlergartens einschließlich Baulichkeiten und für die Pflege der Kulturen. Punkte erhielten die Kleingärtner auch für Mitarbeit im Verband (Versammlungsbesuch, Funktionen, Gemeinschaftsarbeit), für Mitarbeit in der Nationalen Front, hier u.a. selbst für gesamtdeutsche Arbeit, für Beteiligung am Nationalen Aufbauwerk und letztlich für den Verkauf oder das Spenden von Produkten.
Die Wettbewerbskommissionen hatten keine leichte Arbeit, wie man es sich bei einem derart ausgeklügelten Punktsystem unschwer vorstellen kann.
Alle Sparten machten mit. Den Wettbewerb des Jahres 1960 gewann die KGA „Schöne Aussicht".

„Schöne Aussicht“ Sieger im Wettbewerb

220 Gartenfreunde nahmen an der Jahreshauptversammlung der Anlage „Schöne Aussicht“ in Rostock teil. In seinem einleitenden Referat ging Kollege Kolanzcyk u. a. auf den Brief des Vorsitzenden des Zentralverbandes, Karl Stein, an den Vorsitzenden des westdeutschen Kleingärtnerverbandes, Paul Brando, ein. Zum Schluß seiner Ausführungen sagte er: „In beiden Teilen Deutschlands den Frieden zu sichern, das ist unsere Aufgabe. Durch unsere wirtschaftlichen Erfolge tragen wir dazu bei, die westdeutsche Bevölkerung für den Kampf um den Frieden zu mobilisieren. Steigern auch wir die Erträge in unseren Gärten.“

Den Rechenschaftsbericht gab Kollege Apel. Er würdigte darin die Leistungen der Mitglieder der Anlage, die im Wettbewerb des Kreisverbandes als Sieger hervorging. Gute Leistungen wurden im NAW vollbracht, obwohl nicht alle Gartenfreunde ihre Verpflichtung von 10 Stunden realisierten. Das Gesamtergebnis ist 3430 Stunden.

Für 1961 haben sich die Kollegen der „Schönen Aussicht“ die Aufgaben gestellt, die Mitarbeit in den Ausschüssen der Nationalen Front zu verbessern, einen Wettbewerb durchzuführen, je Mitglied fünf Stunden im NAW und darüber hinaus innerhalb der Anlage zehn Stunden zu leisten und für das Feierabendheim, den Kindergarten, den Veteranenklub und den Zoo eine Obst- und Gemüsesammlung durchzuführen.

Der Höhepunkt der Jahreshauptversammlung war die Auszeichnung von 16 Gartenfreunden für die am besten gepflegten Gärten.

E. A.

DER KLEINGÄRTNER Mitte April 1961 Nr. 8 / Seite 15Am

Bericht der Sparte „Neuer Weg“, 1987

Formblatt II/5

Bericht zur Endauswertung in der Wettbewerbsbewegung des VKSK für das Jahr 1987

(Termin: 15. Januar 1988 von der Sparte zum Kreisvorstand)

Der Bericht beinhaltet die Ergebnisse der Sparte vom 1. Januar bis 31. Dezember 1987

Name der Sparte: „Neuer Weg“ Fachrichtung: Kleingarten

Ort: Rostock. Anzahl der Spartenabteilungen mit gewählten Vorständen:

Anzahl der Mitglieder insgesamt: 79 davon Mehrfachmitglieder: keine

davon Frauen: 41 Jugendliche (bis 25 Jahre): keine

Anzahl der durch die Sparte betreuten Arbeitsgemeinschaften

„Junge Züchter“: keine Anzahl Mitglieder: keine

„Junge Imker“: keine Anzahl Mitglieder: keine

„Junge Gärtner“: keine Anzahl Mitglieder: keine

.... Anzahl Mitglieder: keine

.... Anzahl Mitglieder: keine

Spartenheim Ja/Nein Kapazität: Innenplätze keine

Außenplätze keine

Art der Bewirtschaftung: Sparte, HO, Konsum, Privat

Kulturgruppe Ja/Nein Anzahl der Mitwirkenden keine Zirkel Ja/Nein

Anzahl der Kommissionen –, Mitglieder –, davon Frauen –

Gemeinschaftszuchtanlage Ja/Nein, beteiligte Züchter –, Parzellen –

Anzahl der von den Mitgliedern genutzten Grundstücke: 40 Gesamtfläche in qm 16410

Durchgeführte Bodenuntersuchungen: keine Anzahl

In der Sparte wurden keine Kleingärten, Mietergärten bzw. Wochenendsiedlergärten geschaffen.

davon keine durch Teilung

Davon wurden keine Gärten an Arbeiterfamilien und keine Gärten an kinderreiche Familien übergeben.

Genutzte Fläche unter Glas und Folie 207 qm

Anzahl Kleingewächshäuser, Frühbeetkästen und Folienzelte 19 St.

4 19

1961 erfolgte die Wettbewerbsauswertung bereits anläßlich des Erntefestes, also noch im gleichen Jahr.
Der Verkauf von Obst und Gemüse an den Handel wurde immer stärker zum Schwerpunkt des Wettbewerbs.

Der VI. Parteitag der SED im Januar 1963 beschloss ein neues Parteistatut. Das gleichfalls verabschiedete Parteiprogramm forderte für die Landwirtschaft, „die Bevölkerung noch besser mit Nahrungsmitteln ... zu versorgen“.
Das war fortan auch für die Zielstellungen des VKSK im Wettbewerb maßgebend. Es ging nicht mehr in erster Linie um den am besten gepflegten Garten, sondern steigerte sich bis 1989 von Jahr zu Jahr immer mehr um hohe und höchste Erträge. Ein Beweis dafür sind die Berichtsbögen der Sparten für den Wettbewerb (1962), abgelöst dann ab etwa 1966 von der „Ökonomischen Leistungskarte“, die bis 1989 in verschiedenen Formen geführt wurde.

Am 1. Oktober 1962 erschien die erste Ausgabe des einheitlichen Verbandsorgans „Garten und Kleintierzucht“, kurz „GuK“ genannt, nachdem im Mai 1962 auf Beschluss des Sekretariats des ZK der SED die Einzelzeitschriften verschiedener Fachsparten zu einer einzigen Zeitschrift zusammengelegt wurden, um Druckpapier zu sparen. Zur Unterscheidung der Fachrichtungen war die Ausgabe „A“ diejenige für die Kleingärtner. Erst im Laufe des Jahres 1990, mit der Auflösung des VKSK, wurde diese Herausgabeform eingestellt.

Garten und Kleintierzucht

1

Frieden und Sozialismus

Das Winter- und Dauerobst sorgfältig ernten und einlagern

Die erste Ausgabe der Zeitung des Verbandes der Kleingärtner, Siedler und Kleintierzüchter, 1. Oktober 1962

Von 1962 bis 1990 berichtete die „GuK" regelmäßig über das Kleingartenwesen in Rostock. Dabei standen die Leistungsschauen zur Ostseemesse im Rahmen der Ostseewoche – später der Rostocker Sommerfesttage –, der Verkauf von Obst und Gemüse an den Handel zur Versorgung der Bevölkerung und die Schaffung neuer Kleingartenanlagen im Mittelpunkt der Veröffentlichungen.

Kein Wunder, dass die Rostocker Kleingärtner stolz auf ihre Leistungen waren. Dem Kreisverband Rostock des VKSK war es über den sozialistischen Wettbewerb gelungen, seine Mitglieder überwiegend für die Ziele der DDR zu gewinnen.
1966 stand in der Gartenzeitung Nr. 22 unter der Überschrift „Obst und Gemüse im Rostocker ‚Schweizerhaus'" u.a. geschrieben:

„Es gibt viele Möglichkeiten der Freizeitbeschäftigung, die unserem Staat und der Volkswirtschaft Nutzen bringen, wie z.B. die der Kleingärtner, Siedler und Kleintierzüchter. Davon konnten sich die Besucher der 8. Kreisleistungsschau des Kreisverbandes Rostock überzeugen, die drei Tage lang im Rostocker „Schweizerhaus stattfand. Mit viel Liebe und Fleiß hatten die Kleingärtner und Siedler ihre Exponate zur Schau gestellt. Ein vielseitiges Gemüsesortiment, Blumen und nahezu alle Obstsorten waren zu sehen…

Leistungsschau des VKSK in den 70er Jahren in Rostock – besucht u.a. auch von Ernst Timm, damaliger 1. Sekretär der SED-Bezirksleitung

Hervorzuheben ist die Arbeit der Verbandsmitglieder, die zum Gelingen der Ausstellung beigetragen haben. Besonders rege war die Kollegin Schmidt, die als Vorsitzende des Kreisfrauenaktivs an allen drei Tagen der Schau immer zur Stelle war. Auch der ‚Kreisvogelschutzwart', Kollege Altmann, war unermüdlich tätig. Er leistete an seinem sehr zweckmäßig aufgebauten Stand eine gute Aufklärungsarbeit. Der Kreisverband Rostock kann stolz auf seine ökonomischen Ergebnisse sein. 1965 produzierten die Mitglieder 1.929.675 kg Obst, davon 336.452 kg Erdbeeren, 1.273.716 kg Gemüse und 3.260.898 Eier. Das entspricht einem Wert von 10.086.814,– MDN. Außerdem leisteten die Verbandsfreunde im vorigen Jahr 101.000 Stunden im NAW."

Im Bericht über die Kollektivschau des Bezirksverbandes des VKSK zur Ostseemesse 1967 ist zur Fachrichtung Kleingärtner zu lesen:

„Während der Ostseemesse wurde der Stand der Kleingärtner und Siedler alle zwei Tage gewechselt und zwischen 30 und 50 Exponate, Birnen und Gemüse, gezeigt. Alle zwei Tage nahm die Kreisfachkommission Kleingärtner und Siedler eine Auswertung der Stände vor, um die besten Stände zwecks Prämierung durch den Rat des Bezirkes, Abt. Allgemeine Landwirtschaft, der insgesamt 500,– MDN für Ehrenpreise zur Verfügung gestellt hatte, zu ermitteln.
Dieser Wettbewerbskommission gehörten die Mitglieder Altmann als Obmann, die Kolleginnen Plöger und Plückhahn sowie die Kollegen Stegemann, Latzke und Schnur an. Diesen Kolleginnen und Kollegen, die sich alle 2 Tage abends auf dem Kollektivstand des BV ein Stelldichein gaben, gilt der besondere Dank.

Folgende Kleingärtnersparten beteiligten sich an der Bewertung:

- *Sparte Klgt. ‚Immendiek'*	*erreichte Punktzahl*	*50*
- *Sparte Klgt. ‚Wossidlopark'*	*erreichte Punktzahl*	*73*
- *Sparte Klgt. ‚Marienehe'*	*erreichte Punktzahl*	*49*
- *Sparte Klgt. ‚Schöne Aussicht'*	*erreichte Punktzahl*	*69*
- *Sparte Klgt. ‚Am Hellbach'*	*erreichte Punktzahl*	*95*

- *Sparte Klgt. ‚Rönngraben'* *erreichte Punktzahl* *78*
- *Sparte Klgt. ‚Waldeslust'* *erreichte Punktzahl* *72*
- *Sparte Klgt. ‚Weiße Rose'* *erreichte Punktzahl* *81*
- *Sparte Klgt. ‚Schutow'* *erreichte Punktzahl* *81*

Als Sieger im Wettbewerb wurden von der KFK ermittelt:

- *Sparte Klgt. ‚Am Hellbach'* *1. Platz 70,– MDN*
- *Sparte Klgt. ‚Weiße Rose'* *2. Platz 50,– MDN*
- *Sparte Klgt. ‚Schutow'* *2. Platz 50,– MDN*
- *Sparte Klgt. ‚Rönngraben'* *3. Platz 30,– MDN*

In Zukunft muss auf die Beschriftung der ausgestellten Exponate und auf eine ansprechende Dekoration mit ideenreichen Einfällen mehr Wert gelegt werden. Darin liegt die recht unterschiedliche Bewertung der Stände von nur 49 bis 95 Punkten begründet."

Abzeichen zur Erinnerung an das 10-jährige Bestehen des Verbandes

Der 3. Verbandstag des VKSK 1970 beschloss als Ziel, je 100 qm Gartenfläche 100 kg Obst und Gemüse zu ernten.
In den 70er und 80er Jahren erarbeiteten die Sparten in großem Umfang Wettbewerbsprogramme, die mit ihren hohen Zielstellungen einem Jahresarbeitsprogramm gleichzusetzen waren. Verschiedene Losungen gaben dazu jährlich neuen „Anreiz".

Der 4. Verbandstag 1977 formulierte „Unter einem schönen Garten verstehen wir einen produktiven Garten".

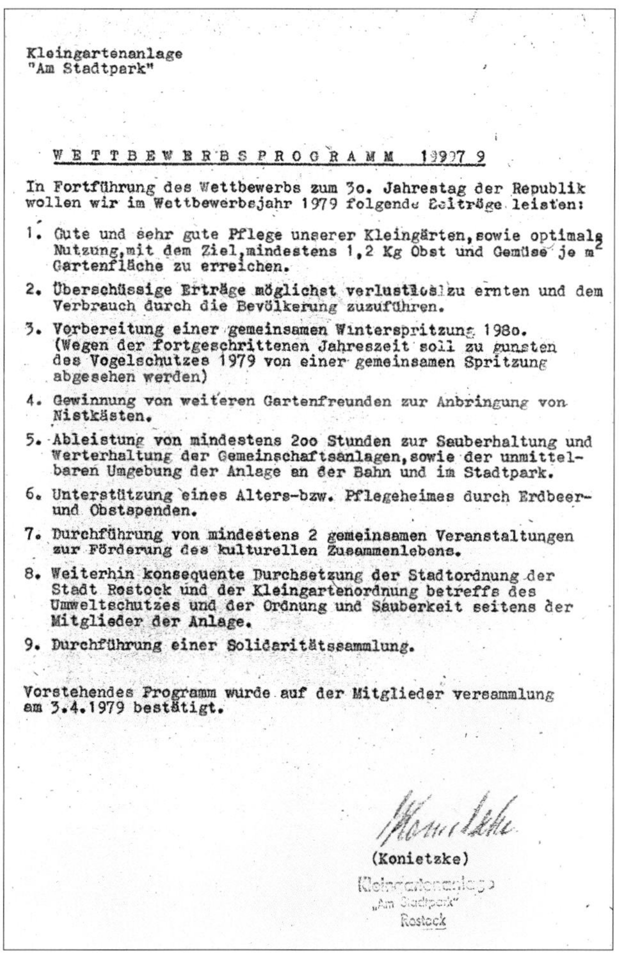

Kleingartenanlage
"Am Stadtpark"

W E T T B E W E R B S P R O G R A M M 1997 9

In Fortführung des Wettbewerbs zum 3o. Jahrestag der Republik wollen wir im Wettbewerbsjahr 1979 folgende Beiträge leisten:

1. Gute und sehr gute Pflege unserer Kleingärten,sowie optimale Nutzung,mit dem Ziel,mindestens 1,2 Kg Obst und Gemüse je m² Gartenfläche zu erreichen.
2. Überschüssige Erträge möglichst verlustlos zu ernten und dem Verbrauch durch die Bevölkerung zuzuführen.
3. Vorbereitung einer gemeinsamen Winterspritzung 198o. (Wegen der fortgeschrittenen Jahreszeit soll zu gunsten des Vogelschutzes 1979 von einer gemeinsamen Spritzung abgesehen werden)
4. Gewinnung von weiteren Gartenfreunden zur Anbringung von Nistkästen.
5. Ableistung von mindestens 2oo Stunden zur Sauberhaltung und Werterhaltung der Gemeinschaftsanlagen,sowie der unmittelbaren Umgebung der Anlage an der Bahn und im Stadtpark.
6. Unterstützung eines Alters-bzw. Pflegeheimes durch Erdbeer- und Obstspenden.
7. Durchführung von mindestens 2 gemeinsamen Veranstaltungen zur Förderung des kulturellen Zusammenlebens.
8. Weiterhin konsequente Durchsetzung der Stadtordnung der Stadt Rostock und der Kleingartenordnung betreffs des Umweltschutzes und der Ordnung und Sauberkeit seitens der Mitglieder der Anlage.
9. Durchführung einer Solidaritätssammlung.

Vorstehendes Programm wurde auf der Mitglieder versammlung am 3.4.1979 bestätigt.

(Konietzke)
Kleingartenanlage
„Am Stadtpark"
Rostock

Wettbewerbsprogramm der KGA „Am Stadtpark" 1979

Schaufenster des VKSK

Leistungsschau zur 19. Ostseemesse in Rostock

Nachdem ein feierlicher Akt am ersten Sonntag des Monats Juli Punkt neun Uhr auf dem Rostocker Ernst-Thälmann-Platz die traditionelle Ostseewoche eingeleitet hatte, öffnete auch die 19. Ostseemesse in Schutow ihre Tore. Bis zum 20. Juli legten 330 Aussteller aus allen Bereichen der Wirtschaft des Küstenbezirkes auf einer Fläche von 140 000 Quadratmetern unter Hallendächern und freiem Himmel Zeugnis über ihre Entwicklung nach dem VIII. Parteitag der SED ab und demonstrierten zugleich den in- und ausländischen Messebesuchern ihre neuen Initiativen in Vorbereitung des IX. Parteitages der SED.

Wie eh und je nahm die Bezirksorganisation Rostock des VKSK auch diesmal wieder ihren festen Platz in dieser Lehr- und Leistungsschau ein, zeigte Ausschnitte aus der produktiven Tätigkeit ihrer besten Mitglieder und gewährte Einblick in das geistig-kulturelle Leben einzelner Sparten. Und kaum einer der mehreren hunderttausend Besucher ging achtlos an diesem VKSK-Schaufenster vorüber. Wer es aufmerksam betrachtete, erfuhr als erstes das politische Motiv, mit dem Vorstände und Mitglieder des Verbandes mit tatkräftiger Unterstützung des Zentralvorstandes des VKSK sowie des Rates des Bezirkes diese Schau gestalteten: Unsere Antwort auf die 14. Tagung des ZK der SED – Fortführung des sozialistischen Wettbewerbes in höherer Qualität!

Zwei Schwerpunkte wurden im Bezirk Rostock dafür in den Vordergrund gerückt:

— die wirksame Unterstützung des Programms der Bienenwirtschaft der DDR
— die Steigerung der Produktion von Gänsefleisch durch die Intensivierung der Zucht

Zum ersten Schwerpunkt machte die Fachkommission Imker den Messebesuchern den Weg zum Ziel anschaulich erkennbar: Vergrößern der Bienenbestände von 48 000 auf 50 000 Völker; Steigern der Honigproduktion für das staatliche Aufkommen von 360 t auf 370 t, d. h. durchschnittlich 7,5 kg je Volk; Beschicken der Rassebelegstation „Müggenburg" mit 2000 Königinnen; Verstärken der Wanderung von 70 Prozent der Völker auf 80 Prozent.

Der Weg zum Ziel des zweiten Schwerpunktes wurde von dem Rassegänsezüchterehepaar Matthies aus Sievershagen demonstriert, das gerade mit einem ersten Preis von der agra aus Markkleeberg zurückgekommen war. Von fünf Emdener Gänsen eigener Zucht erzielte das Ehepaar 215 Eier, von fünf weißen Pommerschen Gänsen 130. Aus diesen 345 zur Brut eingelegten Eiern sind nicht weniger als 254 Gössel geschlüpft. Außerdem brachten Zuchtfreunde aus den Kreisen des Ostseebezirkes 1496 Gänseeier zur Brut nach Sievershagen und konnten davon 844 Gösseln erhalten.

Mit vielen solchen Initiativen des VKSK wurden die Messebesucher in Schutow bekanntgemacht. Sie erfuhren auch, wie sich die Kleingärtnersparten bemühen, ihre Anlagen mehr und mehr zu verschönern und intensiver zu nutzen und sie für die Naherholung allen Bürgern zu öffnen. Die Besucher der Messe hatten erstmals in diesem Jahr Gelegenheit, einen „Tag der Kleingärtner" zu erleben, der mit Fachvorträgen, Erfahrungsaustauschen, Verkauf von Fachliteratur und mit kulturellen Vorträgen, u. a. durch die Theatergruppe der Kleingärtner von Grevesmühlen und den Chor der Marlower Kleingärtnersparte, voll ausgefüllt war.

Werner Bönisch

Zu den Bildern von oben nach unten:

Die zweckmäßige Nutzung eines Kleingartens wird von Ehepaar Ossowski demonstriert. Der Garten liegt mitten im Ausstellungsgelände.

Das Tor der Messe passierten täglich etwa 25 000 Besucher

Zirkel aus Rostock und Wismar gaben einen Einblick in das bildnerische Volksschaffen im VKSK

Starkes Interesse fand auch die Exotenschau Fotos: Bönisch

Die Imker überraschten die Messebesucher mit diesem Fernsehturm als Demonstrationsobjekt zur Einblicknahme in das Leben und die Arbeit der Bienen

Ab 1981 stand der jährliche Wettbewerb unter der Losung „Erntekorb". Es gab viele Möglichkeiten, „zu Ehren" verschiedenster Ereignisse wie Parteitage, Jahrestage oder Wahlen die Ergebnisse abzurechnen.

Erntekorb '81

Aus Berichten und Veröffentlichungen in der Zeitschrift „GuK" kann man folgende Ergebnisse der Rostocker Kleingärtner beim Verkauf von Obst und Gemüse an den Handel ablesen:

1961	157.540 kg
1980	1.150.000 kg
1985	1.439.000 kg
1988	1.479.000 kg

Kurznachrichten in der GuK 1977 und 1978:

Für die Veteranen veranstaltete das Frauenaktiv der Sparte Kleingärtner „Feierabend", Rostock-Reutershagen einen gemütlichen Nachmittag.
Dr. E.

50.000 kg Obst und Gemüse will die Rostocker Sparte Kleingärtner „Rönngraben" 1978 produzieren, das sind 130 kg je 100 m². Davon werden dem Handel 8.755 kg zur Verfügung gestellt.
H.-G. L.

Eine Kompostdeponie legt die Sparte Kleingärtner „Damerow", Rostock, an. Die Mitglieder wollen weiterhin 7.500 kg Metallschrott sammeln und dem sozialistischen Handel 10 Prozent mehr Obst und Gemüse anbieten als im Vorjahr.
H. Z.

Der Kleingarten war längst zum wichtigen Wirtschaftsfaktor geworden.

Paul Kloth aus der KGA „Schöne Aussicht" kann so manche Geschichte erzählen, die er und seine Ehefrau Inge in den letzten 40 Jahren hier erlebt haben.
„Unseren Garten in der ‚Schönen Aussicht' nutzten wir seit dem 9. April 1961. Wir bekamen ihn, weil ich Handwerker war, denn die wurden bei den Arbeitseinsätzen gebraucht. 660 Mark haben wir für den Garten mit der kleinen Bretterbude von 2 m mal 5 m damals bezahlt. Unser Vorgänger hatte die Laube etwa 1948/49 selbst gezimmert. Ich habe 1965 noch zusätzlich Bretter angebracht, damit sie stabiler wurde. Unter diesen Bretterbuden bauten Wildkaninchen gern ihre Nester. Diese Kaninchen waren eine große Plage. Förster sollten sie abschießen, konnten aber am Tage nichts gegen die vorsichtigen Tiere ausrichten. Mein Nachbar gab mir sein Luftgewehr und meinte, ich solle mich doch nachts auf die Lauer legen. An einem Sonntagmorgen gegen 4 Uhr schoss ich ein Kaninchen. Das war zwar verboten, aber die Kaninchenplage hatte uns schon genug Bohnen und Kohl gekostet…
Und was haben wir in den Jahren alles aus dem Garten verkauft! Wenn donnerstags der Lkw kam und von 16 bis 18 Uhr aufkaufte, standen die Leute schon Schlange mit Körben und Kisten voll Obst und Gemüse - vom ersten Salat bis zu den späten Pflaumen. In einem Jahr lieferte ich sogar noch 50 bis 60 Köpfe Salat direkt an die Betriebsküche des WBK.

Paul Kloth in seinem Gartenparadies in der KGA „Schöne Aussicht" beim Schnack mit Gartennachbarn.

1970 haben wir die Bretterlaube abgerissen und ein massives Gartenhaus hingestellt. Es wurde überhaupt viel gebaut in der Anlage. Gemeinsam verlegten wir die Wasserleitungen, errichteten in den Arbeitseinsätzen die Zäune, eine Trafo-Station, das Vereinshaus, den Geräteschuppen mit einer Werkstatt und einen Düngerschuppen, in dem Pflanzkartoffeln und Düngemittel lagerten. Jeder Gartenbesitzer musste damals 10 Stunden pro Jahr leisten, heute sind es nur noch 4 Stunden. Dafür gab es aber auch dreimal im Jahr ein richtiges Fest. In den 60er Jahren nutzten wir den Festplatz, später wurde nur noch im Vereinshaus gefeiert."

Die Erträge aus der Bewirtschaftung von Kleingärten waren seit 1979/80 fester Bestandteil der jährlichen Volkswirtschaftspläne.
Ein Beschluss des Präsidiums des Ministerrates „…über die Lehren und Schlussfolgerungen aus dem Jahre 1979

Aufkauf leicht gemacht

Fachkräfte der Rostocker Kaufhallen halten engen Kontakt zu Kleingärtnersparten

Alltägliches Bild unter dem Schleppdach der HO-Kaufhalle „Süd" in der Südstadt von Rostock: Kleingärtner aus den nahegelegenen Anlagen des VKSK stellen in aller Frühe Tische auf, die von der Abteilung Messen und Märkte des Rates der Stadt für sie herbeigeschafft worden sind. Frisches Obst und Gemüse aus den Gärten wird darauf gepackt – und die Kunden sind dankbare Käufer. Alles, was in den Parzellen geerntet und nicht für den eigenen Familienbedarf gebraucht wird, bieten die Gartenfreunde an.

Zwei- bis dreimal in jeder Woche verkaufen auch Selma Höck und Helene Krüger vor der Südhalle, was sie aus ihren Kleingärten in der Anlage „Frischer Wind" erübrigen können. „Die paar Kilo, die wir hier verkaufen können, sind doch eigentlich nicht der Rede wert", sagten die beiden Gartenfreundinnen. Die Direktorin der Kaufhalle „Süd", Gerda Märtin, ebenso wie die Leiterin der Fachabteilung Obst und Gemüse Ingrid Kurutz und ihre sechs Schichtverkäuferinnen, sind da ganz anderer Meinung: „Was hier angeboten und verkauft wird, das summiert sich zu Tonnen."

Die Fachverkäuferinnen der Südhalle haben schon seit Jahren guten Kontakt zu den Kleingärtnern und Siedlern. Daß sie ihnen nicht nur die Möglichkeit des direkten Verkaufs bieten, sondern auch abkaufen, was gebracht wird, ist nichts Zufälliges. Der HO-Kaufhallenverband benannte jeder Kaufhalle die in der Nähe befindlichen Kleingartenanlagen, damit die Direktoren persönliche Kontakte zu den Sparten aufnehmen konnten. Gerda Märtin knüpfte sie mit den Vorsitzenden „ihrer" Sparten „Frischer Wind", „Prof. Lauremberg" und „Südstadt". So wurde unter anderem vereinbart, daß die Leitung der Kaufhalle auf Wunsch der Sparten zu vereinbarten Zeiten einen LKW vor die Gartentore schickt, um den Gartenfreunden den Weg mit den schweren Körben zur Südhalle abzunehmen. „Für jede hundert Kilo Obst und Gemüse, die organisiert an uns verkauft werden, erhält der jeweilige Spartenvorstand zusätzlich zu den gültigen Aufkaufpreisen eine Sonderprämie von vier Mark", unterrichtete Gerda Märtin die Spartenvorsitzenden über eine Entscheidung des HO-Kaufhallenverbandes, größere Aktivitäten der VKSK-Sparten für den Verkauf aller überschüssigen Früchte materiell zu stimulieren.
Am vollen Monat August fehlten noch vier Werktage, da standen bereits 3,9 t Obst und 1,2 t Gemüse in der Monatsspalte des Aufkaufbuches von Ingrid Kurutz – 2,4 t Obst mehr, als es das Monatsziel des Kaufhallenverbandes für August vorsah, und bei Gemüse fehlten nur noch 300 Kilo am 1,5-Tonnen-Ziel. Insgesamt wollen die Kollegen der Kaufhalle in diesem Jahr von Kleingärtnern 8,5 t Obst und 3,2 t Gemüse aufkaufen.

So wie „Süd" hat jede der sechzehn Rostocker HO-Kaufhallen feste Partnerschaftsbeziehungen zu „ihren" Kleingärtnersparten. Mit insgesamt 39 Sparten wurden Verbindungen aufgenommen. 13 t Obst und 12 t Gemüse im August auf diese Weise zusätzlich in den Handel zu bringen, war das Etappenziel des Kaufhallenverbandes.

In den übrigen rund 60 Kleingärtnersparten auf Rostocker Territorium ist der Aufkauf von Obst und Gemüse ebenfalls nicht dem Zufall überlassen. Von der Fachabteilung des Rates der Stadt gesteuert, sind für die einzelnen Handelsbetriebe Einzugsbereiche festgelegt worden. Der VEB Großhandel OGS beispielsweise ist dafür verantwortlich, den Gartenfreunden der Sparten „Onkel Bräsig", „Schöne Aussicht", „Fritz Reuter", „Feierabend" und weiterer vierzehn Sparten den Verkauf der über den Eigenbedarf erzeugten Produkte zu ermöglichen. Der Kontakt ist zu allen Spartenvorständen geknüpft. Tage und Stunden sind vereinbart worden, an denen Fahrzeuge in die achtzehn Anlagen zum Aufkauf kommen. Jede Woche wenigstens einmal fahren sie nun vor. In Zeiten der Erntespitzen sind Fahrzeuge außerdem zu Sordereinkäufen auf Tour, hauptsächlich an den Wochenenden und nach Feierabend. Ebenso sind die Konsumgenossenschaft Stadt-Rostock und die HO am Werke.

Wenn jeder Handelsbetrieb seinen Auftrag erfüllt, müßten bis Jahresende in Rostock etwa 650 t Gemüse und 880 t Obst aus den Kleingartenanlagen für das zusätzliche Angebot zusammenkommen.

Werner Bönisch

Die Kilogramm grüne Bohnen, Gurken, Dill, Bohnenkraut, Pflaumen, die von den Gartenfreundinnen Helene Krüger und Selma Höck aus der Anlage „Frischer Wind" vor der HO-Kaufhalle „Süd", in der Rostocker Südstadt verkauft werden, summieren sich mit den Produkten aus den anderen Sparten im Laufe des Jahres zu über 1 500 t

Foto: Bönisch

Aufkauf von Obst und Gemüse

Kleingärtner und Siedler!

Alle Obst- und Gemüsekulturen, auch Kleinstmengen, kaufen zu günstigen Preisen auf:

VEB Großhandel Obst, Gemüse und Speisekartoffeln
Obst- und Gemüseverarbeitungsbetriebe · Obst- und Gemüseverkaufsstellen

Informieren Sie sich in der örtlichen Presse über die nächste Aufkaufstelle und ihre Öffnungszeiten

Rostock
Dem Kinderheim „Kinderland Bramow" überreichten die Mitglieder der Kleingärtnersparte „Feierabend", Rostock-Reutershagen, im vorigen Jahr anläßlich des Jahrestages der Pionierorganisation Spielzeug verschiedenster Art. **Dr. E.**

Rostock
Den elternlosen Kindern in „Kinderland Bramow" spendete die Sparte Kleingärtner „Feierabend", Rostock-Reutershagen, in diesem Jahr 135 kg Erdbeeren. **Dr. E.**

Kurznachrichten in der GuK 1977 und 1978

Solche und ähnliche Wimpel wurden häufig als Anerkennung überreicht.

für die weitere Produktion, den Aufkauf, die Lagerung, Verarbeitung und den Handel mit Obst und Gemüse" wurde am 20. Mai 1980 durch das Sekretariat des ZK der SED bestätigt. Die Direktive zum Fünfjahresplan 1981 bis 1985 erteilte dem VKSK einen klaren diesbezüglichen Versorgungsauftrag. Am 25. August 1981 fasste das ZK der SED den Beschluss über „Industriepreismaßnahmen zur Unterstützung der Ablösung bzw. Verringerung von Importen sowie ihres rationellen Einsatzes zur Erhöhung des inländischen Aufkommens".

Nach 1980 gab es in Rostock ca. 100 Aufkaufstellen, die sich mit dem Aufkauf von Obst und Gemüse der Kleingärtner befassten.

Von den neuen Erzeuger- und Aufkaufpreisen, die laufend präzisiert wurden (abhängig auch vom jahreszeitlichen Aufkommen) profitierten in hohem Maße auch die Kleingärtner. Das setzte sich in den Folgejahren fort. Jährlich gab es neue Beschlüsse zu Agrarpreisen, insbesondere zur Erhöhung der Aufkaufpreise.

Rat des Bezirkes Rostock
– Mitglied des Rates des Bezirkes für Preise
– Stellvertreter des Vorsitzenden für Handel und Versorgung

Kombinat Obst, Gemüse und Speisekartoffeln
Bezirk Rostock
– Kombinatsdirektor

Rostock, den 22. Juni 1989

ME: 100 kg, Bd., Stck.

Preisliste für Obst und Gemüse

27. Kalenderwoche

Die EVP gelten ab 28. Juni 1989

Artikel Nr.	Kultur	Pr.gr. Gütekl	Erzeugerpreis M	Kalkulatorischer Einstds.-preis LGH M	Kalkulatorischer Liefer GAP M	Kalkulatorischer Platz GAP M	Erzeugerpreis indiv. Produz. M ohne Vereinbrg.	Erzeugerpreis indiv. Produz. M mit Vereinbrg.	Hst.-EVP
203120	Salatgurken Gew.-Haus	A	360,00	267,75	301,95	364,05	330,00	363,00	4,50
203130	Salatgurken Gew.-Haus	B	280,00	148,75	167,75	202,25	231,00		2,50
203140	Salatgurken Gew.-Haus	C	55,00	133,87	150,97	182,02			
205120	Gemüsepaprika spitz	A	1170,00	285,60	322,08	388,32	1170,00	1287,00	4,80
205130	Gemüsepaprika spitz	B	936,00	199,32	224,78	271,01	819,00		3,35
206110	Tomaten	Auslese	1070,00	404,60	456,28	550,12	805,00	885,50	6,80
206120	Tomaten	A	930,00	339,15	382,47	461,13	700,00	770,00	5,70
206130	Tomaten	B	650,00	267,75	301,95	364,05	490,00		4,50
206140	Tomaten	C	120,00	169,57	191,23	230,56			
206400	Suppentomaten		65,00	89,25	100,65	121,35			1,50
210120	Jg. Möhren m. L. 10er Bd.	A	100,00	71,40	80,52	97,08	100,00	130,00	1,20
210130	Jg. Möhren m. L. 10er Bd.	B	70,00	50,57	57,03	68,76	70,00	-	0,85
213120	Radies, 10er Bd.	A	25,00	23,80	26,84	32,36	25,00	27,50	0,40
213130	Radies, 10er Bd.	B	17,50	17,85	20,13	24,27	18,00		0,30
214121	Rettich m. L.	A	32,00	35,70	40,26	48,54	30,00	30,90	0,60
214131	Rettich m. L.	B	28,00	23,80	26,84	32,36	20,00	-	0,40
216221	Bündelrettich 10er Bd.	A I	30,00	17,85	20,13	24,27	20,00	20,60	0,30
216222	Bündelrettich 10er Bd.	A II	20,00	11,90	13,42	16,18	15,00	15,40	0,20
216231	Bündelrettich 10er Bd.	B I	21,00	11,90	13,42	16,18	14,00		0,20
216232	Bündelrettich 10er Bd.	B II	14,00	8,92	10,06	12,13	10,50		0,15
231121	Kopfsalat üb. 300 g	A I	38,00	23,80	26,84	32,36	21,00	23,10	0,40
231122	Kopfsalat üb. 250-300 g	A II	32,00	17,85	20,13	24,27	18,00	19,80	0,30
231123	Kopfsalat üb. 200 – 250 g	A III	24,00	11,90	13,42	16,18	13,00	14,30	0,20
231131	Kopfsalat	B I	26,60	17,85	20,13	24,27	14,70		0,30
231132	Kopfsalat	B II	22,40	11,90	13,42	16,18	12,60		0,20
231133	Kopfsalat	B III	16,80	8,92	10,06	12,13	9,10		0,15
235120	Spinat	A	63,00	35,70	40,26	48,54	30,00	31,00	0,60
235130	Spinat	B	44,10	23,80	26,84	32,36	21,00		0,40
250121	Lauchzwiebeln üb. 50 mm Ø	A I	135,00	56,52	63,74	76,85	70,00	77,00	0,95
250122	Lauchzwiebeln üb. 30–50 mm Ø	A II	110,00	41,65	46,97	56,63	50,00	55,00	0,70
250123	Lauchzwiebeln üb. 20–30mmØ	A III	80,00	17,85	20,13	24,27	20,00		0,30
250131	Lauchzwiebeln	B I	100,00	41,65	46,97	56,63	49,00		0,70
250132	Lauchzwiebeln	B II	83,00	29,75	33,55	40,45	35,00		0,50
250133	Lauchzwiebeln	B III	60,00	11,90	13,42	16,18	14,00		0,20
250220	Jg. Speisezwiebeln unsort.	A	77,00	59,50	67,10	80,90	77,00	84,70	1,00
250230	Jg. Speisezwiebeln unsort.	B	60,00	41,65	46,97	56,63	60,00		0,70
251162	Zwiebeln abgep. 1 kg	A I	233,00	94,37	103,87	121,12			1,35
251121	Zwiebeln	A I	205,00	74,37	83,87	101,12	98,00	107,80	1,25
251122	Zwiebeln	A II	178,00	65,45	73,81	88,99	90,00	99,00	1,10
251172	Zwiebeln abgep. 1 kg	A II	206,00	85,45	93,81	108,99			1,20
251131	Zwiebeln	B I	149,00	53,55	60,39	72,81	68,60		0,90
251132	Zwiebeln	B II	134,00	47,60	53,68	64,72	63,00		0,80
260220	Weißkohl, neue Ernte	A	120,00	53,55	60,39	72,81	25,00	25,80	0,90
260230	Weißkohl, neue Ernte	B	96,00	35,70	40,26	48,54	17,50		0,60
261220	Wirsingkohl, neue Ernte	A	120,00	53,55	60,39	72,81	70,00	72,10	0,90
261230	Wirsingkohl, neue Ernte	B	96,00	35,70	40,26	48,54	49,00		0,60
262220	Rotkohl, neue Ernte	A	165,00	53,55	60,39	72,81	55,00	56,65	0,90
262230	Rotkohl, neue Ernte	B	132,00	38,67	43,61	52,58	38,50		0,65

Preisliste- Auszug

Der 1. Januar 1978 brachte auch den Kleingärtnern steuerliche Vergünstigungen. Für Einnahmen der nebenberuflich tätigen „Erfasser von Obst, Gemüse und tierischen Erzeugnissen“ galt laut Gesetzblatt der DDR, Teil I, Nr. 5, 1978 u.a. Folgendes:

- *„Einnahmen aus der Erfassung landwirtschaftlicher Erzeugnisse bis zu 3.000 M jährlich sind völlig steuerfrei,*
- *Einnahmen zwischen 3.000 M bis 10.000 M jährlich werden nur mit 20 Prozent besteuert. Bei beispielsweise 6.000 M Einnahmen aus der nebenberuflichen Erfassertätigkeit bleibt damit ein Betrag von 3.000 M steuerfrei, während der verbleibende Betrag bis 6.000 M = 3.000 M mit 20 Prozent besteuert wird. Damit sind 600 M Steuern auf die Gesamteinnahme von 6.000 M zu entrichten.*
- *Übersteigt der Betrag der Einnahmen aus dieser nebenberuflichen Erfassertätigkeit 10.000 M jährlich, so erfolgt die Besteuerung des Einkommens nach dem Einkommensteuergesetz. Vor der Besteuerung wird auch hier von den Einnahmen ein Freibetrag von 3.000 M abgesetzt…*
- *Diese Vergünstigungen werden für alle nebenberuflichen Erfasser landwirtschaftlicher Erzeugnisse gewährt. Das heißt, es ist unerheblich, welcher Art die hauptberufliche Tätigkeit ist…“*

Auf dem XI. Parteitag der SED 1986 hieß es: „Auch in Zukunft findet die individuelle Produktion… im VKSK unsere volle Unterstützung. Auf Dauer hat sie ihren festen Platz in unseren Bilanzen“.

Die Entwicklung des Kleingartenwesens in der DDR zeigt, wie die kleingärtnerische Produktion in zunehmendem Maße zur Erfüllung der staatlichen Aufgaben bei der Versorgung der Bevölkerung zwingend notwendig war, um die Mangelwirtschaft etwas zu entschärfen. Der Beschluss der Stadt Rostock zum Volkswirtschaftsplan 1989 verlangte z. B. „die Unterstützung der Eigenversorgung der Stadt durch Bereitstellung von 930 t Obst und 526 t Gemüse durch Freizeitgärtner.“

Dieses Drängen nach immer höheren Ergebnissen bei der Nutzung des Bodens zur Erzeugung von Obst und Gemüse verführte sicher auch zu Zahlenspielereien und barg die Gefahr hochgerechneter Ergebnisse in sich, denn nicht jeder Kleingärtner und nicht jede Sparte rechnete gewogene Erträge ab. Die meisten Angaben beruhten in der Regel auf Schätzungen, weshalb die genannten Zahlen mit gebotener Vorsicht zu betrachten sind.

Trotzdem bleibt unbestritten, dass durch die Rostocker Kleingärtner ein erheblicher Beitrag zur Eigenversorgung der Rostocker Bevölkerung mit Obst und Gemüse geleistet wurde. Mancher Kleingärtner kam mit seinen Erdbeeren gar nicht bis zur Kaufhalle, sie wurden ihm schon auf dem Wege dorthin fast „aus der Hand gerissen“. Und es mag hier und da vorgekommen sein, dass die hohen Aufkaufpreise dazu verführten, alles zu verkaufen und die Mengen des Eigenbedarfs an-

Aus dem Mitteilungsblatt des Rates der Stadt Rostock Nr. 1 1989

. Unterstützung der Eigenversorgung der Stadt durch Bereitstellung von

930	t	Obst
526	t	Gemüse
172	t	Weißfleisch
50	t	Bienenhonig
520	kg	Schafwolle
1,5	Mio	Eier
10.000	Stck.	Kaninchenfelle
1.500	"	Nturiafelle
2.800	"	Nerzfelle
750.000	"	Gemüsejungpflanzen

durch Freizeitgärtner und Kleintierhalter.

- Im Territorium sind 1989 20 ha Land zur Schaffung neuer Parzellen bereitzustellen.
- Zur Verschönerung der Kleingartenanlagen unserer Stadt sind 750.000 h von Mitgliedern des Kreisverbandes der Kleingärtner, Siedler und Kleintierzüchter zu leisten.

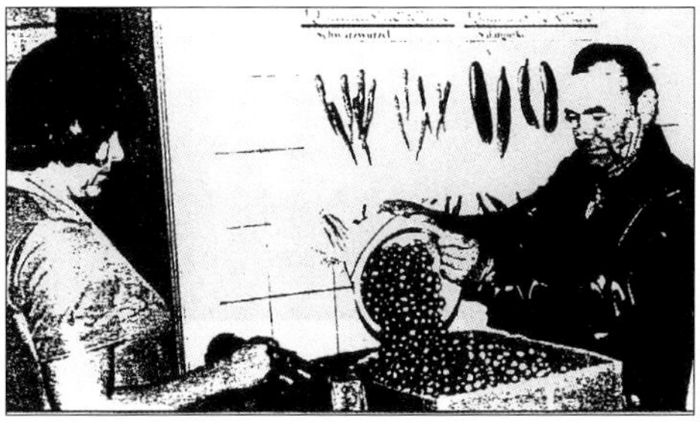

Stachelbeeren für die Verkaufsstelle in Reutershagen II von Rudolf Karnatz aus der Kleingartenanlage „Otto Kuphal“

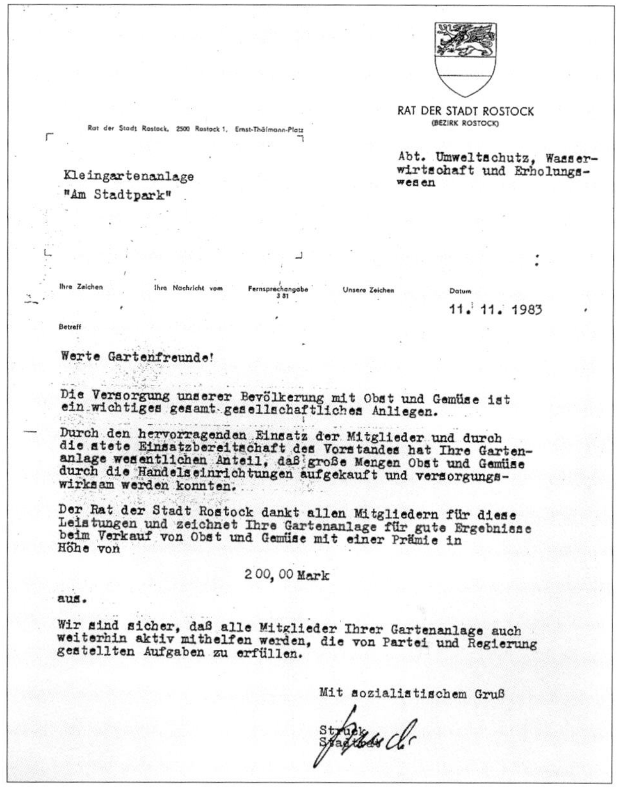

RAT DER STADT ROSTOCK
(BEZIRK ROSTOCK)

Rat der Stadt Rostock, 2500 Rostock 1, Ernst-Thälmann-Platz

Kleingartenanlage
"Am Stadtpark"

Abt. Umweltschutz, Wasserwirtschaft und Erholungswesen

Ihre Zeichen | Ihre Nachricht vom | Fernsprechangabe 3 81 | Unsere Zeichen | Datum 11. 11. 1983

Betreff

Werte Gartenfreunde!

Die Versorgung unserer Bevölkerung mit Obst und Gemüse ist ein wichtiges gesamt gesellschaftliches Anliegen.

Durch den hervorragenden Einsatz der Mitglieder und durch die stete Einsatzbereitschaft des Vorstandes hat Ihre Gartenanlage wesentlichen Anteil, daß große Mengen Obst und Gemüse durch die Handelseinrichtungen aufgekauft und versorgungswirksam werden konnten.

Der Rat der Stadt Rostock dankt allen Mitgliedern für diese Leistungen und zeichnet Ihre Gartenanlage für gute Ergebnisse beim Verkauf von Obst und Gemüse mit einer Prämie in Höhe von

200,00 Mark

aus.

Wir sind sicher, daß alle Mitglieder Ihrer Gartenanlage auch weiterhin aktiv mithelfen werden, die von Partei und Regierung gestellten Aufgaben zu erfüllen.

Mit sozialistischem Gruß

Struck
Stadtrat

Dankschreiben des Rates der Stadt an die KGA „Am Stadtpark“ und Prämierung, 1983

schließend zum niedrigen Verkaufspreis zurückzukaufen. Kleingärtner können eben auch rechnen!

Noch ein Wort zum Begriff „Eigenversorgung“. Was war damit gemeint? Entsprechende Festlegungen der zentralen Partei- und Staatsorgane in den achtziger Jahren besagten, dass jeder Bezirk sich möglichst aus eigenem Aufkommen versorgen sollte. Also brauchte die Stadt mehr neue Kleingärten.

Dazu war es jedoch notwendig, die Voraussetzungen durch das Bereitstellen von Kleingartenland zu schaffen.

Die Stadt braucht mehr Kleingärten

Rostock kann sich rühmen, seit Jahrzehnten eine kleingartenfreundliche Stadt zu sein, wie die Geschichte der Rostocker Kleingärten seit dem Ersten Weltkrieg beweist.

Die Metropole des Nordens der DDR befand sich zum Zeitpunkt der VKSK-Gründung und danach in einer rasanten Entwicklung. Gab es 1945 in Rostock weniger als 100.000 Einwohner, so waren es 1959 155.000, 1970 198.000 und 1989 bereits 256.000 Einwohner.

Nacheinander wurden bis 1990 die Südstadt, die Stadtteile Lütten Klein, Evershagen, Schmarl, Lichtenhagen und Groß Klein im Nordwesten, danach Dierkow und Toitenwinkel im Nordosten der Stadt gebaut.

Nun heißt es in einem Sprichwort: „Wo gehobelt wird, da fallen Späne“. Dieses galt auch für den Wachstumsprozess Rostocks. Waren von den 96 Sparten des Stadtkreises Rostock, die zur Versammlung des VKSK am 8. Februar 1960 geladen waren, 79 Kleingartensparten, so gab es im Januar 1962 nur noch 75 Kleingartensparten, obwohl 1960 und 1961 mindestens drei neue Sparten gegründet worden waren.

Eine gewaltige Arbeit in den 35 Jahren VKSK-Kreisverband bzw. Kreisvorstand Rostock-Stadt war deshalb der Neuaufschluss und die Bildung neuer Kleingartenanlagen, aber leider auch die teilweise Auflösung bestehender Anlagen, ausgelöst im Wesentlichen durch das Wohnungsbauprogramm.

Das betraf Anfang der sechziger Jahre zunächst den Aufbau der Rostocker Südstadt. Etwa 800 Kleingärten waren für die neue Südstadt aufzulösen. Schon in den fünfziger Jahren waren dafür, wie im Kapitel 4 beschrieben, verschiedene Kleingartenanlagen gänzlich oder teilweise aufgekündigt worden. Dieser Prozess setzte sich bis Mitte der sechziger Jahre in der Südstadt fort.

Ansichtskarte von 1969 mit Blick über den Hauptbahnhof auf die Südstadt. Im Hintergrund des Hauptbahnhofes sind noch die Reste der ehemaligen Kleingartenanlagen zu erkennen.

Zugleich aber wurden nur wenige neue Anlagen erschlossen, die zwar vorrangig als Ersatzparzellen für die betroffenen Kleingärtner gedacht waren, aber auch den neuen Bewohnern der Südstadt zur Verfügung stehen sollten. Diese Kleingärten wurden etappenweise von 1960 bis 1984 am Rande des neuen Stadtteils angelegt. Von 1960 bis 1965 waren es die Anlagen „Frischer Wind“ und „Neuer Weg“, beide 1960 gegründet. Diese konnten den Zustrom neuer Interessenten und den Ersatz aufgelöster Anlagen natürlich nicht auffangen.

Kindertanz beim Kinderfest 1960 in der KGA „Am Koppelsoll“

Familie beim Festumzug durch die Kleingartenanlage „Am Koppelsoll“, 1960

Gartenfreund Hans Eggert mit Nachbarn 1966 in der KGA „Goldwiese“

In den 60er Jahren war man in der Partei- und Staatsführung der DDR noch mit den Gedanken behaftet, dass Kleingärtner „für den Klassenkampf verloren sind“ und dass mehr oder weniger kleinbürgerliche Tendenzen zu verzeichnen seien.

Kleingartenanlagen hatten keinen besonderen Schutz vor Überbauung und es gab auch bis in die 70er Jahre keine zentralen Beschlüsse zu ihrer Erhaltung. Erst nach 1970 sollte sich das entscheidend ändern. So bestand bis Mitte der 70er Jahre der große Widerspruch zwischen ständig steigender Nachfrage nach einem Kleingarten und der Räumung von Kleingartenanlagen für Bauzwecke.
Auch in Rostock ging die Neugründung von Kleingartenanlagen im Zusammenhang mit dem Bau der neuen Stadtteile zunächst in kleinen Schritten voran. In der Südstadt verbesserten drei neue Anlagen die Versorgung mit Kleingärten. Es entstanden:

1966	die KGA „Goldwiese“,
1968	die KGA „Prof. Lauremberg“ und
1969	die KGA „Lütten Grund“.

Über den Aufbau der neuen Anlage „Goldwiese“ berichtete Gartenfreund H. Grund. (Eine Anlage gleichen Namens existierte bereits früher in der Südstadt – ungefähr dort, wo sich heute NETTO, ehemals Kaufhalle-West, befindet.)

„Die Gründungsversammlung der KGA fand am 26.04.1966 in den Räumen des Kreisverbandes des VKSK Rostock statt. Im Mai 1966 wurde mit der KGA ‚Goldwiese‘ begonnen. Bei der ersten Verlosung der Parzellen waren 78 Gartenfreunde anwesend. Die Anlage war schon parzelliert und jeder Gartenfreund, der gelost hatte, konnte seine Parzelle in Augenschein nehmen. Es lag ein Plan vor (Garten Nr. 1 – 191), wobei aber 6 Parzellen nicht vorhanden waren, d. h. in der Anlage waren nur 185 Gärten zu vergeben.
Die KGA ‚Goldwiese‘ war die erste Musteranlage im Bezirk Rostock. Jede Parzelle hatte im Schnitt 300 m², es gab einen Bepflanzungs- und Bebauungsplan mit 6 m breiten Hauptwegen und 4 m breiten Nebenwegen. Die ersten Gartenlauben mit vorgeschriebenen 15 m² Größe standen im ersten Jahr.
In Gemeinschaftsarbeit haben die Gartenfreunde die Anlage eingezäunt, Tore und Türen errichtet. Dann wurde eine Wasserleitung installiert, danach gab es Strom für alle, die es wollten.“

Einen Einblick in die Aufbauphase der KGA „Prof. Lauremberg“ gab Gartenfreund S. Wolf in der „Mecklenburg-Vorpommerschen Gartenzeitung“ Nr. 7/98.

„Prof. Peter Lauremberg gab Rostocker Verein den Namen
Es begann vor 30 Jahren mit einigen Aushängen in den Wartehäuschen der Buslinie 24 in der Südstadt Rostocks: ‚Der Kreisverband der Kleingärtner und Siedler Rostock sucht Interessenten für einen Kleingarten...'. Nach wenigen Tagen wurde die Liste der Bewerber geschlossen. Der Bedarf nach einem Kleingarten war groß, und so fanden sich die Namen von Bürgern aller Bevölkerungsschichten in den Dokumenten: Hochseefischer, Matrosen und Kapitäne aus dem Fischkombinat, Rohrschlosser und Schiffbauer aus den Werften der Stadt, Bauarbeiter, Angestellte aus vielen Betrieben – ein Spiegelbild der damaligen sozialökonomischen Struktur der Hafenstadt.
Kaum war die Gründungsversammlung am 10. April 1968 vorbei, herrschte bereits ein emsiges Treiben auf einem 3,7 ha großen Flurstück am Rande der Rostocker Südstadt, das einst den Bauern aus Biestow als Acker gedient hatte. 104 Parzellen waren abgesteckt und die ersten Ernten von Obst und Gemüse zeugten vom Fleiß der Kleingärtner. Für 104 Familien hatte der Kleingarten eine wichtige Funktion: Frisches Obst und Gemüse aus dem eigenen Garten half, den Mangel im Angebot des Handels zu kompensieren, und bald wurden die Gärten zu einer Freizeitoase für die Mitglieder der Sparte und die Bürger des angrenzenden Wohngebietes.
Mit ihrem Fleiß und Ideenreichtum machten die Mitglieder dem Namensgeber ihres Vereins ‚Prof. Peter Lauremberg' alle Ehre. Besagter Professor (1585 – 1639) zeichnete sich durch Vielseitigkeit und Gelehrsamkeit als Professor an der Rostocker Universität aus. (Peter Lauremberg war Professor für Botanik) Er betrieb auch botanische Studien und unterhielt für Anschauungszwecke einen botanischen Garten vor den Toren der mittelalterlichen Stadt. Er wurde recht böse darüber, dass oft Kühe seine Anpflanzungen verwüsteten, weil die Viehhirten nicht aufmerksam waren. Das konnte den Kleingärtnern aus dem Verein, der heute seinen Namen trägt, nicht passieren. Zu den Aufbauleistungen der ersten Jahre gehörte ein Außenzaun mit Heckenpflanzungen und eine Wasserleitung. Wurde zunächst eine Bebauung mit Gartenlauben wegen der Materialknappheit in der DDR nicht genehmigt, gab der Rat der Stadt dem wiederholten Drängen des damaligen Vorstandes 1971 nach und erteilte eine Komplexbestätigung zum Bau von zunächst 96 Lauben. Der bestätigte Laubentyp sah nur eine Größe von 15 qm vor, etwas mickrig nach heutigen Maßstäben.
Zu den guten Traditionen des Vereins gehörten in den 70er Jahren die Veranstaltungen in der Gaststätte KOSMOS. Man hielt sich bei den Jahreshauptversammlungen nicht lange beim ‚Wettbewerbsprogramm' auf, nach einer knappen Stunde wurde in der Regel bereits das Büffet eröffnet und anschließend kräftig das Tanzbein geschwungen.
An Blumen- und Erdbeerspenden für die älteren Bürger im Wohngebiet beteiligten sich nahezu alle Kleingärtner des Vereins. Heute finden 200 Mitglieder und ihre Familienangehörigen Erholung und Entspannung in den Gärten, und in den Sommermonaten ist die Anlage offen für Spaziergänger aus der angrenzenden Südstadt."

Laubentyp für die Neuanlage „Goldwiese"

Die Jahre 1971 bis 1975 zeichneten sich in Rostock durch einen regelrechten Gründungsboom aus. 19 Anlagen mit annähernd 3.500 Gärten entstanden. Das musste einen Grund haben.

Etwa 60.000 Menschen bezogen im Nordwesten der Stadt Wohnungen in den neuen Stadtteilen Lütten Klein und Evershagen. Naherholungsgebiete gab es in ihrer unmittelbarer Nähe nicht und weitere drei Stadtteile waren geplant. Den Stadtplanern schwebte ein „grüner Gürtel", bestehend aus Kleingärten und Obstplantagen, um Rostock vor. Also wurde dem VKSK Land für Kleingärten zugeteilt. Gefordert wurde eine Gestaltung, die eine Nutzung als Naherholungsoase auch durch Nicht-Gartenbesitzer ermöglichte. Das hieß: Hauptwege mit entsprechender Begrünung, Sitzecken und Kinderspielplätzen. Kulturelle Einrichtungen mussten für die Öffentlichkeit zugänglich sein. Finanzielle Zuschüsse für den Aufschluss wurden von der Stadt gewährt.

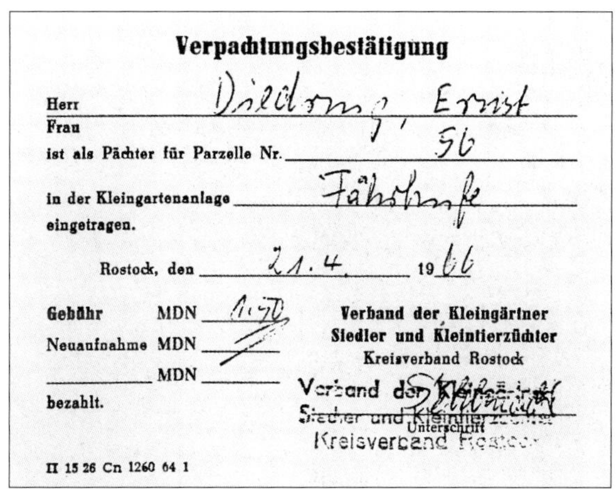

Verpachtungsbestätigung

Herr ... Ernst
Frau
ist als Pächter für Parzelle Nr. 56
in der Kleingartenanlage
eingetragen.

Rostock, den 21.4. 1966

Gebühr MDN
Neuaufnahme MDN
MDN
bezahlt.

Verband der Kleingärtner
Siedler und Kleintierzüchter
Kreisverband Rostock

Unterschrift

II 15 26 Cn 1260 64 1

Verpachtungsbestätigung von 1966

Gartenhaus in Warnemünde, etwa 1968

Die neuen Anlagen hatten durchschnittlich 180 Parzellen. Annähernd zwei Drittel der 3.500 Gärten wurden im Nordwesten angelegt. Westlich der neuen Stadtteile ergänzten sie den grünen Gürtel der Stadt. Auch in Reutershagen und weiteren Stadtteilen wurde der grüne Gürtel durch neue Anlagen vervollständigt.
Eine solche Entwicklung ist beachtenswert, wenn man bedenkt, dass es erst ab 1976 zu zentralen Regelungen kam, die den Aufschluss neuer Kleingartenanlagen förderten.

Die Stadt Rostock hatte schon 1966 vorausschauend für den Aufbau von neuen Gartenanlagen verschiedene Festlegungen getroffen, wenn auch nicht so umfassend wie 1977/78. Immerhin gab es eine Festlegung des Leiters der Abteilung Allgemeine Landwirtschaft beim Rat des Bezirkes Rostock vom 5. September 1966 an alle Stadt- und Landkreise, in der es u. a. heißt, dass:

1. *„Anträgen für den Aufbau neuer Gartenanlagen* [durch den VKSK, Anm. d. A.] *nur zugestimmt wird, wenn in Abstimmung mit der Dorf- u. Städteplanung und auf der Grundlage der Flächennutzungspläne auf den vorgesehenen Flächen keine anderen Maßnahmen auf lange Sicht geplant sind;…*
2. *mit den örtlichen Räten generell zu klären ist, wie in Verbindung mit dem Bebauungsplan Möglichkeiten geschaffen werden können, neue Gartenanlagen aufzubauen.*

Entsprechend den Erfahrungen in anderen Bezirken unserer Republik halte ich es für erforderlich, gemeinsam mit dem Kreisverband des VKSK und der Plankommission zu beraten, welche Möglichkeiten vorhanden sind, um in Verbindung mit dem Aufbau neuer Wohnkomplexe gleichzeitig neue Gartenanlagen zu schaffen. Dabei hat sich bewährt, diese Anlagen als öffentliche Anlagen sinnvoll in die Komplexe für die Naherholung aller Bürger einzuordnen. Besonders in den Städten Rostock, Wismar und Stralsund, in denen bereits konkrete Konzeptionen für die Entwicklung der Naherholungsgebiete vorliegen, wird es zweckmäßig sein, zu prüfen, inwieweit derartige Möglichkeiten genutzt werden können."

Die Kleingärtnerinnen vom „Frauenaktiv" sorgten beim Kinderfest in der KGA „Am Koppelsoll" für das leibliche Wohl.

Aus diesen Forderungen entstand 1968 der Beschluss des Rates des Bezirkes Rostock über „Grundsätze zur Entwicklung von Kleingartenanlagen im Rahmen der perspektivischen Gesamtentwicklung der Städte und Gemeinden".

Sackhüpfen mit „Bauchlandung" – ein Grund mehr zum Lachen.

Ohne Festredner kein Fest: Gartenfreund Schulze eröffnete am 4. Juli 1972 das Kinderfest „Am Koppelsoll".

Ausschlaggebend war die Erkenntnis, dass die Betätigung im Kleingarten als aktive Erholung und sinnvolle, produktive Freizeitgestaltung zugleich auch von vielen anderen Problemen des Alltags ablenkt. Die Versorgungslage bei Obst und Gemüse beispielsweise hielt in keiner Weise dem Bevölkerungszuwachs, also dem Bedarf, Stand.
Ein wesentlicher Faktor für die von 1966 bis 1975 in Rostock geschaffenen neuen Kleingartenanlagen war das Vorhandensein eines Generalbebauungsplanes von Rostock und dessen ständige Präzisierung. Er enthielt im Komplex Großgrünplanung, Kleingartenanlagen und sogar den Gedanken von Kleingartenparks.

Innerhalb der DDR wurde die Rostocker Lösung, unmittelbar an die neuen Wohngebiete auch die neuen Kleingartenanlagen anzuschließen, als beispielhaft herausgestellt. Auch wenn nach 1971 am Generalbebauungsplan „Korrekturen nach unten" durchgeführt wurden, (u.a. Reduzierung der Bauten im Stadtzentrum), blieb die Zielstellung, neue Kleingärten zu schaffen, bestehen.
Als Beispiel sind für Lütten Klein und Evershagen zu nennen:

1971	KGA „Binz"
	KGA „Usedom"
	KGA „Gedser"
	KGA „Kopenhagen"
1972	KGA „Uns Gorden"
	KGA „Ehm Welk"
1973	KGA „Rügen"
	(1986 Teilung in „Rügen" I und II)
1990	„Rügen" II umbenannt in KGA „Vogelsang"
1974	KGA „Unkel Bräsig"
1975	KGA „Uns Wochenend"

Allerdings wurden für den Bau der Stadtteile Lütten Klein und Evershagen auch etwa 1.150 Kleingärten zu Bauland umfunktioniert. An die 150 Gärten fielen dem Barnstorfer Ring zwischen Schutower Kreuz und Zoo zum Opfer. Darüber hinaus wurden etwa 100 bis 150 Gärten von den Stadtplanern durch weitere Investitionsmaßnahmen im Laufe der Zeit überbaut.
Es gab nicht nur Neugründungen.
„Sang- und klanglos" verschwanden im Zeitraum von etwa 20 Jahren, von 1953/55 bis 1975, – hauptsächlich durch Auflösung und Überbauung, zum geringen Teil durch Namensänderung oder Anschluss der Reste von Anlagen an benachbarte Anlagen – folgende Kleingartenanlagen, die bis dato in den Listen der Rostocker Kleingartenhilfe geführt wurden:
Ein Teil dieser Anlagen ist dem Bau der Südstadt zum Opfer gefallen (z. B. „Am Kesselborn").

- „Altstädtischer Born"
- „Arbeiterstadion"
- „An'n Biestower Kirchstieg"
- „Galgenberg"
- „Grüner Weg"
- „Kehrwieder"
- „Am Kesselborn"
- „Kleiner Born"
- „Mittelborn"
- „Lütter Pohl"
- „Satower Chaussee"
- „Zingel I"
- „Zingel II"
- „Am Zingel"
- „Alte Rennbahn"
- „Viegelschen Wiese"
- „Gleisdreieck"
- „Kohlgrützbarg"
- „Große Hörn"
- „Alte Moorkolonie"
- „Neue Moorkolonie"
- „Drög Eck"
- „Kühlmannsweg"
- „Volksstadion"
- „Verzage nicht"

Teile der Anlage „Satower Chaussee" wurden für den Bau der Landwirtschaftlichen Fakultät der Universität Rostock geopfert. Der Rest der Anlage kam zur Anlage „Heidberg". Andere wiederum haben sich vermutlich umbenannt. So könnte die heutige Anlage „An'n Eickboom" die ehe-

Erst musste ein Geräteschuppen her…

… und dann kam die Laube dran!

Aufschluss der Parzelle 86 in der Erweiterung der KGA „Uns Hüsung“ 1975

malige „Große Hörn“ gewesen sein und „Kohlgrützbarg“ wurde vermutlich zu „Feierabend“.

Wie erfreulich war es für den Bewerber, wenn nach langer Wartezeit endlich der Bescheid kam, dass man einen Kleingarten bekommen könne und in den Verband aufgenommen werde.

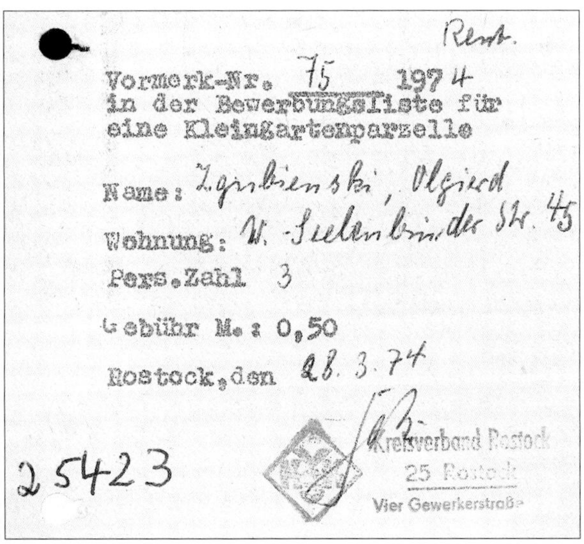

Rent.

Vormerk-Nr. 75 1974
in der Bewerbungsliste für
eine Kleingartenparzelle

Name: Zgrbienski, Olgierd

Wohnung: W.-Seelenbinder Str. 45

Pers.Zahl 3

Gebühr M.: 0,50

Rostock, den 28.3.74

25423

Kreisverband Rostock
25 Rostock
Vier Gewerkerstraße

Vermerk in der Bewerbungsliste, 1974

Wortlaut eines Bestätigungsschreibens vom VKSK 1974:

„Werter Garteninteressent!

Sie haben sich bei uns für einen Kleingarten in Reutershagen beworben und wir können Ihnen nunmehr einen Kleingarten in der neuen Kleingartenparkanlage in Reutershagen anbieten.

Zu diesem Zweck übersenden wir Ihnen zwei Aufnahmeanträge und zwar für jeden Ehepartner einen, mit der Bitte um genaue Ausfüllung unter Rückgabe an uns

am Mittwoch, d. 6. November 1974

und am Donnerstag, d. 7. November 1974

in der Zeit: von 8 – 12 und 13 – 17 Uhr

Falls Sie sich bis zum 14.11.1974 nicht gemeldet haben, werden Sie von unserer Vormerkliste gestrichen.

Die Gründungsversammlungen finden am: 20./21. November 1974 um 18 Uhr im Kulturraum unserer Kreisgeschäftsstelle-Rostock Viergewerkerstraße 2a statt. Den für Sie in Frage kommenden Tag erfahren Sie bei der Abgabe der Aufnahmeanträge.

Mit kollegialem Gruß

Kreisvorstand Rostock der KSK

Gez. Schomacker (Richter)

Vorsitzender Sekretär

2 Aufnahmeanträge anbei!“

Die Zeitung „Norddeutsche Neueste Nachrichten“ schrieb zum Erwerb eines Kleingartens am 3. Februar 1975:

„Jede siebente Familie unserer Stadt hat in eigenen Kleingärten der 87 Anlagen des Kreisverbandes der Kleingärtner, Siedler und Kleintierzüchter Gelegenheit für Entspannung und sinnvolle Freizeitbetätigung. Durchschnittlich stehen jedem 300 Quadratmeter zur Verfügung. Wer Interesse an einem Kleingarten in einer der schon bestehenden Anlagen hat, bewirbt sich direkt bei den Vorständen der jeweiligen Anlage. Hier bieten sich aus verschiedenen Gründen – Alter, Wohnortwechsel u.a.m. – Möglichkeiten zum Besitzwechsel einzelner Gärten. Wer auf einen Kleingarten in einer neuen, noch nicht übergebenen Anlage reflektiert, kann sich beim VKSK an jedem Sprechtag als Bewerber eintragen lassen. Hier kommt er auf die Anwärterliste für eine Neuanlage entsprechend seinem Wohngebiet. Und diese Liste ist lang. Schon jetzt bewirtschaften die Verbandsmitglieder 645 Hektar Gartenland, und für jede neue Anlage muß weitere landwirtschaftliche Nutzfläche abgezwackt werden.
Die nächste Fläche zur Anlage weiterer Kleingärten wird in der zweiten Hälfte dieses Jahres ausgewiesen werden können. Sobald eine Neuanlage vergeben werden kann, erhalten die vornotierten Anwärter die Einladung zur Gründungsversammlung, auf der die Gärten ausgelost werden. Hier erhalten die neuen Verbandsmitglieder zugleich Aufklärung über die Rechte und Pflichten, die sie entsprechend dem Statut und der Kleingartenordnung übernehmen. Im ersten Aufbaujahr gehört vor allem das Mitwirken an der Gemeinschaftsarbeit zur Einzäunung, Elektrifizierung und Bewässerung der Anlage zu den Mitgliederpflichten. Im zweiten Jahr hat jedes Mitglied das Recht, sein Gartenhäuschen zu bauen. Für die Anlagen auf dem Territorium unserer Stadt sind Gartenhäuschen mit Pultdach verbindlich, die fertig vom Staatlichen Forstwirtschaftsbetrieb Rövershagen bzw. über die BHG erhältlich sind oder individuell gebaut werden können. Drei Größen sind zulässig: für zwei Erwachsene und zwei Kinder 15 Quadratmeter, für zwei Erwachsene und drei Kinder 20 m² und für zwei Erwachsene mit vier und mehr Kindern 25 m². Auch für die Gestaltung der einzelnen Kleingärten liegt ein Bebauungsschema vor, durch das der Erholungswert und die Freude an der sinnvollen Freizeitarbeit im Kleingarten jedoch in keiner Weise eingeschränkt werden.“

Über die Entstehung und den Aufbau der Kleingartenanlage „Gedser“ im Jahre 1971 berichtet Gartenfreund Bernd v. d. Knesebeck in einem persönlichen Gespräch:

„Im Februar 1971 begann die Vermessung von ca. 300 Parzellen auf Flurstücken der Gemarkung Lichtenhagen. Auf einer gemischten Fläche von Acker, Wiese und sumpfigem Gelände wurden durch Beauftragte des Rates der Stadt, Abteilung Stadt- und Dorfplanung, auf einem 12 ha großen Flurstück ca. 250 Kleingärten zu je 300 m² und am Dorfrand nochmals ca. 30 Kleintierhaltergärten von 400 m² aufgemessen und im März vom Kreisvorstand Rostock vergeben. Es entstand die VKSK Gemischtsparte „Gedser“ mit 300 Parzellen, bis 18 m breiten Wegen und vielen Freiflächen.
Die Zielstellung war, mindestens 100 kg Obst oder Gemüse auf 100 m² Gartenfläche zu ernten. In der Kleintierhaltung kamen dazu außerdem noch Weißfleisch von Kaninchen, Enten, Hühner, Tauben. Sogar zwei Gänsehalter waren dabei.
Erster Vorsitzender wurde Gartenfreund Walter Fett, beruflich verantwortlich für die Schrotterfassung im Fischkombinat Rostock. Dadurch konnte organisiert werden, dass noch verwendbare Rohre für die Wasserleitung der Anlage aussortiert und zum Schrottpreis gekauft werden konnten. Im Herbst 1973 wurde die Wasserversorgung vollendet, jede Parzelle hatte einen Wasseranschluss.
Bis 1973 wurde auch die Elektrifizierung vorgenommen, jede Parzelle mit einem Anschlusswert von 1 kW, bei Kleintierhaltung 2 kW, an der Hauptleitung. Die Verlegung auf die Parzelle musste jeder Gartenfreund allein realisieren. Fachleute prüften nur nach Fertigstellung, ob alles ‚in Ordnung‘ war. Die anfallenden Kosten, vorrangig für Material, wurden pauschal mit 280,– M für Strom und 120,– M für Wasser auf jeden Garten umgelegt.

In der Gehlsdorfer Kleingartenanlage „Toitenwinkler Weg“ wurden Wasserrohre verlegt.

Nach Fertigstellung der Versorgungseinrichtungen (Wasser, Strom) gab 1974 Gartenfreund Fett aus gesundheitlichen Gründen das Amt des Vorsitzenden auf. Sein Nachfolger wurde Gartenfreund Heinz Frohnert.“

So oder ähnlich verlief der Aufbau in allen Neugründungen. Niemand hat die Stunden gezählt, in denen die ehrenamtlichen Funktionäre auf den Beinen waren, um Material und Transport zu organisieren bzw. ihre „Beziehungen“ deswegen zu nutzen. Nicht zu vergessen auch der Fleiß der vielen Tausend Kleingärtner, denn jede Anlage wurde ausschließlich in freiwilliger und unentgeltlicher Arbeit errichtet.

1976 trat in der DDR das Zivilgesetzbuch in Kraft. Es löste die Anwendung des BGB ab. Damit waren auch für die Kleingärtner neue gesetzliche Regelungen (§§ 284 bis 286) zur Bodennutzung gültig.

Paragraph 284 „Schutz und Sicherung einer rationellen Bodennutzung“ besagte:

„(1) Der sozialistische Staat gewährleistet entsprechend den in den Rechtsvorschriften festgelegten Grundsätzen der sozialistischen Bodenpolitik und Bodenordnung den Schutz und die rationelle Nutzung des Bodens. Er fördert die Bodennutzung, die dazu dient, die Wohnverhältnisse der Bürger zu verbessern und ihre Erholung zu gewährleisten. Die gemeinschaftliche und genossenschaftliche Nutzung von Grundstücken zum Wohnen und zur Erholung wird vom Staat vorrangig unterstützt.

(2) Die Nutzung des Bodens durch Bürger hat so zu erfolgen, daß sie mit den gesellschaftlichen Erfordernissen übereinstimmt. Sie umfaßt die Pflege und den Schutz des Bodens als wichtige Voraussetzung für die Gestaltung der sozialistischen Umwelt- und Lebensbedingungen der Bürger. Grundstücke und Gebäude sind zweckgebunden zu nutzen. Eine den gesellschaftlichen Erfordernissen widersprechende Bodennutzung ist unzulässig.“

Verordnung für den Kleingarten-Nutzungsvertrag

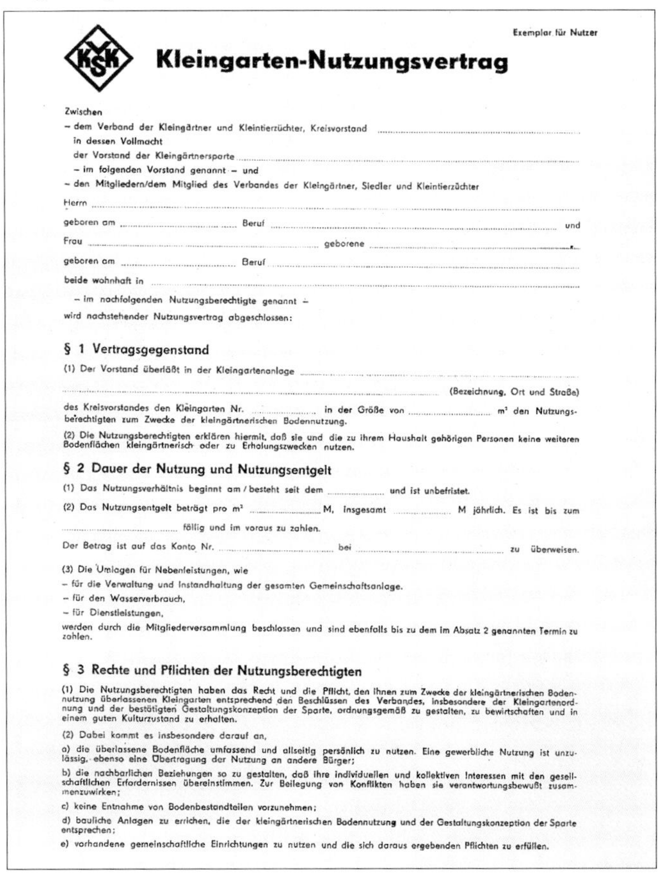

Exemplar für Nutzer

Kleingarten-Nutzungsvertrag

Zwischen
– dem Verband der Kleingärtner und Kleintierzüchter, Kreisvorstand ...
in dessen Vollmacht
der Vorstand der Kleingärtnersparte ...
– im folgenden Vorstand genannt – und
– den Mitgliedern/dem Mitglied des Verbandes der Kleingärtner, Siedler und Kleintierzüchter
Herrn ...
geboren am ... Beruf ... und
Frau ... geborene ...
geboren am ... Beruf ...
beide wohnhaft in ...
– im nachfolgenden Nutzungsberechtigte genannt –
wird nachstehender Nutzungsvertrag abgeschlossen:

§ 1 Vertragsgegenstand

(1) Der Vorstand überläßt in der Kleingartenanlage ... (Bezeichnung, Ort und Straße) des Kreisvorstandes den Kleingarten Nr. ... in der Größe von ... m² den Nutzungsberechtigten zum Zwecke der kleingärtnerischen Bodennutzung.

(2) Die Nutzungsberechtigten erklären hiermit, daß sie und die zu ihrem Haushalt gehörigen Personen keine weiteren Bodenflächen kleingärtnerisch oder zu Erholungszwecken nutzen.

§ 2 Dauer der Nutzung und Nutzungsentgelt

(1) Das Nutzungsverhältnis beginnt am / besteht seit dem ... und ist unbefristet.

(2) Das Nutzungsentgelt beträgt pro m² ... M, insgesamt ... M jährlich. Es ist bis zum ... fällig und im voraus zu zahlen.

Der Betrag ist auf das Konto Nr. ... bei ... zu überweisen.

(3) Die Umlagen für Nebenleistungen, wie
– für die Verwaltung und Instandhaltung der gesamten Gemeinschaftsanlage.
– für den Wasserverbrauch,
– für Dienstleistungen,
werden durch die Mitgliederversammlung beschlossen und sind ebenfalls bis zu dem im Absatz 2 genannten Termin zu zahlen.

§ 3 Rechte und Pflichten der Nutzungsberechtigten

(1) Die Nutzungsberechtigten haben das Recht und die Pflicht, den ihnen zum Zwecke der kleingärtnerischen Bodennutzung überlassenen Kleingarten entsprechend den Beschlüssen des Verbandes, insbesondere der Kleingartenordnung und der bestätigten Gestaltungskonzeption der Sparte, ordnungsgemäß zu gestalten, zu bewirtschaften und in einem guten Kulturzustand zu erhalten.

(2) Dabei kommt es insbesondere darauf an,

a) die überlassene Bodenfläche umfassend und allseitig persönlich zu nutzen. Eine gewerbliche Nutzung ist unzulässig, ebenso eine Übertragung der Nutzung an andere Bürger;

b) die nachbarlichen Beziehungen so zu gestalten, daß ihre individuellen und kollektiven Interessen mit den gesellschaftlichen Erfordernissen übereinstimmen. Zur Beilegung von Konflikten haben sie verantwortungsbewußt zusammenzuwirken;

c) keine Entnahme von Bodenbestandteilen vorzunehmen;

d) bauliche Anlagen zu errichen, die der kleingärtnerischen Bodennutzung und der Gestaltungskonzeption der Sparte entsprechen;

e) vorhandene gemeinschaftliche Einrichtungen zu nutzen und die sich daraus ergebenden Pflichten zu erfüllen.

Zum Beispiel trat an die Stelle des bisherigen Pachtvertrages für Kleingartenland der vom Zentralvorstand des VKSK herausgegebene Nutzungsvertrag, der im Anhang für den Kleingärtner gleich die zentrale Kleingartenordnung des VKSK mit enthielt.

Eine wesentliche Änderung gegenüber dem Pachtvertrag war die Festlegung im § 8, dass der Kleingarten bei Rückgabe (sprich Nutzerwechsel) dem Spartenvorstand in einem ordnungsgemäß bewirtschafteten Zustand zurückzugeben war.

Von 1976 bis 1980 ging es bei der Gründung neuer Kleingartenanlagen etwas ruhiger zu.
Folgende Neuaufschlüsse waren zu verzeichnen:

1976	KGA „Helsinki“
1977	KGA „Kasper Ohm“
1978	KGA „Uns Frietied I“
	KGA „Uns Frietied II“
	KGA „Uns Frietied III“
	KGA „Oslo“
1979	KGA „Hanse“
1980	KGA „An der Mühle“

In diesem Zeitraum traten neue Beschlüsse und Verordnungen in Kraft. Die „Mahnung" Erich Honeckers „man müsse damit aufhören, den Kleingärtnern ihre Gärten zu nehmen" führte auch in Rostock zu konkreten Ergebnissen.
Dafür steht als Beispiel die KGA „Am Stadtpark" von 1976/77.
Im Rechenschaftsbericht des Vorsitzenden der Sparte „Am Stadtpark" vom 11. Februar 1977 sind folgende Zeilen zu lesen:

„Ende Mai 1976 wurde mir vom Kreisverband mitgeteilt, daß IKN entsprechend der protokollarischen Festlegung aus dem Jahre 1972, wonach die Anlage ‚Am Stadtpark' Interessengebiet des VEB IKN ist, jetzt das Gelände in Anspruch nehmen möchte. Ich wurde gebeten, die Mitglieder hiervon in Kenntnis zu setzen und die notwendigen Schritte für eine Räumung in die Wege zu leiten. Darauf wurde eine Mitgliederversammlung durchgeführt und einige Mitglieder beauftragt, mit dem Vorstand zusammen eine Eingabe auszuarbeiten, die an den Kreisverband und an den Rat der Stadt geleitet wurde.
Zwei Beratungen mit allen Beteiligten beim VEB IKN führten nicht zu den erforderlichen Ergebnissen. Darauf wurde eine weitere Eingabe an die Bezirksparteileitung gegeben. Im Ergebnis dieser Eingabe wurde letztlich die Kündigung und Schätzung der Gärten eingeleitet. Erst eine Eingabe des Gartenfreundes Dr. Wyremba an das Oberste Gericht der DDR und (wenn ich richtig informiert bin) ein Schreiben an das ZK führten kurzfristig zu dem Ergebnis, daß unsere Anlage weiter bestehen bleibt. Ich möchte mich an dieser Stelle für die Initiative des Gartenfreundes Dr. Wyremba im Namen aller Mitglieder bedanken."

Winter 1979 in der Kleingartenanlage „Uns Frietied III"

Soweit aus dem Bericht, aber was war geschehen?
Gartenfreund Werner Konietzke, langjähriger Vorsitzender des Kleingartenvereins „Am Stadtpark", der dankenswerterweise zahlreiche Fakten zu Ereignissen in diesem Kapitel zusammengetragen hat, berichtete:

„Die Sparte ‚Am Stadtpark' hatte schon 1968 von ihren 52 Gärten sechs Parzellen für einen Parkplatz abgeben müssen. 1972 forderte der Volkseigene Betrieb (VEB) Instandsetzungs-Kombinat Nord (IKN) die Aufgabe von weiteren 20 Gärten für eine Reparaturhalle mit Verwaltungsgebäude und Parkplatz. Jetzt wollten sie den Rest der Anlage auch noch haben, weil sie die 2. Schicht einführen wollten und meinten, den Parkplatz in seiner Fläche verdoppeln zu müssen. Das sahen die Gartenfreunde als Kündigungsgrund nicht ein. Alle Eingaben an die Stadtplankommission, den Kreisvorstand des VKSK und an die Bezirksleitung der SED halfen nicht. Erst die genannte Eingabe des Gartenfreundes Dr. Wyremba an das Oberste Gericht der DDR und an das ZK der SED führten dazu, dass am 25. Januar 1977 in der SED-Bezirksleitung gegenüber den Vertretern der Kleingärtner und des IKN entschieden wurde, daß die Gärten bleiben konnten."

Man kann nur vermuten, dass im Parteiapparat zu diesem Zeitpunkt bereits die entsprechenden Inhalte für die Beschlüsse und Verordnungen vom 3. August 1977 und 15. September 1977 zur Förderung des Kleingartenwesens bekannt waren.
Mit dem Beschluss des Ministerrats der DDR vom 24. Juli 1978 gab es nun eine vorgeschriebene Verfahrensweise zur Standortplanung und Standortfestlegung, zur Wahrung städtebaulicher

und landschaftsgestaltender Belange, zur äußeren und inneren Erschließung und zur Gewährleistung eines harmonischen Gesamtbildes neuer Kleingartenanlagen.
Einen Beweis dafür liefert die Aufgabenstellung zur Errichtung der Kleingartenanlage „Oslo“ im Wohngebiet Lütten Klein vom 6. Juni 1978.
Schon in der Präambel heißt es:

„Die Anlage ist Bestandteil des öffentlichen Grüns unserer Stadt und soll zur Verbesserung der Umweltbedingungen im biologischen Sinne beitragen. Sie soll aber auch im Wohngebiet eine auflockernde Wirkung erzielen.“

Kurznachrichten in der GuK 1977 und 1978:

GuK/A Nr. 10/75:
„Gut vorangekommen mit der Einrichtung ihrer Anlage ist die Kleingartensparte „Binz“, Rostock, seit der Gründung vor 3 _ Jahren. Außenumzäunung und Wasserleitung sind fertiggestellt. Bis März 1975 wurden 168 Lauben gebaut. On diesem Jahr sollen je 100 m2 Gartenfläche schon 110 kg Obst und Gemüse erzeugt werden.
H. J.

GuK/A Nr. 5/79:
Elektrifiziert wird die Kleingartenanlage „Pütter Weg“, Rostock. Die 80 Gartenfreunde leisteten für dieses Vorhaben weit über 2.000 Stunden Gemeinschaftsarbeit.
F. A.

Nach der Aufzählung der verschiedenen Bebauungsparameter und anderen Aufgaben und Bedingungen wurde unter Punkt 8 festgelegt:

„Wer als Mitglied der Sparte die gefaßten Beschlüsse, das Statut und die Gartenordnung nicht beachtet oder sich gar widersetzt und trotz Belehrung und Ermahnung die Fehler nicht erkennen will, schließt sich aus der Gemeinschaft aus und erwirkt den Ausschluß aus der Sparte und die Abgabe der Kleingartenparzelle“

Die Vergabe einer frei werdenden Parzelle war kein Problem, die Wartelisten waren lang.
Mit dem o. g. Ministerratsbeschluss waren die neuen „Grundsätze für die Einrichtung und Nutzung von Kleingartenparks und Kleingärten“ des VKSK von 1976 auch staatlich anerkannt worden. Diese „Grundsätze“ wurden 1985 nochmals präzisiert und den erweiterten Bedingungen angepasst. Sie hießen dann „Grundsätze für die Einrichtung und Nutzung von Kleingartenanlagen, Kleingärten, Wochenendsiedlungen und Wochenendsiedlergärten“.
Hervorzuheben ist in den Grundsätzen von 1976 die Ausrichtung auf Kleingartenanlagen mit öffentlichem Naherholungsteil. Sie forderten, dass neue Kleingartenanlagen „als Bestandteile der öffentlichen Naherholung“ zu gestalten seien.
Immer klarer wurde bereits während der ersten Gründungswelle neuer Kleingartenanlagen in den 70er Jahren, dass die Kraft der Kleingärtner allein nicht ausreichte, so gewaltige Anlagen wie „Binz“, „Kopenhagen“ u. a. zu erschließen. Ohne Unterstützung durch Betriebe konnten viele Arbeiten nicht bewältigt werden. Diese Unterstützung war vielfältig und staatlich auch so gewollt.

Die Rostocker Stadtverordnetenversammlung beschloss im Juli 1977 die komplexe Entwicklung von Kleingärten durch eine langfristige Konzeption. Es wurden Interessengemeinschaften gebildet, bestehend aus Vertretern so genannter „Leitbetriebe“, Institutionen und den Kleingartensparten der jeweiligen Stadtteile.
Sie arbeiteten nach Jahresplänen, die vom Rat der Stadt bestätigt wurden. Daraus entstanden Verträge zwischen Sparten des Verbandes und verschiedenen Großbetrieben. Natürlich waren dann vorrangig Bewerber um einen Garten aus dem Betrieb beteiligt. Es gab auch „Patenbetriebe“ und „Patenbrigaden“. Bei der Vergabe der neuen Kleingärten wurde auch auf die zweckmäßige berufliche Zusammensetzung der neuen Kleingärtner geachtet, damit sozusagen alle erforderlichen Gewerke vertreten waren.

Eine zweite Gründungswelle setzte etwa 1980 ein. Je 20 Spartengründungen erfolgten in den Jahren 1981 bis 1985 und 1986 bis 1990, aber die durchschnittliche Parzellenzahl je Sparte betrug nur noch ca. 55. Ein Zeichen dafür, dass geeignetes Gartenland in Rostock knapp geworden war. Das zeigte sich bereits in der zweiten Hälfte der 70er Jahre, als die Neuaufschlüsse

zurückgingen, der Bedarf aber immer noch nicht befriedigt werden konnte.
Der Ministerrat der DDR fasste bereits am 15. September 1977 den „Beschluss über die Durchführung von Aufgaben und Maßnahmen zur Förderung der Tätigkeit des Verbandes der Kleingärtner, Siedler und Kleintierzüchter der DDR und der Initiative seiner Mitglieder".
Darin wurden solche wichtigen Festlegungen getroffen, wie:

Blick von der Kleingartenanlage „Fährhufe" auf die nördliche Altstadt 1988

- *„Ausgehend von den wachsenden Bedürfnissen ist die Anzahl der Kleingärten und Kleingartenanlagen, die durch Mitglieder des VKSK bewirtschaftet werden, zu erhöhen.*
- *Familien aus Berlin oder anderen Großstädten sind gegebenenfalls in den angrenzenden Kreisen mit geeigneten Flächen zu versorgen. Arbeiter, Werktätige mit erschwerten Arbeitsbedingungen und kinderreiche Familien haben Vorzug.*
- *Es sind Flächen auszuwählen, deren Nutzung als Garten langfristig gesichert ist und deren landwirtschaftliche Bewirtschaftung nicht oder nur unter ungünstigen Bedingungen möglich ist* [gemeint ist, dass der Einsatz von landwirtschaftlichen Großgeräten auf Rest- und Splitterflächen nicht möglich ist, Anm. d. A.]
- *Zusammenhängende Flächen ab 5.000 m² (ausreichend für 12 bis 15 Gärten), über die die Räte der Kreise, der Städte und Gemeinden auf der Grundlage eines Nutzungsvertrages verfügen und der individuellen Erholung dienen sollen, sind grundsätzlich für die Errichtung von Kleingartenanlagen zu verwenden.*
- *Grundsätzlich sind vorhandene Kleingartenanlagen und Kleingärten nicht für Investitionsvorhaben oder andere gesellschaftliche Vorhaben in Anspruch zu nehmen."*

In der GuK 12/1984 stand folgender kleiner Artikel:

„Neue Kleingärten
Auf dem verschilften Gelände des einstigen Warnowdeltas zwischen der Ingenieurhochschule für Seefahrt und dem Laakkanal eingangs von Warnemünde wird Unland urbar gemacht. Rund 60 Mitglieder der Anfang dieses Jahres gegründeten Kleingärtnersparte „An der Laak" wandeln den moorigen Boden mit viel Fleiß in fruchtbare Gärten um. Das ist nicht die einzige Fläche, die in diesem Jahr auf dem Territorium der Stadt Rostock für die Einrichtung von Kleingärten genutzt wird. Bis zum 35. Jahrestag der DDR wollen die örtlichen Staatsorgane der Kreisorganisation des VKSK Rest- und Splitterflächen anbieten, die für etwa 1.000 Gärten reichen. So besagt es eine Konzeption zur Entwicklung der Kleingärten, die unlängst vom Rat der Stadt beschlossen wurde. ‚Viele Bürger wünschen sich einen Kleingarten, weil er ihren Vorstellungen von Erholung und Entspannung entspricht', so Oberbürgermeister Dr. Henning Schleiff zum Engagement der Rostocker Stadtväter."

Im Zeitraum von 1981 bis 1985 entstanden folgende Kleingartenanlagen:

„Am Vorwedener Weg"	(1981)		
„Oldendorf"	(1981)	„Saßnitz"	(1984)
„Ostsee-Allee"	(1982)	„Hanne Nüte"	(1984)
„Ostseewelle"	(1982)	„Am Dorfteich"	(1984)
„Am Storchennest"	(1982)	„Fischerinsel"	(1985)
„Schmarler Damm"	(1982)	„Am Malbusen"	(1985)
„Jürgeshof"	(1982)	„Lichtenhagen I"	(1985)
„Südblick"	(1983)	„An'n Dragungraben"	(1985)
„An der Laak"	(1984)	„Burrkäwer"	(1985)
„Am Klostergraben"	(1984)	„An der Carbäk"	(1985)

Laube der Marke „Eigenbau", aus Paletten errichtet in der Kleingartenanlage „Lichtenhagen I"

KGA „Lichtenhagen I" 1985: Gräben für die Wasserleitungen und Elektrokabel wurden in Gemeinschaftsarbeit ausgeschachtet. Im Hintergrund die Häuser von Lütten Klein.
KGA „Lichtenhagen I" heute: Bäume, Blumen, Hecken und schöne grüne Rasenwege zieren die Anlage.

Das Gründungsmitglied des Kleingartenvereins „Lichtenhagen I", Arno Prangel, berichtet über die Gründungszeit:

„Am Rande des Wohngebietes Klein Lichtenhagen am Elmenhorster Weg wurde 1984 eine Rest- und Splitterfläche aus der landwirtschaftlichen Nutzfläche herausgelöst und künftigen Kleingärtnern übergeben. Am 21. November 1984 trafen sich 14 Gartenfreunde beim VKSK-Kreisvorstand Rostock-Stadt in der Viergewerkerstraße und erklärten sich bereit, im Vorstand und in der Revisionskommission mitzuarbeiten. Einige Wochen später war die Gründungsveranstaltung und man stelle sich vor, einige hatten schon den Spaten dabei. Der Name „Lichtenhagen I" war eigentlich ein Provisorium und sollte durch einen politischen Namen – als Novum für die Stadt und wahrscheinlich auch in der DDR – ersetzt werden. Der Vorstand hat sich so lange darüber Gedanken gemacht, bis es in Vergessenheit geriet…

Anfang 1985 waren die ersten Geldbeträge zu überweisen. 1 Mark pro Mitglied und Monat, 1,85 Mark Versicherung pro Parzelle sowie 1 Mark für die VKSK-Kreisschau. Der wichtigste Posten waren die 600 Mark Umlage je Parzelle für die Errichtung der Anlage mit Umzäunung, Außenbepflanzung, Leitungen für Wasser und Elektroenergie und zum Bau eines Pumpenhauses für die Wasserversorgung. 50 Stunden Aufbauarbeit wurden im ersten Jahr für jede Parzelle festgelegt. Sollten jedoch mehr notwendig sein, konnte der Vorstand diese Stundenzahl erhöhen. Mit viel Elan ging es los. Es gab ja auch viel zu tun. Vor allem musste geklärt werden, wie Baumaterialien beschafft werden konnten. Einfach hingehen und kaufen, war damals unmöglich. Es halfen nur schlichtweg Beziehungen. Die Umzäunung war 1985 fertig, die Begrünung rundherum angelegt, 1986 konnte die Wasserversorgungsanlage in Betrieb genommen werden. Finanzielle Unterstützung gab hierbei die Stadt, weil sie gleichzeitig als Notwasserversorgung für Lütten Klein gedacht war. Für die Errichtung der Gartenlauben wurde zum 1. August 1985 eine globale Baugenehmigung erteilt. Fertigteillauben und Eigenkonstruktionen in Leichtbauweise durften errichtet werden… Es kann mit Fug und Recht gesagt werden, dass eine schmucke, gut geführte Anlage entstand, die sich sehen lassen kann."

Von 1986 bis 1990 folgten die Kleingartenanlagen:

„Am Meer des Friedens"	(1986)
„Werftblick"	(1986)
„Hellbachtal"	(1986)
„Uns Lütt Eck"	(1986)
„Carbäktal"	(1986)
„Am Südrand"	(1987)
„Mooskuhle I"	(1987)
„An der Heide"	(1987)
„In de Süld"	(1988)

„Kassebohmer Weg“	(1988)
„Beim Schinkenkrug“	(1988)
„Mönchort“	(1988)
„Uns Husgorden“	(1989)
„Schutower Moorwiesen“	(1989)
„Am Warnowpark“	(1989)
„De Plantage“	(1989)
„Am Laakkanal“	(1990)
„A.-Kivi-Str.“	(1990)
„Dierkower Hang“	(1990)
„An der Kurve“	(1990)

Erste Johannisbeerernte in der Kleingartenanlage „An der Carbäk“ im Sommer 1986

Bei der Urbarmachung der Kleingartenanlage „Am Dorfteich“ 1984/85: Abmessen, Pflöcke einschlagen und kontrollieren – alles musste stimmen! Und schon wurde umgegraben…

Darüber, wie sehr die Stadt Rostock bemüht war, Gartenland für neue Kleingärten bereitzustellen, berichtete der damalige Rostocker Oberbürgermeister, Dr. Henning Schleiff, auf der 17. Tagung des Zentralvorstandes des VKSK 1986 in Rostock[1]:

„Aus dem pulsierenden gesellschaftlichen Leben unserer Stadt lassen sich die 24.500 Mitglieder des VKSK nicht wegdenken. Beachtlich sind die Erträge, die Gärten und Kleintierhaltung auch in Rostock hervorbringen und für die Versorgung über den Handel wirksam werden, nicht gerechnet der Eigenverbrauch in den Familien.
Für uns als Kommunalpolitiker ist dies von besonderem Gewicht. Aber ebenso wichtig ist uns, daß mit den Kleingartenanlagen – 125 mit 14.314 Parzellen sind es jetzt – wunderschöne Oasen, vor allem auch am Rande unserer Neubaustadtteile, entstanden. Sie gereichen nicht nur den Mitgliedern des Verbandes, sondern vielen, vielen Rostockern und ihren Gästen zur Freude und tragen wesentlich dazu bei, die Stadtlandschaft schön zu gestalten. 28 von ihnen sind als Naherholungsgebiete staatlich anerkannt.
Von 1981 bis 1985 wurden für die Erweiterung und Neuschaffung von Anlagen des VKSK in Rostock 89,42 ha Fläche zur Verfügung gestellt. Dadurch erhielten 2.245 Familien einen Kleingarten. Unmittelbar vor dem XI. Parteitag der SED übergaben wir offiziell die Anlage ‚Werftblick‘. Dort

[1] Einmal im Jahr tagte der Zentralvorstand des VKSK in einem jeweils anderen Bezirk der DDR.

GuK 9/86 Seite 2

Schiffbauerfamilie erhielt 50 000. Garten des Bezirks Rostock

„Viel Freude, aktive Erholung für die ganze Familie, Entspannung nach getaner Arbeit und gute gärtnerische Erfolge!" Mit diesen Wünschen übergab unmittelbar vor Beginn des XI. Parteitages der SED der Stellvertreter des Vorsitzenden des Rates des Bezirkes Rostock, Johannes Goetzie, in Warnemünde den 50 000. Kleingarten der Bezirksorganisation des VKSK Rostock.
Er liegt in der neuen Anlage „Werftblick", die in enger Zusammenarbeit mit der Warnowwerft entstand. Glücklicher Besitzer des „50 000." ist die kinderreiche Familie Pogorel. Axel Pogorel leistet als Schweißer in der Werft hervorragende Arbeit.
Siegfried Konrad, Sekretär des VKSK-Bezirksvorstandes Rostock, überreichte der jüngsten Kleingärtnerfamilie einen Scheck zur Erstausstattung mit Gartengeräten und Pflanzgut als Präsent

erhielt der Arbeiter der Warnowwerft Axel Pogorel den 50.000. Kleingarten unseres Bezirkes. Hier ist eine Fläche, von der vorher niemand gewagt hätte zu sagen, daß aus ihr Kleingärten werden können. Es war allerdings nötig, rund 10.000 Kubikmeter Boden, sowohl Füll- als auch Mutterboden, heranzuschaffen. Dazu hat die Warnowwerft aus ihren Fonds beträchtliche Mittel zur Verfügung gestellt, und auch der Rat hat entsprechend unterstützt.
Die Kleingartenanlagen ‚Helsinki' und ‚Oslo' am Rande des Stadtteils Lütten Klein entstanden beispielsweise auf ehemaligen Beton- und Bauschuttkippen. Der Rat der Stadt stellte für die Urbarmachung 380.000 Mark aus dem Volksvertreterfonds zur Verfügung. Heute ist von der ehemaligen Kraterlandschaft nichts mehr zu sehen.
Solche Flächen nutzbar zu machen, bleibt weiterhin unser Ziel. Dadurch sollen bis 1990 etwa 2.500 neue Gartenparzellen für den VKSK entstehen. Wir haben uns gemeinsam mit allen Verantwortlichen dazu eine genaue Übersicht erarbeitet.
Darüber hinaus wollen wir gemeinsam mit den Genossen der Landwirtschaft weitere Flächen für die kleingärtnerische Nutzung unmittelbar in der Stadt erschließen. Wir freuen uns aber auch darüber, daß durch den Rat des Bezirkes und die Räte unserer Nachbarkreise Voraussetzungen geschaffen werden, um in den kommenden Jahren für weitere etwa 1500 Rostocker Familien dort Kleingärten zur Verfügung zu stellen".

Zielstellung des Kreisvorstandes des VKSK Rostock-Stadt war die Schaffung von 2.400 bis 2.500 Gärten bis zum Jahr 1990 mit einer durchschnittlichen Größe von 280 bis 300 m². Die Bereitstellung geeigneter Flächen war folgendermaßen vorgesehen:

Jahr	Anzahl der Parzellen
1987	410
1988	725
1989	700
1990	575
gesamt:	2.410

Konkret war diese Zielstellung im Beschluss des Rates des Bezirkes vom 19.12.1986 in der „Konzeption zur Errichtung von Kleingärten für Bürger der Stadt Rostock von 1986 – 1990" verankert. Verstärkt wurde auf die Unterstützung durch Betriebe orientiert, wodurch dann vorrangig Betriebsangehörige einen Garten erhielten.
1986 bestanden 12 solcher mit betrieblicher Unterstützung auf Rest- und Splitterflächen angelegte Anlagen, z. B. sollen in der KGA „Werftblick" ca. 240 Betriebsangehörige der Warnowwerft und in der Anlage „Am Klostergraben" ca. 70 Mitarbeiter des VEB Jugendmode „Shanty" Rostock einen Kleingarten bekommen haben.
Insgesamt entstanden im Stadtgebiet von Rostock in den Jahren von 1960 bis 1990 annähernd 8.300 Kleingärten auf etwa 333 Hektar.
Trotz der annähernd 8.300 neuen Gärten in Rostock und ca. 2.050 Kleingärten, die bis 1990 in den Nachbarkreisen Doberan (891), Ribnitz-Damgarten (432) und Rostock-Land (730) an Rostocker Bürger vergeben wurden, konnte das Ziel, allen Gartenanwärtern einen Kleingarten zuzuweisen, nicht erreicht werden.
Bezifferte der Kreissekretär Alm die Zahl der Wartenden 1966 mit 200, so standen 1989 beim Kreisvorstand ca. 4.500 Namen auf der Warteliste. Weitere 1.500 Anträge lagen bei den Spartenvorständen vor. Alle warteten auf eine „Ausreise ins eigene Grün".

Im Grunde genommen war ja ein Kleingarten mit seinen jährlichen „Betriebskosten“ durchaus auch erschwinglich, wenn man von den Erschließungskosten absieht, die natürlich jeder größtenteils selbst tragen musste, hauptsächlich durch Umlagen. Durchschnittlich bezahlte ein Rostocker Kleingärtner für seinen 300 m² großen Kleingarten 1985:

Pacht	2 Pfennig/m² im Jahr
Mitgliedsbeitrag	1,– Mark je Mitglied im Monat
Versicherungsbeitrag	1,85 M/Parzelle im Jahr
Elektroenergie	8–10 Pfennig/KWh
Trinkwasser	45 Pfennig/m³

Das Rentnerehepaar Elfriede und Walter Jürn in seinem Kleingarten im August 1985

Die Gartenlauben

Ein ganz besonderes Kapitel in der Entwicklung der Rostocker Kleingärten sind die Gartenlauben. Bis in die 60er Jahre hinein wurden sie nur in einfacher Bauweise zum Unterstellen der Kleingärtner bei schlechtem Wetter und zum Aufbewahren der Gartengeräte und der Ernteprodukte geduldet bzw. erlaubt.
Das Wohnen in der Gartenlaube war damals wie auch heute nicht erlaubt – bis auf die bekannten Ausnahmen während des Krieges für Ausgebombte und nach dem Zweiten Weltkrieg für die mit Wohnungszuweisung Eingewiesenen.

Mit dem Aufbau neuer Gartenanlagen etwa ab 1960 wurden die Bestrebungen der neuen Kleingärtner immer stärker, die Gartenlauben attraktiver und räumlich größer zu gestalten. Das ging nicht ohne Widerstände. So wurden 1966 beim Aufbau der Anlagen „Goldwiese“ und „Prof. Lauremberg“ bereits 15 m² Grundfläche vorgegeben, was als Richtwert auch bis etwa 1971 beibehalten wurde. Das kam den meisten Parzellenpächtern doch etwas mickrig vor, gemessen an dem damaligen Niveau des neuen Wohngebietes Südstadt. Da ist es nicht verwunderlich, dass es Bestrebungen gab, größer und besser zu bauen. Dies war bis zum Ende der DDR jedoch stets ein Materialproblem, weniger ein finanzielles Problem der Kleingärtner und deshalb wurde die Größe und Gestaltung der Gartenlauben – auch wie in „alten Zeiten“ – nicht dem Willen und Können der Kleingärtner allein überlassen.

Archivdokumente bestätigen, dass in den 60er Jahren längere Auseinandersetzungen mit der Abteilung Staatliche Bauaufsicht beim Rat der Stadt um Zuständigkeiten, Laubengröße, Bauanzeigepflicht und Bauantragspflicht durch den Kreisverband Rostock geführt werden mussten. Grundsätzlich war es so, dass gemäß § 21 der Deutschen Bauordnung alle Bauwerke zwischen 5 und 25 m² Grundfläche anzeigepflichtig waren. Erst nach Zustimmung der Staatlichen Bauaufsicht durfte mit dem Bau der Lauben begonnen werden. Da dieses anscheinend in mehreren Fällen nicht eingehalten wurde, drohte der Leiter der Staatlichen Bauaufsicht entsprechende Ordnungsstrafverfahren und die Abrissverfügung dieser „Schwarzbauten“ an.

Der Kreisverband des VKSK wies die Spartenvorsitzenden deshalb mit Schreiben vom 27. Juni 1966 auf den Verfahrensweg hin:

„Für eine Gartenlaube reicht der Grundriß bis 16 m² bzw. im Sonderfall bis zu 25 m² aus. Wir weisen ausdrücklich darauf hin, daß vor Baubeginn bei Bauten bis zu 5 m² Grundriß stets die Zustimmung des Spartenvorstandes, bei Bauten von 5 bis 25 m² Grundriß die Zustimmung des Sparten-

vorstandes, des Kreisverbandes und der Staatlichen Bauaufsicht (anzeigepflichtig mit Gebührenzahlung), bei Bauten über 25 m² die baupolizeiliche Genehmigung der Staatlichen Bauaufsicht mit Gebührenzahlung vorliegen muß".

Die Abteilung Staatliche Bauaufsicht beim Rat der Stadt Rostock hat aber die Kleingärtner anscheinend sehr lange auf die Bauzustimmung warten lassen, denn 1967 beschwerte sich der Kreisverband.

„Bedauerlicherweise wurden die eingereichten Anträge bis heute nicht beantwortet. Wenn unsere Mitglieder auf Antwort der Staatlichen Bauaufsicht gewartet hätten, so würden heute noch die provisorischen Gartenhäuser wie im Mai 1966 dort stehen. Jetzt aber spricht man von Schwarzbauten und droht mit Bestrafung in Höhe von 300,– bis 500,– MDN.

Der Abt. Städtebau bzw. Staatl. Bauaufsicht ist der Beantwortungszeitraum einer Bauanzeige doch bekannt. Ist der Zeitraum von 1966 bis 12. September 1967 nicht wirklich weit überzogen?"

Bau einer Fertigteillaube Ende der 70er Jahre

Man hatte sich also im Kreisverband Rostock für eine Laubengröße von höchstens 16 m² entschieden, Anbauten als grundsätzlich nicht zulässig festgelegt und den Laubentyp „G. 777" – 16 m², aus Holz, Leichtbauplatten oder Ziegelmauerwerk mit Pultdach, Traufenhöhe 2,35 m (vorn) und 2,10 m (hinten), Haustiefe 3,30 m – für alle Kleingartenanlagen in Rostock-Stadt und Rostock-Land bevorzugt.

Im Beschluss des Rates des Bezirkes vom 29. November 1968 über „Grundsätze zur Entwicklung von Kleingartenanlagen im Rahmen der perspektivischen Gesamtentwicklung der Städte und Gemeinden" wurde festgelegt:

„Die Grundfläche einer Gartenlaube darf 15 m² nicht überschreiten. Auf dieser Grundlage sollen die Räte der Städte und Gemeinden den Stadtarchitekten bzw. Bauaktivs in den Gemeinden im Zusammenwirken mit den Kreisverbänden das Genehmigungsrecht für den Bau von Gartenlauben übertragen."

Damit konnte der Kreisverband selbst später teilweise entsprechende Verantwortung übernehmen.

Mit den „Grundsätzen für die Errichtung und Nutzung von Kleingartenanlagen und Kleingärten" – als Beschluss des Zentralvorstandes des VKSK von 1971 – wurde einheitlich eine Laubengröße von 25 m² zugelassen, aber „An- und Aufbauten sowie Nebengebäude wie Garagen, Schuppen, Geräteräume, freistehende Toiletten usw. sind nicht zulässig".

In diesen Grundsätzen wurde erstmals auf mehrere Typen von Gartenlauben verwiesen, die vom Zentralvorstand herausgegeben wurden. Das war der Anfang der späteren so genannten Fertigteillauben (Typenbauten), die teilweise auch in Massivbauweise (Mauerwerksbau) individuell ausgeführt wurden.

Zur Ostseemesse 1972 wurden die ersten Modelle verschiedener Laubentypen gezeigt.

1976 und 1985 wurden diese „Grundsätze" neu gefasst und damit weitere Laubentypen eingeführt. Wichtig für die Kleingärtner war, dass auf der Grundlage der „Verordnungen des Ministerrates der DDR" von 1972 und 1984 die Stadtverordnetenversammlungen am 23. Dezember 1977 und 18. Dezember 1984 jeweils eine „Ordnung für die Errichtung und Nutzung von Gartenlauben im Stadtgebiet Rostock", kurz „Laubenordnung", erließ. Darin wurde die Bauzustimmung dem Stadtbaudirektor übertragen. Erleichternd für die Antragstellung bei Neuanlagen waren die Globalbaugenehmigungen sowie die Berufung der ehrenamtlichen Bauaktive der Kleingartenanlagen.

Ab 1987 wurden den Vorständen der Kleingartensparten und ihren ehrenamtlichen Bauaktivs weitere Befugnisse zum Laubenneubau übertragen. 1985 wurde die magische Zahl der 25-m^2-Laube bereits auf 30 m^2 Grundfläche erhöht und 1989/90 waren dann sogar 40 m^2 möglich, wenn dazu in den KGA von beschlussfähigen Mitgliederversammlungen ein mehrheitlicher Beschluss gefasst worden war. Es blieb allerdings bei der bisherigen Festlegung, dass die Größe der Gartenlaube 10 Prozent der Gartenfläche nicht überschreiten durfte.

Laube vom Typ B 26 im Rohbau

Auf die Vielfalt der Fertigteillauben kann im Rahmen dieser Darlegungen leider nicht eingegangen werden. Es ist jedoch so, dass 1990 in den Kleingartenanlagen der 80er Jahre höchstens vier verschiedene Laubentypen das Gesamtbild prägten, während in den älteren Anlagen durch die Vermischung von alten und neuen Typen eine größere Vielfalt vorhanden war.

Das Pultdach war vorherrschend und nicht nur aus materialökonomischen Gründen vorgegeben. Dem Vernehmen nach soll das nicht gewünschte Satteldach auch mit dem Grenzgebiet Ostseeküste zu tun gehabt haben…

Auch wenn sich vielleicht der eine oder andere Bewerber doppelt eingetragen hatte, so kann man trotzdem mit Fug und Recht feststellen: Rostock war eine „Stadt der Kleingärtner" und ist es auch nach 1989 geblieben.
Die fleißige Arbeit der Rostocker Kleingärtner beim Aufbau neuer Kleingartenanlagen, bei der Pflege nicht unerheblicher Anteile am Rostocker Stadtgrün, und nicht zuletzt bei der Produktion von Obst und Gemüse für sich selbst und die Rostocker Bevölkerung musste natürlich auch mit den entsprechenden moralischen – weniger finanziellen – Mitteln immer wieder aufs neue angeregt werden.

Historische Gartenlauben in der KGA „Dr. E. Heydemann", in den 80er Jahren

Ehrungen und Auszeichnungen

Der Mensch lebt nicht vom Brot allein…
Zum Zweck der Anerkennung und Würdigung gab es in der DDR ein umfassendes System von staatlichen Auszeichnungen. Auch der VKSK leistete sich wie alle Massenorganisationen verbandsinterne Würdigungen verschiedener Art, u.a. auch nicht staatliche Auszeichnungen. Dazu kamen spezifische gesellschaftliche Anerkennungen im Rahmen der Nationalen Front sowie der Städte und Gemeinden.

Ehrenplakette zum 25. Jahrestag des VKSK, 1984

Der Vorsitzende des Zentralvorstandes des VKSK wurde 1969 mit dem „Vaterländischen Verdienstorden“ in Bronze ausgezeichnet, während der VKSK als Gesamtverband 1979 und 1988 mit dem „Vaterländischen Verdienstorden“ in Gold geehrt wurde.
Die staatlichen Auszeichnungen „Aktivist der sozialistischen Arbeit“ und „Kollektiv der sozialistischen Arbeit“ konnten auch an Kleingartensparten oder einzelne Kleingärtner verliehen werden.
Ehrungen und Auszeichnungen sind im Kleingartenwesen nichts Neues gewesen, es gab sie bereits in den Jahren vor 1945, aber kaum in der Fülle und Verschiedenheit wie zwischen 1959 und 1990.

Ehrenplakette zum 30. Jahrestag des VKSK, 1989

1961 wurden die Richtlinien aus den fünfziger Jahren zur Verleihung von Ehrennadeln und Urkunden verändert und ergänzt. Neu gefasst wurden sie dann durch eine „Ordnung des Verbandes der Kleingärtner, Siedler und Kleintierzüchter zur Auszeichnung verdienter Mitglieder und Sparten des Verbandes“ des Präsidiums des Verbandes vom 21. August 1974, die ab 01.01.1975 gültig war.

Die Ehrennadel des Verbandes

Danach gab es folgende Auszeichnungen:
Die Ehrennadel des Verbandes
Die Ehrennadel der Fachrichtung Kleingärtner und Siedler
(jeweils Bronze, Silber, Gold)
Die Urkunde für langjährige Mitgliedschaft (25 Jahre)
Die Urkunde für langjähriges Bestehen einer Sparte (50 Jahre oder 100 Jahre)

Die Ehrennadel der Fachrichtung Kleingärtner und Siedler

Weitere Ehrungen waren:
Die Ehrenplakette des Zentralverbandes des VKSK
Die Ehrenplakette zum 20. Jahrestag des VKSK

In den 80er Jahren kam es zu weiteren Ergänzungen, u. a.
Die Ehrenplakette zum 25. Jahrestag des VKSK
Die Ehrenplakette zum 30. Jahrestag des VKSK

Daneben gab es verschiedene Urkunden:
- Für hervorragende Leistungen Dank und Anerkennung des Zentralvorstandes
- Für hervorragende Leistungen im sozialistischen Wettbewerb (verschiedene Formen)
- Hervorragendes Spartenkollektiv

Der 1. Vorsitzende des Kreisvorstandes des VKSK Rostock-Stadt, Frido Schomacker, und der Vorsitzende der KGA „Uns Frietied III“, Klaus Walter Kühndel (r), überreichen Gartenfreund Hans Vette eine Urkunde. Foto aus den 80er Jahren

- Bester Kleingärtner
- Für ausgezeichnete Leistungen
- Für Verdienste um die antiimperialistischer Solidarität
- Mach mit! – Schöner unsere Städte und Gemeinden

Die Richtlinien des Kreisvorstandes Rostock-Stadt des VKSK für eine Spartenauszeichung sahen folgendermaßen aus:

„Die Sparten, die den Antrag auf Anerkennung als ‚Hervorragendes Spartenkollektiv des VKSK' stellen, haben folgende Anforderungen zu erfüllen:
- *Die Sparte hat ein auf hohem Niveau stehendes Spartenleben entwickelt. Es finden regelmäßig Mitgliederversammlungen, Schulungsveranstaltungen, populärwissenschaftliche Vorträge und gesellige Mitgliederveranstaltungen statt. Die Sparte trägt dazu bei, die Freundschaft zur Sowjetunion zu vertiefen und übt aktive Solidarität.*
- *Die Beziehungen der Mitglieder der Sparte sind vom Geist der kameradschaftlichen Zusammenarbeit und der gegenseitigen Hilfe bestimmt, in denen Erscheinungen des Individualismus keinen Raum finden, die Mitglieder legen eine hohe gesellschaftliche Aktivität an den Tag, die Sparte beteiligt sich erfolgreich an der Wettbewerbsbewegung im VKSK.*
- *Die Sparte entwickelt ein niveauvolles, reges geistig-kulturelles Leben für die Mitglieder und deren Familien, sie trägt durch Ausstellungen, Garten- und Kinderfeste u.a. kulturelle Veranstaltungen zu einem kulturellen sozialistischen Gemeinschaftsleben bei. Die Sparte, sofern sie über ein Kultur- oder Spartenheim verfügt, beteiligt sich am Leistungsvergleich der Kultur- und Spartenheime des VKSK.*
- *Die Sparte trägt entsprechend ihren Möglichkeiten und Bedingungen wirkungsvoll für die Naherholung der Bürger ihres Territoriums bei.*
- *Die Sparte leistet entsprechend ihren Bedingungen einen hohen Beitrag für die Versorgung der Bevölkerung mit pflanzlichen und tierischen Erzeugnissen aus den Klein- und Siedlergärten bzw. aus der Kleintierzucht oder -haltung und erschließt für diese Aufgaben ständig neue Reserven.*
- *Die Sparte arbeitet eng mit dem örtlichen Staatsorgan und dem Ausschuss der Nationalen Front zusammen, sie beteiligt sich aktiv an der politischen Massenarbeit und an der Gestaltung der materiellen und kulturellen Lebensbedingungen im Wohngebiet, sie arbeitet beständig an Objekten der VMI (Volkswirtschaftlichen Masseninitiative).*

Urkunde

Walter Jörn

wird die Anerkennung

BESTER KLEINGÄRTNER

der Sparte Kreisvorstand Rostock-Stadt

im sozialistischen Wettbewerb des VKSK ausgesprochen

Rostock, den 24. .1986

Ort, Datum

Vorsitzender

URKUNDE

Solidarität jetzt erst recht

FÜR AUSGEZEICHNETE LEISTUNGEN ANTIIMPERIALISTISCHER SOLIDARITÄT WIRD

Kleingartenanlage

„Am Stadtpark"

DANK UND ANERKENNUNG AUSGESPROCHEN

Berlin, im Jahre 1980

Präsident

Ein Schild am Gartentor verkündet die „Auszeichnung für gute Pflege des Gartens 1984"

Sehr begehrt war die Anerkennung als „Staatlich anerkannte Kleingartenanlage der Naherholung". Sie wurde verliehen im Rahmen des Wettbewerbs unter der Losung „Schöner unser Rostock – Mach mit". (siehe hinteren Inneneinband)

Bis 1987 wurde in Rostock 58 Kleingartenanlagen der Titel als staatlich anerkanntes Naherholungsgebiet zuerkannt.

Aus der Vielzahl der jährlichen Ehrungen und Auszeichnungen können leider nicht alle vorgestellt werden, da dem Autor entsprechende Unterlagen nicht zur Verfügung standen, wie überhaupt für die Zeit des VKSK in Rostock dem Verband der Gartenfreunde e. V. der Hansestadt Rostock so gut wie keine Nachweise über die Tätigkeit des Kreisvorstandes und seiner

Sparten erhalten geblieben sind. Der allgemeinen Praxis in der DDR folgend, haben für die vorgestellten Leistungen der Rostocker Kleingärtner in den 30 Jahren VKSK aber bestimmt viele Einzel- und Kollektivleistungen in den Sparten ihre Würdigung bekommen. Und zu Recht. Die „Auszeichnungsbilanz" der Kleingartensparte „Otto Kuphal" von 1980 bis 1988 liefert stellvertretend für alle Sparten eine Übersicht für die Anerkennung der unterschiedlichen Einzelleistungen.

„Auszeichnungen in der KGA „Otto Kuphal" in den Jahren 1980 bis 1988 für verdienstvolle Verbandsarbeit

Mit der Ehrennadel des VKSK in Bronze wurden geehrt:

1980	Bruno Klechowitz
1980	Wilhelm Just
1982	Heinz Dalgow
1983	Hubert Grosch
1984	Paul-Erich Krüger
1984	Karl-Georg Krüger
1984	Rolf Witzmann
1984	Hans Plottke
1985	Hedwig Basler
1988	Anni Glaisner
1988	Willi Putzier

Mit der Ehrennadel des VKSK in Silber wurden geehrt:

1980	Wolfgang Bockholdt
1980	Otto Gäth
1982	Jürgen Baade
1982	Herbert Clasen
1982	Rolf Laser
1982	Gerhard Albrecht
1983	Fred Drews
1984	Herbert Basler
1984	Wilhelm Just
1986	Bruno Klechowitz
1986	Hugo Fuchs
1984	Werner Bockholdt

Mit der Ehrennadel des VKSK in Gold wurden geehrt:

1984	Otto Gäth
1988	Wolfgang Bockholdt

Sparten- und Vereinsheime

Eine besondere Rolle spielten die Spartenheime. Früher hießen sie Vereinsheime und so werden sie auch seit 1990 wieder genannt.

Bis etwa 1970 war ihre Notwendigkeit staatlich nicht anerkannt und deswegen gab es auch keine Förderung. Erst nach 1970 mit dem Aufbau der großen Kleingartenanlagen am Rande der neuen Stadtteile wurde die Aufgabe der Spartenheime in Verbindung mit den kulturellen Erfordernissen des Wohnumfeldes erkannt. Am 21. Juni 1982 wurde diese Funktion der Spartenheime in einem Beschluss des Sekretariats des ZK der SED „Über die Aufgaben der Kulturhäuser und

Klubs in der entwickelten sozialistischen Gesellschaft" festgelegt und damit letztlich die „Richtlinie für die Nutzung und Bewirtschaftung der Kultur- und Spartenheime des Verbandes der Kleingärtner, Siedler und Kleintierzüchter" des Präsidiums des VKSK vom 16. März 1977 anerkannt.

Darin hieß es u.a.:

„Den Mitgliedern und ihren Familien sowie den Besuchern unserer Naherholungsgebiete sollen sie durch niveauvolle Einrichtung und gastronomische Betreuung, Erholung und Entspannung bieten... Ihre Hauptfunktion besteht darin, das sozialistische Gemeinschaftsleben im Verband zu fördern und einen Beitrag zur Herausbildung sozialistischer Persönlichkeiten sowie zur Ausprägung sozialistischer Lebensweise zu leisten."

Ein „Maibaum" konnte selbst im Juli noch von den Kindern erklommen werden.

Aufstellen zum Roller-Rennen vor dem Spartenheim. Kinderfest in der KGA „Edelweiß", 1983

Von der GST organisiert: Schießstände für Jungen und Mädchen

Kinderfest Ende der 80er Jahre

1987 gab es in den Rostocker Kleingartenanlagen 36 Spartenheime. Der Bau von Spartenheimen wurde wie alles in der DDR geplant und bilanziert. Baukapazität der volkseigenen Betriebe konnte nicht eingesetzt werden, wenn man von speziellen Gewerken absah. Die allgemeine Planung sah zu diesem Zeitpunkt jährlich den Bau von zwei Spartenheimen vor, was aber nicht realisierbar war, auch wenn meistens nur Abbruchmaterial verwendet wurde.

Wenn hier auf die ehemaligen und heutigen Sparten- bzw. Vereinsheime nicht näher eingegangen werden kann, so soll auf jeden Fall erwähnt sein, dass sie wesentlich zur Festigung der jeweiligen Gemeinschaft von Kleingärtnern beigetragen haben. Sie waren Mittelpunkt aller Geselligkeiten in der Sparte wie Gartenfeste, Kinderfeste, Jubiläumsfeiern verschiedenster Art, Ausstellungen und vieles andere mehr.

Klein, aber oho – unser neues Kulturhaus

Klein, aber oho, hört man oft Gäste sagen, wenn sie unsere Kleingartenanlage „Edelweiß“ mit dem neuen schmucken Kulturhaus in Rostock-Reutershagen besuchen. Die 72 Gartenfreunde haben in über 3000 freiwilligen Arbeitsstunden nicht nur für sich selbst, sondern auch für viele Besucher eine Perle der Naherholung geschaffen.

Die Idee hatte Kurt Schulz, unser Vorsitzender. „Laßt uns zum 30. Geburtstag der DDR die alte häßliche Baracke umkrempeln, wir bauen uns daraus ein gemütliches Kulturhaus“, meinte er im vergangenen Jahr auf einer Vorstandssitzung. Inzwischen fanden hier schon Hochzeitsfeiern, Disko, Preisskate und andere Veranstaltungen statt, so daß auch das kulturelle Leben im Jubiläumsjahr unserer Republik einen Aufschwung nahm.

Was wir uns noch vorgenommen haben bis zum 7. Oktober? Natürlich wollen wir hohe Erträge ernten, um der Bevölkerung zusätzlich frisches Obst und Gemüse anbieten zu können. Jedes Mitglied leistet zwölf weitere freiwillige Arbeitstunden. Alle wetteifern um den schönsten Garten, und ein Veteranenklub erhielt wieder kostenlos viele Kilo Erdbeeren.

Übrigens hat unsere Gartenanlage, die fast 50 Jahre alt ist, auch gute Traditionen in der Arbeiterbewegung. In den düsteren Jahren des Faschismus trafen sich hier oft Arbeiter der Neptunwerft und Mitglieder der Anlage im alten Vereinshaus zur illegalen Arbeit. Hier wurden Flugblätter entworfen, Nachrichten für Widerstandsgruppen weitergeleitet und vieles mehr. Ständig versuchten die Nazis, Spitzel in die Gartenanlage einzuschleusen, was die Arbeiter der Werft meistens durchschauten.

Hans-Jochen Vandrey, 251 Rostock

Immer was los im Klubhaus „John Brinckman“

Erika Biastock, Vorsitzende der Kleingärtnersparte „Schöne Aussicht“ Rostock

Unser Spartenheim — gern besucht von vielen Bürgern

Der folgende Pressebericht kündet von der Beliebtheit dieser Lokalitäten.

Kleingärtnersorgen und Kleingärtnerfreuden

Mit welchen Problemen sich die Spartenvorstände oftmals herumschlagen mussten, zeigen zum Beispiel die folgenden Auszüge aus dem Protokollbuch der Sparte „Am Stadtpark“.

- „Auseinandersetzung mit dem Betonwerk wegen zu großer Staubbelästigung beim Entladen der Waggons.
- Zusage des Kreisvorstandes, die Anlage bei der Zuteilung von Draht zu berücksichtigen.
- Auseinandersetzung und Klärung der Begriffe Gemeinschaftsarbeit in der Anlage und Aufbauarbeit.
- Wegwerfen von Sträuchern und Abfällen außerhalb der Anlagen ist verboten. Es ist vorgesehen, dieses gemeinsam zu verbrennen.
- Säumigkeit etlicher Mitglieder betreffs Erfüllung ihrer finanziellen Verpflichtungen.
- Es wurde besonders darauf hingewiesen, dass es wieder wilde Kaninchen in der Anlage gibt (8 Stück wurden bereits gefangen). Aufforderung an 8 Gartenfreunde, ihre Gärten auszuräumen, damit Schlupfmöglichkeiten beseitigt werden.
- Leider gingen die Wettbewerbsformulare sehr schleppend ein, dieses und noch einiges muss 1963 besser werden.
- Vertragliche Begrenzung des monatlichen Wasserverbrauchs auf 35 m^3.
- Beschluss der Versammlung, es darf nicht mit dem Schlauch gespritzt werden. Wer erwischt wird beim Verstoß, zahlt 50 Mark Strafe.“

Es gab noch ganz andere Probleme.
Mit der Information des Kreisvorstandes Rostock an alle Spartenvorsitzenden vom 12. April 1976 wurde gefordert:

„Entsprechend der Grenzordnung der DDR ist das Wohnen und zusätzliche Aufstellen von Zelten durch Fremdpersonen nicht statthaft. Für die Übernachtung der Mitglieder unseres Verbandes hat der Vorsitzende ein Hausbuch anzulegen.
Der Vorstand wird angewiesen, Kontrollgänge in den Anlagen durchzuführen und Sicherheitsgruppen zur Einhaltung der Sicherheit und Ordnung in der Anlage aufzubauen.“

Innerhalb der Kleingartensparten wurde auch die Tendenz verzeichnet, dass sich während der arbeitsintensiven Zeiten im Garten die Krankschreibungen von Kleingärtnern häuften und sich in solchen Zeiten Kleingärtner von der erwünschten „gesellschaftlichen Arbeit“ im Betrieb zurück zogen.
Eine Episode ganz anderer Art ist über die Gehlsdorfer Kleingartenanlage „Fährhufe“ zu berichten. Im März 1982 mussten zwei Großbehälter vom Überseehafen Rostock zur Baustelle Düngemittelwerk in Poppendorf transportiert werden. Wegen ihrer Überbreite kamen dabei die Schwerlasttransporter mit den riesigen Behältern den Außengärten der Anlage gefährlich nahe. Der Direktor des Rostocker Betriebsteiles des VEB Chemieanlagenbaukombinat Leipzig-Grimma bedankte sich im Mai 1982 schriftlich bei der Kleingartenanlage „Fährhufe“ für die „guten Leistungen bei der Vorbereitung und Durchführung der Schwerlasttransporte.“
In dem Brief hieß es weiter:
„Im Zusammenwirken vieler beteiligter Betriebe und Institutionen haben Sie mit dazu beigetragen, daß der Transport der 2 Stück Großbehälter vom Überseehafen Rostock zur Baustelle Düngemittel-

werk im März 1982 unbehindert erfolgen konnte. Wir erlauben uns, Ihnen 4 Fotos zur Erinnerung an die Transportdurchführung zu überreichen.“

Schwerlasttransport entlang der Kleingartenanlage „Fährhufe“ im März 1982

Vielleicht schüttelt mancher aus heutiger Sicht den Kopf über all die Dinge, die uns Kleingärtner im VKSK beschäftigten. Mancher wird sich auch heute fragen, wie wir das alles – und noch viel mehr, was man im Einzelnen hier gar nicht berichten kann – trotzdem geschafft haben.
Eines aber ist sicher, den vielen Kleingärtnern, die mit Elan und Fleiß gegen tausend Widrigkeiten ankämpften, muss man Dank und Anerkennung zollen. Ein Beweggrund dafür war bestimmt auch ein gutes Stück „Kleingärtnerstolz“, denn Kleingärtner waren und sind eine ganz besondere Spezies Mensch. Man denke nur an die ausschließlich ehrenamtliche Arbeit der Fachberater. Niemals wären die hohen Ernteerträge möglich gewesen ohne entsprechende Anleitung und Schulung im Gartenbau, bei der Düngung des Bodens, im Obstbaumschnitt.

Auch darüber wusste die Gartenzeitung GuK regelmäßig zu berichten.

65 Jahre Kleingartenanlage „Dr. E. Heydemann“. Die 1986er-Ernteergebnisse wurden in einer Ausstellung präsentiert.

Bei so viel Interesse und Engagement war es gar nicht verwunderlich, dass der Stolz des Kleingärtners zum humorvollen Gegenstand des Liedes „Jochen un sin Gorden" wurde. Die Warnemünder „Plattfööt", Klaus Lass und Peter Wilke, sprachen dem passionierten Kleingärtner Anfang der 80er Jahre mit diesem bis heute immer wieder gern gehörten Lied (Textautor Peter Wilke) aus der Seele, zeigten ihn in seinem liebevollen Verhältnis zum Garten.

Gartenfreund Jürgen Steinmüller aus der KGA „Am Kösterbecker Weg" bei Entnahme einer Bodenprobe

Jochen un sien' Gorden

Jochen un sien' Gorden,
Dat is schon een Stück.
För Jochen is de Gorden
n' ganz Deel von sien Glück.

Un all de Laubenpiepers, de stimmen dorin in:
Uns Gorden is de schönste Platz
un dor treckt uns dat hin.

Jeden Fierabend stiggt he in sien' Trabbi rin
ok Mudding un de Kinners sitten achtern in.
Denn braust he af mit Föftig zur Gordenkolonie,
kein Minsch kriggt em to hollen.
Taun Gorden seggt he Sie.

So, nu oewer nischt wie rut hier,
denkt he und kiekt in de Rund',
Dag, Heiner, Dag ok, Krischan,
na, Paul, büst wedder gesund?

Denn würd ierst mal n' Klön makt,
wie d' up de Arbeet wor,
und jeder legt dat Nieg'
ut seine Sicht nu dor.

Denn geiht he rin in sein Parzell,
Mudder liggt all in de Sünn.
Ierst brüllt he mal de Görn an:
„Mogg'd, dat ji dor wech kümmt,
un trampelt dor nich rüm".

Mit Hacke, Schipp un Spaten
stürt he sik up sien' Beet'
he meckert oewert Unkruut,
he buddelt, plannt un sät.

Dann staunt he oewer de Kohlköpp,
wat de all wussen sünd,
un freut sik oewer dit un dat,
wie all'ns exakt in de Reig stünn.

So geiht' nu Dag ut, Dag in.
Ann Wiekend bliwt he dor.
Un dat he ok wat ernten tut, ick mein,
dat is wohl klor.

Un dorup is he mächtig stolt,
und giwt 'ne Stange an,
wat Mudding all schon inweckt harr
un wat he so verköpen kann.

1989 feierte der Verband der Kleingärtner, Siedler und Kleintierzüchter der DDR sein 30-jähriges Bestehen. Der Rat der Stadt Rostock dankte den Rostocker Kleingärtnern dafür, „daß Sie über den Eigenbedarf hinaus beträchtlich zur Frischwarenversorgung der Bevölkerung mit Obst, Gemüse und Weißfleisch beigetragen haben und darüber hinaus viel Gutes für die Landeskultur und dem Umweltschutz in unserer Stadt bewirkten“.
Viele Rostocker erhielten die Ehrenplakette „30 Jahre VKSK“. Aber sie übersahen als Bürger dieser Stadt auch nicht, dass gesellschaftliche Veränderungen dringend notwendig geworden waren und nahmen teilweise auch aktiv an der Umgestaltung teil.

Der Rat der Stadt Rostock
– Der Oberbürgermeister –

Rostock, den 27. 11. 1989

Werte Verbandsfreunde!

Zum 30jährigen Bestehen des Verbandes der Kleingärtner, Siedler und Kleintierzüchter der Deutschen Demokratischen Republik übermitteln die Stadtverordnetenversammlung und der Rat der Stadt Rostock allen Mitgliedern und Funktionären des Verbandes in unserer Heimatstadt herzliche Grüße und Glückwünsche.

Durch Ihr engagiertes Wirken in den Kleingärten und anderen Sparten Ihres Verbandes gestalten Sie Ihre Freizeit im hohen Maße sinnvoll, verbinden Sie Freude an der eigenen Leistung mit gesunder Lebensweise. Eindrucksvoll haben Sie in den Lehr- und Leistungsschauen des VKSK dokumentiert, daß Sie über den Eigenbedarf hinaus beträchtlich zur Frischwarenversorgung der Bevölkerung mit Obst, Gemüse und Weißfleisch beigetragen haben und darüber hinaus viel Gutes für die Landeskultur und den Umweltschutz in unserer Stadt bewirkten.

Dafür danken wir Ihnen herzlich und wünschen Ihnen auch weiterhin Erfolg und viel Freude als Kleingärtner, Siedler und Kleintierzüchter.

Mit sozialistischem Gruß

H. Schleiff

Einen 7. Platz erhielt die Präsentation der Kleingartenanlage „Uns Frietied III“.

Unter dem Motto „Handarbeiten im Garten – Freude und Entspannung“ stellten die Frauen der Kleingartenanlage „Uns Frietied III“ ihre Werke aus.

Ausstellung der Kleingärtner im Oktober 1989

URKUNDE

AUS ANLASS DES 30. JAHRESTAGES
DES VERBANDES
DER KLEINGÄRTNER, SIEDLER
UND KLEINTIERZÜCHTER
WIRD AN

Alois Bönsch

DIE EHRENMEDAILLE ÜBERREICHT

VORSITZENDER 1. SEKRETÄR

BERLIN, NOVEMBER 1989

Und dann ging es eigentlich „Schlag auf Schlag“.
In den Monaten November und Dezember 1989 erfolgten in den Kreisverbänden, also auch in Rostock-Stadt, und im Bezirksvorstand mehrere Aussprachen und Beratungen zur demokratischen Erneuerung des VKSK. Am 29. Dezember 1989 übergab der Bezirksvorstand Rostock den Kreisvorständen schriftlich folgenden Wortlaut, in dem es u. a. hieß:

„1. Wir halten fest an unserem einheitlichen Verband. Was sich 30 Jahre bewährt hat, schaffen wir nicht ab.
2. Wir gestalten unseren Verband stärker als bisher, als die Freizeitorganisation der Bürger unseres Landes. Aller Ballast, der uns bei dieser Aufgabe hindert, muß abgeschafft werden.
3. Die innerverbandliche Demokratie ist so zu entwickeln, daß die Leitungen bzw. Vorstände in allererster Linie Interessenvertreter der Mitglieder sind.
Das erfordert:
- *Eine höhere Verantwortung den ehrenamtlichen Kommissionen der Fachrichtungen, alle anderen Kommissionen sind aufzulösen.*
- *Die Offenlegung der Finanzen und die Verwendung der Soli-Gelder.*[2]
- *Die drastische Einschränkung des Berichtswesens, der Statistiken und die Aufhebung des Wettbewerbs.*

4. Wir stellen weiterhin die vielen Erzeugnisse aus unseren Gärten, aus Haltung und Zucht unserer Kleintiere und Bienen für die Versorgung zur Verfügung – sind aber nicht mehr bereit, die Aufgaben der wirtschaftsleitenden Organe mit zu übernehmen.“

Im Wesentlichen entsprach dieser Standpunkt dem des Präsidiums des Zentralvorstandes des VKSK vom 26. November 1989, sich „für einen lebendigen, attraktiven Sozialismus als Wille und Werk des ganzen Volkes einzusetzen“. Vorgesehen war auch, auf der Grundlage des „Standpunktes zur demokratischen Erneuerung der Gesellschaft und im VKSK“ bis zum Februar 1990 ein neues Statut des VKSK zu erarbeiten.
Es kam aber doch ganz anders…

[2] Diese für die internationale Solidarität gespendeten Mittel wurden an die Zentrale des VKSK abgeführt, ohne dass Rechenschaft gegenüber den Spendern abgelegt wurde.

Kapitel 6

Unter dem Bundeskleingartengesetz Rostocks Kleingärtner im Verband der Gartenfreunde ab 1990

„Angesichts der größer werdenden sozialpolitischen Probleme in unserer Gesellschaft wird sich der Stellenwert der Kleingärten für wirtschaftlich benachteiligte Bürgerinnen und Bürger noch erhöhen …
Der Sozialcharakter des Kleingartens wird deshalb auch in Zukunft dem gesetzlichen Anspruch gerecht werden."

Gesamtvorstand des Bundesverbandes Deutscher Gartenfreunde e. V. 1995

Rostocks Kleingärten bilden einen „grünen Gürtel" um die Stadt.

Was wird aus unseren Gärten?

Mit den politischen Veränderungen in der DDR im Jahre 1990 wurden auch nach und nach die Strukturen des VKSK aufgelöst. Nach dem Gesetz über Vereinigungen (Vereinigungsgesetz) vom 21. Februar 1990 waren zunächst aus den bisherigen Sparten des VKSK Mitgliedervereinigungen (Vereine) nach bürgerlichem Recht mit eigenen Satzungen zu bilden. Im Gesetzblatt der DDR Teil I Nr. 10, 1990 stand u.a. geschrieben:

„Zur Ausgestaltung der durch die Verfassung der Deutschen Demokratischen Republik garantierten Vereinigungsfreiheit und in Übereinstimmung mit der Internationalen Konvention vom 16. Dezember 1966 über zivile und politische Rechte wird mit dem Ziel, allen Bürgerinnen und Bürgern das gleiche Recht auf aktive Teilnahme am öffentlichen Leben und auf Verwirklichung ihrer Interessen zu sichern, das folgende Gesetz beschlossen:
§ 1 (1) Vereinigungen im Sinne dieses Gesetzes sind freiwillige, sich selbst verwaltende Zusammenschlüsse von Bürgerinnen und Bürgern zur Wahrnehmung gemeinsamer Interessen und Erreichung gemeinsamer Ziele, unabhängig von ihrer Rechtsfähigkeit."

Der VKSK verabschiedete Grundsätze für die Ausarbeitung der Satzungen der im VKSK zusammengeschlossenen Mitgliedervereinigungen, in denen u.a. empfohlen wurde:

„1. Es ist davon auszugehen, daß alle Organisationsgliederungen des Fachverbandes eigene Satzungen haben müssen.
In den Vereinen (Sparten) sind natürliche Personen (Bürger) als Mitglieder organisiert.
In den Kreis- bzw. Landesverbänden sind die Mitglieder Vereine bzw. Kreisverbände.
Mitglieder der Zentralverbände sind die Landesverbände der betreffenden Mitgliedervereinigungen.

2. Jede Satzung muß enthalten:
Welchen Namen führt die jeweilige Gliederung und wo ist ihr Sitz?
Zugehörigkeit des Vereins bzw. Kreis- oder Landesverbandes zur jeweils übergeordneten Gliederung;
Aussagen über Charakter, Ziele bzw. Zweck und Aufgaben (programmatische Leitsätze fassen; dabei ist die Gemeinnützigkeit durch konkrete Angaben über die Art und Weise nachzuweisen).

3. Die Satzungen müssen Aussagen treffen über die Mitgliedschaft, die Rechte und Pflichten der Mitglieder, die Beendigung der Mitgliedschaft und die Beitragsregelung und Aufnahmegebühr ist davon auszugehen, daß jeder Verein, Kreis-, Landes- oder Zentralverband eigenverantwortlich Festlegungen beschließt.

4. In den Satzungen ist zu regeln, welche Vereins- bzw. Verbandsorgane bestehen und welche Aufgaben sie haben.
Dazu gehört u.a.:
Wie setzt sich der Vorstand zusammen?
Wer gehört dem geschäftsführenden Ausschuß an?
Welche Aufgaben obliegen den Mitglieder- bzw. Jahreshauptversammlungen oder den Delegiertenversammlungen?
Wie erfolgt die Wahl und für welche Dauer?
Wie erfolgt bzw. wird die Beschlußfähigkeit geregelt?

5. Die Satzungen müssen Regelungen zum Vermögen der jeweiligen Gliederung und die Revision enthalten."

Die Ausarbeitung der Satzungen mit deutlich gemeinnützigen Satzungszwecken und Satzungszielen, die Vereinsbildung, ihre notarielle Beglaubigung und Eintragung in das Vereinsregister beim Amtsgericht, die Bedeutung für die Anerkennung steuerlicher Gemeinnützigkeit, alles das war Neuland nicht nur für die Rostocker Kleingärtner. Neuland war dies auch für die Behörden, und die Hilfestellung aus den alten Bundesländern mit häufigem Personalwechsel brachte so manche Schwierigkeiten im Sachverständnis mit sich.

Mit dem heutigen zeitlichen Abstand ist Jenen Anerkennung zu zollen, die diese gravierenden Umwälzungen in den meisten Vorständen der neuen Kleingartenvereine mit großen Anstrengungen und persönlichem Engagement gemeistert haben, denn die Zeit des politischen Umbruchs war mit vielen Turbulenzen verbunden. Die Kleingärtner waren nicht mehr Mitglied einer politischen Massenorganisation, schrieb die Satzung doch vor, dass der Kleingartenverein (KGV) politisch und konfessionell neutral ist.

Es gab unter den Kleingärtnern große Unsicherheiten zum Bestand der Kleingärten. Der Kreisvorstand Rostock-Stadt des VKSK wandte sich mit entsprechenden Forderungen im Mai 1990 in einem offenen Brief an die Fraktionen und Abgeordneten der neu gewählten Bürgervertretung.

Auflösung des VKSK

Am 21. Juni 1990 wurde der Kreisverband der Gartenfreunde der Hansestadt Rostock e. V. gegründet. Diese Gründungsversammlung war die letzte Handlung des Kreisvorstandes Rostock-Stadt des VKSK, der sich mit seiner Rechenschaftslegung auflöste.

VKSK Kreisvorstand
Rostock-Stadt

E i n l a d u n g

Der Kreisvorstand VKSK Rostock-Stadt ladet die Vorsitzenden und gewählten Delegierten der Vereinigungen der Gartenfreunde in der Stadt Rostock zur

Gründungsversammlung des Kreisverbandes der Gartenfreunde e.V. am

21.Juni 1990 um 17.00 Uhr

im Kulturraum der Deutschen Post (Glatter Aal) herzlich ein.

Stimmberechtigt sind alle Delegierten mit Delegiertenausweis.

Tagesordnung:

1. Geschäftsbericht des Kreisvorstandes des VKSK
2. Bericht der Revisionskommission des Kreisvorstandes des VKSK
3. Gründung des Kreisverbandes der Gartenfreunde der Hansestadt Rostock e.V.
4. Beschlußfassung zur Geschäftsordnung der Delegiertenversammlung
5. Wahlen
6. Beschlußfassung zum Beitritt zu Dachverbänden bzw. überregionalen Verbänden
7. Wahl der Delegierten zu Dachverbänden

Anträge auf Änderung, Ergänzung der vorliegenden Entwürfe sowie weitere Anträge sollten bis zum 13.6.1990 an den Kreisvorstand eingereicht werden.

Rostock,den 5.Mai 1990

gez. Schomacker — Vorsitzender
Schröder — Sekretär

30.000 W Ä H L E R F R A G E N

Fraktionen und Abgeordnete

\- W A S W I R D A U S U N S E R E N G Ä R T E N ? -

Wir wollen nicht von Politik und Verwaltung hoffnungslos überfahren werden. Die Entwicklung in unserem Land macht es dringend erforderlich uns Zukunft und Sicherheit aufzuzeigen.

Laßt uns offen miteinander sprechen !

Nur gemeinsam können wir die Probleme in unserer Hansestadt Rostock lösen. Es gibt immer wieder Versuche die Flächen für die kleingärtnerische Nutzung zu kündigen. Bis zum heutigen Zeitpunkt liegen 3 konkrete Beispiele vor.

Hier machen wir nicht mit !

Wir brauchen Kommunalpolitik, die uns Sicherheit und Voraussetzung für eine erfolgreiche grüne Umweltpolitik bietet. Umweltschutz ist eine politische Forderung in unserer Zeit. Kleingärtner praktizieren seit eh und je den Schutz der Umwelt. Sie sind mit ihrer Arbeit ein Beweis dafür, daß der Schutz unserer Umwelt ohne die Aktivitäten unserer Mitmenschen nicht gewährleistet werden kann. Deshalb haben Kleingärtner auch in heutiger Zeit eine politische Aufgabe.
Wir wollen als parteipolitisch und konfessionell unabhängiger Verband ein Mitspracherecht in allen uns betreffenden Fragen.

Fraktionen wir erwarten ein Signal aus Ihrer Politik !

Deshalb fordern wir:

Alle Kleingartenanlagen müssen Bestandteil des Dauergrüns in der Hansestadt Rostock bleiben !

Rostock, Mai 1990

Kreisvorstand VKSK
Rostock-Stadt

Schomacker — Vorsitzender
Schröder — Sekretär

Der Name des Verbandes „Gartenfreunde" deutete bereits auf zwei wesentliche Inhalte hin. Erstens sollte bereits die ins Auge gefasste Verbindung zum Bundesverband Deutscher Gartenfreunde erkennbar sein und zweitens waren im neuen Kreisverband nur noch die Kleingärtner organisiert. Die bisher im VKSK beheimateten anderen Fachsparten wie Imker, Rassekaninchenzüchter u. a. bildeten nun eigene Fachverbände.

URKUNDE

Die Vereinigung

Kreisverband der Gartenfreunde
der Hansestadt Rostock e.V.

mit dem Sitz in Rostock
wurde am 22.08.1990
unter laufender Nummer 276 des Vereinigungsregisters
des Kreisgerichts Rostock-Stadt
registriert.

Mit der Registrierung ist die Vereinigung rechtsfähig.

Justizsekretär

Die Einladung des VKSK-Kreisvorstandes Rostock-Stadt zur Gründungsversammlung als eine der letzte Amtshandlungen in diesen Tagen

„Mein Garten" 3/1990, 1. Maiausgabe

Vertrat mit Engagement die Interessen seiner Mecklenburger Freunde: Friedo Schomacker auf dem Gründungsverbandstag am 7. Juli 1990

Der neue Kreisverband der Gartenfreunde hatte 115 Kleingartenvereine als Gründungsmitglieder. Seine wichtigste Aufgabe war, den Bestand des Kleingartenlandes zu sichern. Zunächst war es erforderlich, allen ehemaligen Kleingartensparten den Weg in den Kreisverband zu ebnen und ihnen bei den neuen rechtlichen Bedingungen behilflich zu sein.

URKUNDE

Die Vereinigung

Kleingartenvereinigung
"Am Dorfteich" e.V.

mit dem Sitz in Rostock
wurde am 25.Juli 1990
unter laufender Nummer 190 des Vereinigungsregisters
des Kreisgerichts Rostock-Stadt
registriert.

Mit der Registrierung ist die Vereinigung rechtsfähig.

Gleichzeitig war es notwendig, aktiv an der Umgestaltung mitzuwirken. Am 23. Juni 1990, also zwei Tage später, wurde der Landesverband der Gartenfreunde Mecklenburg und Vorpommern aus den ehemaligen Bezirksvorständen Rostock, Schwerin und Neubrandenburg des VKSK gegründet. Am 7. Juli 1990 schlossen sich die Kreis- und Landesverbände in Berlin zum Verband der Garten- und Siedlerfreunde (VGS) zusammen. Auf diesem Gründungsverbandstag vertrat der damalige Vorsitzende des Rostocker Kreisverbandes, Friedo Schomacker, engagiert die Mecklenburger Gartenfreunde.

Am 1. Juli 1990 trat die Währungs-, Wirtschafts- und Sozialunion in Kraft. Das hieß nicht nur, die DM ist da, sondern auch Umstellung der Bankguthaben der Kleingartenvereine im Verhältnis 2 : 1 und Umbewertung des Sachvermögens.

Mit dem 3. Oktober 1990 wurde durch den Beitritt der DDR zur Bundesrepublik Deutschland die deutsche Einheit vollzogen und wie für ganz Ostdeutschland galt auch für die Rostocker Kleingärtner einheitliches Bundesrecht in Verbindung mit den im Einigungsvertrag erklärten Besonderheiten und Übergangsregelungen.

Die Kleingärten in der DDR hatten sich jedoch anders entwickelt als die in der Bundesrepublik, besonders was die Gartenlauben und Versorgungsanlagen betraf. Auch die bodenrechtlichen Bedingungen waren oftmals so anders gelagert, dass sie den damit nicht vertrauten Beamten aus den alten Bundesländern Probleme bereiteten. Wer kannte in der alten Bundesrepublik schon den Begriff Rechtsträger? Der Einigungsvertrag berücksichtigte mit der Einführung des § 20a zum Bundeskleingartengesetz die spezifischen Bedingungen der DDR-Kleingärten.

Der Kreisverband der Gartenfreunde der Hansestadt Rostock e. V. wollte nicht im VGS verbleiben und sah bereits 1990 nur die Zugehörigkeit zum Bundesverband Deutscher Gartenfreunde e. V. (BDG) als eine zuverlässige und zukunftsträchtige Lösung an.

Rostocker Delegierte auf der Delegiertenkonferenz des Landesverbandes 1990

Deshalb stellte er auf der Landesdelegiertenversammlung am 17. November 1990 den Antrag auf sofortigen Anschluss des Landesverbandes Mecklenburg und Vorpommern an den BDG, fand aber mit nur 6 Stimmen und 3 Enthaltungen bei 88 Delegierten keine Mehrheit.

Die zweite Delegiertenversammlung der Rostocker Kleingärtner fand am 1. Dezember 1990 im großen Saal des Rostocker Hauptpostamtes statt.
Hier konnte seit der Gründungsversammlung vom 21. Juni 1990 bereits eine positive Bilanz gezogen werden, deren Kern in folgenden Aussagen bestand:
- wichtige Voraussetzungen für die Neuorganisation im Kleingartenwesen sind geschaffen
- Vereinssatzungen sind erarbeitet, Vorstände neu gewählt
- Mit der Eintragung in das Vereinsregister wurde die Rechtsfähigkeit der KGV bestätigt
- Weitere 21 Kleingartenanlagen haben sich um die Mitgliedschaft im Verband beworben.
- Arbeitsgespräche mit dem Senator für Umweltschutz und mit dem Finanzsenator sind angelaufen, ebenso eine positiv wirkende Zusammenarbeit mit dem Liegenschaftsamt.

Vorbereitung der notariellen Bestätigung des vertretungsbefugten Vereinsvorstandes „Rostock-Ost“ am 17. Februar 1991

Dem Landesverband der Gartenfreunde Bremen wurde für schnelle und unbürokratische praktische Hilfe und Wissensvermittlung gedankt.
Auf dieser Delegiertenversammlung war aber auch zu spüren, dass neue Probleme wie Arbeitslosigkeit, Bezahlbarkeit des Kleingartens und soziale Sicherheit viele Kleingärtner bewegten. So war es nicht verwunderlich, dass der begründete höhere Mitgliedsbeitrag im Verband mit 24,60 DM je Parzelle erst nach längerer Debatte beschlossen werden konnte. Es galt zu verstehen, dass u.a. Altlasten, grundstücksrechtliche Probleme und generell die Neuordnung im Kleingartenwesen einen wesentlich höheren und kostenintensiven Aufwand erforderten. Nach vielem Für und Wider sagte der als Gast anwesende Landesvorsitzende Bremens: „Gartenfreunde, jetzt hört aber auf mit dem Erbsenzählen, einen Dachverband bekommt man nicht zum Nulltarif“.
Eine neue Richtlinie für die Schätzung der Kleingärten bei Pächterwechsel wurde ebenfalls beschlossen.
Zum Jahreswechsel 1990/91 wandte sich der Präsident der Rostocker Bürgerschaft an die Kleingärtner.

Vor dem Notariat zur Beglaubigung des vertretungsbefugten Vereinsvorstandes „Sonnenschein I“ am 17. Februar 1991

Rostock / M-V

Liebe Kleingartenfreunde!

Der frische Wind des Herbstes 1989 hat uns gut getan. Er hat unseren engen Horizont aufgebrochen und vieles Lästige und Überflüssige weggeblasen. Viele Menschen, die aus den Enttäuschungen der Alltags- und Arbeitswelt in ihren Kleingarten flüchteten, haben Hoffnung auf notwendige Veränderungen zu schöpfen begonnen.

Das letzte Jahr hat aber auch neue Unsicherheiten gebracht. So wie viele um ihren Arbeitsplatz bangen, schien auch die Zukunft mancher Kleingartenanlage gefährdet zu sein.

Ich hoffe, daß inzwischen klarere Verhältnisse eingetreten sind und die noch anstehenden technischen und finanziellen Probleme eine für alle vertretbare Lösung finden.

Mit Ihren Gärten verwalten Sie einen großen Teil der für unsere Stadt unverzichtbaren grünen Lunge. Die Gesundheit einer Stadt lebt von ihren Grünflächen, Gärten und Parks. In diesem Sinn kann Rostock nicht grün genug sein.

Sie werden aber auch persönlich aktive Erholung in Ihren Anlagen suchen, selbst wenn die Gemüseläden und Märkte endlich eine reiche Auswahl bieten, werden Sie genügend Grund haben, weiterhin Ihren Boden zu bewirtschaften. Sowohl aus finanziellen wie auch aus ökologischen Gründen. Denn nicht die Fülle des Ertrages, wie häufig behauptet, entscheidet über den Wert der Kleingärten, sondern die Qualität, die Gesundheit, die Natürlichkeit der Produkte.

Ich wünsche Ihnen, daß Sie in diesem neuen Jahr Entspannung und Ausgleich, Freude und Erfolg in Ihren Kleingärten ernten und Ihren Teil dazu beitragen, daß unsere belastete Umwelt gesundet.

Ich grüße Sie

Christoph Kleemann
Präsident der Rostocker Bürgerschaft

Angriffe auf Kleingartenland

Es war erforderlich geworden, den schnell wachsenden Begehrlichkeiten nach Kleingartenland für Bauzwecke entgegen zu wirken. Ein unrühmliches Beispiel ist die Überbauung von vier Kleingartenparzellen mit einer Tankstelle in der Satower Straße. „Der Kleingärtner“ Nr. 3/91 berichtete unter der Überschrift „Anarchie oder Rechtsstaatlichkeit, oder wie sich Anwälte den ‚freien Osten' vorstellen" über diesen Vorgang.

„… Zum Glück, Gesetzeslücken und Rechtsfreiräume gibt es seit dem 3. Oktober 1990 im Prinzip nicht mehr. Im Einigungsvertrag wurde eindeutig geregelt, was fortan in den neuen Bundesländern Recht und Gesetz ist, welche gesetzlichen Übergangsregelungen zu dem nunmehr auch für uns geltenden Bundesrecht kommen… Dennoch gibt es vereinzelte Versuche von Eigentümern unserer Flächen, bestehendes Recht zu beugen. So erreichte dem Verband der Gartenfreunde e. V. Hansestadt Rostock am 24.10.1990 eine Brief zweier Rechtsanwälte aus Kiel, worin sie unter Mißachtung sämtlicher rechtlicher Regelungen des Zivilrechts (alt) und des Bundeskleingartenrechts meinten, daß wir praktisch von heute auf morgen Kleingärten zu räumen hätten…"

„Neue Deutsche Gartenzeitung", 1/1991, Januarheft

Aus dem sich über viele Jahre hinziehenden Rechtsstreit zur Entschädigung haben die Kleingärtner weitreichende Schlussfolgerungen gezogen.
Zum Glück gab es aber in der Mehrzahl langjährige Vertragspartner, die in sachlicher und rechtsstaatlicher Art und Weise ihre künftigen Pacht- und Vertragsbeziehungen mit dem Verband der Gartenfreunde regelten.
Der BDG wandte sich am 17. April 1991 mit einem Brief des Verbandspräsidenten an den Ministerpräsidenten des Bundeslandes Mecklenburg-Vorpommern mit der dringenden Bitte, den Bestand der Kleingärten zu erhalten.

Ähnlich, aber wesentlich dringlicher formuliert, ist ein weiterer Brief des Verbandspräsidenten an den Präsidenten des Landtages von Mecklenburg-Vorpommern, Rainer Prachtl, zur Sicherung von Kleingartenflächen.
Darin heißt es u.a.:

„… angesichts der Ihnen bekannten, sich aber immer noch zuspitzenden wirtschaftlichen Verhältnisse, die bis in den persönlichen Bereich der Menschen wirken, ist sofortiges Handeln dringend geboten. (…) Es gibt konkrete Beispiele dafür, daß entgegen bestehender Nutzung, teils durch Unkenntnis in den Verwaltungen, teils durch rücksichtsloses Vorgehen von Eigentümern, Kleingartenflächen ohne rechtliche Grundlage (Bebauungspläne) abgeräumt werden. Dagegen eingelegte Rechtsmittel verhelfen nicht zum Erfolg, weil die Gerichte oft immer noch nicht, bzw. zu langsam arbeiten: Vor einer Verhandlung sind bereits vollendete Tatsachen geschaffen!"

Am 20. April 1991 fand in Rostock ein außerordentlicher Verbandstag des Landesverbandes Mecklenburg und Vorpommern statt. Gartenfreund Erhard Schulz, seinerzeit stellvertretender Vorsitzender des Stadtverbandes, war bereits am 23. März 1991 zum Vorsitzenden des Landesverbandes gewählt worden. Damit stellte bereits zum zweiten Mal in seiner Geschichte der Stadtverband den Landesvorsitzenden.
Einstimmig wurde der Austritt aus dem VGS und der Beitritt zum BDG beschlossen. Außerdem wurde Gartenfreund Michael Kretzschmar in den geschäftsführenden Vorstand des Landesverbandes gewählt.
In Rostock gärte es gewaltig unter den Kleingärtnern. Große Bauvorhaben kursierten in der Presse, die so manchen Kleingärtner „auf die Palme" brachten, wenn er auf diesem Wege erfahren musste, was auf dem Gelände seines Vereins, auf seiner Parzelle, gebaut werden sollte.

Zur dritten Delegiertenversammlung des Stadtverbandes am 25. Mai 1991 wurden neben dem Oberbürgermeister die verantwortlichen Senatoren, Amtsleiter und die Fraktionen der Bürgerschaft eingeladen. Aber leider erschien nur Dr. Neubauer, Amtsleiter für Stadtgrün, Naturschutz und Landschaftspflege. Trotz zahlreicher Erläuterungen konnte er die Befürchtungen nicht beseitigen.

Die Delegierten machten ihrem Ärger Luft mit deutlichem Hinweis, dass ca. 30.000 Rostocker Kleingärtner ein beachtliches Wählerpotential darstellen.
Der Verbandsvorsitzende fasste zusammen:
„Können die Vertreter aus dem Rathaus und der Bürgerschaft nicht zu uns finden? Sind wir zu klein, zu leise? Dann müssen wir lauter werden!"

Bereits am 15. Mai 1991 hatte sich der Vorsitzende des Verbandes mit einem umfangreichen Brief an den Oberbürgermeister gewandt, in dem die Misere des Rostocker Kleingartenwesens aufgelistet war, und gebeten, die Delegiertenversammlung zur Klärung zu nutzen. Nachdem dies nicht geschah, wurde der Präsident der Rostocker Bürgerschaft am 12. Juni 1991 über die Meinung der Kleingärtner informiert.
Vorstände von betroffenen KGV wandten sich ebenfalls mit Briefen an den Oberbürgermeister und verlangten Klarheit.
Der Vorsitzende des Kleingartenvereins „Luftwarte" e. V., Kurt Herrmann, schrieb am 8. Juni 1991:

„Im Auftrage von 129 Gärten des Klgv. ‚Luftwarte' e. V. und in Auswertung der Delegiertenkonferenz unseres Verbandes vom 25.5.1991 habe ich Veranlassung, mich an Sie zu wenden.
Auf der Delegiertenkonferenz erhielt ich davon Kenntnis, daß u.a. unsere Anlage durch zentrale Baumaßnahmen gefährdet ist. Was versteckt sich hinter dieser Formulierung? Trotz Einladung waren Sie zu unsere Konferenz nicht erschienen und somit bleibt die Frage offen, was demnächst aus unserer Anlage wird?
Ich weiß nicht, ob Sie soviel Verständnis aufbringen, um zu ermessen, was ein Zusammenschieben einer Anlage für ‚zentrale Baumaßnahmen' auf unsere Mitglieder für Auswirkungen hat?
Unsere Anlage ist mehr als 40 Jahre alt und sehr viele Mitglieder haben ihren Garten seit Bestehen der Anlage. Nach 1945 war dieses Stückchen Erde Ernährungsgrundlage für die Familie und wurde in den folgenden Jahren zur Freude und Entspannung. Das sollte weiterhin so bleiben und ganz besonders jetzt den zahlreichen Arbeitslosen ein kleiner Ausgleich sein.
Im Interesse der Gartenfreunde unserer Anlage erwarte ich eine Stellungnahme mit eindeutiger Aussage."
Rostock, den 8.6.1991
Vorsitzender
Kurt Herrmann

Ein weiterer Brief lautete:
„Am 19. Mai 1991 wurde unsere Kleingartenvereinigung ‚Dr. Ernst Heydemann' e. V. 70 Jahre alt. Kurz vor unserem Jubiläum mußten wir aus der ‚Ostsee-Zeitung' erfahren, was der Senat der Hansestadt Rostock mit uns vor hat.
Bereits in den Jahren 1965 bis 1970 sollte unsere Anlage verschwinden. Durch Proteste, schriftliche Eingaben sowie Aussprachen mit dem damaligen Rat der Stadt Rostock und sogar in Berlin wurde durch die Gartenfreunde erreicht, daß unsere Anlage neben anderen bestehen blieb.
1931 erhielt unsere Anlage den Namen ‚Dr. Ernst Heydemann' nach dem ersten sozialdemokratischen Oberbürgermeister unserer Stadt. Herr Dr. Heydemann war ein großer Förderer und Befürworter von Schrebergärten vor allem für Arbeiter und Bürger unserer Stadt. Wir können uns daher nicht einverstanden erklären, daß der jetzige Senat und die Bürgerschaft ohne mit uns ein Wort zu sprechen vor hat, unsere Anlage sowie angrenzende Anlagen aus dem grünen Gürtel zu entfernen. Gerade in der jetzigen Zeit mit den vielen Arbeitslosen in unserer Stadt sowie den vielen älteren Bürgern unserer Anlage sage ich ‚Pfui' zu diesen Machenschaften, denn es ist der Anfang der Zerstörung des grünen Gürtels um und in unserer Stadt sowie eines der anerkannten Naherholungsgebiete, insbesondere für die Einwohner der Südstadt.
Im Namen aller Mitglieder der KGV, Dr. Ernst Heydemann' e. V.
H.-J. Thoms, Vorsitzender"

Rostock/M-V

Dunkle Wolken über Rostocks Kleingartenwesen

Halten die Politiker sich nicht an ihre Zusagen?

340 Kleingärten der Anlagen „Groter Pohl", „Pferdewiese", „Pütter Weg", „Dr. E. Heydemann" sollen überbaut werden.

Die Rostocker Bürgerschaft hat die Änderung des Flächennutzungsplanes durch die Aufstellung eines Teilflächennutzungsplanes beschlossen.

Hier ist unser gemeinsames Handeln gefordert!

Kleingärtner, Vereine, Gemeinschaften und Bürger dieser Stadt, hier ist Euer Standpunkt gefragt.

Heute die Genannten, morgen vielleicht Ihr?

Mit Datum vom 19. 6. 1991 schrieb der Verband nachfolgenden Brief an das Präsidium der Bürgerschaft

Antrag an das Präsidium der Bürgerschaft der Hansestadt Rostock
Herrn Präsidenten Christoph Kleemann

Werter Herr Präsident,
in Nachfolge des an Sie gesandten Briefes vom 12.06.1991 und nach Beratung mit dem Vorstand des Verbandes und einer Anzahl von Vorsitzenden Kleingartenvereine möchten wir an das Präsidium folgenden Antrag stellen:

1. Das Rederecht auf der Bürgerschaftssitzung für den 3.7.1991 für den Vorsitzenden des Verbandes der Gartenfreunde e.V. Hansestadt Rostock zu beantragen.
2. In Folge möge die Bürgerschaft beschließen:
   - Die Bürgerschaft beauftragt den Senat, die zuständigen Senatoren und Ämter zu verpflichten, eine geregelte Zusammenarbeit bei der Gestaltung der Teilflächennutzungs- und Bebauungspläne mit dem Verband der Gartenfreunde e.V. zu vereinbaren.
   - Die Bürgerschaft beauftragt den Senat, die im Entwurf vorliegende Konzeption "Rolle und Organisation des Kleingartenwesens in der Hansestadt Rostock" kurzfristig zu beraten und zu bestätigen.
   - Die Bürgerschaft beauftragt den Bauausschuß zu garantieren, daß bei Beschlußvorlagen von Teilbebauungsplänen eine Abstimmung mit dem Verband der Gartenfreunde e.V. erfolgt (soweit es um Grünflächen und Kleingartenanlagen geht).

Schomacker
Vorsitzender

Schröder
Geschäftsführer

Der Verband sagt:

„Hände weg von unseren Gärten!"

Wir lassen es nicht zu, daß Rostock vom Kleingartengrün entblößt wird.
Kleingärtner, vertretet mit legitimen Mitteln nachhaltig und unbeugsam Eure demokratischen Rechte!

XI

In der „Neuen deutschen Gartenzeitung" 14/91 wurde u.a. über einzelne Gartenfreunde berichtet:

„Viele sind wie der 70jährige Rudolf Stolzenberg bereits im Rentenalter. Aus Ostpreußen stammend, wurde Rostock seine zweite Heimat. Die Neptunwerft, wo er 36 Jahre als Takler arbeitete, und das Fleckchen Land hier sind ihn ans Herz gewachsen. ‚Jetzt kommt für die Werft das Aus und dann für die Parzelle. Es ist, als würde mir wieder ein Stück Heimat genommen. Meine Familie hängt an dem Garten, solange wir es noch schaffen, soll er uns auch bleiben. Sicher, ich kann mir vorstellen, daß die Stadtväter für diese Fläche viel Geld eintreiben könnten, aber man darf doch die Menschen hier nicht vergessen. Für Bürohäuser gibt es auch andere Standorte.' Ähnlich denken viele Spaziergänger."

Proteste in den Medien gegen „Dunkle Wolken über Rostocks Kleingartenwesen", Seite in „Deutscher Kleingärtner" Nr. 7, Juli 1991

Ein wichtiges Ergebnis auf dem Wege zur Bestandssicherheit der Rostocker Kleingartenanlagen war deshalb der Beschluss des Senates der Hansestadt Rostock vom 11.7.1991 „zur Organisation des Kleingartenwesens in der Hansestadt Rostock".
Er regelte die Verantwortlichkeiten für das Kleingartenwesen in der Stadtverwaltung. Die in dem Beschluss festgelegte Arbeitsgruppe Kleingärten unter Leitung des Amtes für Stadtgrün, Naturschutz und Landschaftspflege (SNL), in der seit ihrer Bildung auch der Verband der Gartenfreunde vertreten ist, arbeitet seitdem mit gutem Erfolg. Da der Verband kein Träger öffentlicher Belange ist, ist seine Anerkennung in der Arbeitsgruppe besonders notwendig. Wertvoll ist die Beschlussbegründung. Darin heißt es:

„In unserer hochindustrialisierten Gesellschaft hat das Kleingartenwesen eine wesentliche umweltpolitische und ökologische Bedeutung. Durch den Umgang mit der Natur und durch sinnvolle Betätigung im Garten finden die Menschen einen Ausgleich zur Arbeitswelt, zum Arbeitsstreß. Unsere Gartenanlagen sind mit Fußwegen, Kinderspielplätzen und Ruhebänken öffentliches Grün und somit unentbehrlich für die Stadt. Jede einzelne Anlage ist ein wichtige Element der Dauerdurchgrünung und Auflockerung der städtischen Bebauung. Durch ihre Lage in der Stadt oder an deren Rande dienen die Kleingartenanlagen wesentlich zur Kurzzeiterholung aller Bürger. Kleingartenanlagen dürfen keine Bauland- oder Wohnraumreserven für eine Stadt sein, denn sie erhöhen in bedeutendem Umfang die Lebensqualität ihrer Einwohner. Sie sind eine eigenständige Form der Stadtbegrünung und mit ihrem Anteil von 4,8 % vom gesamten Stadtgebiet sind sie wesentliche Strukturelemente des Städtebaus. Um das den Menschen zu erhalten, tragen wir alle - jeder an seinem Platz - mit unserem Wirken um den Erhalt der Gärten eine große Verantwortung."

Mit der gewonnenen Reisefreiheit und dem Wegfall der Mangelwirtschaft auf verschiedenen Gebieten, war auch plötzlich der Bedarf an neuen Kleingärten nicht mehr vorhanden. Die in den Wartelisten der KGA und in der Geschäftsstelle des Verbandes registrierten Voranmeldungen waren gegenstandslos geworden.

Nicht wenige meinten damals, dass die Eigenversorgung mit Obst und Gemüse nicht mehr erforderlich sei, denn auf dem Markt wäre jederzeit alles vorhanden.
Das führte dazu, dass in den Jahren 1992/93 die begonnenen Neuaufschlüsse der KGA „Biestow-Ausbau“ und „Schutower Moorwiesen“ nicht wie vorgesehen vollendet wurden. „Biestow-Ausbau“ wurde zurück gebaut und „Schutower Moorwiesen“ in reduziertem Umfang abgeschlossen.
Inzwischen hat sich nicht nur die soziale und ökologische Bedeutung des Kleingartens längst wieder durchgesetzt, sondern auch die Erkenntnis über Qualität und Geschmack von selbst erzeugtem Obst und Gemüse. Kleingärten sind wieder begehrt, auch wenn Neuaufschlüsse noch nicht erforderlich sind, denn Angebot und Nachfrage halten sich insgesamt gesehen die Waage. An besonders exponierten Standorten soll es allerdings schon wieder Wartelisten geben.

Vorstandsmitglieder des KGV „Waller Marsch“ Bremen zu Besuch beim KGV „Hanse“ e. V.

Die Partnerschaftsbeziehungen des Stadtverbandes und verschiedener KGV zu Verbänden und Vereinen in den alten Bundesländern hatten sich weiter aktiviert. Besuche und Gegenbesuche fanden statt. Erfahrungsaustausch ist die billigste Investition, hieß es früher, und das wurde zunehmend praktiziert. Während der Stadtverband seine Besuche und Gegenbesuche mit dem Landesverband Bremen verstärkt weiterführte, entstanden Kontakte auf Vorstandsebene zwischen folgenden Kleingartenvereinen:

KGV „Markgrafenheide West“ e. V.	zum KGV „Rablingshausen-Lankenau“ e. V.
KGV „Rostocker Greif“ e. V.	zum KGV „Tulpe“ e. V. Bremen
KGV „Schöne Aussicht“ e. V.	zum KGV „Horner Gartenfreunde“
KGV „Toitenwinkler Weg“ e. V.	zum KGV „Neustadt, Süd“
KGV „Hanse“ e. V.	zum KGV „Waller Marsch“ e. V.

Natur- und Umweltschutz im Kleingarten

Für die Kleingartenvereine mit bewirtschaftetem Vereinshaus änderte sich ebenfalls Vieles. Da die Vereinssatzung einen gemeinnützigen Verein festlegt, darf kein wirtschaftlicher Geschäftsbetrieb erfolgen. Schließlich will und soll er ja entsprechend der Abgabenordnung die steuerliche Gemeinnützigkeit zuerkannt bekommen. Also mussten für die in den Vereinshäusern betriebenen Gaststätten Pächter gesucht und gefunden werden. Dass es dabei auch Reinfälle gab, war wohl unvermeidlich.
Eine Aufstellung der Kleingartenvereine mit bewirtschaftetem Vereinshaus (öffentlicher Gaststätte) ist im Anhang zu finden.
Zu den Zielen und Aufgaben der Kleingärtnerorganisation gehört es auch, die Belange des Umweltschutzes, des Naturschutzes und der Landschaftspflege zu berücksichtigen. Der Verband übernahm deshalb ab 1. September 1991 die Trägerschaft einer Arbeitsbeschaffungsmaßnahme (ABM) zum Wohle des Natur- und Umweltschutzes.
Der Vorstand ließ sich in seiner Entscheidung davon leiten, dass gerade im Grün- und Freizeitbereich eine gemeinnützige Kleingärtnerorganisation das geeignete Potential für eine Arbeitsbeschaffungsmaßnahme darstellt. Zugrunde lagen dabei besonders umweltrelevante Maßnahmen und Verschönerungsarbeiten in und um Kleingartenanlagen, die sich aus ihrer rechtlichen Verantwortung als Nutzer einer Kleingartenfläche ergaben.
Im Einzelnen konzentrierten sich die Arbeiten dieser ABM-Gruppe auf die Beseitigung von einigen Müllablagerungen an Kleingartengebieten, die insbesondere 1990 und 1991 entstanden waren. Es sollten Wege zurück gebaut werden, neue Rabatten und Gehölzstreifen angepflanzt sowie in einigen Vereinsgebieten alte Zäune, Beton- oder Stahlpfosten und Asbestplatten (Einfriedungen) entfernt und durch Hecken ersetzt werden. Aber auch Biotope sollten in verschiedenen Kleingartenanlagen entstehen.

ABM-Einsatz: Ausschneiden der Baumreihen und Hecken

Um es vorweg zu nehmen: Das Ergebnis des ABM-Einsatzes vom 1. September 1991 bis 15. August 1993 war beeindruckend. Es wurden etwa 1.200 m^3 Deponiemüll sortiert, verladen und etwa 200 t Metallschrott der Verwertung zugeführt.

Umfangreiche wilde Deponien an den KGA „Dalwitzhofer Weg", „Waldessaum" und „Toitenwinkler Weg" sowie eine Vielzahl kleinerer Deponien wurden beräumt. Es wurden außerdem:

- 7.000 lfdm. Hecken und Baumreihen ausgeschnitten,
- 8 Biotope in den KGA „Vogelsang", „Usedom", „In de Süld", „An'n Immendiek", „Jürgeshof", „Markgrafenheide-West" und „Beim Schinkenkrug" neu angelegt,
- Parkplätze (Stellflächen) an den KGA „Carbäktal", „Neue Mooskuhle", „Dierkower Hang", „Markgrafenheide-West" geschaffen,
- 500 m^3 Kulturboden angefahren und aufgebracht,
- 464 lfdm. Umzäunungen abgebaut und erneuert sowie 700 m Gräben geräumt.

Die Delegiertenversammlung vom 25. Januar 1992 (sie sollte bereits im Dezember 1991 stattfinden) konnte als Gäste den Oberbürgermeister Dr. K. Kilimann, den Umweltsenator Dr. M. Kreutzberg und weitere Abgeordnete der Bürgerschaftsfraktionen begrüßen. Dr. Kilimann gab den Delegierten einen Überblick über vorgesehene bzw. sich in Planung befindende Gewerbegebiete und daraus folgend Kleingartenflächen, die für eine mögliche Umnutzung in Frage kommen könnten. Dabei rechnete er fest mit der Mitarbeit des Vorstandes. Einstimmig wurden die KGV „An der Warnow", „Am Seemannsklub", „Oldendorf" und „Im Heidenholz" in den Verband aufgenommen, so dass sich die Mitgliederzahl auf 146 Kleingartenvereine mit 15.663 Parzellen erhöhte.

In der Verbandsspitze hatten sich bereits Ende November/ Anfang Dezember 1991 Führungsprobleme ergeben, die eine Änderung der Leitungsstruktur und der Satzung des Verbandes erforderlich machten. Die Vorbereitungen dazu erfolgten im Ergebnis der Delegiertenversammlung vom 25. Januar. Am 13. Juni 1992 wurde deshalb die nächste satzungsgerechte Delegiertenversammlung im Universitätsgebäude in der Parkstraße 6 durchgeführt.

Diskussion zu Problemen auf der Delegiertenversammlung am 13. Juni 1992

Diese Delegiertenversammlung war für den Verband ein Meilenstein und von großer Bedeutung, wie die Ergebnisse der Verbandsarbeit in den folgenden Jahren bestätigten.

Es wurde eine neue Satzung mit folgenden wesentlichen Veränderungen angenommen:

a) Der Name des Verbandes lautet nun:
Verband der Gartenfreunde e. V. Hansestadt Rostock

b) Es gibt keinen alleinigen Vorstand mehr.
Der Verband wird geführt von einem aus 7 Mitgliedern bestehenden ehrenamtlichen „geschäftsführenden Vorstand" und einem aus den Vorsitzenden der Mitgliedsvereine bestehenden „erweiterten Vorstand", dessen Tätigkeit ebenfalls ehrenamtlich erfolgt und dem der geschäftsführende Vorstand angehört.

c) Der „geschäftsführende Vorstand" tritt monatlich zusammen, bestimmt die Richtlinien der Geschäftsführung und leitet den Verband zwischen den halbjährlichen Zusammenkünften des erweiterten Vorstands bzw. den jährlichen Delegiertenversammlungen.

Mit diesen Veränderungen wurden die Grundlagen gelegt für die in der Folgezeit so erfolgreich praktizierte Offenheit des Verbandes nach innen und nach außen. Die personellen Konsequenzen zeigten sich in der Wahl des geschäftsführenden Vorstands. Vorausgegangen war eine ausführliche Diskussion aller Probleme. Außerdem wurde als 147. Mitglied der KGV „Am Klostergraben" in den Verband aufgenommen.

„Neue Deutsche Gartenzeitung", 14/1992, Juliheft

Generalpachtvertrag mit der Stadtverwaltung erneuert

Mit dem 1. Januar 1993 nahm die Hansestadt Rostock die Verwaltung der städtischen Kleingartenanlagen in ihre Verantwortung zurück. Bereits seit Anfang 1992 wurden in Zusammenarbeit zwischen dem Liegenschaftsamt, dem Amt für Stadtgrün, Naturschutz und Landschaftspflege und dem Verband der Gartenfreunde e. V. Hansestadt Rostock zielstrebig und mit Unterstützung vieler Kleingärtner aus den Mitgliedsvereinen die Grundlagen dazu geschaffen. Mit der Unterzeichnung des Generalpachtvertrages zwischen der Stadt und dem Verband am 19. Januar 1993 lag ein Arbeitsergebnis vor, das den bisherigen Generalpachtvertrag mit der Wohnungsgesellschaft WIRO überführte und den Festlegungen und Bestimmungen des Bundeskleingartengesetzes, einschließlich des § 20a entsprach.

Die Stadt und ihre Kleingärtner knüpften mit dem neuen Generalpachtvertrag an die Verträge an, die 1946 mit dem Kleingartenausschuss in Rostock und 1949 mit der Vereinigten Kleingartenhilfe e. V. Warnemünde geschlossen worden waren.

Im Verlaufe der Jahre 1992/93 wurde gemeinsam mit dem Amt für Stadtgrün, Naturschutz und Landschaftspflege (SNL) eine „Laubenordnung" ausgearbeitet und am 9. Juli 1993 vom Oberbürgermeister als „Dienstanweisung für die Errichtung und Nutzung von Gartenlauben und den baulichen Anlagen in Kleingartenanlagen der Hansestadt Rostock" in Kraft gesetzt.

Damit waren auf der Grundlage des geltenden Baurechts und des Bundeskleingartengesetzes seit dem 3. Oktober 1990 bestehende Unsicherheiten für den Laubenneubau beseitigt. Der Begriff „Laubenordnung" wurde deshalb wieder benutzt, da dieser den Kleingärtnern als „Bauvorschrift im Kleingarten" seit langem bekannt war.

Verband der Gartenfreunde e.V.
Hansestadt Rostock
Gemeinnützige Organisation der Kleingärtner der Hansestadt Rostock

Verband der Gartenfreunde e.V. Hansestadt Rostock

- Laubenordnung -

Dienstanweisung für
die Errichtung und Nutzung von Gartenlauben und baulichen Anlagen
in Kleingartenanlagen der Hansestadt Rostock

Der Vorsitzende des Verbandes der Gartenfreunde e. V. Hansestadt Rostock, Dieter Steffens, der Senator für Finanzen, Prof. Dr. Dieter Neßelmann, und der Sachgebietsleiter im Liegenschaftsamt, Helmut Vettin, (i. Hintergrund) nach der Unterzeichnung des Generalpachtvertrages

Allerdings gab es einen Schönheitsfehler, wie Jahre später von aufmerksamen Stadtbediensteten festgestellt wurde. Als Dienstanweisung hatte sie nur Gültigkeit für die Ämter der Stadtverwaltung, konnte also für Außenstehende nicht bindend sein. 1999 wurde der „Schaden" dann durch das Amt für Stadtgrün, Naturschutz und Landschaftspflege mit einem „Informationsblatt für die Er-

richtung von Gartenlauben in Kleingartenanlagen der Hansestadt Rostock" behoben und vom Verband wiederum als Laubenordnung beschlossen.
Im September 1992 erschien die „Richtlinie über die kleingärtnerische Gemeinnützigkeit" – kurz Gemeinnützigkeitsrichtlinie genannt – im Amtsblatt Nr. 39 für Mecklenburg-Vorpommern.

Das war auch für die Rostocker Kleingärtner eine wichtige Entscheidung, ist sie doch u. a. die Voraussetzung für die Anpachtung von Grundstücken, um sie als Kleingärten weiter verpachten zu können. Schon seit Anfang des Jahres 1992 hatte sich der Landesverband beim Landwirtschaftsminister um die offizielle Regelung dieser und anderer Probleme wie z. B. der Ermittlung des ortsüblichen Pachtzinses bemüht.
Für die Aufsicht und periodische Anerkennung (in der Regel nach 3 Jahren) ist in Rostock das Amt für Stadtgrün, Naturschutz und Landschaftspflege (SNL) als Anerkennungsbehörde zuständig. Erstmals erfolgte 1995 die Berichterstattung der KGV, dann wieder 1998.
Leider wurde die Berichterstattung an das Amt SNL mittlerweile so aufwendig und umfangreich angelegt, dass die Anerkennung unvertretbar lange dauerte.

Auf Messen und Ausstellungen

Vom 27. bis 31. Mai 1992 fand in Rostock-Schutow die erste Fachausstellung für Landwirtschaft-Tier-Garten (LATIGA) statt. Diese Messe sollte den Themen Agrarproduktion, Veredelung landwirtschaftlicher Produkte, Gartenbau und Kleingärten sowie dem Bereich Forstwirtschaft vorbehalten sein. Der Stadtverband unterstützte den Messestand des Landesverbandes der Gartenfreunde Mecklenburg und Vorpommern, half, den Mustergarten zu gestalten und wirkte an den Seminaren zu aktuellen Themen des Kleingartenwesens mit.

Jedes Jahr, bis 1996, haben die Rostocker Kleingartenvereine mit ihrem Verband das so gehalten, dann gab der Landesverband den Informationsstand auf.

Ab 1997 gab es auf der Ostseemesse aus eigenem Antrieb einen Informationsstand des Rostocker Stadtverbandes unter Beteiligung der Kreisverbände Wismar, Bad Doberan und Rostock-Land.

Kategorienliste und Kleingartenbeirat

Trotz aller positiven Ergebnisse der Zusammenarbeit des Stadtverbandes mit der Stadtverwaltung nach den Aufregungen des Jahres 1991, zogen 1993 neue Gewitterwolken auf. Die Delegiertenversammlung vom 12. Juni 1993 im überfüllten Hörsaal 3 der Rostocker Universität in der Parkstraße stand unter dem Motto „Der Angriff auf die Kleingartenanlagen hat begonnen!" Nach den im Verband bekannt gewordenen Planungsabsichten waren 31 Kleingartenanlagen mit etwa 1.900 Parzellen in ihrem Bestand gefährdet. Vertreter der Stadtverwaltung äußerten sogar in der Presse, „keine Stadt kann sich in zentraler Lage eine Gartenkolonie erlauben".
Die Delegierten beschlossen, den Bestand der KGA nach § 20a des Bundeskleingartengesetzes in einem offenen Brief an den Oberbürgermeister, Dr. Kilimann, und an den Präsidenten der Bürgerschaft, Christoph Kleemann, einzufordern.

Messe-Programm der Gartenfreunde

13.-21. April 1996

10.00 – 18.00 Uhr
Konsultationsmöglichkeiten für die Mitglieder der Kleingärtnervereine und Besucher am Informationsstand des Landesverbandes zu vereinsrechtlichen Fragen, zum Kleingartenrecht und der Fachberatung.

13. April 1996
10.00 Uhr
Eröffnung der Ostseemesse

14. April 1996
10.00 – 18.00 Uhr
Konsultation zum Kleingartenrecht.

17. April 1996

09.30 – 13.00 Uhr
Seminar mit Geschäftsführern der Mitgliedsverbände zu aktuellen Aufgaben des Landesverbandes und zu Versicherungsfragen. Mit dabei: Walter Voß vom Kleingartenversicherungsdienst der SECURITAS.

18. April 1996
14.00 – 16.00 Uhr
Beratung mit Politikern des Landes Mecklenburg-Vorpommern.

19. April 1996
10.00 – 12.00 Uhr
Seminar zum Vereinsrecht mit Ingo Kleist, Vizepräsident des BDG und Vorsitzender des Landesbundes Hamburg.

20. April 1996

10.00 – 14.00 Uhr
Seminar des Fachbeirates des Landesverbandes zum Thema: „Holzschutz im Kleingarten".

Delegiertenversammlung vom 12. Juni 1993

Darin hieß es unter anderem:
„Mit Entrüstung nehmen wir zur Kenntnis, daß durch Planungsabsichten und weitere konkrete Dokumente wie Generalverkehrsplan, Studie zur Aufwertung der Südstadt und Bebauungspläne der Bestand von etwa 31 Kleingartenanlagen mit ca. 1900 Parzellen gefährdet ist. Außerdem gibt es Anzeichen dafür, daß weitere Kleingartenanlagen für eine Umnutzung vorgesehen sind.
Wir sehen darin nicht nur die Zerstörung eines bedeutenden Teils der Dauerdurchgrünung und Auflockerung der städtischen Bebauung, sondern auch einen radikalen und in seinen Dimensionen unvertretbaren Eingriff in die soziale Funktion des Kleingartens für den arbeitenden Menschen sowie für die Arbeitslosen, Vorruheständler und Rentner mit ihren Familien.
Wir möchten Sie an die Beschlußbegründung des genannten Senatsbeschlusses erinnern, in dem es u.a. heißt: ‚Kleingartenanlagen dürfen keine Bauland- oder Wohnraumreserven für eine Stadt sein, denn sie erhöhen in bedeutendem Umfang die Lebensqualität ihrer Einwohner'… Deshalb protestieren wir gegen diesen vorgesehenen Kahlschlag."

„Zu unseren Gärten gibt es keine Alternative", erklärte 1993 Hans Mehlhorn, Vorsitzender der Kleingartenanlage „Waldessaum Block IV e. V."

Außerdem sollte die Öffentlichkeit über die Medien informiert und jede weitere sich bietende Möglichkeit zur Abwendung der Bestandsgefährdung genutzt werden. Man muss der Rostocker Presse bescheinigen, dass alle Zeitungen mit großer Resonanz auf den offenen Brief und die Presseinformation des Verbandes reagierten.

Der „Warnow-Kurier" berichtete über den Protest der Kleingärtner:

„Kleingärten mit ihren vielen Funktionen dürfen nicht beseitigt werden, um weitere Betonlandschaften zu schaffen. Selbst wenn von Seiten der Stadt Alternativflächen angeboten würden, so wollen die Gärtner keineswegs darauf eingehen. Mehlhorn: ‚Es gibt für uns keine Alternative. Die Gärten sind ein Stück Familiengeschichte, sind über Jahre mühsam aufgebaut worden. Wir wollen eine Bestandsgarantie!'"

Am 28. September 1993 hatte der geschäftsführende Vorstand des Verbandes der Gartenfreunde e. V. Hansestadt Rostock Gelegenheit, die Fragen und Sorgen der Kleingärtner beim Oberbürgermeister Dr. Kilimann vorzubringen.
An dem Gespräch nahmen seitens der Stadt der Senator für Bauwesen, Möhner, der Senator für Umwelt und Natur, Dr. Kreutzberg, der Leiter des Amtes für Stadtgrün, Naturschutz und Landschaftspflege, Dr. Neubauer, sowie Dr. Hartwig vom Amt für Wirtschaftsförderung teil.

Der Vorsitzende des Verbandes der Gartenfreunde, Dieter Steffens, wurde am 28. September 1993 vom Oberbürgermeister Dr. Kilimann begrüßt.

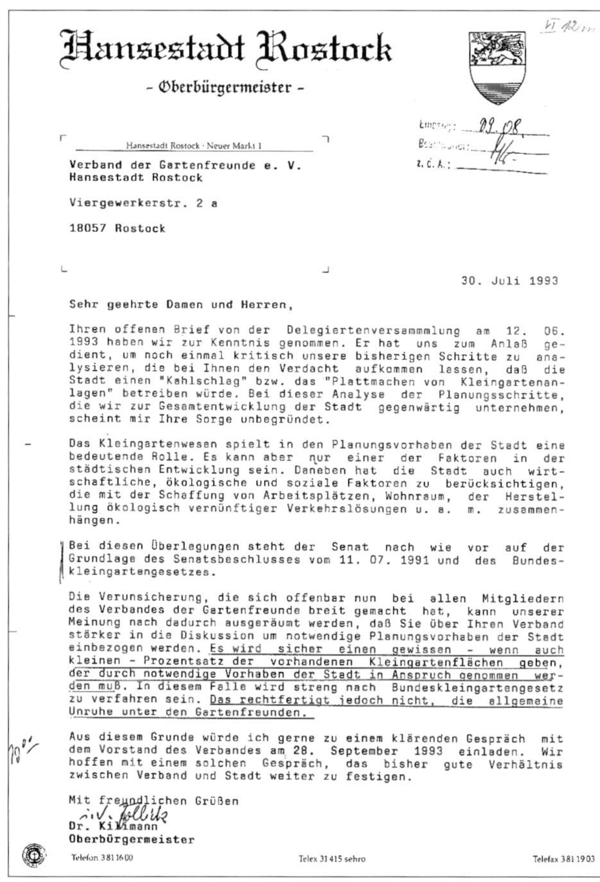

Hansestadt Rostock
- Oberbürgermeister -

Hansestadt Rostock · Neuer Markt 1

Verband der Gartenfreunde e. V.
Hansestadt Rostock

Viergewerkerstr. 2 a

18057 Rostock

Eingang: 09.08.

30. Juli 1993

Sehr geehrte Damen und Herren,

Ihren offenen Brief von der Delegiertenversammlung am 12. 06. 1993 haben wir zur Kenntnis genommen. Er hat uns zum Anlaß gedient, um noch einmal kritisch unsere bisherigen Schritte zu analysieren, die bei Ihnen den Verdacht aufkommen lassen, daß die Stadt einen "Kahlschlag" bzw. das "Plattmachen von Kleingartenanlagen" betreiben würde. Bei dieser Analyse der Planungsschritte, die wir zur Gesamtentwicklung der Stadt gegenwärtig unternehmen, scheint mir Ihre Sorge unbegründet.

Das Kleingartenwesen spielt in den Planungsvorhaben der Stadt eine bedeutende Rolle. Es kann aber nur einer der Faktoren in der städtischen Entwicklung sein. Daneben hat die Stadt auch wirtschaftliche, ökologische und soziale Faktoren zu berücksichtigen, die mit der Schaffung von Arbeitsplätzen, Wohnraum, der Herstellung ökologisch vernünftiger Verkehrslösungen u. a. m. zusammenhängen.

Bei diesen Überlegungen steht der Senat nach wie vor auf der Grundlage des Senatsbeschlusses vom 11. 07. 1991 und des Bundeskleingartengesetzes.

Die Verunsicherung, die sich offenbar nun bei allen Mitgliedern des Verbandes der Gartenfreunde breit gemacht hat, kann unserer Meinung nach dadurch ausgeräumt werden, daß Sie über Ihren Verband stärker in die Diskussion um notwendige Planungsvorhaben der Stadt einbezogen werden. Es wird sicher einen gewissen - wenn auch kleinen - Prozentsatz der vorhandenen Kleingartenflächen geben, der durch notwendige Vorhaben der Stadt in Anspruch genommen werden muß. In diesem Falle wird streng nach Bundeskleingartengesetz zu verfahren sein. Das rechtfertigt jedoch nicht, die allgemeine Unruhe unter den Gartenfreunden.

Aus diesem Grunde würde ich gerne zu einem klärenden Gespräch mit dem Vorstand des Verbandes am 28. September 1993 einladen. Wir hoffen mit einem solchen Gespräch, das bisher gute Verhältnis zwischen Verband und Stadt weiter zu festigen.

Mit freundlichen Grüßen
i. V. Zöllick
Dr. Kilimann
Oberbürgermeister

Telefon 381 16 00 Telex 31 415 sehro Telefax 381 19 03

Es war ein erfolgreiches Gespräch mit den konkreten Festlegungen, dass u. a.

- in den nächsten drei Jahren keine Kleingärten umverlagert werden,
- die Stadtverwaltung kurzfristig eine Kategorisierung der KGA vornehmen wird, mit der Einteilung in

Kategorie I	Dauerkleingartenanlagen
Kategorie II	langfristig sichere Gärten, mindestens 10 Jahre
Kategorie III	kurzfristige Inanspruchnahme in den nächsten 5 Jahren,

- bei Inanspruchnahme von Kleingartenland Ersatzland gestellt wird,
- zwischen Stadtverwaltung und Verband eine Vereinbarung abgeschlossen wird, die die Rechte und Pflichten der Vertragspartner bei Umverlagerung von Kleingärten regelt.

Am 1. Dezember 1993 wurde Prof. Dr. Dieter Schröder von der Bürgerschaft zum neuen Oberbürgermeister gewählt. Der Verband der Gartenfreunde zögerte nicht lange: Mit den Glückwünschen zum neuen Amt erfolgte zugleich die Bitte um weiterführende Gespräche zu den Problemen der Rostocker Kleingärtner.
Prof. Schröder ließ es sich nicht nehmen, das Haus der Kleingärtner bereits kurze Zeit nach seinem Amtsantritt, Ende Januar 1994, zu besuchen und sich vom geschäftsführenden Vorstand über die Situation im Rostocker Kleingartenwesen informieren zu lassen. Dabei wurde er von Dr. Neubauer, Amtsleiter SNL, sowie Frau Dr. Preuß, Amtsleiterin Umweltamt, begleitet.

Erster Besuch des Oberbürgermeisters Prof. Dr. Schröder in der Geschäftsstelle des Verbandes der Gartenfreunde. Ihn begleiteten Frau Dr. Preuß und Dr. Neubauer

Nach einem ausführlichen Vortrag des Vorsitzenden des Verbandes, Gartenfreund Dieter Steffens, über den Verband und seine Aktivitäten würdigte OB Schröder die umfangreiche Arbeit der Verbandsmitglieder und die Zusammenarbeit mit den Ämtern und Volksvertretern der Stadt bei der Schaffung und Erhaltung naturnaher Freizeitbereiche im Rahmen des bereits erwähnten Senatsbeschlusses vom 11. Juli 1991. Im weiteren Verlauf dieses sehr konstruktiven und interessanten Gesprächs übergab der Oberbürgermeister die am 28. September 1993 vereinbarte Kategorienliste der Kleingartenanlagen. Nach dieser Aufstellung wollte die Stadt die überwiegende Anzahl der Kleingartenanlagen als dauerhaft sicher bzw. langfristig sicher festschreiben. Die Kategorienliste hat auch mit den verschiedenen Präzisierungen in den folgenden Jahren sehr viel zur Beruhigung der Situation unter den Kleingärtnern beigetragen.
Es wurden weitere Gespräche zu Themen wie Überarbeitung der Pachtpreise und Bereitstellung von finanziellen Mitteln für die Rekonstruktion von KGA vereinbart.
Der Oberbürgermeister brachte den Wunsch zur weiteren bewährten konstruktiven Zusammenarbeit zum Ausdruck.
Die Mitglieder des geschäftsführenden Vorstands waren von diesem Gespräch sehr angetan, noch dazu, weil sich im Ergebnis weitere positive Entwicklungen für die Kleingärtner ergaben. Dieses bestätigte sich ein halbes Jahr später auf der Delegiertenversammlung der Rostocker Kleingärtner am 18. Juni 1994. Befriedigt konnten die Vertreter der Rostocker Kleingärtner zur Kenntnis nehmen, dass seit dem offenen Brief von 1993 an den ehemaligen Oberbürgermeister Dr. Kilimann ein konstruktiver Dialog begonnen hatte, der sich mit der Amtsübernahme von Prof. Dr. Schröder noch verstärkte. Nicht nur, dass die Kategorienliste für 128 Mitgliedsvereine Dauergrün ausweist, auch die geplante Inanspruchnahme ganzer Kleingartenanlagen war erheblich korrigiert worden.
Als Gäste wurden neben dem Oberbürgermeister Prof. Dr. Schröder, Frau Dr. Christine Lucyga (SPD MdB), Günther Krause (CDU) und Dr. Neubauer (Amtsleiter SNL) herzlich begrüßt.

Der Oberbürgermeister informierte darüber, dass der Landschaftsplan zur Sicherung der kleingärtnerisch genutzten Flächen fast fertig sei. Dieser Plan ginge in den Flächennutzungsplan ein, der im Herbst 1995 fertiggestellt sein solle. Wo Kleingartenanlagen oder Teile davon weichen müssten, würde Ersatz geboten werden. Noch in diesem Jahr werde ein Vertrag zwischen der Stadt und dem Verband geschlossen, der die Maßnahmen bei notwendigen Umverlagerungen regelt.
Wichtig für die Gartenfreunde war zu hören, dass die Entwicklung des städtischen Pachtzinses geklärt ist. Er sollte 1994 und 1995 0,09 DM, 1996 und 1997 0,11 DM und ab 1998 0,15 DM pro Quadratmeter Bruttokleingartenfläche betragen. In allen Preisangaben war die Grundsteuer enthalten.

Delegiertenversammlung 1994: Zu Gast waren u.a. Oberbürgermeister Prof. Dr. Schröder und Frau Dr. Lucyga

Ein weiterer Meilenstein auf dem Weg der Rostocker Kleingärtner war die Bildung des Stadtkleingartenbeirates. Am 4. Dezember 1995 erfolgte im Auftrag des Oberbürgermeisters die Berufung der Mitglieder durch den Leiter des Amtes für Stadtgrün, Naturschutz und Landschaftspflege.
Dem Beirat gehörten neben dem Amtsleiter Dr. Neubauer von der CDU-Fraktion, Herr Möbius von der SPD, Herr Neumeister von der PDS, Herr Klünder sowie Frau Duty von der Fraktion Bündnis 90 an.
Der Verband der Gartenfreunde wurde von Gartenfreund Steffens (Vorsitzender des Verbandes), Gartenfreund Klemm (Vorsitzender des KGV „Am Waldessaum VI"), Gartenfreund B. v. d. Knesebeck (Vors. d. KGV „Gedser") und Gartenfreund Thoms (Vorsitzender des KGV „Dr. E. Heydemann") vertreten.

Der Beirat befasste sich seitdem halbjährlich mit bestimmten Schwerpunkten des Kleingartenwesens wie u.a. der Zuerkennung der kleingärtnerischen Gemeinnützigkeit, Dauerkleingartenanlagen und Bebauungsplänen.
Eine teilweise neue Besetzung der Beiratsmitglieder erfolgte im Herbst 1999, bedingt durch personelle Veränderungen in den Fraktionen der Bürgerschaft. Im Beirat waren von der Fraktion der CDU Herr Albrecht, von der Fraktion der SPD Frau Saß, von der Fraktion der PDS Dr. W. Suhr und von der Fraktion Bündnis 90/Grüne Frau Opolka vertreten.

Die Mitglieder im 1. Stadtkleingartenbeirat: Klemm, Dr. Neubauer, Thoms, Möbius, B. v. d. Knesebeck, Neumeister (v.l.)

Sicherheit im Kleingarten

Ein sorgenvolles Kapitel in den Kleingartenvereinen waren und sind die Laubeneinbrüche. Diese Form der Kriminalität traf die Kleingärtner völlig unvorbereitet, man war solches mit derartiger Intensität in der Vergangenheit nicht gewöhnt, wenn man die Jahre nach dem Ende des Zweiten Weltkrieges außer Acht lässt.
In den Jahren 1991 bis 1996 war ein ständiges Ansteigen dieser Straftaten zu verzeichnen, kaum eine Kleingartenanlage blieb verschont.
In der KGA „Schöne Aussicht" war die Empörung groß, als ein besonders dreister Einbrecher sogar an Sommertagen die Gärten heimsuchte. Gartenfreund Paul Kloth erzählte:
„Meine Frau und ich hatten uns am Mittag hingelegt. Ich lag auf einer Liege, mit den Füßen fast in der halb geöffneten Tür des Gartenhauses. Wir müssen fest eingeschlafen gewesen sein, denn wir bemerkten beide nicht, dass jemand über mich hinweg geklettert und in das Haus eingedrungen war.

Später erst wurden wir durch ein offenes Fenster und die geöffneten Schranktüren aufmerksam. Aus meiner Jacke im Schrank hatte der Dieb Geld gestohlen und war durch das hintere Fenster auf und davon…"

Nicht nur, dass gestohlen wurde, was irgendwie verwertbar war, auch die Beschädigungen an und in den Gartenlauben nahmen überhand. Teilweise wurden Gartenlauben nahezu völlig ausgeräumt. Einen Eindruck vermittelt ein Artikel der Ostsee-Zeitung vom 4. November 1994, der über Gartenhauseinbrüche berichtete.

237 Gartenhauseinbrüche allein in den letzten vier Wochen

OZ 4.11.94

Polizei lehnt Selbstschutz inzwischen nicht mehr rigoros ab

Rostock-Kröpeliner-Tor-Vorstadt. 237mal brachen Diebe, Landstreicher und Vagabunden allein in den vergangenen vier Wochen in Gartenhäuser der Hansestadt ein. Am meisten betroffen waren die Gartenanlagen **Fährhufe** in Gehlsdorf, der Dammerower Weg, die Anlagen „Feierabend" und „Waldessaum" in Reutershagen, die Gärten am Verbindungsweg sowie die Anlage „Rügen" in Lütten Klein. Der Polizei gelang es, mehrere Serieneinbrüche, darunter einen Fall von 20 Gartenhausverwüstungen in Groß Klein, aufzuklären.

In der Regel zerschlagen die Einbrecher Türen oder Fenster, durchsuchen alle Räume, alle Schränke, alle Behältnisse. Zum Diebesgut gehören Fernsehgeräte, Radios, Stereoanlagen. Oft sind es aber auch Speisen, Getränke oder Zigarretten, auf die es die unerwünschten Gäste abgesehen haben. Nach Auskunft von Polizeisprecher Siegfried Tom sind die Einbrecher vor allem „Hausierer" oder Jugendliche, die Probleme mit ihrem Elternhaus haben. Die Polizei rät, gerade jetzt, da sich immer weniger in den Gartenanlagen aufhalten, den möglichen Schaden durch Vorbeugen zu minimieren. „Radios und Fernseher sollten im Winter ganz und gar aus den Gärten verschwinden", meint Tom. „Es ist auch gut, die Antennen abzubauen." Viele Diebe vermuten in Häusern, an denen Satellitenanlagen installiert sind, auch entsprechende Technik im Hausinnern.

Geschäftsführer Michael Kretzschmar vom Kleingärtnerdachverband ist froh, daß sich die Polizei zu regelmäßigen Streifengängen durch die Anlagen durchgerungen hat. Im letzten Jahr warnte die Polizei noch vor Selbstschutzgruppen der Kleingärtner. Vor Selbstjustiz warnt Tom zwar auch heute noch, doch relativiert er seine Meinung dazu. Regelmäßige Streifengänge seien im Winter durchaus anzuraten. „Doch es hat wenig Zweck, wenn sich zwei nicht mehr so rüstige Rentner dazu entschließen und plötzlich einer Bande Jugendlichen gegenüberstehen." Kretzschmar weiß von einem Fall, bei dem eine Kleingärtnerstreife, nur mit einem Telefon bewaffnet, bei einem Kontrollgang Einbrecher ertappte und dank des Telefons schnell die Polizei benachrichtigen konnte. „Das halte ich für praktikabel", sagt Tom. Laut Polizei haben sich auch Fensterverschläge gut bewährt.

Übrigens gab es allein in der letzten Oktoberwoche auch neun Brände in Kleingärten („Rügen", Dammerower Weg, „Waldessaum"). Darunter konnte die Polizei als Ursachen beabsichtigte Spurenbeseitigung, stehengelassene, brennende Kerzen und unbeaufsichtigte Elektrogeräte ermitteln. ACHIM TREDER

Der geschäftsführende Vorstand fasste deshalb den Entschluss, der Polizeidirektion Rostock eine Sicherheitsvereinbarung vorzuschlagen, um die Sicherheit für das Eigentum der Kleingärtner in den Kleingartenanlagen mit gemeinsamen Maßnahmen zu erhöhen. Es war aber auch notwendig, die Kleingärtner selbst zu schützen, denn die Vertreter der Polizei machten immer wieder darauf aufmerksam, dass Bürgerwehr, Selbstschutzgruppen, Selbstjustiz und selbständige Streifengänge der Vereinsmitglieder auch böse Folgen haben könnten.

Erbitterten Kleingärtnern war das Vertrauen in die Arbeit der Polizei verloren gegangen. Kein Wunder, wenn man folgende Ergebnisse betrachtet:

1994: 1.450 angezeigte Einbrüche in Kleingartenanlagen
– aufgeklärt 8,5 %

1996: 1.880 angezeigte Einbrüche in Kleingartenanlagen
– aufgeklärt 2,7 %

Der Vorsitzende der Kleingartenanlage „Jürgeshof" e. V., Hans Joachim Mattheé, erklärte im „Rostocker Blitz" vom 2.7.1995: „Die Kleingartenanlage steht kurz vor der Explosion", nachdem in den Wochen davor über 200 Einbrüche allein dort verübt wurden.

Zwischen dem Verband der Gartenfreunde und der Polizeiinspektion Rostock wurden Maßnahmen zur Erhöhung der öffentlichen Sicherheit in Kleingartenanlagen vereinbart.

Ein entsprechendes Dokument wurde am 24. August 1995 vom Chef der Polizeiinspektion Rostock, Polizeioberrat Siegfried Trottnow, und dem Vorsitzenden des Verbandes, Gartenfreund Dieter Steffens, mit folgendem Inhalt unterzeichnet:

„Mecklenburg-Vorpommersche Gartenzeitung", 3/1995, Märzheft

„Erklärtes Ziel der Polizeiinspektion Rostock und des Verbandes der Gartenfreunde e. V. der Hansestadt Rostock ist es, im Rahmen der angestrebten gemeinsamen ‚Sicherheitspartnerschaft' die vielfältigen Möglichkeiten zur Erhöhung der öffentlichen Sicherheit und zum Schutz des Privat- und Verbandseigentums in Kleingartenanlagen effektiv auszuschöpfen. Persönliche Kontakte, Beratungen, Hinweise, Informationen, Streifentätigkeit, gemeinsam abgestimmtes Handeln zur Kriminalitätsprävention sind wesentliche Eckpunkte, um die angestrebte Sicherheitspartnerschaft mit Leben zu erfüllen.

Der Verband der Gartenfreunde übergibt eine Übersicht aller Kleingartenanlagen des Verbandes im Dienstbezirk der Polizeidirektion Rostock (Name, Anschrift, Erreichbarkeit der Vorsitzenden/Vertreter bzw. Vorstände, Anzahl der Parzellen und Besonderheiten in den Anlagen) zu Zwecken der Einsatzplanung und -abstimmung und aktualisiert diese regelmäßig. Im Gegenzug werden dem Verband der Gartenfreunde durch die Polizeidirektion Rostock konkrete Ansprechpartner/Kontaktbeamte und Dienststellen für die einzelnen Kleingartenanlagen benannt. Die Kleingartenanlagen des Verbandes werden unter Berücksichtigung polizeilich-relevanter Lageentwicklungen sowie aktueller Erfordernisse und im Rahmen der personellen Möglichkeiten in die Streifentätigkeit der zuständigen Dienststellen einbezogen. Als einen besonderen Schwerpunkt ihrer Streifentätigkeit betrachten die Polizeivollzugsbeamten dabei die persönliche und vertrauensvolle Kontaktaufnahme und -pflege mit den Verbandsmitgliedern. Der Verband der Gartenfreunde e. V. Hansestadt Rostock unterstützt die Polizeiinspektion Rostock u. a. in der polizeilichen Streifentätigkeit durch Hinweise auf aktuelle Schwerpunkte und Probleme. Die Polizeiinspektion Rostock nimmt regelmäßig an Verbandsmitgliederversammlungen sowie bei Erfordernis auch an Verbandsberatungen teil, um dort gemeinsam interessierende Fragen und Probleme zur Sicherheit zu erörtern.“

Unterzeichnung der Sicherheitsvereinbarung am 24. August 1995

Selbstverständlich konnten und können auch in der Gegenwart Laubeneinbrüche nicht vollständig verhindert werden. Ihre Wirksamkeit hatte die Umsetzung dieser Vereinbarung in den folgenden Jahren aber bewiesen. Das belegen folgende Vergleichszahlen:

	Anzahl angezeigter Laubeneinbrüche	gestellte Täter
1996	1.018	nicht bekannt
1997	525	nicht bekannt
1998 (1.1.- 31.11.)	818	97
1999 (1.1.- 30.11.)	543	120

Seit dem 3. Mai 1995 hatte unsere Stadt mit Arno Pöker wieder einen neuen Oberbürgermeister.
Leider war die Zeit der guten Zusammenarbeit mit Prof. Dr. Schröder sehr kurz gewesen. Musste man nun alles wieder von vorn beginnen?
Der Verband bemühte sich ab Mitte August 1995, mit dem neuen OB ins Gespräch zu kommen.
Am 29. Februar 1996 traf sich Arno Pöker dann mit dem geschäftsführenden Vorstand in den Räumen im „Haus der Kleingärtner“ in der Viergewerkerstraße, um sich über den Verband und anstehende Probleme zu informieren.

Der geschäftsführende Vorstand im Gespräch mit dem Oberbürgermeister Arno Pöker am 29. Februar 1996

Der Verband versuchte während des Gesprächs, Verständnis für die Anliegen der Kleingärtner beim Stadtoberhaupt zu erreichen und bot sich als kompetenter Ansprechpartner bei allen Entscheidungen, die die Kleingärtner betreffen, an. Einigkeit bestand darin, dass so schnell wie möglich der Generalverkehrsplan überarbeitet und der Flächennutzungsplan durch die Bürgerschaft beschlossen werden müssten. Insbesondere der Flächennutzungsplan war für den Verband entscheidend, um auf dessen Grundlage, entsprechend der Kategorienliste von 1993, die Festschreibung der Kleingartenanlagen als Dauerkleingartenanlagen zu erreichen.

Die „Mecklenburg-Vorpommersche Gartenzeitung“ Nr. 9/96, veröffentlichte im Regionalteil ein Interview mit dem Verbandsvorsitzenden. Dieses Interview – eine Zwischenbilanz des seit 1992 Erreichten – sprach für die erfolgreiche Arbeit der Rostocker Kleingärtner.

Gemeinsame Ziele verbinden

Im Gespräch mit Dieter Steffens, Vorsitzender des Rostocker Verbandes

Unterstützung durch die Vereine frühzeitig um Aussagen bemüht, welche Kleingartenanlagen durch welche Vorhaben gefährdet sind und wie lange eine ungestörte Nutzung noch möglich ist. Das erfolgte, um den Gartenfreunden Sicherheit zu geben, aber auch im Vorgriff auf die Ausweisung der Kleingartenvereine im Flächennutzungsplan.
Diese sogenannte „Kategorienliste“ von 1993 ist den Vereinsvorständen bekannt und weist als geringste Nutzungszeit mindestens fünf Jahre aus. Zum 30.11.1997 ist die Aufkündigung der ersten Kleingärten vorgesehen.
Eine geschlossene Vereinbarung müssen wir immer wieder feststellen, daß in einigen Amtsstuben weder das Bundeskleingartengesetz noch unsere Vereinbarung bekannt sind und dann versucht wird, am Verband vorbei zu handeln. Das werden wir in Durchsetzung der Interessenvertretung der Kleingärtner nicht zulassen und wenn es sein muß, notfalls auch gerichtliche Schritte unternehmen.

● In einer vorherigen Ausgabe berichteten wir über die Vielzahl von Aktivitäten im Verband der Gartenfreunde, was gibt es Neues?
Grundprinzip der Verbandsarbeit ist die Durchsetzung der

● Was wünschen Sie sich in Ihrer Funktion für die Zukunft?
Daß wir unsere Tätigkeit im Interesse der Rostocker Gartenfreunde weiter erfolgreich gestalten können. Wenn wir auf die Arbeit im Verband zurückschauen, war alles nur möglich, weil viele Kleingärtner in ihrer Freizeit den geschäftsführenden Vorstand unterstützt haben. Dafür ein herzliches Dankeschön.
Es gibt ein sehr konstruktives und offenes Verhältnis im Verband, zwischen und zu den Kleingartenvereinen. Dieses war und ist die Grundlage für unsere Tätigkeit, und dann ist Verbandsarbeit nicht nur Last,

Im 1. Kapitel der Geschichte des Rostocker Kleingartenwesens war bereits die Rede davon, dass Kleingartenanlagen oftmals auf Ödland, Splitterflächen und ehemalig militärisch genutzten Flächen angelegt wurden. So war das auch in späteren Jahren. Nachdem am 15. September 1993 das ABM-Projekt „Umweltentlastende Maßnahmen“

nach zweijähriger Dauer mit den geschilderten Ergebnissen beendet wurde, beschloss die Delegiertenversammlung am 18. Juni 1994 wiederum mit Hilfe einer ABM eine zwei Jahre dauernde umfassende Bodenuntersuchung von Kleingartenflächen auf Altlasten und Versorgungszustand.
Wie notwendig eine solche Maßnahme war, zeigte sich schon ein Jahr später 1995 in der Kleingartenanlage „Jürgeshof". Gesundheitliche Probleme eines Kleingärtners hatten ihre Ursache darin, dass hier 1973, neun Jahre vor Gründung dieser Anlage, 6.000 m^3 mit Öl kontaminiertes Erdreich verkippt worden waren.
Wie kam es dazu?

Spielplatz der KGA „Jürgeshof"

An der Stelle der Kleingartenanlage gab es Anfang der 70er Jahre eine alte Kiesgrube, die als Hausmülldeponie genutzt wurde. Als 1973 durch eine Havarie an der Erdölverbundleitung Rostock-Schwedt in Höhe des Ortes Mönchhagen tausende Tonnen Erdöl ausgelaufen waren, benutzte man diese in der Nähe liegende Kiesgrube zur schnellen Beseitigung des verunreinigten Bodens. Bereits 1992 stellte die Hansestadt Rostock Jürgeshof deshalb auf die Prioritätenliste vorhandener Altlasten. Umfangreiche Bodenproben und Untersuchungen an Gemüse und Obst der Kleingärtner belegten keine akute Gefahr und erlaubten den bedenkenlosen Verzehr des Erntegutes. Aber im Oktober 1998 musste im gesamten Bereich des Spielplatzes und der anliegenden Kleingärten mit der Sanierung begonnen werden, um Spätfolgen zu vermeiden.

Roh-Öl landet im Baggerkorb

Sanierungsarbeiten haben begonnen/Erde wird fünf Meter tief abgetragen

Von KERSTIN SCHRÖDER

Jürgeshof. Die 700 000 Mark teuren Sanierungsmaßnahmen des Kinderspielplatzes in der Kleingartenanlage Jürgeshof sind seit einigen Wochen in vollem Gang. Seit dem 29. Oktober diesen Jahres wird der durch versickertes Rohöl verseuchte Boden drei bis fünf Meter tief abgetragen und durch neue Erde nahe liegender Felder ersetzt.

Alle beteiligten Bauarbeiter tragen zum Schutz ihrer Gesundheit weiße Arbeitsanzüge und Atemmasken. Und während der Baggerfahrer die Schaufel unaufhörlich in die verseuchte Erde gräbt, entnimmt eine Laborantin in regelmäßigen Abständen Bodenproben.

Aber wieso ist dieser Boden in der Rostocker Heide so hochgradig verseucht? Und warum wurde die nötige Altlastsanierung erst jetzt ins Auge gefaßt? Das Problem geht bis in das Jahr 1971 zurück. Die Kleingartenanlage Jürgeshof war damals noch nicht geplant. An ihrer Stelle gab es lediglich eine größere Kiesgrube, die als Hausmülldeponie diente. Als dann eines Tages die Erdölverbundleitung zwischen der Hansestadt Rostock und Schwedt brach, liefen an der Bundesstraße 105 in Höhe Mönchshagen tausende Tonnen Rohöl aus. Damals wurde beschlossen, die nahegelegene Kiesgrube für eine schnelle Entsorgung des verseuchten Bodens zu nutzen.

Das abgetragene Öl-Erde-Gemisch wurde auf Lastkraftwagen nach Jürgeshof gebraucht. Zwar lage die Masse Jahrzehnte auf einer undurchlässigen Lehmschicht, doch mit Oberflächenwasser sind Ölteile ausgeschlemmt worden und auch in einem Teich in Stuthof nachgewiesen worden.

Die Jahre zogen ins Land, es wuchs schon wieder Gras auf der ehemaligen Kiesgrube. Im Jahre 1981 war die billige Entsorgung des ausgelaufenen Rohöls längst in Vergessenheit geraten. Auf dem besagten Gelände wurde sogar der Bau einer Kleingartenanlage genehmigt. Die Kleingärtner haben von der Deponie gewußt, sich dennoch nicht gefährdet gefühlt. Einige stehen der Bodensanierung deshalb bis heute skeptisch und abwehrend gegenüber. Lediglich für den Bereich des Spielplatze wurde Grabeverbot erteilt, deshalb gibt es hier auch nie eine Buddelkiste.

Nach 1992 stellte die Hansestadt eine Liste von Altlasten auf und setzte Jürgeshof wegen der großen Ölmenge und des nahen Waldes auf die Prioritätenliste. Unfangreiche Bodenproben und Untersuchungen an Erntegut haben bestätigt, daß es keine unmittelbare Gefahr für die Kleingärtner gibt und gab. Sie können ihr selbst angebautes Obst und Gemüse auch in Zukunft bedenkenlos essen.

Die Proben des Oberbodens wiesen außerdem eine unbelastete Humusschicht bis zu einem halben Meter nach. Im Gegensatz dazu war allerdings das Grundwasser stark in Mitleidenschaft gezogen worden. Der Verschmutzungsgrad ist enorm hoch. Um weitere Spätfolgen zu vermeiden, hat sich die Landesregierung 1998 entschieden, die Hälfte aller anfallenden Kosten bei dieser aufwendigen Altlastentsorgung zu tragen. Ende des Jahres soll die erste Bauphase der Sanierung in der Kleingartenanlage abgeschlossen sein. In einem zweiten Abschnitt muß der kontaminierte Boden auch in Bereich der Kleingärten ausgetauscht werden. Zwei Gartenhäuser werden den Baggern weichen müssen. Wann die Arbeiten fortgesetzt werden, steht noch nicht fest. Fachleute rechnen mit dem nächsten Spätherbst.

Bei den Arbeiten werden die verseuchten Erdmassen schichtweise abgetragen und anschließend der Dekontamination ausgesetzt. Das bedeutet, daß das belastete Erdmaterial in speziell ausgerichtete Anlagen und Hallen gebracht und dort mikrobiologisch gereinigt wird. Die gründliche Reinigung des Bodens übernimmt eine Vielzahl von Bakterien, das dauert etwa ein halbes Jahr. Danach ist die Erde wieder sauber und für alle Einsatzzwecke frei verwendbar.

Mit Hochwasser hat die Kleingartenanlage „Markgrafenheide West" seit ihrer Gründung 1972 zu kämpfen. Bläst der Sturm längere Zeit aus Richtung Nordwest bis Nord, sind die Kleingärtner hier bereits vorgewarnt, denn lässt der Wind plötzlich nach oder dreht sogar auf Ost, steigt das Wasser im Breitling und im Radelsee schnell an und gelangt rückstauend über die Abflussgräben in die Kleingartenanlagen von Markgrafenheide. Gartenfreund Erhard Bartetzko erzählte:

„Am schlimmsten überraschte uns das Hochwasser in der Nacht vom 3. zum 4. November 1995. Manche Gartenbesitzer hatten bis zu 80 cm Wasserstand in ihren Lauben. Die gesamte Elektroanlage war ausgefallen. Viele Gegenstände wurden unbrauchbar, Holz und Mauerwerk war angegriffen, Tapeten schimmelten. Auf den Gartenwegen stand das Wasser am 4. November gegen 9 Uhr noch über einen Meter hoch. Auf einem tief gelegenen Parkplatz in der Kleingartenanlage ‚Am Radelsee'

stand ein Auto bis zu den Scheiben im Wasser. Sein Besitzer hatte gerade in dieser Nacht als Gast in einem Garten übernachtet und war vom Hochwasser überrascht worden. Als er aus dem überschwemmten Garten flüchtete, soll er bis zum Bauchnabel im kalten Wasser gestanden haben. Um das ganze Ausmaß der Schäden zu kontrollieren, holte ich mein Faltboot und ruderte die Gartenfreunde einzeln zu ihren Gärten. Um uns herum schwammen allerlei Gegenstände und die Goldfische aus den Gartenteichen. Noch nach Tagen fanden wir in den letzten Wasserlöchern einige Goldfische. Den Maulwürfen hatte diese ‚Flut' nicht geschadet, aber viele Bäumen, Sträucher, Koniferen und Erdbeerpflanzen waren eingegangen."

Auswirkungen des Generalverkehrsplanes

Ab 1996 verlangten größere Verkehrsbauvorhaben auf der Grundlage des Generalverkehrsplanes die Aufmerksamkeit und gezielte Mitwirkung der Kleingärtner. Den Anfang machte die Vorbereitung des Bauvorhabens „Umbau Schutower Kreuz".

Damit verbunden war die Räumung und Entschädigung von 25 Parzellen der Anlage „Schöne Aussicht", um die Alte Warnemünder Chaussee als Verkehrsstraße zum geplanten Gewerbegebiet „Hansetor" auszubauen. Gleichzeitig diente diese während der Sperrung der Stadtautobahn als Umleitungsstraße.
Lange Zeit hat sich der Verband der Gartenfreunde bemüht, um Einsicht in die Planungsunterlagen zu bekommen. Das Tiefbauamt Rostock ließ sich nicht in die Karten sehen, darum musste der Verband im Interesse der betroffenen Kleingärtner an die Öffentlichkeit gehen und machte seinem Ärger in der „Ostsee-Zeitung" vom 25. Juni 1996 Luft.

Hochwasser in der KGA „Markgrafenheide West" am 4. November 1995

Schöne Aussicht soll 26 Gärten opfern

OZ v. 25.6.96

Tiefbauamt lässt nicht in die Karten sehen

Seit langem warten die Rostocker auf eine Verkehrsentlastung am Schutower Ring. Für einige allerdings hat der Umbau auch harte Folgen: Gerda und Gerhard Krohn zum Beispiel fürchten um ihren Kleingarten. Foto: Georg Scharnweber

Die letzte eigene Ernte?

Umbau Schutower Ring/Kleingärtner bangen um 27 Parzellen

Die Frist ist um: Bis vor wenigen Tagen noch konnten gegen die Pläne für den Umbau des Schutower Rings Einwände erhoben werden. Jetzt wird ausgewertet. Tiefbauamtsleiter Franz Laube resümierte gestern: „Das Bauvorhaben als solches ist von niemandem angezweifelt worden." Es gebe allerdings eine Reihe von Randproblemen – kleinere Aspekte, die bei fast jedem Straßenbauvorhaben auftreten. Kleinigkeiten, aus Amtssicht, die für Einzelne jedoch das Leben verändern können.

Ein Beispiel für viele: Gerhard und Gerda Krohn, deren Kleingartenparzelle in der Kolonie „Schöne Aussicht" der Straße geopfert werden soll. Eine Ersatzfläche wird ihnen zur Verfügung gestellt, klar. Doch darüber können die beiden nur traurig lächeln. Gerda Krohn: „Wir sind beide über 80 Jahre alt. Wir können nicht noch einmal neu anfangen." Vor 46 Jahren haben sie begonnen, ihren Garten herzurichten. Gerhard Krohn, damals Tischler bei der Neptun-Werft, organisierte ein ausgedientes Steuerhaus als Laube, nach und nach wurde immer mehr angebaut. Heute klopft er stolz auf sein Freizeit-Domizil: „Das ist echtes Teak-Holz, das hält noch hundert Jahre." Jeden Tag fahren die beiden mit ihrem mittlerweile dritten Trabi aus Reutershagen in den Garten. Die Spatzen kennen sie schon so gut, daß sie sich zutraulich auf ihre Schultern setzen. Gerda Krohn erklärt: „Der Garten, das ist unser Leben." Wenn es ihn nicht mehr geben wird? „Tja, dann werden wir zu Hause bleiben und aus dem Fenster gucken."

Insgesamt 27 Parzellen des Vereins „Schöne Aussicht" müssen nach dem jetzigen Plan verschwinden. Noch hoffen Verband und Verein, einige der Gärten durch geänderte Straßenführung retten zu können. Im übrigen bleibt den Laubenpiepern die Wahl, ob sie eine völlig neue Ersatzfläche, eine freiwerdende Parzelle in einem bestehende Verein oder gar keinen Garten mehr haben möchten. Eine erste Umfrage ergab: Die meisten wollen in ihrem Verein bleiben.

Tiefbauamtsleiter Laube rechnet damit, daß im Oktober die Gespräche mit all denjenigen geführt werden, die Einspruch erhoben haben. Neben den Gärtnern seien dies vor allem Anwohner, die Belästigungen während der Bauphase befürchten. Erst danach werde abgewägt, im Dezember oder Januar sei mit dem entgültigen Planfeststellungsbeschluß zu rechnen. Katja Bülow

NNN, August 1996: „Seit langem warten die Rostocker auf eine Verkehrsentlastung am Schutower Ring. Für einige allerdings hat der Umbau auch harte Folgen: Gerda und Gerhard Krohn zum Beispiel fürchten um ihren Kleingarten".

Also holte sich der geschäftsführende Vorstand des Verbandes die notwendigen Informationen vom Landesstraßenbauamt Stralsund. Die Mitarbeiter dieses Amtes standen unseren Wünschen auf Information und Mitwirkung nicht nur sehr aufgeschlossen und kooperativ gegenüber, sondern waren sogar erfreut darüber, dass sie jetzt Zuarbeiten bekamen, die fachlich und sachlich so fundiert waren, dass sie sowohl für die Planungsunterlagen als auch für die Entschädigung der Kleingärtner eingearbeitet werden konnten.
Ende gut – alles gut! Nachdem alle Voraussetzungen der KGV „Schöne Aussicht" und „Schutow" geklärt waren, wurde mit den betroffenen Kleingärtnern gesprochen und ihnen gemäß Bundeskleingartengesetz zum 31. Dezember 1997 gekündigt.
Die Entschädigung erfolgte ab Ende November 1997 und alle Gartenfreunde, die es wünschten, erhielten einen neuen Garten. Alle Versorgungsleitungen wurden mit Unterstützung des Vereinsvorstandes umverlegt, der Lärmschutzwall leistet seine Dienste und die Außenanlage des Vereins bekam in Richtung der Alten Warnemünder Chaussee ein ansprechendes Bild.

Neue Bauvorhaben befinden sich in Planung. Der Autobahnzubringer-West verspricht nicht nur eine weitere Verbesserung der Verkehrsbedingungen, er bedeutet zugleich die Überbauung von etwa 50 Kleingärten, überwiegend der KGA „Am Waldessaum VI“, aber auch die Anlagen „Fritz Reuter“ und „Waldessaum Block III“ verlieren einige Gärten. Ebenso müssen die Vereine „Uns lütt Eck“ und „Marienehe“ Gärten für die Straßenbahnerweiterung nach Lütten Klein aufgeben.

Insgesamt aber wird durch diese bis jetzt bekannten Verkehrsbauten der Gesamtbestand der Anlagen nicht gefährdet.

Die neu gestaltete Außenanlage der KGA „Schöne Aussicht“

Neue Wege in der Öffentlichkeitsarbeit

Die seit 1992 geübte und auch bewährte Praxis, im Regionalteil der „Mecklenburg-Vorpommerschen Gartenzeitung“ über das Verbandsleben zu berichten, Erreichtes und auch Kritisches zu benennen, genügte nicht mehr. Die Mitarbeit der Rostocker Kleingärtner auf der jährlichen Ostsee Messe im Rahmen des Informationsstandes des Landesverbandes der Gartenfreunde e. V. endete 1996, als der Landesverband den Stand aufgab. Etwas Neues musste her!
Vom 4. bis 12. Oktober 1996 beteiligten sich die Rostocker Gartenfreunde gemeinsam mit den Kreisverbänden Bad Doberan und Rostock-Land im Ostsee-Park Sievershagen vor den Toren der Stadt am Erntefest des Center-Managements, Sie wollten aber nicht nur Obst- und Gemüsesorten vorstellen, Obstsorten bestimmen und Auskunft geben zu allen Fragen des Kleingartenwesens, sie wollten vor allen Dingen Interesse für das Hobby Kleingarten wecken. Die Resonanz gab ihnen Recht.
Willem Bos, der Center-Manager, schätzte in der Gartenzeitung ein:
„Schon mit vielen Vereinen haben wir zusammengearbeitet, aber die Kleingärtnervereine waren mustergültig... Der Stand war integriert in die Schau im Park, und das kam gut an. Gefreut hat mich, daß die Kreisverbände so einen engen Kontakt zueinander haben und offenbar eine echte Gemeinschaft bilden. Eine solche optimale Betreuung, wie sie von den Kleingärtnern gegeben wurde,

Erntefest im Ostsee-Park Sievershagen, 1996

haben auch wir nicht immer. Die Akzeptanz bei den Besuchern war sehr positiv. Sie bekamen auf ihre vielen Fragen ordentliche Antworten".
Willem Bos ergänzte außerdem: *„Die Kleingärtner sind bei uns immer willkommen. Wenn wir so ein Fest im nächsten Jahr wieder veranstalten, werden die Kleingärtner natürlich eingeladen".*

Da war es ganz logisch, daraus auch Schlussfolgerungen für einen gemeinsamen Informationsstand auf der Ostsee Messe zu ziehen.
Seit 1997 informieren die Rostocker Kleingärtner durch gemeinsame Werbung mit den „Nachbarn" Bad Doberan und Rostock-Land über das Kleingartenwesen.

Damit nicht genug! Rostocks Kleingärtner gingen auch im Fernsehen auf Sendung. Seit dem 3. Dezember 1998 vermittelte der Verband auf WELLE-i allen Interessierten Informationen zur Bewirtschaftung eines Kleingartens und aus dem Verbandsleben.

Informationsstand der Gartenfreunde auf der Ostsee Messe, 1997

Flächennutzungsplan und Kleingärten

1997 mussten die Rostocker Kleingärtner noch eine andere Erfahrung machen, die nicht sonderlich optimistisch stimmen konnte. In der Delegiertenversammlung am 10. Mai 1997 stand wieder die Erhaltung der Kleingartenanlagen im Mittelpunkt der Probleme.

Berichterstattung des geschäftsführenden Vorstandes zur Delegiertenversammlung 1997

Der Grund: Der seit 1994 regelmäßig versprochene Flächennutzungsplan als wichtiges stadtplanerisches Dokument existierte immer noch nicht.
Die Stadtverwaltung meinte, der noch aus den 80er Jahren stammende Generalbebauungsplan sei immer noch gültig, was aber nur bis zum 31. Dezember 1997 zutraf. Als Ausweichlösung zur Festschreibung der Kleingartenanlagen als Dauergrün hatte der Verband mehrfach vorgeschlagen, wenigstens in allen neu aufzustellenden Bebauungsplänen die in dem betreffenden Gebiet vorhandenen Anlagen als Dauergrün auszuweisen.
Die Kleingartenanlagen sind nach Auffassung des Amtsleiters des Stadtplanungsamtes ausreichend gesichert, und nur im Ausnahmefall wäre eine Aufnahme in einen Bebauungsplan auch aus Kostengründen denkbar. Die Stadt hätte nach Meinung des Stadtplanungsamtes dafür kein Geld.

Im Bericht an die Delegierten hieß es deshalb:

„Der geschäftsführende Vorstand kann sich der immer wieder geäußerten Vermutung nicht erwehren, daß die Kleingartenanlagen in unserer Stadt nicht entsprechend dem Bundeskleingartengesetz behandelt und mit der Nichtfestschreibung als billiges Reserveland in der Hinterhand behalten werden soll... Wir denken, daß wir als anerkannte gemeinnützige Kleingartenvereine das Recht und die Pflicht haben, für den Erhalt der Kleingärten zu streiten, denn sie sind mit 638,4 ha ein wesentliches Element der Grünordnung in unserer Stadt."

Deshalb wollte der Verband der Gartenfreunde einen Bürgerschaftsantrag mit dem Ziel stellen, schrittweise die Kleingartenanlagen über einfache Bebauungspläne als Dauerkleingartenanlagen zu sichern.
Wie notwendig das war, wurde am Beispiel des Auftretens der Eigentümerin der Kleingartenfläche „Am Seemannsklub" demonstriert. Seit Rückübertragung des Grundstücks versuchte die Eigentümerin, die Kleingärtner zu vertreiben; zuerst auf dem Rechtsweg mittels Räumungsklage gegen jeden Kleingärtner und dann mit Terror wie Sperrung der Zufahrt, Beseitigung der E-Hauptschalttafel, des Vereinsmitteilungskastens, der Verbandsfahne, der Tore und – über einen Handlanger – der Zäune und Hecken.
Erfreulich dagegen war die Aufnahme des Kleingartenvereins „Zur Erholung" als 150. Mitgliedsverein.
Die Kleingärten dieses Vereins liegen in Rostock-Toitenwinkel am Hafenbahnweg und waren Eisenbahnergärten, gegründet 1984. Zwei weitere Anlagen dieser Art liegen ebenfalls in diesem Gebiet, leider haben sie noch nicht den Weg zum Verband der Gartenfreunde gefunden.
Anzumerken ist in diesem Zusammenhang, dass die „Eisenbahnergärten" ein gesondertes Kapitel in der Geschichte des Rostocker Kleingartenwesens sind, das noch zu erforschen ist.
Nachdem bereits am 9. Juli 1992 der grüne Apfel als Logo des Verbandes vom geschäftsführenden Vorstand beschlossen worden war, wurden mit der angenommenen Satzungsänderung Logo und Verbandsfahne endgültig in der Satzung verankert.

Der grüne Apfel als Logo des Verbandes wurde 1997 endgültig in der Satzung verankert.

Ihre solidarische Haltung über den Stadtrand hinaus zeigten die Rostocker Kleingärtner ebenfalls 1997. „Hilfe für die Opfer der Oderflut" – dieser Ruf verhallte nicht ungehört. Der Verband unterstützte die von der Oderflut betroffenen Kleingärtner des Kreisverbandes Eisenhüttenstadt mit einer Geldspende von 2.500 DM. Der Kreisverband der Garten- und Siedlerfreunde e. V. aus Eisenhüttenstadt bedankte sich am 21. Oktober 1997 mit einem Brief an den Verband der Rostocker Gartenfreunde.

Sehr geehrter Gartenfreund Kretzschmar,
für die von Ihrem geschäftsführenden Vorstand beschlossene konkrete Hilfe an die von Hochwasser betroffenen Gartenfreunde unseres Verbandes unser aller Dank.
Der Spendenbetrag von 2.500,00 DM ist am 15.10. 1997 auf unserem Konto eingegangen.
Dieser Betrag wird dazu dienen, die Kleingärtner zu unterstützen, die aus dem großen Spendentopf keine Zuwendung erhalten.
Wir bedanken uns bei allen Spendern ihrer Vereine und wünschen alles Gute.
Mit freundlichen Grüßen
Heinrich
Vorsitzender

Die Rostocker Kleingärtner hatten schon seit langem begriffen, dass sie, um ihre Ziele zu erreichen, kompetente Politiker ansprechen und einbeziehen müssen. Bereits 1993/94 hatten sie mit „offenen Briefen" an die in der Bürgerschaft vertretenen Parteien erfolgreich auf ihre Probleme aufmerksam gemacht und dieses auch später nicht vergessen.

1998 war wieder ein Jahr der vielen Wahlen, und die Kleingärtner waren im Gespräch mit den Politikern. Unser Verband begrüßte viele prominente Gäste.
Am 16. April hatte der Verband der Gartenfreunde e. V. Hansestadt Rostock hohen Besuch. Im Ergebnis eines Briefes des geschäftsführenden Vorstandes an die Abgeordneten der Bürgerschaft vom Dezember 1997 und nach einem Beschluss der Bürgerschaft zum Abschluss einer Vereinbarung zur Sicherung und Förderung des Kleingartenwesens in der Stadt Rostock mit dem Verband, wurde ein offenes und konstruktives Gespräch zwischen dem Oberbürgermeister Arno Pöker und dem geschäftsführenden Vorstand geführt.
Es wurde diskutiert über:

- die Bedeutung des Kleingartenwesens in der Stadt und für die Stadt,
- die Sicherung der Anlagen durch die Einordnung in die Kategorienliste im Vorgriff auf den neuen Flächennutzungsplan und auf Bebauungspläne,
- die aktive Mitarbeit des Verbandes bei notwendigen Umverlagerungen von Kleingärten durch Baumaßnahmen und
- die Zusammenarbeit zwischen dem Verband und den Ämtern der Stadt.

Im Beisein des Amtsleiters für Stadtgrün, Naturschutz und Landschaftspflege, Dr. Stefan Neubauer, wurde bei allen Anwesenden Einigkeit über den Inhalt des Entwurfes der Vereinbarung erzielt, die nunmehr der Bürgerschaft zur Beschlussfassung vorgelegt werden sollte. Das Gespräch mit dem Rostocker Stadtoberhaupt gab auch den Anstoß dafür, dass der Verband der Gartenfreunde den Antrag auf Mitgliedschaft im Förderverein für die IGA 2003 stellte und damit noch mehr als bisher für die Duchführung dieser Ausstellung in Rostock wirken kann.
Das Treffen mit dem OB war in eine Vielzahl weiterer Aktivitäten des geschäftsführenden Vorstandes eingebettet. So fand auf Wunsch des Landesvorsitzenden der SPD, Dr. Harald Ringstorff, ein Gespräch zu Problemen der Kleingärtner Rostocks statt, an dem auch die Bundestagsabgeordnete Frau Dr. Christine Lucyga und der Vorsitzende der SPD-Fraktion der Rostocker Bürgerschaft, Gerhard Schneider, sowie der 2. Stellvertreter des Vorsitzenden des Landesverbandes der Gartenfreunde, Günter Bartels, teilnahmen.

In diesem Gespräch wurde eine breite Palette von Fragen behandelt. Die Sicherheit in den Kleingärten und die Zusammenarbeit mit der Polizei in einer Sicherheitspartnerschaft zur Zurückdrängung von Einbrüchen wie auch die sozialen Aspekte des Kleingartenwesens in der gegenwärtigen gesellschaftlichen Situation und die Stadtentwicklung Rostocks wurden besprochen, denn im Dokument „grüne Stadt am Meer" waren die Kleingartenanlagen beispielsweise überhaupt nicht behandelt worden. Es ging um die noch immer nicht vorhandene Landesförderrichtlinie, die vom Landwirtschaftsminister konsequent abgelehnt wurde, und die Aufhebung der „Laubensteuer" in Umsetzung der Gleichbehandlung von Ost und West.

Der Landesvorsitzende der SPD, Dr. Harald Ringstorff, im Gespräch mit den geschäftsführenden Vorstandsmitgliedern Dieter Steffens (M.) und Alois Bönsch (l.).

Im Ergebnis dieses Gesprächs fand ein weiteres Treffen mit dem Vorsitzenden der SPD-Bürgerschaftsfraktion, mit Abgeordneten der Bürgerschaft und dem Mitglied des Kleingartenbeirates der Stadt, Bernd Neumeister (SPD), zur Vertiefung der Problematik statt.
Auch vor der PDS-Fraktion der Bürgerschaft traten Vertreter des Verbandes am 25. Mai 1998 auf und legten die Positionen der Kleingärtner dar. In dem Gespräch wurde deutlich, dass der

Verband im Interesse seiner 152 Mitgliedsvereine bereit ist, mit jedem, der es wünscht, sachkundig und konstruktiv zusammenzuarbeiten.

Dass die Rostocker Kleingärtner für ihre Stadt Ehre einlegen können, wurde am 5. Dezember 1998 in Bad Godesberg bewiesen. Im Bundeswettbewerb 1998 „Gärten im Städtebau“ errang im Vergleich mit 50 Kleingärtnervereinen der Bundesrepublik der Kleingartenverein „Uns Gorden“ eine Silbermedaille. Eine hohe Ehrung für unser Verbandsmitglied, worauf auch der gesamte Verband stolz sein kann.
Für die Mitglieder des Vereins „Uns Gorden“ außerdem noch ein schönes Geburtstagsgeschenk, denn im August des gleichen Jahres feierten sie ihr 25-jähriges Bestehen.
Der Vereinsvorsitzende, Gartenfreund Horst Sost, stellte der Wettbewerbskommission des Bundesverbandes seinen Verein folgendermaßen vor:

„Wir betrachten es als eine Ehre, vom Stadtverband und auch vom Landesverband, zu unserem großen Erstaunen, zur Teilnahme an diesem Wettbewerb nominiert worden zu sein. Egal wie es ausgeht, wir haben unsere Stadt, unseren Stadtverband und unsere Anlage durch diese Nominierung bekannt gemacht.

Gestatten Sie mir, in kurzen Worten unseren Verein vorzustellen. 1973 mußte der Vorgänger unseres Vereins, die Anlage UNS GOREN, dem Wohnungsbau in Lichtenhagen weichen und wurde auf unserem heutigen Gelände angesiedelt. Erst waren es 120 Gärten, kurz darauf kamen weitere 70 Parzellen dazu und schließlich 1978 nochmals 35 Gärten. Durch Teilung größerer Gärten und Neuerschließung in den 80er Jahren haben wir heute 237 Parzellen in der Größenordnung zwischen 200 bis 450 qm auf einer Gesamtfläche von 10,8 ha auf gesichertem Pachtland, für das die Stadt Rostock von uns z. Zt. nur 0,14 DM je qm verlangt. Unsere Mitgliederzahl beträgt z. Zt. 460 Gartenfreunde. Der Beitrag pro Garten, inklusive Beitrag für den Landes- und Stadtverband, für Unfall- und Haftpflichtversicherung bei der Securitas, beträgt 60,00 DM. Es ist wenig, aber wir haben uns den realen Bedingungen im Verein angepaßt und kommen zurecht.
In relativ geringer Zeit haben damals unsere Gartenfreunde diese Anlage zu einem schönen Naherholungsgebiet gemacht, wofür sie in den 70er und 80er Jahren im Aufbauwerk und als staatlich anerkanntes Naherholungsgebiet durch die Stadt Rostock ausgezeichnet wurde.
Unsere Anlage wird sowohl von suchenden Gartenbewerbern als auch vielen Spaziergängern, die sich an Abenden und Wochenenden an der Ruhe in der Anlage und der fleißigen Arbeit unserer Gartenfreunde erfreuen. Wir haben nicht so viele freie Gärten, wie wir Bewerber haben. zudem erfreut sich unsere Gartengaststätte, die vom Ehepaar Reichardt gepachtet wurde, nicht nur bei vielen Gartenfreunden, sondern bei der Ausrichtung von Familienfeiern usw., wachsender Beliebtheit. Einige Worte zu unseren Mitgliedern. Der überwiegende Teil kommt aus den Stadtteilen Lichtenhagen, Lütten Klein, Groß Klein und Schmarl sowie Warnemünde. Wir haben auch Mitglieder aus Rostock und Doberan und sogar zwei ehemalige Rostocker, die jetzt, beruflich bedingt, in Berlin wohnen.
Eine hohen Anteil in unserem Verein haben Rentner, Vorruheständler und leider auch Arbeitslose. Deshalb meine Bemerkung über den relativ geringen Beitrag.
Die große Resonanz unserer Anlage hat sich besonders am 15. August anläßlich unseres 25. Jahrestages unter breiter Anteilnahme auch der Einwohner Lichtenhagens und darüber hinaus gezeigt“.

Der Kleingartenverein „Uns Gorden“ errang im Bundeswettbewerb 1998 „Gärten im Städtebau“ eine Silbermedaille.

Am 7. Januar 1999 unterzeichneten der Oberbürgermeister, Arno Pöker, und der Vorsitzende des Verbandes, Dieter Steffens, eine „Vereinbarung zur Sicherung und Entwicklung des Kleingartenwesens in der Hansestadt Rostock“.

Oberbürgermeister Arno Pöker und Dieter Steffens, Vorsitzender des geschäftsführenden Vorstandes des Verbandes der Gartenfreunde e. V., nach der Unterzeichnung der Vereinbarung

Damit fand ein bereits zwei Jahre zuvor vom Verband der Gartenfreunde eingebrachter Vorschlag seinen Beschluss. Viele Widerstände und Einwände in verschiedenen Ämtern der Stadtverwaltung mussten ausgeräumt werden, ehe nach mehreren Änderungen die Bürgerschaft am 2. Dezember 1998 einen entsprechenden Beschluss fasste.

Zu danken ist hier besonders Dr. Neubauer, dem Leiter des Amtes für Stadtgrün, Naturschutz und Landschaftspflege, der die Hartnäckigkeit des Verbandes sehr unterstützt hat. Es ist schon wichtig, dass die Kleingärten als unverzichtbarer Bestandteil des Grünsystems der Stadt anerkannt werden. Um so bedauerlicher war es, dass im Entwurf der Agenda 2010 und in den Leitlinien der Stadtentwicklung zwar Rostock als „grüne Stadt am Meer“ bezeichnet wurde, die fast 16.000 Kleingärten, immerhin 645 ha Kleingartenland, aber keine Erwähnung fanden.

Hauptinhalt der Vereinbarung war, dass auf der Basis der mit der Vereinbarung präzisierten Kategorienliste dem größten Teil der Kleingartenanlagen Bestandssicherheit versprochen wurde. Als dauerhaft sicher (Kategorie I) gelten demnach 132 Anlagen, also ca. 87 %. Trotzdem kann die Kategorienliste kein vollwertiger Ersatz für den immer noch fehlenden Flächennutzungsplan sein.

Deshalb erklärte auch die Delegiertenversammlung vom 27. März 1999, dass der Verband auch weiterhin hartnäckig darauf dringen wird, Kleingartenanlagen in B-Plänen als Dauerkleingärten auszuweisen, um die höchstmögliche Bestandssicherheit für die betreffenden Vereine zu erreichen. Deutlich wurde auch hervorgehoben, dass es durch die gezielte Mitwirkung an den B-Plänen gelungen war, bis März 1999 nur 35 Kleingärten durch Baumaßnahmen zu verlieren.

Urkunde

Das Bundesministerium für Verkehr, Bau- und Wohnungswesen
und der Bundesverband Deutscher Gartenfreunde e.V.
haben den

19. Bundeswettbewerb
für Kleingartenanlagen
der Städte und Gemeinden
und ihrer kleingärtnerischen Organisationen

"Gärten im Städtebau 1998"

durchgeführt.

Die Bundesbewertungskommission hat aufgrund der eingereichten Unterlagen und der Bewertung am Ort in Würdigung der hervorragenden Gesamtleistungen im Kleingartenwesen

ROSTOCK

und seinen Kleingärtnern mit der Kleingartenanlage ***"Uns Gorden"*** eine

Silbermedaille

zuerkannt.

Bonn, den 5. Dezember 1998

Franz Müntefering
Bundesminister für Verkehr,
Bau- und Wohnungswesen

Ingo Kleist
Präsident des Bundesverbandes
Deutscher Gartenfreunde e.V.

HANSESTADT ROSTOCK
DER OBERBÜRGERMEISTER

Sehr geehrter Herr Steffens,

mit großer Freude erhielt ich vom Bundesvorstand Deutscher Gartenfreunde e. V. die Mitteilung, daß die Teilnahme Ihres Verbandes am 19. Bundeswettbewerb 1998 „Gärten im Städtebau" sehr erfolgreich war. Zur Erringung der Silbermedaille für die Kleingartenanlage „Uns Gorden" in Rostock-Lichtenhagen spreche ich Ihnen meinen Glückwunsch und meine Anerkennung aus.

Für mich ist diese Würdigung nicht nur Ausdruck der unermüdlichen Arbeit der unmittelbar betroffenen Gartenfreunde, sondern dieser Erfolg zeigt mir, daß wir mit unseren gemeinsamen Bemühungen zur Sicherung und Entwicklung des Kleingartenwesens in unserer Stadt auf dem richtigen Wege sind.

„Gärten im Städtebau" - dieser Leitgedanke des Wettbewerbes zeigt, daß unsere Kleingärten nicht nur einen großen Stellenwert für die Lebensqualität, die Erholung und die Pflege sozialer Kontakte der Gartenfreunde haben. „Gärten im Städtebau" weist auf die gesamtstädtische Dimension, den Beitrag der Kleingartenanlagen als wesentlichem, unverzichtbarem Bestandteil des Grünsystems der Stadt zur Stadtgestaltung und zur Stadthygiene hin.

Ich denke, daß der erzielte Erfolg im Bundeswettbewerb uns Ansporn sein wird, in unseren Bemühungen zur Entwicklung des Kleingartenwesens nicht nachzulassen.
„Zukunft Kleingärten - als städtebaulicher, ökologischer und sozialer Auftrag", dieser Leitsatz des 19. Bundeswettbewerbes steht auch über unserer Arbeit in der Hansestadt Rostock. Ein nächster Meilenstein auf diesem Wege wird sicher in Kürze die Unterzeichnung unserer Vereinbarung zur weiteren Entwicklung des Kleingartenwesens in unserer Stadt sein, an welcher, wie ich weiß, seit meinem Arbeitsbesuch bei Ihnen am 16. 4. 1998 gemeinsam intensiv gearbeitet wird.

Abschließend bitte ich Sie, meine herzlichsten Glückwünsche zur Erringung der Silbermedaille insbesondere auch den Gartenfreunden der Anlage „Uns Gorden" sowie allen, die im Verband und in den Vereinen Anteil an diesem Erfolg haben, zu übermitteln.

Mit freundlichen Grüßen

Arno Pöker

Rostock, im Oktober 1998

Seit 1992 wurden alle betroffenen Kleingärtner ordnungsgemäß entschädigt, die Lehren aus dem schlechten Beispiel von 1991 wurden gezogen.

Delegiertenversammlung 1999 in der ehemaligen „Newa-Bar"

Diese Delegiertenversammlung war auch ein Beweis dafür, dass der Rostocker Kleingärtnerverband weiß, was er will. Es konnte festgestellt werden, dass sich die Fach- und Sachkompetenz im Verband so entwickelt hat, dass niemand mehr die organisierten Rostocker Kleingärtner übergehen kann, wenn es um Probleme geht, die sie betreffen. Das war aber nur möglich, weil über 1.200 Kleingärtnerinnen und Kleingärtner unserer Stadt als ehrenamtliche Kleingartenfunktionäre dafür sorgen, dass sich eine starke Kleingärtnergemeinschaft entwickelt hat. Zu Recht wurde deshalb allen Vorständen, Revisionskommissionen, Fachberatern, Wegeobleuten, Strom- und Wasserverantwortlichen und allen uneigennützigen Helfern in den Mitgliedsvereinen dafür herzlich gedankt. Dieser Dank wurde nicht nur vom geschäftsführenden Vorstand des Verbandes ausgesprochen, sondern auch von den anwesenden Gästen, u.a. dem Oberbürgermeister, der Senatorin für Umwelt, dem Amtsleiter Stadtgrün, Naturschutz und Landschaftspflege sowie Vertretern der in der Bürgerschaft vertretenen Parteien.

Fachberaterschulung zum Obstbaumschnitt

1999 wurden die vor fünf Jahren begonnenen jährlichen Begehungen der Kleingartenanlagen zur Erfassung der bestandsgeschützten Baulichkeiten und zur Einhaltung der Rahmengartenordnung abgeschlossen. Sie wurden gemeinsam vom Amt für Stadtgrün, Naturschutz und Landschaftspflege und vom Verband durchgeführt und erfreuten durchaus nicht jeden Kleingärtner. Beanstandungen hört niemand gern und Beauflagungen oder Abmahnungen schon gar nicht. Die Reaktionen reichten von Befürwortung über Unverständnis bis zur massiven Ablehnung.

Mitarbeiter der Geschäftsstelle bei der Begehung in einem Kleingartenverein

Die Abschlussbilanz verzeichnete:

a) In den Kleingärten der 152 Mitgliedsvereine befinden sich:
   15.564 Gartenlauben
   3.741 Gewächshäuser
   1.250 Feucht-Biotope

b) auf 428 Parzellen wird bestandsgeschützte Kleintierhaltung betrieben

c) 3.382 Beanstandungen gab es zu Baulichkeiten

d) 3.652 Verstöße gegen die Gartenordnung waren zu verzeichnen, sie bezogen sich in der Mehrzahl auf
   - Anzahl und Wuchshöhe der Ziergehölze über 4 m
   - Höhe der Hecken
   - Randbebauung zum Nachbargarten mit Hecken und Pergolen
   - Nichteinhaltung der Anbaufläche für Obst und Gemüse von mindestens 1/3 der Gartenfläche

Auch wenn mancher Kleingärtner es nicht gerne hört, aber den Pachtvertrag über die Nutzung eines Kleingartens entsprechend der Gartenordnung hat jeder freiwillig unterschrieben. Kritisch war also darauf aufmerksam zu machen, dass auf einigen Parzellen der Anbau von Obst und Gemüse nicht mehr erfolgte. Nur Rasen, Zierpflanzen und Ziergehölze charakterisieren den Kleingarten nicht, auch dann nicht, wenn heute dem Erholungswert des Kleingartens wesentlich mehr Raum gelassen wird als noch vor 60 Jahren. Aber dafür gibt es Wochenend- und andere Erholungsgrundstücke, die allerdings ein Vielfaches an Pachtkosten als die steuerlich gemeinnützig anerkannte Kleingartenparzelle mit gegenwärtig 0,14 DM/m^2 in Rostock ausweisen.

Die kleingärtnerische und steuerliche Gemeinnützigkeit ist ein auch in Rostock von den Kleingärtnern vorangegangener Generationen hart erkämpftes soziales Gut, das nicht verspielt werden darf.

Ernteergebnisse der Kleingärtner der Hansestadt Rostock 1999 – ausgestellt im Ostseepark

Auf dem Weg ins neue Jahrtausend

Das Jahr 2000 hatte es für die Rostocker Kleingärtner in sich.

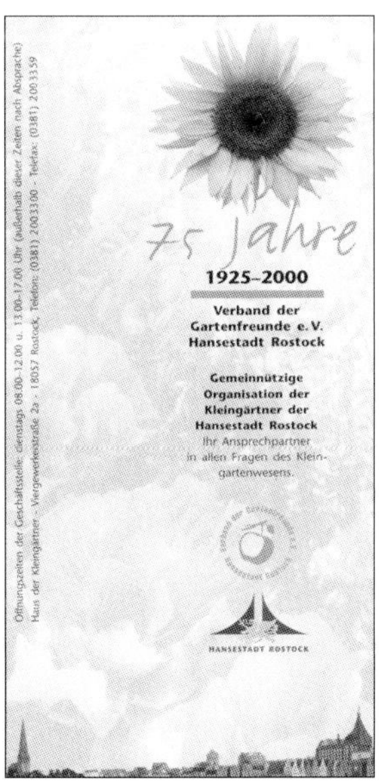

Höhepunkt war das 75-jährige Bestehen des Stadtverbandes am 16. Mai. Über die Entwicklung des Stadtverbandes gibt ein sehr ansprechendes und informatives Faltblatt Auskunft.

Eine kleine Ausstellung im Einkaufscenter „Warnowpark" zeigte dazu in sieben Vitrinen Dokumente des Verbandes und Teile der Vereinschronik der Mitgliedsvereine „Am Koppelsoll", „Rostocker Greif", „Fährhufe" und „Edelweiß".

Die „Ostsee-Zeitung" vom 17. Mai brachte ein Interview mit Vertretern des Verbandes. In der Mecklenburg-Vorpommerschen Gartenzeitung, Ausgabe Mai 2000, erschien ein zweiseitiger Abriss der 75-jährigen Verbandsgeschichte. Aber Kleingärtner verstehen auch zu feiern. Der Ball der Kleingärtner am 19. Mai in der Stadthalle war sozusagen das i-Tüpfelchen aller Maßnahmen und alle Teilnehmer waren davon sehr angetan.

Gartenfreund Joachim Gummel gestaltete 2000 die Vitrine des KGV „Am Koppelsoll" e. V.

Am erstmals ausgetragenen Landeswettbewerb um die schönste Kleingartenanlage beteiligten sich unsere Mitgliedsvereine „Dr. E. Heydemann“ und „Barnstorfer Busch“. Der KGV „Barnstorfer Busch“ konnte den 2. Platz erringen. Die Auszeichnung erfolgte am 24. Juni 2000 anlässlich des 10. Jahrestages des Landesverbandes mit der Übergabe der Urkunde und Prämie durch den Vorsitzenden Erhard Schulz.

Am 21. September 2000 wurde nach zweijähriger Arbeit der vom Verband der Gartenfreunde e. V. Hansestadt Rostock angelegte Anschauungs- und Informationsgarten offiziell eingeweiht.

Vertreter der Bürgerschaft, der Stadtverwaltung, Spender und Sponsoren waren dazu erschienen. Oberbürgermeister Arno Pöker betonte dabei die wichtigen ökologischen und sozialen Komponenten des Kleingartenwesens in der Stadt.

Der Anschauungs- und Informationsgarten veranschaulicht die drei Nutzungsweisen eines Kleingartens, den Erholungsraum, den Ziergarten und den Anbau von Obst und Gemüse für den Eigenbedarf. Mit einem behindertengerechten Hochbeet wird auch das Anliegen betont, Rollstuhlfahrern eine Möglichkeit für die Betätigung im Garten zu zeigen.

Landesverband der Gartenfreunde Mecklenburg und Vorpommern e. V.

Im 1. Landeswettbewerb um die "Schönste Kleingartenanlage"

belegte die

KGA "Barnstorfer Busch e.V."

den 2. Platz

Stäbelow, 23.06.2000

Schulz Vorsitzender

Einweihung des Anschauungs- und Informationsgartens in der Viergewerkerstraße

Ein behindertengerechtes Hochbeet im Anschauungs- und Informationsgarten

Der Herbst des Jahres 2000 brachte eine ungeahnte Fülle von Obst, besonders Apfel- und Birnenbäume trugen reichlich. Eine gute Gelegenheit, im Rahmen der Weiterbildung der Fachberater vom Verband eine Obstsortenschau anzubieten. Am 30. September 2000 wurde dazu in den KGV „Rostocker Greif“ e. V. eingeladen.
52 verschiedene Apfelsorten und 9 Birnensorten wurden ausgestellt. Es war die erste eigene Obstsortenschau nach 1990, und der Zuspruch sollte dazu anregen, so eine Schau in den Folgejahren zu wiederholen.

Kapitel 7

Über die neuen Anforderungen an den Verband der Gartenfreunde im Zusammenhang mit der Stadtentwicklung und zur Zukunft des Rostocker Kleingartenwesens (2000–2018)

Als Teil der Stadtnatur sind Kleingärten auch in Zukunft Merkmale der Lebensqualität in der Kommune und wesentlicher Teil ihrer grünen Infrastruktur.

Kleingarten in Fährhufe mit Blick auf die Rostocker Skyline

IGA 2003
ROSTOCK
25.04.-12.10.2003

Die internationale Gartenbauausstellung (IGA 2003) – ein Höhepunkt im Rostocker Kleingartenwesen.

Bereits seit Ende der 1990er Jahre unterstützte der Verband der Gartenfreunde die Vorbereitung auf die IGA als Mitglied des Fördervereins. Die Vertreter des Verbandes mischten sich aktiv mit Vorschlägen in die Vorhaben und Planungen sowie die Umsetzung der Kleingartenanlage als Bestandteil der Ausstellung ein. Aus bestehenden Einzelgärten entstand die Kleingartenanlage „Dorf Schmarl“ e. V., gleich neben dem Ausstellungsteil der Friedhofsgärtner.

In einem Resümee vom August 2003 schilderte Michael Kretzschmar, seinerzeit Geschäftsführer des Verbandes, seine Eindrücke zu den Kleingärten auf der Internationalen Gartenbauausstellung 2003:

Blütenpracht auf dem Rosenberg

„(...) Wir nähern uns den Kleingärten, die auf keiner Weltausstellung fehlen dürfen. Diesmal ist es eine kleine Anlage, die auch nach der Weltausstellung als Dauerkleingartenanlage erhalten bleibt. So unter uns kann man ja auch gern mal zugeben, dass man vorher dachte, die ganze IGA wäre nur eine Mustergartenanlage. Aber das nur nebenbei.

Unsere Laubenpieper haben vor IGA-Beginn schicke skandinavische Gartenholzhäuser erhalten. Mit ihrem gesponserten Handwerkszeug eines großen Ausstatters haben die Kleingärtner wirklich Mustergültiges geschaffen. Bunte Blumenbeete, schwere Beerensträucher, volle Obstbäume, üppiges Grün auf den Gemüsebeeten. So stellt man sich wohl einen richtigen Kleingarten vor. Dass wir auf einer Ausstellung sind, bemerkt man nur an den die Gärten überschwebenden Seilbahnen und den vielen Besuchern auf den Wegen. Kleingärtner in Rostock, das ist schon eine eigene Geschichte: Den ersten Gartenbauverein gab's schon 1893. In 155 Vereinen tummeln sich Kleingärtner auf 15.762 Parzellen. Sie sind stolz darauf, denn Rostock war durch sie schon vor der IGA schön grün, wie das das Buch zur Geschichte der Rostocker Kleingärten ‚Blick über den Gartenzaun‘ belegt. Unter dem Strich passt die IGA auch deshalb so toll in diese Stadt. (...)

10.000 Quadradmeter groß ist die Weltausstellungshalle in Rostock-Schmarl

Natürlich verstehen sich hier alle Kleingärtner als Botschafter der gesamten Kleingärtnerfamilie Deutschlands, aber vor allem unserer Stadt und da nimmt man schon einige Mühen in Kauf. Und Mühe gab es reichlich, als der Gedanke, die seit über 30 Jahren vorhandenen Einzelgärten in eine Kleingartenanlage umzugestalten, plötzlich real wurde.
Die Mitarbeit an der Neuordnung der Parzellen, Verhandlungen zu den neu zu errichtenden Lauben und die Sicherung von bisher liebevoll betreuten Pflanzen für die neue Parzelle nahmen viel Zeit in Anspruch. Zwischenzeitlich wurde auch der Verein Kleingartenanlage ‚Dorf Schmarl‘ e. V. gegründet und die Mitgliedschaft im Verband der Gartenfreunde e. V. Hansestadt Rostock vollzogen. (...)

Alte und neue Lauben wechseln einander ab. Die Gartengestaltung ist sehr individuell und das, obwohl alle Kleingartenparzellen nach der Rahmengartenordnung der Rostocker Gartenfreunde gestaltet wurden. Kleingewächshäuser prägen genauso das Bild, wie ein erstes Feuchtbiotop auf der Parzelle 4, auch wenn durch die fehlende Laube der Gesamteindruck etwas leidet. Die Parzellen 13 und 16 sind ebenfalls ohne Lauben, ein Umstand, der dem derzeitigen Seilbahnbetrieb geschuldet ist. Übrigens sehen die Gärten von oben richtig gut aus und wer kann schon seine Kleingartenanlage aus der Vogelperspektive bewundern.

Täglich wird immer aufs Neue gefachsimpelt, denn viele der Besucher gehen dem gleichen Hobby nach. Insbesondere für Schulklassen wurden im Rahmen des IGA-Umweltprojektes ‚Grünes Klassenzimmer' auf den Parzellen 9 und 11 Angebote und Beispiele realisiert, die unseren Jüngsten anschaulich die Zusammenhänge in der Natur verdeutlichen. Kleingarten zum Anfassen sollte es sein, das war die Zielstellung, die erreicht wurde. Den Besuchern wird manch persönlicher Trick verraten, denn manche unterschätzen die tägliche Zeit, die es braucht, um, wie auf der Parzelle 14, ein Blütenmeer zu schaffen.

Viele Reisegruppen wurden bisher begrüßt. Es war der schönste Lohn, wenn z. B. die Kleingärtner vom Kleingärtnerverein SW 83 e. V. aus München, selbst 1983 IGA-Verein, sich anerkennend über das Geschaffene äußerten. (…)

Viele weitere Besucher wären zu nennen, doch hervorzuheben sind die Gäste zum Europäischen Tag des Gartens aus Frankreich, Luxemburg, Dänemark und Österreich. Sie haben sich bei ihrem Rundgang die Gärten und Lauben angesehen und waren sichtlich beeindruckt (...)"
(Quelle: Das war die IGA in Rostock 2003, Verlag Redieck & Schade, Rostock, 2003)

Die IGA 2003 war für die Hansestadt Rostock und ihre Kleingärtner ein voller Erfolg. 2,6 Millionen Besucher sahen die Schau. Aussteller aus ganz Deutschland und 23 weiteren Nationen trugen zum Erfolg bei. 295 Tagungen und Kongresse, 2000 weitere Veranstaltungen sowie 500 freie Angebote zur Umweltbildung wurden angeboten und wahrgenommen. Ein Gelände in Rostock mit viel Unrat und Altlasten wurde renaturiert und in eine Parklandschaft für alle Rostocker und ihre Besucher zukunftswirksam umgestaltet.

Muster-Kleingärten im Dorf Schmarl zur IGA 2003: Parzelle 14 neben der Seilbahn

Ein blaues Gartenholzhaus, Ruhepunkt im üppigen Kleingarten: Parzelle 10

Stilecht skandinavisch rot präsentiert sich farblich der Kleingarten auf Parzelle 2

Rostocker Kleingärtner besuchten die Bundesgartenschau (BUGA 2009) in Schwerin

Auf Beschluss der Delegiertenversammlung 2009 fand am 6. Juni für die Mitglieder des erweiterten Vorstandes eine Bildungsfahrt zur BUGA 2009 statt. Insgesamt vier Busse standen für die Vorstandsmitglieder und ihre Begleitung bereit, um nach Schwerin zu fahren. Das Wetter war vorab bestellt und zeigte sich von der besten Seite. Auf dem Weg nach Schwerin wurde in Groß Stieten eine Pause eingelegt, um dem KGV „Obstblüte“ e. V. den Lehr- und Demonstrationsgarten des Kreisverbandes der Gartenfreunde der Hansestadt Wismar e. V. in Kooperation mit dem Kreisverband der Gartenfreunde Schwerin e. V. vorzustellen.

Ein Traumblick auf die BUGA 2009 mit dem Schweriner Schloss im Hintergrund

Der Vorsitzende des Kreisverbandes der Gartenfreunde Schwerin e. V., Gartenfreund Wolfram Görs und weitere Vorstandsmitglieder ließen es sich nicht nehmen, die Delegation der Rostocker Kleingärtner unter Führung ihres Vorsitzenden, Gartenfreund Dieter Steffens, am Eingang der BUGA zu begrüßen.

Zum Zeitpunkt des Besuches der BUGA fand gerade die für eine Woche durch unseren Verband in zwei Kleingärten gestaltete Ausstellung unter der Thematik „Kräuter im und aus dem Kleingarten“ statt. Es gab ein herzliches Wiedersehen mit unseren Betreuern, den Vorstandsmitgliedern Annelore Sedat und Bernd von dem Knesebeck. Sie waren ständig von Besuchern umlagert und mussten eine Vielzahl von Fragen beantworten. Ein Quiz und die Möglichkeit zur Beschäftigung von Kindern wurden dankbar angenommen. Es zeigte sich, dass der Anbau und die Nutzung von Kräutern für viele Besucher der Ausstellung und nicht nur für Kleingärtner an Bedeutung zunehmen. Tipps über die Verwendung von Kräutern wurden gern aufgenommen, sind doch einige Pflanzen echte Alternativen zur Nutzung herkömmlicher Gewürze.

Resümee der Gartenfreundinnen und Gartenfreunde: Ein schön gestaltetes BUGA-Gelände mit vielen Höhepunkten rund um das „Märchenschloss“, witzigen Ideen, vielen Anregungen zum Nach- und Selbermachen und das alles bei voller Rosenblüte und schönstem Wetter.

Es gab viel zu sehen auf der Bundesgartenschau, vieles, das das Herz eines passionierten Kleingärtners höherschlagen ließ. Auch der Erfahrungsaustausch wurde großgeschrieben.

Die Entwicklung des Verbandes und der Flächennutzungsplan der Stadt Rostock

2005 bestand der Verband der Gartenfreunde aus 157 gemeinnützigen Kleingartenvereinen (KGV) mit 15.745 Parzellen. Neben dem IGA-Verein Kleingartenanlage „Dorf Schmarl“ e. V. sind die Vereine „Verbindungsweg II“ e. V. als ehemaliger Teil des KGV „Verbindungsweg“ e. V. und der Kleingartenverein „Am Fichtenhain“ e. V. als ehemaliger Teil des KGV „Beim Schinkenkrug“ e. V. in Hinrichshagen neue Mitgliedsvereine im Verband. Die Gesamtpachtfläche des Verbandes betrug zu diesem Zeitpunkt 653,9 ha. Damit wurde die zahlen- und flächenmäßig größte Ausdehnung des Gartenverbandes nach der Wende erreicht.
Ca. 40.000 Rostocker sind eng mit dem Kleingartenwesen in der Hansestadt verbunden, was in vielerlei Hinsicht nicht unbedeutend ist.

Das zeigte sich bereits ab 1999 u. a. in der Zusammenarbeit mit der Stadtverwaltung auf der Grundlage des Bürgerschaftsbeschlusses „Vereinbarung zur Sicherung und Entwicklung des Kleingartenwesens in der Hansestadt Rostock“ vom 7.1.1999. Die Vereinbarung wurde im Jahre 2003 überarbeitet und 2004 für weitere fünf Jahre abgeschlossen, wobei sie sich bei Nichtkündigung automatisch um jeweils ein Jahr verlängern sollte. Das unterstrich, dass sich dieses Dokument bewährt hatte und von den Vertragspartnern mit Leben erfüllt worden war.

Deutlich wurde das u. a. 2005 bei der Flächennutzungsplandiskussion, in der die unterschiedlichen Interessenlagen heftig aufeinanderprallten.
Die „Kategorienliste“ als Anlage der „Vereinbarung zur Sicherung und Entwicklung des Kleingartenwesens in der Hansestadt Rostock“ und verbindliches Arbeitsdokument der Stadtverwaltung in der Überarbeitung vom Juni 2002, war die Grundlage für die Beurteilung des Flächennutzungsplanentwurfes. Wie groß Begehrlichkeiten auf Kleingartenland für Bauzwecke sind, zeigte sich im Entwurf in der Überplanung der 85-jährigen Kleingartenanlage „Toitenwinkler Weg“ als Wohnungsbaustandort und das Festhalten am Vorhaben, den gesamten nördlichen Teil der KGA „Am Moor“ für Wohnbebauung zu liquidieren.

Die Empörung der betroffenen Kleingärtner war riesengroß und viele Mitgliedervereine solidarisierten sich mit diesen Kleingartenvereinen. Der geschäftsführende und der erweiterte Vorstand des Verbandes reagierten mit entsprechenden Stellungnahmen. Eine Vielzahl von Aktivitäten der Gartenfreunde, der Kleingartenvereine und des Verbandes folgten.
Es wurden Gespräche mit der Stadtverwaltung, den Ortsbeiräten und den Fraktionen der Bürgerschaft geführt. Die Ergebnisse der Abwägung der Hinweise, Vorschläge und Kritiken zum Flächennutzungsplanentwurf führten in den Gesprächen mit den Bürgerschaftsfraktionen dazu, dass mehrheitlich eine große Übereinstimmung erreicht werden konnte, die Kleingartenanlage „Toitenwinkler Weg“ zu erhalten, auch wenn möglicherweise durch eine Umgehungsstraße im östlichen Randbereich einzelne Gärten weichen müssten.
Übrigens ist diese Anlage das ehemalige Gründungsmitglied unseres Verbandes „Obst- und Gemüsebauverein Gehlsdorf“, also einer unserer Traditionsvereine.

Auch bei der Kleingartenanlage „Am Moor“ setzte sich, trotz mehrerer Versuche, der Realismus durch. Die Fläche hinter der Gartenstraße, auf der sich über 100 Parzellen befinden und unter denen sich 3–5 m Moor befinden, ist Bestandteil dieser Kleingartenanlage. Die bereits 2005 hinter der Kleingartenanlage begonnene und im Jahr 2017 abgeschlossene Ausgleichsmaßnahme zur Renaturierung des Diedrichshägener Moores wurde uneingeschränkt begrüßt, denn eine Bebauung von Teilen der Kleingartenanlage passte weder ökologisch noch sozial in diesen Bereich.

Entgegen anderen Auffassungen in der Stadtverwaltung hat sich auch bei den Bürgerschaftsabgeordneten die Erkenntnis durchgesetzt, dass nach dem Beschluss des Flächennutzungsplanes die Kategorienliste umso wichtiger ist. Mit diesem Papier ist es in den letzten Jahren gelungen, die Ängste unter den Kleingärtnern weitgehend abzubauen. Jeder weiß, wie die zukünftige Entwicklung für seinen Kleingartenverein aussieht. Für alle Kleingartenanlagen der Kategorie I ist das klar, sie sind im Flächennutzungsplan enthalten und damit nicht mehr in der Kategorienliste. Die Kleingartenanlagen, die noch einen kürzeren oder längeren Zeitraum Bestand haben, also die Kategorie II und III, gehören in diese Liste. Gedanken aus den Fraktionen der Bürgerschaft führten dazu, die neue Kategorienliste in die „Konzeption zur Umnutzung im Flächennutzungsplan nicht mehr enthaltener Kleingartenanlagen“, kurz Umnutzungskonzeption, umzubenennen. Bis heute wird dieses Arbeitsdokument der Stadtverwaltung weitergeführt und gibt den einzelnen Kleingärtnern persönliche Planungssicherheit.

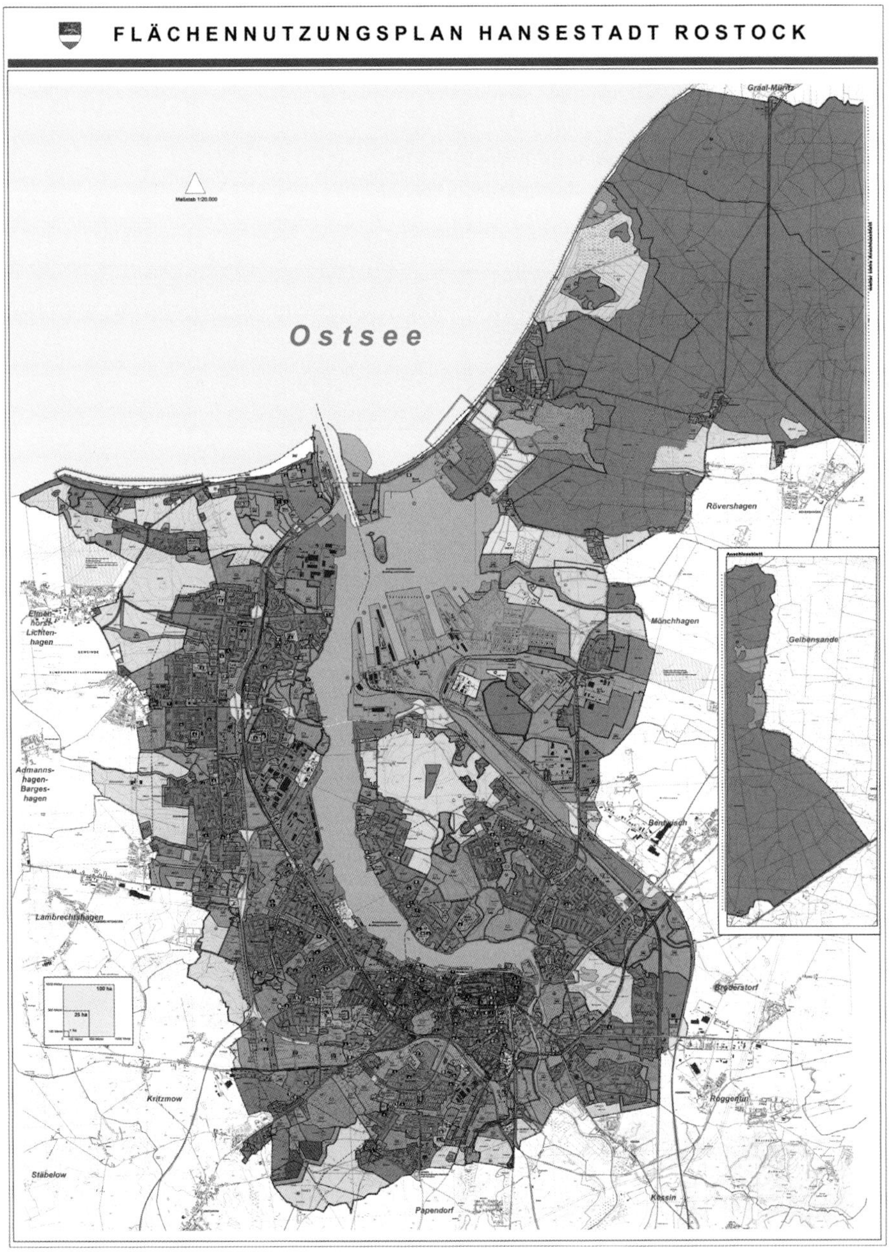

Entsprechend diesem Dokument und durch die Schaffung von Baurecht durch die Bürgerschaft wurden seit Inkrafttreten des Flächennutzungsplanes im Jahr 2006 die Kleingartenanlagen „Sonnenblume“ und „Am Pulverturm“ in der Südstadt, die Kleingartenanlage „Sonnenschein-Mühlenweg“ in Evershagen und „Deutsche Reichsbahn Warnemünde“ gekündigt und die Kleingärtner entschädigt.

Weitere Kleingartenanlagen in der Südstadt, wie „Dr. Ernst Heidemann“, „Pütterweg“, „Pferdewiese“ und „Groter Pohl“, sind bereits gekündigt bzw. die Kündigungen stehen unmittelbar bevor. Wir hoffen, dass an dieser Stelle ein weiteres Beispiel dafür geschaffen wird, dass Geschosswohnungsbau, Kleingartenanlage und Einfamilienhaus- bzw. Reihenhausbebauung keinen Widerspruch darstellen und nebeneinander existieren können.

Das Beispiel der Teilkündigung von Parzellen der Kleingartenanlage „Erlengrund“ in Markgrafenheide machte deutlich, wie notwendig die Einhaltung aller Rechtsnormen als Grundlage für eine anderweitige Nutzung einer Kleingartenanlage ist. Bis zum Oberlandesgericht wurde der Hansestadt Rostock bescheinigt, dass das Bundeskleingartengesetz hier greift und nur entsprechend dem Baugesetzbuch Kündigungen von Kleingartenland möglich sind, auch wenn der Flächennutzungsplan eine anderweitige Nutzung vorsieht.

Verkauf von Kleingartenland durch die Bundesanstalt für Immobilienaufgaben

2008 hatte sich die Bundesanstalt für Immobilienaufgaben an die Kleingärtner des KGV „Markgrafenheide-West“ e. V. gewandt, um ihnen den Grund und Boden ihrer Parzellen zu verkaufen. Der geschäftsführende Vorstand hatte diesen Prozess gestoppt, weil es das Ende des Kleingartenvereins gewesen wäre und dieses Ansinnen nicht den Festlegungen des Flächennutzungsplanentwurfes entsprach, der hier eine Kleingartenanlage nach Bundeskleingartengesetz auswies. Gespräche in der Bundesanstalt für Immobilienaufgaben führten zu der Aussage, dass ein Vermarktungsauftrag für alle Kleingartenflächen im Besitz der Bundesfinanzverwaltung bestehe. Das betraf in unserem Verband Flächen der Kleingartenanlagen „Markgrafenheide-West“, „Am Radelsee“, „Erlengrund“, „Waldessaum Block III“, „Waldessaum Block IV“, „Waldessaum Block VIII“, „Sternwarte“ und „Luftwarte“, insgesamt eine Größenordnung von 293.063 m².

Nach Meinung des geschäftsführenden Vorstandes, und diesem folgten die Delegierten des Verbandes, sollte die Hansestadt Rostock diese Flächen erwerben und damit den Bestand der Kleingartenanlagen sichern. In vielen Gesprächen in der Bürgerschaft und Stadtverwaltung wurde immer wieder auf die leeren Kassen verwiesen, die der Umsetzung des Wunsches entgegenstanden. Die Festschreibung der betroffenen Kleingartenanlagen im Flächennutzungsplan war die einzige Möglichkeit der Stadt, die Kleingartenanlagen zu sichern. 2013 gelang das schier Unmögliche: die Stadt kaufte die Flächen der Kleingartenanlagen „Markgrafenheide-West“, „Am Radelsee“ und „Erlengrund“ und wurde damit Verpächter dieser Flächen im Rahmen des Flächennutzungsplanes.
Der Verkauf der Flächen der Kleingartenanlagen „Waldessaum Block III“, „Waldessaum Block IV“, „Waldessaum Block VIII“, „Sternwarte“ und „Luftwarte“ seitens des Bundes ist zum gegenwärtigen Zeitpunkt keine Option.

Die Entwicklung der Pachtpreise

Der Pachtpreis als wesentlicher Bestandteil der Vereinbarung zur Sicherung und Entwicklung des Kleingartenwesens in der Hansestadt Rostock war nach einer Anfrage der Hansestadt 2003 an das Landwirtschaftsministerium Mecklenburg-Vorpommern zur Pachtpreisentwicklung im erwerbsmäßigen Obst- und Gemüseanbau gesunken. Im Ergebnis wurde die Pacht von 7,2 Cent/m² und Jahr inklusive Grundsteuer auf 6,8 Cent/m² und Jahr ab 2004 verringert.
Die mögliche Umlegung der Gebühren für den Wasser- und Bodenverband in jeweils zwei Jahresschritten, beginnend 2000, hatte dazu geführt, dass 2005 der Pachtpreis 7,4 Cent/m² und Jahr betrug, die höchste Pacht seit 1990. Für 2006 betrug die Pacht einschließlich der Umlegung der Gebühren für den Wasser- und Bodenverband für die Jahre 2004 und 2005 7,3 Cent. Es bestand also weiterhin die Sicherheit, dass die Pacht in den Größenordnungen erhalten blieb.
Durch das Landwirtschaftsministerium wurde durch ein Gutachten zum Pachtpreis im erwerbsmäßigen Obst- und Gemüseanbau 2013 für die Stadt die Möglichkeit der Pachtpreiserhöhung gegeben.

Um die finanzielle Belastung der Kleingärtnerinnen und Kleingärtner zu reduzieren, hat der geschäftsführende Vorstand mit dem Oberbürgermeister verhandelt und eine Vereinbarung zur Pachtpreiserhöhung zwischen der Hansestadt Rostock und dem Verband der Gartenfreunde e. V. Hansestadt Rostock geschlossen. Danach wurde die Entwicklung des ortsüblichen Pachtpreises für Kleingartenland wie folgt geregelt:
2013 - 0,101 €/m² und Jahr
2014 - 0.123 €/m² und Jahr
2015 - 0,144 €/m² und Jahr.
Seit 2016 beträgt der ortsübliche Pachtpreis für Kleingartenland in der Hansestadt Rostock 0,162 Cent/m² und Jahr.

Laubenordnung

Die in der Stadt gültige Dienstanweisung für die Errichtung und Nutzung von Gartenlauben und baulichen Anlagen in Kleingartenanlagen der Hansestadt Rostock vom 8.7.1993 (Laubenordnung) auf der Grundlage des Senatsbeschlusses zur „Rolle und Organisation des Kleingartenwesens in der Hansestadt Rostock" vom 11.7.1991 musste mit Beschluss 8/2003 der Delegiertenversammlung vom 29.3.2003 neu gefasst werden. Da das Amt für Stadtgrün, Naturschutz und Landschaftspflege mit dem Jahr 2002 die Neubauregistrierung für Gartenlauben als freiwillige Leistung der Stadt nicht mehr durchführte, blieb dem Verband der Gartenfreunde nichts anderes übrig, als selbst wirksam zu werden und damit keinen Wildwuchs in den Gartenanlagen zu ermöglichen. Da keinerlei Unterlagen zu Lauben in der Geschäftsstelle des Verbandes vorlagen, kam eine umfangreiche Arbeit auf die Mitarbeiter der Geschäftsstelle und die Vereinsvorstände zu, denn im Nachgang wurde der Verband seitens der Stadtverwaltung aufgefordert, den Nachweis der rechtmäßigen Bebauung in den Kleingartenanlagen entsprechend des Bundeskleingartengesetzes zu erbringen. Dafür war die neue Laubenordnung des Verbandes die Grundlage und seit dieser Zeit wurde danach gearbeitet.

So erfolgten beispielsweise in den Jahren 2003 und 2004 jeweils 60 und 56 Registrierungen zum Laubenneubau bzw. von Erweiterungen. Manche Nachfrage zu Abstandsmaßen und Einverständniserklärungen der Nachbarn waren notwendig und auch Ablehnungen erfolgten. Nicht jeder Gartenfreund und auch Vorstand realisierte, dass die Laube zum gelegentlichen Aufenthalt und zur Unterbringung der Gartengeräte dient, somit also kein kleines Einfamilienhaus darstellt. Wir haben alle nicht das Recht, Gesetze zu überschreiten und das ist nicht erst seit 1990 so.

Landesverband der Gartenfreunde
Mecklenburg und Vorpommern e. V.

RICHTLINIE
FÜR DIE Wertermittlung VON KLEINGÄRTEN
(Wertermittlungsrichtlinie)

Es gibt einen rechtmäßigen Bestandsschutz für Lauben und Baulichkeiten und diese Rechte der Kleingärtner gilt es weiterhin zu sichern. Bis heute ist diese Laubenordnung des Verbandes, mit einigen notwendigen Ergänzungen, Grundlage der Arbeit der Vereine und des Verbandes.

Schätzerwesen / Wertermittlung

Auf der Grundlage der vom Minister für Landwirtschaft und Umwelt des Landes Mecklenburg-Vorpommern bestätigten Richtlinie zur Wertermittlung des Landesverbandes der Gartenfreunde Mecklenburg und Vorpommern e. V. arbeiten zurzeit 260 Wertermittler mit einem einheitlichen Auftrag.

Gerade unsere Wertermittler als ausgebildete Spezialisten wirkten in den letzten Jahren maßgeblich bei der Umsetzung der Lauben- und Rahmengartenordnung mit. Durch die Aufnahme von Forderungen in den Wertermittlungsprotokollen und Informationen an die Geschäftsstelle zur Unterstützung der Arbeit der Vorstände, gelang die Durchsetzung der Lauben- und Rahmengartenordnung bei Pächterwechsel immer besser. Nur auf diesem Weg war und ist der Bestandsschutz nach § 20 a Bundeskleingartengesetz zukünftig zu sichern.

In den letzten Jahren gab es bei den Wertermittlern einen Prozess der Wandlung. Viele langjährig aktive und erfahrene Wertermittler gaben ihre Tätigkeit aus Altersgründen auf und machten

jüngeren Gartenfreunden Platz. Zahlreiche Erfahrungen wurden über Patenschaften weitergegeben. Neue Technik zog bei den jüngeren Wertermittlern ein und löste den Taschenrechner ab. Wichtig bleibt aber das umfangreiche Fachwissen, das über Schulungen und Erfahrungsaustausche vermittelt wurde.
Die Sicherung einer hohen Qualität bei den Wertermittlungen ist und bleibt das Ziel dieser Arbeit und das umso mehr, da Gärten wieder gefragt sind und nicht mehr an Nachfolger verschenkt werden müssen, nur um sie loszuwerden.

Straßenreinigungsgebühren

Der Verband hatte sich im Vorfeld der Verhandlungen mit der Stadt von der Rechtmäßigkeit der Erhebung der Straßenreinigungsgebühr überzeugen müssen. Das Kommunalabgabengesetz, auch in seiner überarbeiteten und vom Landtag am 14.3.2005 beschlossenen Fassung sowie die Straßenreinigungssatzung der Stadt lassen die Erhebung zu.

Bereits seit Mai 2004 hatte sich der erweiterte Vorstand des Verbandes mit der Problematik der Straßenreinigungsgebühren umfassend beschäftigt und eine entsprechende Beschlussvorlage im Verband für die Erhebung hergestellt.
Trotzdem waren viele Kleingärtner sehr ungehalten über die Forderungen der Stadt, denn viele Gartenfreunde pflegen und bewirtschaften nicht nur ihre Kleingärten und Vereinsflächen, sondern darüber hinaus freiwillig öffentliches Grün der Stadt.
24 Mitgliedvereine hatten erklärt, dass sie 11.521 m^2 Rasenfläche, 5.861 m^2 Gehölzfläche und 3.537 m^2 sonstige Flächen pflegen, die nicht gepachtet wurden. Das erfolgt allein aus der Tatsache der Verantwortung für die Ordnung und Sauberkeit „vor der Haustür“ heraus.

Der Verband hatte mit dem Beschluss 8/2004 der erweiterten Vorstandssitzung vom 29.10.2004 und dem Beschluss 9/2005 die für den Verband als Solidargemeinschaft einzig mögliche Variante der Umlegung pro Parzelle gefunden, die eine gleichmäßige Lastenverteilung gewährleistete.
Mit der Umsetzung des Beschlusses 9/2005 hätte der Verband alle offenen Straßenreinigungsgebührenforderungen beglichen, da die Hansestadt Rostock auf die Erhebung rückwirkender Forderungen für ihre Flächen durch Beschluss der Bürgerschaft verzichtet hatte.
Entgegen diesem Votum verfolgte die Stadtverwaltung dann aber doch die Forderung nach rückwirkender Zahlung.

Auf der Delegiertenversammlung am 31.3.2007 erklärte der Vorsitzende des Verbandes, Gartenfreund Dieter Steffens, im Auftrag des geschäftsführenden Vorstandes: „Der geschäftsführende Vorstand wird nicht kampflos die Segel streichen, wenn es um die Interessen unserer Kleingärtner geht. Wir werden dafür kämpfen und wissen dabei viele Partner an unserer Seite, beginnend bei den Abgeordneten der Bürgerschaft, die stets ein klares Votum für die Kleingärtner dieser Stadt abgegeben haben.“ Im Ergebnis der Delegiertenversammlung wurde der Beschluss 15/2007 gefasst, den Rechtsweg zu beschreiten.

Am 21. Mai 2007 begann das strittige Landgerichtsverfahren mit einer Mediation, auf der die Standpunkte der Hansestadt Rostock und des Verbandes der Gartenfreunde erörtert wurden.
Auf der Delegiertenversammlung vom 4.9.2007 erklärte der Vertragsanwalt des Verbandes, Herr Dr. Marko Grunert, den Delegierten den vorliegenden Vergleichsvorschlag, der in einer langwierigen Mediation unter der Leitung von Herrn Richter Apprich zwischen den Parteien erarbeitet wurde.
Die Gesamtforderung der Stadt betrug zu diesem Zeitpunkt ca. 138.000,– € einschließlich Zinsen und die Kammerentscheidung würde mit einem Urteil weitere erhebliche Kosten verursachen.

Für beide Prozessparteien bestand zudem ein erhebliches gleichgelagertes Prozessrisiko und das Ende und das Ergebnis des Rechtsstreites war für beide Seiten offen.
Darum kam es zum Vergleichsvorschlag mit nachfolgendem Inhalt:

1. Der Verband zahlt an die Stadt 57.000,– € in zehn Jahresraten à 5.700,– € jeweils zum 31.1. jedes Jahres, beginnend 2008.
2. Der Rechtsstreit ist damit beendet.
3. Die Kosten des Rechtsstreites, einschließlich des Vergleiches, werden gegeneinander aufgehoben.
4. Bis zu einer Delegiertenversammlung des Verbandes werden Stillschweigen vereinbart und nur gemeinsame Presseerklärungen abgegeben.
5. Die Parteien können den Vergleich bis zum 31.10.2007 gegenüber dem Gericht widerrufen.

Dem Vorschlag folgten die Delegierten des Verbandes, um einen eventuellen materiellen Schaden vom Verband abzuwenden. Der Vergleich kam zustande und wurde von den Parteien umgesetzt. Die zehn Jahresraten an die Stadt sind beglichen.

Heute beschließt die Delegiertenversammlung bzw. die erweiterte Vorstandsitzung nach Erhalt der Straßengebührenbescheide jährlich die Höhe der Straßenreinigungsgebühr pro Parzelle.

Teilnahme an Wettbewerben durch Verbandsvertreter

• Bundeswettbewerb

Seit 1998 nehmen Kleingartenvereine des Verbandes am Bundeswettbewerb „Kleingärten im Städtebau“ teil. Alle vier Jahre war ein Kleingartenverein dabei und erreichte wie der KGV „Uns Gorden“ e. V. eine Silbermedaille (1998). Es folgten:

2002	KGV „Barnstorfer Busch“ e. V.
2006	KGV „Uns Frietied Bl. III“ e. V.
2010	KGV „Wiesengrund“ e. V.
2014	KGV „Am Waldessaum II Warnemünde“ e. V. und
	KGV „Dahlie“ e. V.

Ehrung der Kleingartenvereine „Dahlie“ aus der Südstadt und „Am Waldessaum II e. V.“ aus Rostock-Warnemünde beim 23. Bundeswettbewerb 2014

Peter-Joseph-Lenné-Medaille der Lenné-Akademie für Gartenbau und Gartenkultur

2014 konnten zwei Rostocker Vereine teilnehmen, da sich im Landesverband der Gartenfreunde Mecklenburg und Vorpommern e. V. kein weiterer Bewerber fand. Das schmälert nicht die Leistung der Rostocker Teilnehmer, sondern beweist die Fähigkeiten unserer Mitgliedsvereine. Zwar reichte es wieder nicht zu einer Goldmedaille, aber neben der Silbermedaille erhielten der KGV „Am Waldessaum II Warnemünde“ e. V. eine Anerkennungsprämie für die weitere Anlagengestaltung und auf dem Verbandstag des Bundesverbandes Deutscher Gartenfreunde e. V. (BDG) in Rostock wurde am 5.9.2015 dem KGV „Dahlie“ e. V. die Peter-Joseph-Lenné-Medaille der Lenné-Akademie für Gartenbau und Gartenkultur verliehen. Der Kleingartenverein „Dahlie“ e. V. ist der erste Kleingartenverein in Deutschland und damit auch in Mecklenburg und Vorpommern, der diese Auszeichnung erhalten hat.

• Landeswettbewerb

Auch an den Landeswettbewerben haben Vertreter des Verbandes kontinuierlich teilgenommen. Die Auszeichnung „Beste Kleingartenanlage in Mecklenburg-Vorpommern“ war Ansporn. Alle unsere Bewerber im Bundeswettbewerb haben sich über diesen Weg dafür qualifiziert. Darüber hinaus vertraten aber Vereine wie „Dr. Ernst Heydemann“ e. V., „Fährhufe“ e. V., „Weiße Rose“ e. V., „Am Koppelsoll“ e. V, „Dalwitzhöfer Weg“ e. V., „Hellbachtal“ e. V., „Waldessaum Bl. IV“ e. V. und „Frischer Wind“ e. V. die Rostocker Kleingärtner im Rahmen des Landesverbandes.

• Naturnaher Garten

Seit 2003 gibt es im Verband den Wettbewerb „Naturnaher Garten“, der vom Amt für Stadtgrün, Naturschutz und Landschaftspflege und dem Naturschutzbund Rostock unterstützt und begleitet wird. In dem alle zwei Jahre durchgeführten Wettbewerb geht es darum, den ökologischen Gedanken des Kleingartenwesens hervorzuheben und zu unterstützen. Der Wettbewerb zeigt, dass es möglich ist, die Artenvielfalt in den Parzellen zu erhöhen, versiegelte Flächen zu vermeiden, natürliche Lebensräume für Insekten, Reptilien und Vögel zu schaffen und ohne Chemieeinsatz zu gärtnern. Dabei steht dieses nicht im Gegensatz zum Anbau von Obst und Gemüse auf den Parzellen.

Die begehrte Plakette des Wettbewerbs „Naturnaher Kleingarten“

Leider ist das Echo nicht sehr groß. Viele Kleingärtnerinnen und -gärtner arbeiten zwar nach naturnahen Grundsätzen, doch scheuen sie die Öffentlichkeit, wollen sich mit ihrem Hobby nicht zur Schau stellen. Trotzdem zeigten die Wettbewerbsteilnehmer 2017, wie naturnahes gärtnern geht und hatten damit Beispielwirkung gegenüber anderen Kleingärtnern. Die Gartenfreunde, die 2017 teilnahmen, fuhren nach der Auswertung des Wettbewerbs mit der Gewissheit nach Hause, dass sie nicht allein in Rostock naturnah gärtnern und dass der Verband der Gartenfreunde ihre Bemühungen für den Erhalt der Artenvielfalt schätzt und weiter fördert.

Der Verband als Träger von Arbeitsbeschaffungsprogrammen

Vom Minister für Landwirtschaft und Umwelt des Landes Mecklenburg-Vorpommern Till Backhaus wurde der Verband 2005 angesprochen, ob dieser nicht als Träger für Ein-Euro-Jobs auftreten wollte. Nach Diskussion im Vorstand und erstem Informationsaustausch mit dem Hanse-Job-Center waren mögliche Arbeitsbilder erarbeitet worden. Die Arbeiten richteten sich auf die Verbesserung des Umfeldes von Kleingartenanlagen und Aufgaben der Arbeit mit Kindern in unserem Anschauungs- und Informationsgarten. Zusätzliche Kosten entstanden dem Verband nicht. Vorrangig wurde Kleingärtnern, die Hartz-IV-Empfänger waren, damit die Möglichkeit einer 3-jährigen Beschäftigung geboten. Für drei Hartz IV-Empfänger als Träger von Mehraufwandsentschädigungen, besser bekannt als Ein-Euro-Jobs, zu fungieren, hatte Modellcharakter für das gesamte Land.

Naturnahes Gärtnern für Kinder

Seit 2005 war der Verband fast durchgängig als Maßnahmeträger tätig, insbesondere für die bessere Nutzung des Anschauungs- und Informationsgartens des Verbandes durch Kindergruppen im Grundschulalter. So leisteten wir, beginnend mit Gartenfreund Klaus Thurow vom Kleingartenverein „Carbäktal" e. V., unseren Beitrag, um bei Kindern mehr Verständnis im Umgang mit der Natur zu erreichen.

Wichtig war es dabei, Kindern Erlebnisse in der Natur und speziell im Garten zu schaffen. Das Erleben von Düften, Farben, Formen und Geschmäcken – Sinne trainieren wie Riechen, Sehen, Fühlen, Schmecken und auch Hören – das sind Tätigkeiten, die im Alltag immer mehr verkümmern bzw. nur sehr begrenzt eingeübt werden.

Die eigene Ernte, der Lohn aller Mühen, ist für Kinder ein besonderes Erlebnis

Ausgehend von der Tatsache, dass der Kleingarten nicht nur für unsere älteren Gartenfreunde, sondern auch für junge Familien mit Kindern eine besondere Bedeutung hat, wurde durch den Verband der Gartenfreunde e. V. Hansestadt Rostock gemeinsam mit dem Hansejobcenter Rostock ein Projekt zur „Schaffung von Arbeitsgelegenheiten mit Mehraufwandsentschädigung – Zusatzjobs nach § 16 Abs. 3 Satz 2 SGB II" auf den Weg gebracht, das, nach Überwindung aller verwaltungstechnischen Hürden, 2005 beginnen konnte und im September 2008 endete.

Kinder lernen schnell das Kleine Einmaleins des Gartenbaus

Mit dem Antrag auf Gewährung einer Bundeszuwendung für das Bundesprogramm „Kommunal-Kombi“ wurde die Arbeit mit Kindern nach einjähriger Unterbrechung für drei Jahre fortgesetzt. Nach Beendigung des Bundesprogramms gelang es, mit viel „Klinkenputzerei“, angefangen beim Landwirtschaftsminister MV, über den Bildungsminister MV und den Oberbürgermeister der Hansestadt Rostock, eine jährliche Förderung durch die Hansestadt Rostock zu erreichen.

Damit konnte der Anschauungs- und Informationsgarten des Verbandes der Gartenfreunde e. V. Hansestadt Rostock den Grundschulen in Rostock weiterhin als „Grünes Klassenzimmer“ zur Verfügung gestellt werden, zumal auch ein technisch gut ausgestatteter Versammlungsraum bereitstand, der für den „theoretischen Teil“ des Unterrichts als Schlechtwettervariante genutzt wurde.

Besonders intensiv nahmen die Förderschulen dieses Angebot an, also Schulen, bei denen in erhöhtem Maße ein erlebnisbetonter Unterricht im Vordergrund steht. Das Schulzentrum Paul-Friedrich-Scheel-Schule (Förderzentrum für Körperbehinderte), das Förderzentrum am Schwanenteich (Allgemeine Förderschule) und die Schule am Schäferteich (Regionales Förderzentrum) nahmen die Angebote gern an. Die nicht behindertengerechte Ausstattung des Verbandshauses für Rollstuhlfahrer wurde durch eine mobile Rampe und den behindertengerechten Umbau einer der zwei Toiletten beseitigt.

Die Grundschule am Margaretenplatz, in unmittelbarer Nähe zum Verbandshaus, ist zu einem stabilen Partner in den Projekten der Arbeit mit Kindern geworden. Sie ist ständiger Gast im in den Jahren gewachsenen Anschauungs- und Informationsgarten geworden. Seit 2017 werden wichtige Kenntnisse zu Bienen und deren Bedürfnissen vermittelt. In Zusammenarbeit mit dem Imkerverein konnte 2017 der erste „Verbandshonig“ geschleudert werden.

Abwasserentsorgung aus Kleingärten

Eine der größten Herausforderungen für die Kleingärtner der Hansestadt Rostock war die Umstellung der Abwasserentsorgung auf gesetzeskonforme Methoden.
Bereits seit 1999 beschäftigte sich der Verband gemeinsam mit den Ämtern der Stadt mit der Lösung der Abwasserproblematik in den Kleingärten Rostocks. Mögliche Entsorgungsvarianten wurden getestet und waren abrufbereit. Durch die Entscheidung des Umweltministers, eine Studie zur Abwasserproblematik in Kleingärten im Landesverband durch die Universität Rostock anfertigen zu lassen, ruhten zeitweilig weitergehende Aktivitäten. Die von Dipl.-Ing. Sigmar Krönes von der Firma AQU entwickelte Kleinkläranlage wurde in die Untersuchung einbezogen und vier Kleingärtner des IGA-Vereins „Dorf Schmarl" stellten ihre abflusslosen Gruben für zusätzliche Beprobungen der Universität mit und ohne Zusätzen zur Verfügung.

Im Ergebnis der Studie wurden lediglich zwei Varianten für die zukünftigen Entsorgungsarten in Rostock favorisiert und festgeschrieben, die Komposttoilette und die abflusslose Grube mit Abfuhr durch einen zugelassenen Entsorger. Das bedeutet, dass es in Rostock zukünftig trotz umfangreicher Bemühungen des Verbandes und von Kleingärtnern des KGV „Am Moor" e. V., nur diese zwei Entsorgungsarten geben wird.
Das Ministerium hatte unsere Bemühungen um eine ordnungsgemäße Abwasserentsorgung genutzt, um eine Verfügung zu erlassen, dass bis 31.12.2013 alle Kleingärten auf eine zulässige Abwasserentsorgung umzustellen sind. Die untere Wasserbehörde, das Umweltamt der Hansestadt Rostock, wurde auf Grund der Ministeriumsverfügung zum Handeln gezwungen und wurde tätig. Vereinshäuser mussten schon zum 30.11.2011 auf abflusslose Gruben umgestellt werden.

In dieser Situation etablierte sich 2010 eine sog. Initiativgruppe „Kleingärtner", und agierte in den Medien und den Kleingartenvereinen Rostocks und Umgebung. Der Vorstand des Verbandes veröffentlichte 2011 nachfolgende Stellungnahme:

„... Leider ist außer Protesten und fragwürdigen Informationen, die oftmals Sachkenntnis vermissen lassen, nichts geschehen. Verunsicherung der Gartenfreundinnen und Gartenfreunde ist der Grundsatz Ihres Handelns. Protestschreiben mit Unterschriftenlisten waren nicht adressiert. Mit Unterstützung der Verbände konnten die Antwortschreiben des Ministers zumindest den Vorsitzenden der Vereine zugestellt werden, aus denen die Unterschriften kamen.
Sowohl im Artikel im Rostocker Blitz vom 30.1.2011 als auch auf der darin benannten Internetseite, werden leider Falschinformationen verbreitet. Im Beitrag schreiben Sie, dass der Landtag am 5.3.2009 einen Beschluss zur Abwasserbehandlung in Kleingärten gefasst hat.

19. SEPTEMBER 2010

AUS UNSERER REGION

Abwasserentsorgung in Kleingärten

Geschäftsführender Vorstand des Verbandes der Gartenfreunde informiert

Muster der Abwasserbehälter können beim Haus der Kleingärtner besichtigt werden. Foto: Verband der Gartenfreunde e.V.

Rostock. Seit 1999 beschäftigt sich der geschäftsführende Vorstand des Verbandes der Gartenfreunde e.V. Hansestadt Rostock im Dialog mit den Ämtern der Stadt und auf der Grundlage der Landesgesetzgebung mit der Abwasserentsorgung in Kleingärten. Wir haben regelmäßig auf Delegiertenversammlungen, erweiterten Vorstandssitzungen und Mitgliederversammlungen die Delegierten, Vereinsvorsitzenden und Kleingärtner informiert. Die Äußerungen einzelner Gartenfreunde in den Medien zeigen, dass offenbar die seit Jahren existierende rechtliche Situation verkannt wird. Die ungeklärte Einleitung von Abwasser in Gewässer (auch das Grundwasser) stellt eine Straftat dar. Wasserrechtliche Genehmigungen für die »3-Kammer-Klärsysteme«, die zu DDR-Zeiten geduldet wurden, gibt es nicht. Wo bitte ist der Ansatz für eine rechtliche Auseinandersetzung, zumal diese nur vom betroffenen Kleingärtner allein geführt werden kann. Der Fakt, dass man schon seit 30 oder 40 Jahren als »Kläranlage« 3 Tonnen mit Überlauf oder Löchern im Boden betreibt und das auch weiter so tun will, ist rechtlich nicht haltbar. Eine Untersuchung der Universität Rostock im Jahre 2003 hat ergeben, dass »Terra Biosa« zwar die Geruchsbildung von Abwasser beseitigt, ansonsten aber keinerlei Klärung des Abwassers nachzuweisen ist, d.h. wer sein Abwasser nach Behandlung mit »Terra Biosa« im Garten vergießt, verteilt ungeklärtes Abwasser.
Seit der Information der Unteren Wasserbehörde der Hansestadt Rostock im »Stadtanzeiger« vom Januar dieses Jahres haben sich der geschäftsführende Vorstand und die Mitarbeiter der Geschäftsstelle verstärkt um die Information der Vorstände und der Kleingärtner bemüht. Es wurden Materialien erarbeitet und verbreitet sowie Verhandlungen mit der Industrie und Händlern zur Minimierung von Preisen abflussloser Gruben geführt. Diese Angebote liegen in den Vereinen vor. Muster der Behälter stehen zur Anschauung beim Haus der Kleingärtner. Inwieweit der einzelne Kleingärtner dieses nutzt, bleibt natürlich ihm selbst überlassen. Wer heute von Angeboten für einen DIBT-zertifizierten Abwassertank von 1.000 Euro und mehr spricht, verbreitet bewusst Fehlinformationen. In diesem Zusammenhang reden einzelne Gartenfreunde auch von »Lobbyismus«. Ist es Lobbyismus, kostenlos Angebote der Firmen wie BKP Berolina Polyester GmbH & Co. KG, Otto Graf GmbH, GreenLife GmbH, REWATEC, Roth Umwelttechnik GmbH, Berger Biotechnik GmbH, U.A.D. Schulz & Selent GbR, Rostocker Umweltservice oder Raab Karcher Rostock zu verteilen, um persönliche Entscheidungen zu erleichtern?
Einige Vereine und Vereinsvorstände haben sich in der zurückliegenden Zeit auf ihren Beratungen und Mitgliederversammlungen eine Meinung gebildet und diese an den Verband, an den Landesverband oder direkt an den Minister für Landwirtschaft, Umwelt und Verbraucherschutz unseres Landes geschickt. Alles, was beim Verband eingegangen ist, wurde an den Vorstand des Landesverbandes weitergeleitet und die Vereinsvorstände darüber informiert. Der Vorstand des Landesverbandes hat bereits im Frühjahr dieses Jahres über den Landeskleingartenausschuss (Vorsitz: Minister für Landwirtschaft, Umwelt und Verbraucherschutz, Mitglieder: Vertreter der Landtagsfraktionen, von Kleingartenverbänden und dem Städte- und Gemeindetag) die Problematik auf seine Tagesordnung gesetzt und arbeitet daran.
Zum Abschluss noch eine Bemerkung in eigener Sache: Sowohl der Vorstand des Landesverbandes als auch wir – der geschäftsführende Vorstand des Verbandes der Gartenfreunde e.V. Hansestadt Rostock – oder die Vorstände der anderen Kreisverbände arbeiten wie die Vorstände der Kleingartenvereine im Ehrenamt und vertreten die Interessen der Kleingärtner.
Jeder Rostocker Gartenfreund kann sich bei Fragen montags bis donnerstags von 8 bis 12 Uhr oder von 13 bis 15 Uhr und freitags von 8 bis 12 Uhr unter Telefon 03 81/2 00 33 00 oder per E-Mail info@kleingarten-hro.de an die Geschäftsstelle des Verbandes der Gartenfreunde e.V. Hansestadt Rostock wenden. Der geschäftsführende Vorstand

Artikel im „Rostocker Blitz" vom 30.1.2011

Das ist falsch. Auf der 64. Plenartagung des Landtages Mecklenburg-Vorpommern am 5.3.2010 wurde auf Antrag der Fraktionen der SPD und der CDU die Drucksache 5/2256 – Abwasserbeseitigung im ländlichen Raum – behandelt. Gegenstand des Antrages war die Aufstockung der Fördermöglichkeit für die Um- und Nachrüstung von Kleinkläranlagen. In der Debatte zu diesem Beschluss wurden sowohl durch die Abgeordnete Angelika Peters als auch durch den Abgeordneten Dr. Wolfgang Methling die Kleingärten ausdrücklich von diesem Antrag ausgeschlossen. Thema war also definitiv nicht die Umstellung an sich (…)

Der Landesverband der Gartenfreunde und auch die Regional-/Kreis- und Stadtverbände arbeiten im Interesse Ihrer Kleingärtnerinnen und Kleingärtner schon seit längerem an konstruktiven Lösungen der Abwasserproblematik. Viele der von Ihnen angeführten Probleme, wie z. B. die Organisation der Entsorgung, die Schaffung der Voraussetzungen in den Kleingartenanlagen in Übereinstimmung mit der Gemeinnützigkeitsrichtlinie, die Möglichkeit der Förderung von Abwassersammelgruben, die einheitliche Preisgestaltung in den Entsorgungsgebieten, der zeitliche Rahmen der Umstellung etc., sind bereits seit längerem Thema von Gesprächen mit den demokratischen Fraktionen des Landtages, dem Minister für Landwirtschaft, Umwelt und Verbraucherschutz, seinem Ministerium, den zuständigen Wasser- und Abwasserverbänden und den Behörden auf kommunaler Ebene.

Leider erreichen die Rückinformationen nicht in jedem Fall den einzelnen Gartenfreund.
Der Aufruf zu einer weiteren Unterschriftensammlung zwecks Protesten bei der Landtagspräsidentin, Frau Sylvia Bretschneider, ist reiner Aktionismus. Für die Zukunft wäre es wünschenswert, wenn die Initiativgruppe ‚Kleingärtner' ihrem Namen gerecht würde und mit konstruktiven Beiträgen den Umgestaltungsprozess begleiten würde."

Die Rostocker Kleingärtner und der Verband beschritten den schweren Weg der Abwasserumstellung. Viele mussten überzeugt werden, denn es war schwer zu vermitteln, neue Abwassertanks für bisherige Verrieselungsanlagen einzubauen, wenn neben der Kleingartenanlage ein Landwirt Tonnen von Gülle auf sein Feld versprüht.

In der Folge wurde die Ausbildung eigener Dichtheitsprüfer für die Verbände durch die Deutsche Vereinigung für Wasserwirtschaft, Abwasser und Abfall (DWA) ausgehandelt und durchgeführt. Der Vorstand verhandelte mit Firmen über Preise von Abwassersammelgruben und schloss mit einigen Firmen Verträge, die Rostocker Kleingärtner privilegierten. Sammelbestellungen und Lieferungen von Komposttoiletten zum Verband waren zum Beispiel eine Lösung.

Verhandlungen mit Entsorgern des Abwassers, Befestigung der Wege in den Kleingartenvereinen für die Entsorgungsfahrzeuge, Bau von Absaugleitungen und vieles mehr waren Aktivitäten, die viel Kraft kosteten. Zusätzlich stellte das Ministerium dem Landesverband für oben genannte Aktivitäten für zwei Jahre Fördermittel zur Verfügung, die auch Rostocker Vereine nutzten. Trotzdem war aber der einzelne Kleingärtner verantwortlich für die ordnungsgemäße Entsorgung des Abwassers. Die Vereinsvorstände konnten nur unterstützend tätig werden, aber das taten sie z. B. mit der Organisation von Gemeinschaftsabfuhren des Abwassers.
Die Kleingärtner der Hansestadt Rostock und alle Kleingärtner des Landesverbandes Mecklenburg und Vorpommern e. V. wurden zu Vorreitern in ganz Deutschland, aber können und sollten wir darauf stolz sein?

Trotz aller Schwierigkeiten konnte im Großen und Ganzen der von der Landesregierung gestellte Termin bis Ende 2013 von den Rostockern Kleingärtnern eingehalten werden.

Kleingartenbeirat

Entsprechend der Gemeinnützigkeitsrichtlinie des Landes bestand seit 1996 jahrelang ein Kleingartenbeirat, dem paritätisch von jeder Bürgerschaftsfraktion ein Mitglied oder Beauftragter und Vertreter des Verbandes und von Kleingartenvereinen unter Leitung des Amtsleiters Stadtgrün, Naturschutz und Landschaftspflege (SNL), Herrn Dr. Stefan Neubauer, angehörten. Dieser Kleingartenbeirat tagte regelmäßig zweimal im Jahr und nahm sich grundlegenden Fragen des Kleingartenwesens an. Im Ergebnis wurden Empfehlungen formuliert, die sowohl für die Bürgerschaft und die Stadtverwaltung als auch für die Kleingärtnerorganisationen richtungsweisend waren.

Die Bestätigung der kleingärtnerischen Gemeinnützigkeit für die Kleingartenvereine erfolgte durch das Amt SNL leider mit hohem bürokratischen Aufwand. So wurde beispielsweise nicht auf die Abgabe von Finanzunterlagen der Vereine verzichtet, obwohl die steuerliche Gemeinnützigkeitserklärung des Finanzamtes eingereicht werden musste. Für die ehrenamtlich tätigen Vorstände der Mitgliedsvereine ist das bis heute ein enormer zeitlicher Aufwand.

Problematisch wurde im Zuge der Abwasserumstellung ab 2012, dass die Empfehlungen des Kleingartenbeirates seitens der Fraktionen der Bürgerschaft ignoriert wurden und damit der Sinn dieses Gremiums verloren ging. 2014 löste sich der Kleingartenbeirat durch eigene Beschlussfassung auf. Ein Verlust für das Rostocker Kleingartenwesen.

Hochwasser 2011

Die im Juli/August 2011 insbesondere in Warnemünde entstandene Situation war bisher in der Verbandsgeschichte beispiellos. Einige Wissenschaftler sprachen vom Jahrtausendregen.
Von fünf Vereinen mit insgesamt 631 Parzellen wurden 542 Gärten vollständig und 89 teilweise überflutet. In 388 Lauben stand das Wasser bis zu drei Wochen. Der berechnete Schaden am persönlichen Eigentum, einschließlich der Kulturen und Gehölze auf den Parzellen der Kleingärtner betrugt etwa 1.630.000,00 €.
Es mussten 160 t Sperrmüll entsorgt werden, zuzüglich vorhandenem Bauschutt.

Seit Anfang August 2011 haben die Vorstände der eingetragenen KGVs „Am Moor", „Fischerinsel", „An der Laak", „Schleusenberg", „Am Meer des Friedens", „Am Waldessaum II" Warnemünde und der Verband angestrengt gearbeitet, um mit dem Senator für Bau und Umwelt, Vertretern des Ortsamtes, dem Wasser und Bodenverband, dem Warnow Wasser- und Abwasserverband, dem Umweltamt und weiteren Ämtern der Stadt Lösungen im Sinne der Kleingärtner zu finden.

Der Verband der Gartenfreunde war Mitglied in der Arbeitsgruppe „Starkregen" der Hansestadt Rostock und die genannten Vereine waren Mitglieder der Arbeitsgruppe „Starkregen" Warnemünde, jeweils unter Vorsitz des Senators Holger Matthäus, die in der Anfangsphase wöchentlich tagte. Im Ergebnis wurde erreicht, dass durch den Druck der Kleingärtner eine zusätzliche Hochleistungspumpe am Schöpfwerk Malbusen installiert wurde, die ca. 2 Mill. m^3 Wasser gemeinsam mit den vorhandenen Pumpen in vier Tagen abgepumpt haben. Die Gartenanlagen waren anschließend wieder begehbar. Damit das Wasser des Laakkanals besser abfließen konnte, wurde zeitweilig der Hochwasserschutz zur Warnow geöffnet.
Um die Sicherheit der Kleingärtner zu gewährleisten, wurden durch das Gesundheitsamt ein Merkblatt zum Verhalten bei Überschwemmungen übergeben und die Entnahme und Untersuchung von Bodenproben und Trinkwasserproben organisiert sowie die Mitglieder der Vereine über die Ergebnisse informiert.

Gemeinsam mit der Stadtentsorgung wurde die Sperrmüllabfuhr aus den Vereinen organisiert. Letztlich war es der Oberbürgermeister der Stadt, der dem Verband in unbürokratischer Weise 20.000,- € zur Verfügung stellte, von der die Sperrmüllentsorgung bezahlt wurde. Damit hat Oberbürgermeister Methling die Zusage zur Hilfe seitens der Stadt wahr gemacht.
Durch die Mitglieder der AG „Starkregen" Warnemünde wurde ein Zustandsbericht und -plan für das Grabensystem im Moor erarbeitet und übergeben. Dieses Dokument floss in die Grabenschau am 2. November 2011 und in die nachfolgenden Arbeiten am Grabensystem ein, die bis heute noch nicht vollständig abgeschlossen sind.
Kurzfristig wurden in der Folge das Pumpwerk am Malbusen erneuert und die Pumpenleistung verdreifacht sowie die Feuerwehr Rostock mit leistungsstärkeren Pumpen ausgerüstet.

Hochwasser in den Kleingärten – 2011 war es durch den andauernden Regen wieder einmal soweit

Was in den betroffenen Kleingartenvereinen passierte, macht die Schilderung von Michael Kretzschmar über seinen Kleingartenverein „Fischerinsel" deutlich:

„... Die Anlage war ‚abgesoffen'. Da half kein Lamentieren. Das Wasser musste erst weichen und dann wurden die Ärmel hochgekrempelt. Alle haben sich wieder aufgerappelt und sich besonnen. Es blieb nur dem Eingeweihten vorbehalten, zu erkennen, dass die ‚Alten' es waren, die sich ins Zeug schmissen und motivierten. Einfach so, ohne zu schauen, wo und wann der große Zug mit den Helfern ankommt. Oder die Entschädigung in Euro-Form.
Es erinnerte an ein noch leises Summen, das dann zu einem kräftigen Chorgesang wird.

Die Lauben wurden entwässert, gereinigt von Schlamm und Dreck. Manch entwurzeltes Pflänzchen wurde beiseitegelegt und bekam ein neues Plätzchen, um sich erst zu erholen. Dann ist es sofort wieder ans Weitermachen gegangen.

Sicher, es gab auch Zauderer und Resignierte, doch am Ende waren sie wieder zusammen. Der Verein hat sich seiner Gemeinsamkeit erinnert und die Schwäche des Einzelnen verschwand. Sonne und Wind haben die Erde getrocknet. Die Halde der durch Wasser und Schlamm unbrauchbar gewordenen Dinge wuchs. Erstaunlich auch, wie sich die Dinge selbst organisiert haben. Die Jüngeren packten das Grobe und überließen das Leichte den Älteren. Die Schwachen wurden von den Starken unterstützt. In der ersten trockenen Hütte gab es Kräftigung. So haben sie es fertiggebracht, ohne auf den Hilfszug zu warten. Sie haben ihren Garten wieder zu dem gemacht, was er war. Ein schnuckeliges Plätzchen. Ein bunter, frischer und duftender kleiner Garten.
Sie, die Kleingärtnerinnen und Kleingärtner haben ‚Ihre Fischerinsel' wieder flott gemacht. Weil sie wollten, weil sie Kleingärtner sind und sich in der Natur und der Gemeinschaft Gleichgesinnter im Garten zu Hause fühlen."

So wie hier geschildert, passierte es auch in den anderen Kleingartenanlagen von Warnemünde und im gesamten Stadtgebiet, wo auch Kleingärten betroffen waren, doch nicht in dem Ausmaß und in der Dauer. In der Folgezeit begann ein reger Austausch von Pflanzen im gesamten Stadtgebiet. Verwandte, Freunde und Bekannte gaben Ableger von Stauden und Gehölzen an betroffene Kleingärtner. Auch dadurch erblühten im Folgejahr die meisten „Überschwemmungsgärten" wieder in allen Farben. Erkennbar waren noch längere Zeit fehlende oder noch sehr kleine Bäume, denn viele Obstbäume überstanden das Hochwasser leider nicht.

Öffentlichkeitsarbeit und Traditionspflege des Verbandes

Ein Meilenstein der Öffentlichkeitsarbeit des Verbandes der Gartenfreunde war das Buch „Blick über den Gartenzaun" mit dem Abriss der Geschichte des Rostocker Kleingartenwesens, erschienen unmittelbar vor der IGA 2003. In den folgenden Jahren wurde jährlich durch den Verbandschronisten Alois Bönsch ein Beitrag zum Kleingartenwesen im Almanach „Rostock zwischen zwei Sommern" publiziert.

Das Warnemünder Bäderjournal „Tidingsbringer", herausgegeben vom Leuchtturmverein Warnemünde und vom Verlag Redieck & Schade, enthält seit 2005 unter dem Titel „Grüne Oasen um Warnemünde" jeweils die Vorstellung einer Kleingartenanlage aus Warnemünde, Markgrafenheide und der Rostocker Heide. Geschichtliches, Kurioses oder Aktuelles machen Lust auf mehr.

In der Publikation „Rostocker Zorenappels" des Verlages Redieck & Schade beschäftigt sich Gartenfreund Alois Bönsch seit 2007 mit geschichtlichen Themen rund um das Kleingartenwesen in Rostock. Als Mitglied im Förderverein „Deutsches Kleingartenmuseum" in Leipzig sind periodisch Beiträge der Rostocker Kleingärtner in der Jahresschrift des Museums enthalten.

Veröffentlichungen zu aktuellen Fragen des Kleingartenwesens, Beiträge über das Für und Wider bestimmter politischer Entscheidungen oder Hinweise zu fachlichen Themen des Kleingartenwesens sind regelmäßig in der Tagespresse, der „Gartenzeitung Mecklenburg und Vorpommern" und in den neuen Medien durch unterschiedliche Autoren enthalten.
Alle diese Aktivitäten trugen dazu bei, in unserer Stadt das Kleingartenwesen auch für zunehmend junge Familien attraktiv zu machen.

Besonders wertvoll war der Film über die Geschichte des Rostocker Kleingartenwesens in der „Zeitreise" mit Hans-Jörg Goldhofer 2015, den der Fernsehsender MV1 zeigte. Diese Dokumentation beruhte im Wesentlichen auf Material des umfangreichen Verbandsarchivs.

Wertvolle Informationen über das Rostocker Kleingartenwesen übermittelte der Verband der Öffentlichkeit anlässlich der Feierlichkeiten zu den Verbandsjubiläen

2005 – 80 Jahre Stadtverband.
2010 – 85 Jahre Stadtverband und
2015 – 90 Jahre Stadtverband.

Hervorzuheben ist die Bereitschaft zur Bewahrung ihrer Geschichte in mehreren Mitgliedsvereinen. Sie besitzen bereits wertvolle Chroniken in Wort und Bild. Als Beispiel seien die KGV „Fritz Reuter" e. V., „Schutow" e. V., „Hanne Nüte" e. V., „Utkiek" e. V., „Am Moor" e. V., „Am Radelsee" e. V. unter vielen anderen genannt. Eine wertvolle Hilfe zur Chronikarbeit und Traditionspflege sind weiterhin die „Hinweise zur Aufarbeitung der Vereinsgeschichte als Bestandteil der Traditionspflege und der Öffentlichkeitsarbeit im Verband und Kleingartenverein" unseres Verbandschronisten von 2012.

Jüngstes Beispiel für neue Merkmale der Öffentlichkeitsarbeit ist die Teilnahme von Kleingartenvereinen an Stadtteil- bzw. Erntefesten in Stadtteilen wie Warnemünde und Rostock-Südstadt.

Delegiertenversammlungen und ihre wesentlichen Beschlüsse

Die Delegiertenversammlungen wurden satzungsgemäß im Abstand von zwei Jahren durchgeführt. Tagungsort war die Stadthalle. Wesentliche Beschlüsse bezogen sich auf die Überarbeitung der Satzung des Verbandes der Gartenfreunde e. V. Hansestadt Rostock, der Rahmengartenordnung, der Laubenordnung, des Kleingarten-Pachtvertrages, der Mustersatzung für Mitgliedsvereine, der Schlichtungsordnung und notwendiger Beschlüsse zur satzungsgemäßen Verwendung der Finanzen.

Eine außerordentliche Delegiertenversammlung fand aus Anlass der Rechtsstreitigkeiten zur Zahlung von Straßenreinigungsgebühren an die Hansestadt Rostock am 4.9.2007 im Gebäude des Landgerichtes Rostock in der August-Bebel-Straße statt.
Der langjährige Vorsitzende des Verbandes der Gartenfreunde e. V. Hansestadt Rostock, Gartenfreund Dieter Steffens, trat im Februar 2015 aus persönlichen Gründen zurück. Seit 1992 leitete er ehrenamtlich den geschäftsführenden Vorstand und trug somit zur erfolgreichen Entwicklung des Verbandes bei.
In der Folgezeit wurde Christian Seifert als neuer Verbandsvorsitzender von der Delegiertenversammlung 2015 gewählt.
Der Gartenfreund Michael Kretzschmar beendete zum 1.3.2015 nach 23 Jahren seine Tätigkeit als Geschäftsführer des Verbandes der Gartenfreunde. Er nahm das Angebot der Rentenversicherung wahr, mit 64 Jahren in den Ruhestand gehen zu können.

Christian Seifert während der Delegiertenversammlung

Als neue Geschäftsführerin wurde Gartenfreundin Anette Roeßler eingestellt. Sie besaß langjährige Erfahrungen in der Geschäftsführung des Kreisverbandes der Gartenfreunde e. V. Rostock-Land.

Das Jahr 2018 ist für uns das Jahr des Kleingärtners

Das Jahr 2018 ist für die Rostocker Bürger ein ganz bedeutendes Jahr. Die Stadt feiert ihr 800-jähriges Jubiläum und wir feiern natürlich mit. Aber wir Kleingärtner feiern in diesem Rahmen auch noch ein ganz besonderes Jubiläum, nämlich 125 Jahre Kleingartenwesen in Rostock.

Unser Mitgliedsverein „Geheimer Kommerzienrat Wilhelm Scheel zu Rostock“ e. V. wurde am 4.3.1893 unter dem Namen „Rostocker Obst- und Gemüsebau-Verein“ gegründet. Das war sozusagen die Grundsteinlegung des Rostocker Kleingartenwesens. Treibende Kraft war dabei der Geheime Kommerzienrat Scheel, weshalb seine Verdienste 1931 durch die Umbenennung des Vereins in „Geheimer Kommerzienrat Wilhelm Scheel zu Rostock“ gewürdigt wurden.
Heute, nach 125 Jahren, sind wir eine Kleingartengemeinschaft mit 153 Mitgliedsvereinen und etwa 35.000 Kleingärtnerinnen und Kleingärtnern, und blühender Beweis dafür, dass das Kleingartenwesen untrennbar mit dem Wachsen der Stadt verbunden ist.

Unsere Stadt hat Zukunft, das beweist die Entwicklung Jahr für Jahr und darin eingeschlossen hat auch das Kleingartenwesen Zukunft, wenn wir uns weiterhin traditionsbewusst, gemeinnützig und zukunftsorientiert einbringen.
Wer seine Vergangenheit nicht kennt, kann die Gegenwart nicht meistern und die Zukunft nicht gestalten. In diesem Sinne müssen wir uns weiterhin aktiv in die Stadtentwicklung einbringen. Unser Rostock ist nicht denkbar ohne seine Kleingärtner, aber Kleingärtner sind auch nicht denkbar ohne ihre Förderung durch die Stadt.

Zu danken ist aus Anlass unseres Jubiläums allen Bürgern unserer Stadt, die jeweils zu ihrer Zeit das Kleingartenwesen gefördert und vorangebracht haben.

Wir waren und sind ein starker Verband und wir Rostocker Kleingärtner sind zugleich tatkräftige Bürger unserer Stadt. Auch wir haben dazu beigetragen, dass Rostock eine allseits blühende Stadt ist. Die „Grüne Oase“ und das Gärtnern gehören zur Lebensqualität in Rostock. Dass dies so bleibt, ist die Aufgabe und Verpflichtung, die uns aus unserer 125-jährigen Geschichte erwächst. Wir waren und bleiben zukunftsorientiert.

Allen Gartenfreunden und ihren Angehörigen schöne und erfolgreiche Gartenjahre.

Zukunftsorientierung

Nur grüne Städte sind lebenswerte Orte – wir leisten weiter unseren Beitrag

Im Jahre 2025 begeht unser Verband sein 100-jähriges Bestehen, zugleich kann Rostock auf 132 Jahre erfolgreiches Kleingartenwesen zurückblicken.

Wenn Rostock die Bundesgartenschau 2025 ausrichtet, kann das Kleingartenwesen wie bereits zur IGA 2003 darin einen bedeutenden Platz einnehmen. Bis dahin gibt es allerdings noch viel zu tun.

Die gesellschaftliche Entwicklung macht auch um das Kleingartenwesen keinen Bogen. Wie unsere Geschichte beweist, haben sich Kleingärtner ihr nie entgegengestellt. Deshalb muss die Frage beantwortet werden, wie unser Verband zu seinem 100. Gründungstag aussehen soll. Eine neue Kleingartenentwicklungskonzeption ist notwendig.

Wir sehen dabei folgende Schwerpunkte:

- Erhaltung der Kleingartenanlagen im Zusammenhang mit der Stadtentwicklung bei sensibler Beachtung der Bedarfs-Bestandssicherung
- Kleingärtnerische Nutzung als wichtigste Grundlage für Dauerkleingärten mit ihrer qualitativen Aufwertung zur Bildung und Erholung
- Integration der Kleingartenvereine in das gesellschaftliche Leben der Stadt durch Öffentlichkeitsarbeit und entsprechende Imagepflege
- Integration von Bürgern mit Migrationshintergrund
- Verstärkung der sozialen Funktion der Kleingärtnergemeinschaft mit Seniorengärten, Familienfreundlichkeit und solidarischem Verhalten
- Gezielte Einflussnahme auf den in den kommenden Jahren zu beschließenden Flächennutzungsplan zur Verhinderung weiterer „Kahlschläge“ auf Kleingartenflächen
- Bessere Anerkennung der ehrenamtlichen Arbeit der Kleingärtnerinnen und Kleingärtner durch die Bürgerschaft

Die vom Amt für Stadtgrün angeschobene Erstellung des Kleingartenentwicklungskonzeptes kommt zur rechten Zeit, um zu dokumentieren und Argumente zu liefern und um denen, die sich bisher noch nicht mit der Thematik auseinandergesetzt haben zu zeigen, wie wichtig und notwendig das Kleingartenwesen in und für Rostock ist.

Für die Lösung der zukünftigen Aufgaben haben wir alle Voraussetzungen.
Wir haben gut gepflegte Kleingartenanlagen, das Kleingartenwesen in unserer Stadt ist gut organisiert und strukturiert und wir haben so gut wie keinen Leerstand. Die beste Voraussetzung, die wir besitzen, sind jedoch unsere Kleingärtnerinnen und Kleingärtner. Alles was der Verband mit ihren Initiativen bisher geschaffen hat, haben sie in ehrenamtlicher Arbeit geleistet.

Darauf begründet sich unser Optimismus, dass mit den Erfahrungen der vergangenen Jahrzehnte und dem Ideenreichtum junger Gartenfreundinnen und Gartenfreunde in unseren Kleingartenvereinen alle neuen Anforderungen bewältigt werden. Für uns war und ist „das Glas nie halb leer“, sondern immer „halb voll“.

Lasst uns gemeinsam die nächsten Jahre in Angriff nehmen und das Kleingartenwesen in Rostock weiter erfolgreich gestalten.

Grönfingers – ein Rostocker Fachmarkt für Pflanzen- und Gartenfreunde

GRÖNFINGERS®
ROSTOCKS GARTENFACHMARKT

Der Rostocker Gartenfachmarkt Grönfingers gehört schon seit den 90er Jahren zu den engsten Partnern des Verbandes der Gartenfreunde Hansestadt Rostock e. V. Es gab viele Feste, Jubiläen, Fachveranstaltungen, Messen, die gemeinsam durchgeführt wurden. Es ist ein gegenseitiges Geben und Nehmen. So präsentieren sich die Gartenfreunde z. B. jedes Jahr im Juni zum traditionellen Rosenfest bei Grönfingers oder stellen im Oktober zum Apfelfest Pomologen zur Verfügung.

Das neueste Projekt des Verbandes ist der Bienengarten direkt am Hauptsitz. Hier sorgt Grönfingers für die bienenfreundlichen Pflanzen, damit sich der Imker großer Mengen an Stadthonig erfreut. Regelmäßig findet im Bienengarten ein Schauschleudern statt, bei dem die „Grönis" auch sehr gerne anwesend sind und sich selbst vom leckeren Honig überzeugen.

Ein gern besuchter Ort: Grönfingers Gartenfachmarkt in Rostock-Dierkow

Highlight der Partnerschaft ist das Schulgartenprojekt, welches durch Grönfingers ins Leben gerufen wurde. Die Idee kam von „Grönis" Baumschulexperten und Abteilungsleiter Heiko Rademacher, mit dem der Verband schon seit vielen Jahren im engen Kontakt steht. Ziel des Projektes ist es, dass die Kinder gärtnerische Grundfertigkeiten erlernen. Sie werden die jahreszeitlichen Abläufe erleben und sich ökologische Zusammenhänge erschließen. Im Mittelpunkt stehen dabei die Schaffung von Lebensräumen für Pflanzen und Tiere sowie die Achtung vor Lebewesen.

Doch dies alles ist nur realisierbar, wenn Grönfingers bestimmte Partner mit ins Boot holt – und wer, wenn nicht der Verband der Gartenfreunde?! Schließlich hat nicht jede Schule oder Kita die Möglichkeit einen Schulgarten auf dem eigenen Hof zu errichten. Dafür stellen die Kleingärtner freie Parzellen in den Kleingartenanlagen zur Verfügung und nicht zuletzt auch fleißige Helfer, die zur Unterstützung der Kids bereit stehen, gerade in den Ferienzeiten.

Hier gibt es alles, was ein Kleingärtner braucht – und noch viel mehr

Im September 2014 startete Grönfingers also einen Aufruf in Zusammenarbeit mit der Ostsee-Zeitung. Mit der Firma Alpina und dem Fachverband für Garten-, Landschafts- und Sportplatzbau haben sie zwei weitere tolle Partner an ihrer Seite gefunden. Alle Kindergärten, Schulen und Horte in Rostock und näherer Umgebung konnten sich mit einem Konzept auf dieses Projekt bewerben.

Die drei besten und kreativsten Konzepte kamen von der Grundschule „Lütt Matten", der Kinderkunstakademie in Kassebohm und von der Kindertagesstätte „Lütt Sparling“. Das sind nun die ersten der „Rostocker Gartenkinder“. Sie konnten sich im Frühjahr 2015 auf einen eigenen Schulgarten freuen, den Grönfingers mit seinen Partnern in Form gebracht und mit Pflanzen, Gartengeräten, Sämereien etc. ausgestattet hat.

Die Kinderkunstakademie und die Kita Lütt Sparling errichteten ihren Schulgarten jeweils auf dem eigenen Grundstück. Die Grundschule Lütt Matten erhielt von dem Verband der Gartenfreunde eine Parzelle in der Kleingartenanlage Lichtenhagen I. Hier wurde im Laufe der Jahre eine wunderschöne Oase für kleine Gärtner geschaffen. Der Bungalow wurde neu und bunt gestrichen, eine Feuerstelle wurde errichtet und eine Igelburg wurde erbaut. Natürlich wurden auch viele Beete angelegt, u. a. mit Erdbeeren, Salatpflanzen, Erbsen, Kartoffeln und Tomaten.
2017 kam dann noch ein vierter Schulgarten hinzu. Die Kita Wiedenhoff in der Tessiner Straße fragte nach einer Möglichkeit eines Kräutergartens und bekam den Zuschuss von Grönfingers. Der Kräutergarten wurde dann im Frühjahr 2018 fertig gestellt und übergeben.

Finanziert werden die Schulgärten ausschließlich durch die Projektpartner sowie Spenden aus dem Verkauf der Beetrose „Hansestadt Rostock“ und der Edelrose „Störtebeker“ bei Grönfingers. Zwei Euro je verkaufter Rose wandern direkt in den Pott des Schulgartenprojektes. Da der Verkauf der beiden bei Grönfingers getauften Rosen nach wie vor vom Erfolg gekrönt ist, stehen jedes Jahr genug Gelder für neue Pflanzen, Anschaffungen etc. für die vier Schulgärten bereit.

Im Frühjahr wurde auch schon fleißig gepflanzt

Als Dankeschön für die Unterstützung von Grönfingers und dem Kleingartenverein gab es ein wunderschönes selbst gestaltetes Bild.

Die Grundschule „Lütt Matten“ freut sich riesig über ihren neuen Schulgarten in der Kleingartenanlage Lichtenhagen I e. V.

Lageplan der Rostocker Kleingartenanlagen

Warnemünde

W'm/M	101	KGV „Am Waldessaum I" e. V.
W'm/M	102	KGV „Am Waldessaum II Warnemünde" e. V.
W'm/M	103	KGV „Am Meer des Friedens" e. V.
W'm/M	104	KGV „Am Moor" e. V.
W'm/M	105	KGV „Fischerinsel" e. V.
W'm/M	106	KGV „An der Laak" e. V.
W'm/M	107	KGA „Schleusenberg" e. V.
W'm/M	109	KGA „Werftblick" e. V.
W'm/M	110	KGA „Erlengrund" e. V.
W'm/M	111	KGV „Markgrafenheide West" e. V.
W'm/M	112	KGV „Am Radelsee" e. V.

Nordwesten

N/W	201	KGA „Uns Fritied I" e. V.
N/W	202	KGV „Uns Fritied II" e. V.
N/W	203	KGV „Uns Frietied Bl. III" e. V.
N/W	204	KGV „In de Süld" L'hagen am Groß-Kleiner-Weg e. V.
N/W	205	KGV „Uns Gorden", Rostock-Lichtenhagen e. V.
N/W	206	KGA „Wiesengrund" e. V.
N/W	207	KGA „Un's Wochenend" e. V.
N/W	208	KGA „Uns Husgoren" e. V.
N/W	209	KGA „Am Malbusen" e. V.
N/W	210	GV„Am Warnowpark" Groß-Klein e. V.
N/W	211	KGV „Ostseewelle" e. V.
N/W	212	KGV „Lichtenhagen I" e. V.
N/W	213	KGV „Grüne Acht" e. V.
N/W	214	KGA „An'n Dragunsgraben" e. V.
N/W	215	KGA „Saßnitz" e. V. Rostock
N/W	216	KGA „Im Heidenholz" e. V.
N/W	217	KGA „Burrkäwer" e. V.
N/W	218	KGV „Vogelsang" e. V.
N/W	219	KGV „Rügen" e. V.
N/W	220	KGA „Binz" e. V.
N/W	221	KGA „Usedom" e. V.
N/W	222	KGäA „Gedser" e. V. Rostock
N/W	223	KGV „Oslo" e. V.
N/W	224	KGäA „Helsinki" e. V.
N/W	225	KGV „Kopenhagen" e. V.
N/W	226	KGV „Ostsee-Allee" e. V.
N/W	227	KGV „Am Klostergraben" e. V.
N/W	228	GG „Schmarler Damm" e. V.
N/W	229	KGA „Ehm Welk" e. V.
N/W	230	KGV „John-Frederik-Brinckman" e. V.
N/W	232	KGV „An der Mühle" e. V.
N/W	233	Gartenverein „Lütten-Enn" e. V.
N/W	234	KGV „A.-Kivi-Str." e. V.
N/W	235	KGA „Am Laakkanal Groß-Klein" e. V.
N/W	236	KGV „An der Kurve Evershagen" e. V.
N/W	237	KGV „Dorf Schmarl" e. V.

Reutershagen

Reuth/M	301	KGA „Uns lütt Eck" e. V.
Reuth/M	302	KGV „Hanne Nüte" e. V.
Reuth/M	303	KGV „Marienehe" e. V.
Reuth/M	304	KGV „Schöne Aussicht" e. V.
Reuth/M	305	KGV „Jägerbäk" e. V.
Reuth/M	306	KGV „An'n Immendiek" e. V. Rostock Schutow
Reuth/M	307	KGA „Schutower Moorwiesen" e. V.
Reuth/M	308	KGäV „Schutow" e. V.
Reuth/M	309	KGV „Am Vorwedener Weg" e. V.
Reuth/M	310	KGA Reutershagen e. V.
Reuth/M	311	KGV „Fritz Reuter" e. V.
Reuth/M	312	KGV „Feierabend" e. V.
Reuth/M	313	KGV „Unkel Bräsig" e. V.
Reuth/M	314	KGV „Barnstorfer Busch e. V."
Reuth/M	315	KGA „Wiesenrand" e. V.
Reuth/M	316	KGA „Am Koppelsoll" e. V.
Reuth/M	317	KGV „Otto Kuphal" e. V.
Reuth/M	318	Kleingärtner-Verein „Edelweiß" e. V.
Reuth/M	319	KGV „Barnstorf e. V."
Reuth/M	320	KGV „Am Waldessaum Block VI" e. V.
Reuth/M	321	KGA „Waldessaum" Block V e. V.
Reuth/M	322	KGV „Waldessaum Block VII" e. V.
Reuth/M	323	KGA „Waldessaum, Block IV" e. V.
Reuth/M	324	KGA „Waldessaum Block VIII" e. V.
Reuth/M	325	KGA „Waldessaum III" e. V.
Reuth/M	326	KGA „Sternwarte" e. V.
Reuth/M	327	KGV „Luftwarte" e. V.

Südstadt

Südstadt	401	KGV „Pütterweg e. V." Rostock
Südstadt	402	KGV „Dr. Ernst Heydemann" e. V.
Südstadt	407	KGV „Dwarsweg" e. V.
Südstadt	408	KGA „Primelweg" e. V.
Südstadt	409	KGA „Windrose" e. V.
Südstadt	410	KGV „An'n schewen Barg" e. V.
Südstadt	411	KGA „Sonnenschein I" e. V.
Südstadt	412	KGV „Heidberg" e. V.
Südstadt	413	KGV „Dahlie" e. V.
Südstadt	414	KGV „Weiße Rose" e. V.
Südstadt	415	KGA „Goldwiese" e. V.
Südstadt	416	KGV „Am Stadtwald" e. V.
Südstadt	417	KGV „Satower Str." e. V.
Südstadt	418	KGA „Rostocker Greif" e. V.
Südstadt	419	KGV Damerow e. V.
Südstadt	420	KGV „Am Dorfteich" e. V.
Südstadt	421	KGV „Prof. P. Lauremberg" e. V.
Südstadt	422	KGA „Frischer Wind" Hansestadt Rostock e. V.
Südstadt	423	KGA „Hanse" e. V.
Südstadt	424	KGA „Südblick" e. V.
Südstadt	425	KGA „Am Südrand" e. V.
Südstadt	426	KGA „Rote Burg" e. V.
Südstadt	427	KGA „Kringelgraben" e. V.
Südstadt	428	KGV „Neuer Weg" e. V.
Südstadt	429	KGV „De Plantage" e. V.
Südstadt	430	KGV „Mooskuhle" e. V.
Südstadt	431	KGV „Kirschblüte" e. V.
Südstadt	432	KGV „Lütten Grund" e. V.
Südstadt	433	KGV „Neue Mooskuhle" e. V.
Südstadt	434	KGV „Uns Hüsung" e. V.
Südstadt	435	KGV „Hellberg" e. V.
Südstadt	436	KGV „Hellbach" e. V.
Südstadt	437	KGäV „Beim Schuster" e. V. Hansestadt Rostock
Südstadt	438	KGV „Bei den Akazien" e. V.
Südstadt	439	KGV „Beim Haus der Kleingärtner" e. V.

Südosten

S/O	501	KGV „Alt-Bartelsdorf" e. V.
S/O	502	KGV „Carbäktal" e. V.
S/O	503	KGV „An der Carbäk" e. V.
S/O	504	KGA „Verbindungsweg" e. V.
S/O	505	KGA „An'n Eickboom" e. V.
S/O	506	KGV Rostock-Ost e. V.
S/O	507	KGV „Utkiek" e. V.
S/O	508	KGV „Krähenberg" e. V.
S/O	509	KGV „Wossidlopark" e. V.
S/O	510	KGV „Kommerzienrat Scheel" e. V.
S/O	511	KGV „Am Stadtpark" Rostock e. V.
S/O	512	KGA „Rönngraben" e. V.
S/O	513	KGV „Am Kösterbecker Weg" e. V.
S/O	514	KGV „Cramonstannen" e. V.
S/O	515	KGV „Wurmberg" e. V.
S/O	516	KGV „Einsiedler" e. V.
S/O	517	KGV „Kassebohmer Weg" e. V.
S/O	518	Sparte „Kaspar Ohm" e. V.
S/O	519	KGV e. V. „Am Roggentiner Weg"
S/O	520	KGV „Warnowblick" e. V.
S/O	521	KGA Schafweide e. V.
S/O	522	KGV Dahlwitzhöfer Weg e. V.
S/O	523	KGV „Mooskuhle I" e. V.
S/O	524	KGV Hellbachtal e. V. Rostock

Nordosten

N/O	601	KGV „Am Fichtenhain" e. V.
N/O	602	KGV „Uns Gorden" e. V. (Hafenbahnweg)
N/O	603	KGV „Zur Erholung" e. V.
N/O	604	GV „Beim Schinkenkrug" Hinrichshagen e. V.
N/O	605	KGV „Rostocker Heide" e. V.
N/O	606	KGA Rostock-Jürgeshof e. V.
N/O	607	KGV „Mönchort" e. V.
N/O	608	KGV „An der Heide" e. V. Rostock-Jürgeshof
N/O	609	KGV „Am Storchennest" Hinrichsdorf e. V.
N/O	610	KGV „Am Seemannsklub" Oldendorf e. V.
N/O	611	KGV„An der Warnow/ Oldendorf" e. V.
N/O	612	KGV Oldendorf e. V.
N/O	613	KGV „Hufe V" e. V.
N/O	614	KGV „Toitenwinkler Weg" e. V.
N/O	615	KGA „Hufe II" e. V.
N/O	616	KGA „Fährhufe" e. V.
N/O	617	KGV „Dierkower Hang" e. V.

Kleingarteneinblicke

Parzelle 41 im KGV „Am Waldessaum"
Warnemünde, 1994

Garten 2 im KGV „Am Dorfteich", 1996

Bester Garten 1997 im KGV „Edelweiß“

Im KGV „Immendiek“ – Vereinsgaststätte „Jägerbäk“, 1999

Haus der Kleingärtner in der Viergewerkerstraße, 1998

Die älteste Laube auf Parzelle 149 im KGV „Toitenwinkler Weg", 2000

Frühjahr 1993 im KGV „Am Dorfteich“

Parzelle 36 im KGV „Neuer Weg“, 1994

KGV „Kringelgraben", Herbst 1995

KGV „Kopenhagen", Winter 2000

Spätsommer im KGV „Lichtenhagen I", 2000

Herbstbeginn im KGV „Lichtenhagen I"

Im verbandseigenen Bienengarten

KGV „Fährhufe“

KGV „Fährhufe“

KGV „Gedser“

KGV „Dahlie“

KGV „Dahlie“

KGV „Fährhufe“

KGV „Fährhufe“

KGV „Gedser“

KGV „Gedser“

Gartenanlage
Verband der Gartenfreunde

Verband der Gartenfreunde – Haus der Kleingärtner

Anlage 1

Entwicklung des Verbandes der Gartenfreunde e. V. Hansestadt Rostock

Datum	Verbandsname	Verbandssitz	Nachgewiesene Verbandsvorsitzende
16. Mai 1925	Ortsverband der Schrebergärtenvereine Rostocks		Niemeyer, Fritz (Studienrat)
November 1925	Ortsverband der Kleingärtner Rostocks		
Oktober 1933	Stadtgruppe Rostock der Kleingärtner im Reichsbund der Kleingärtner und Kleinsiedler Deutschlands e. V.		Stadtgruppenführer: 1933/34 Schwartz 1934/35 Carstensen 1935/37 Felten 1937/39 Huffzinger
Januar 1938 - 1945	Stadtgruppe Rostock der Kleingärtner im Reichsbund der Kleingärtner Deutschlands e. V.		Stadtgruppenführer: 1937/39 Huffzinger 1939 Dabelstein
1945 - 1946	Stadtgruppe der Kleingärtner Rostocks (kommissarisch)		Kommissarischer Leiter Herr Bauer
1946 - 1950	Kleingartenausschuß Rostock	Heiligengeisthof 42 später Baracke Niklotstraße	Leiter Reinck, Karl
1950 - 1952	Ortsgruppe der Kleingartenhilfe des FDGB	Schnickmannstraße 2	Vorsitzender Reinck, Karl
1953 - 1959	Sparte Kleingartenkultur bzw. Kleingärtner im Kreisverband Rostock des Verbandes der Kleingärtner, Siedler und Kleintierzüchter	Viergewerkerstraße 2a	1. Vorsitzender Alm, Ernst
1960 - 1990	Kreisverband/Kreisvorstand Rostock -Stadt der Kleingärtner, Siedler und Kleintierzüchter (VKSK)	Viergewerkerstraße 2a	Schomacker, Friedo
seit 1990	Verband der Gartenfreunde e. V. Hansestadt Rostock	Viergewerkerstraße 2a	Steffens, Dieter 1992/2015 Seifert, Christian seit 2015

Anlage 2

Die Rostocker Kleingartenanlagen seit der Verbandsgründung

Lfd. Nr.	Urkundliche Gartenbezeichnung Art	Gartenname (alle sind e. V.)	Gründung	Stadt- bzw. Ortsteil	VH	Parzellen	Bemerkungen
1	KGV	A.-Kivi-Str.	1990	Evershagen		31	Alexis-Kivi-Straße
2	KGV	Alt Bartelsdorf	1968	Alt Bartelsdorf		19	
A		Alte Moorkolonie		Warnemünde			93 Parzellen
B		Alte Mooskuhle		Südstadt			heute Anlagen Nr. 92, 93 u. 94 dieser Liste
C		Alte Rennbahn		Stadtweide			
D		Altstädtischer Born	1936	Südstadt			nach 1955 für Bau Dieselmotorenwerk aufgelöst
3	KGV	Am Dorfteich	1984	Biestow		30	
E		Am Galgenberg (auch „Galgenberg")	1920 (etwa)	Steintorvorstadt			bis etwa 1959 südöstlich des Wasserturm
F		Am Kesselborn auch „Kesselborn"	1920 (etwa)	Südstadt			nach 1959 durch Entstehen d. Südstadt überbaut
4	KGV	Am Fichtenhain	2004	Hinrichshagen		6	Abtrennung von KGV Beim Schinkenkrug
5	KGV	Am Klostergraben	1984	Schmarl		71	
6	KGA	Am Koppelsoll	1946	Reutershagen		121	
7	KGV	Am Kösterbecker Weg	1946	Brinckmansdorf	(X)	130	
8	KGA	Am Laakkanal Groß-Klein	1990	Groß Klein		139	
9	KGA	Am Malbusen	1985	Groß Klein		40	
9	KGV	Am Meer des Friedens	1986	Warnemünde		49	
10	KGV	Am Moor	1927	Warnemünde	X	407	
G	KGV	Am Pulverturm (Einsteinstraße)	1926	Südstadt		36	aufgelöst im November 2009
11	KGV	Am Radelsee	1971	Markgrafenheide	X	101	
12	KGV	Am Roggentiner Weg	1970	Brinckmansdorf		213	
13	ohne	Am Seemannsklub Oldendorf	1992	Oldendorf		10	
14	KGV	Am Stadtpark Rostock	1917	Brinckmansdorf		26	erw. u. 2. Gründung 1928; 3. Grdg. 1931
15	KGV	Am Stadtwald		Stadtweide		30	
16	KGV	Am Storchennest Hinrichsdorf	1982	Hinrichsdorf		28	
17	KGA	Am Südrand	1987	Südstadt		33	
18	KGV	Am Vorwedener Weg	1981	Reutershagen		27	
19	KGV	Am Waldessaum Block VI	1947	Reutershagen		141	
20	KGV	Am Waldessaum I	1939	Warnemünde		50	
21	KGV	Am Waldessaum II Warnemünde	1954	Warnemünde	X	118	
22	GV	Am Warnowpark Groß Klein	1989	Groß Klein		26	
H		Am Zingel (auch „Zingelgrabenverein")	1920	Brinckmansdorf			auch 1926 als Gründung genannt
23	KGV	An der Carbäk	1985	Rieckdahl		51	
24	KGV	An der Heide, Rostock-Jürgeshof	1987	Jürgeshof		75	
I	KGV	An der Kurve Evershagen	1990	Evershagen		36	gekündigt zum 30.11.2018
25	KGV	An der Laak	1984	Warnemünde		83	
26	KGV	An der Mühle	1980	Evershagen		309	
27	KGV	An der Warnow/Oldendorf	1980	Oldendorf		16	
J		An'n Biestower Kirchstieg		Südstadt			1950 erw. um 14 Parz., '59 für Bau Südstadt aufgel.
28	KGA	An'n Dragungraben	1985	Lichtenhagen		45	
29	KGA	An'n Eikboom	1979	Brinckmansdorf		39	
30	KGV	An'n Immendiek Rostock-Schutow	1936	Reutershagen	(X)	307	
31	KGV	An'n schewen Barg	1936	Südstadt		46	1959 Teilüberbauung durch Straßenbau

Lfd. Nr.	Urkundliche Gartenbezeichnung Art	Gartenname (alle sind e. V.)	Gründung	Stadt- bzw. Ortsteil	VH	Parzellen	Bemerkungen
K		Arbeiterstadion	1936	Reutershagen (Barnstorf)			vor 1956 für Bau des Ostseestadions aufgelöst
32	KGV	Barnstorf	1946	Reutershagen (Barnstorf)		111	
33	KGA	Barnstorfer Busch	1946	Reutershagen (Barnstorf)		71	
34	KGV	Bei den Akazien	2001	Südstadt		15	Abtrennung vom KGV „Rostocker Greif“
35	KGV	Beim Haus der Kleingärtner	1934	Kröpelinertorvorstadt		9	
36	GV	Beim Schinkenkrug Hinrichshagen	1988	Hinrichshagen		104	siehe KGA „Am Fichtenhain“
37	KGäV	Beim Schuster Hansestadt Rostock	1948	Südstadt		88	
L		Biestow Ausbau		Südstadt/Stadtweide			bis 1993 Rückbau
38	KGA	Binz	1971	Lütten Klein	X	219	
M		Brinckmanplatz (Grabeland)	1917	Steintorvorstadt			kurzzeitig 80 Parzellen als Kriegsgärten zw. Brinckman- und Wilbrandt-Str. vergeben
39	KGA	Burrkäwer	1985	Lütten Klein		65	
40	KGV	Carbäktal	1986	Alt Bartelsdorf		184	
41	KGV	Cramonstannen	1920	Brinckmansdorf		46	vormals „An den Cramonstannen“; auch „Pächtervereinigung Cramonstannen“ gen.
42	KGV	Dahlie	1935	Südstadt		89	irrtümlich erfolgte erst 1957 die 25-Jahr-Feier
43	KGV	Dahlwitzhöfer Weg	1938	Steintorvorstadt		61	Gründungsdatum nicht sicher
44	KGV	Damerow	1946	Stadtweide	X	437	
45	KGV	De Plantage	1989	Südstadt		36	
N	KGV	Deutsche Reichsbahn Warnemünde	1940	Warnemünde		79	im Juli 2010 aufgelöst (B-Plan)
46	KGV	Dierkower Hang	1958	Dierkow		16	zweite Gründung eventuell 1990
	KGV	Dorf Schmarl	2002	Schmarl		16	Umgestaltung von Einzelgärten zur IGA 2003
O	KGV	Dr. Ernst Heydemann	1921	Südstadt	X	126	bis Juni 1931 „Am Pütterweg“, gekündigt zum 30.11.2018
P		Drög Eck	1933				im Januar 1936 aufgelöst
47	KGV	Dwarsweg	1907	Südstadt		88	evtl.1927 Erweiterg.; z.T. ab 1959 überbaut
48	KGäV	Edelweiß	1933	Reutershagen	X	72	Ende 1937am heutigen Standort
49	KGA	Ehm Welk	1972	Evershagen	X	239	
50	KGV	Einsiedler	1920	Brinckmansdorf		50	
51	KGA	Erlengrund	1984	Markgrafenheide		86	
52	KGA	Fährhufe	1916	Gehlsdorf	X	199	1916 bis Ende 20er Jahre „Verein Gehlsdorfer Gartenpächter“
53	KGV	Feierabend	1948	Reutershagen	(X)	102	Gründungsdatum nicht sicher, evtl. früher „Kohlgrützbarg“ (S)
54	KGV	Fischerinsel	1985	Warnemünde		79	
55	KGA	Frischer Wind	1960	Südstadt	(X)	213	
56	KGV	Fritz Reuter	1969	Reutershagen		308	
57	KGäA	Gedser	1971	Lütten Klein		251	
58	KGV	Geheimer Kommerzienrat Wilhelm Scheel zu Rostock	1893	Brinckmansdorf		51	bis 1931 „Obst- und Gemüsebau-Verein für Rostock und Umgebung e. V.“
Q		Gemeinnützige Baugenossenschaft	1915	Barnstorf			
R		Gleisdreieck					evtl. zu „Dr. E. Heydemann“ (49)
59	KGA	Goldwiese	1966	Südstadt	X	254	eine ältere Gartenanlage gleichen Namens wurde nach 1959 überbaut
S	KGV	Groter Pohl	1947	Südstadt		169	Auflösung 2018
T	KGV	Grüne Acht		Lichtenhagen		8	
U		Grüner Weg	1933	Südstadt			noch 1958 erfolgte die 25-Jahr-Feier

Lfd. Nr.	Urkundliche Gartenbezeichnung Art	Gartenname (alle sind e. V.)	Gründung	Stadt- bzw. Ortsteil	VH	Parzellen	Bemerkungen
60	KGV	Hanne Nüte	1987	Marienehe		60	
61	KGA	Hanse	1972	Südstadt		47	
62	KGV	Heidberg	1933	Südstadt		78	1936 Neugründung
63	KGV	Hellbach	1946	Südstadt	X	195	früher „Am Hellbach"
64	KGV	Hellbachtal Rostock	1986	Steintorvorstadt (Dalwitzhof)		29	
65	KGV	Hellberg	1928	Südstadt		122	früher „Am Hellberg", 1933 Neugründung
66	KGäA	Helsinki	1974	Lütten Klein		204	1976 evtl. Erweiterung
V		Hörn („Am Hörn" od. „Große Hörn")		Brinckmansdorf			„Hörn" wurde noch 1946 als KGA genannt, heute vermutl. „An'n Eikboom" (Nr. 31)
67	KGA	Hufe II	1941	Gehlsdorf		50	
68	KGV	Hufe V	1945	Gehlsdorf		45	evtl. erst 1946 gegründet
69	KGA	Im Heidenholz	1988	Lichtenhagen/Lütten-Klein		19	
70	KGV	„In de Süld" L'hagen am Groß-Kl. Weg	1988	Lichtenhagen		71	
71	KGV	John-Frederik-Brinckman	1972	Evershagen		134	
72	KGV	Jägerbäk	1939	Marienehe	X	125	
73	KGA	Jürgeshof	1982	Rostock-Jürgeshof		52	
74	Sparte	Kaspar Ohm	1977	Brinckmansdorf		43	
75	KGV	Kassebohmer Weg	1988	Brinckmansdorf		91	
W		Kehrwieder		Reutershagen			aufgegeben für Straßenbau
76	KGV	Kirschblüte	1941	Südstadt		19	
X		Kleiner Born	1936	Südstadt			1959 durch Südstadt überbaut
Y		Kohlgrützbarg	1948	Reutershagen			96 Parzellen; evtl. heute „Feierabend" (Nr. 53)
77	KGV	Kopenhagen	1971	Lütten Klein	X	287	
78	KGV	Krähenberg	1937	Brinckmansdorf		66	früher „Am Krähenberg"
79	KGA	Kringelgraben	1936	Südstadt		63	
Z		Kühlmannsweg	1936	Kröp.-Vorstadt			hier ca. 1937 Neubau des Arbeitsamtes Hundertmännerstraße
80	KGV	Lichtenhagen I	1985	Lichtenhagen		133	
81	KGV	Luftwarte	1946	Reutershagen		129	
82	GV	Lütten Enn	1991	Groß Klein		8	
83	KGV	Lütten Grund	1969	Südstadt		11	
AA		Lütter Pohl		Südstadt			1959 durch Südstadt überbaut
84	KGV	Marienehe	1948	Marienehe		98	
85	KGV	Markgrafenheide West	1972	Markgrafenheide		61	
AB		Mittelborn		Südstadt			vor 1954; durch Südstadt überbaut
86	KGV	Mönchort	1988	Jürgeshof		63	
87	KGV	Mooskuhle	1910	Südstadt		51	durch Teilung und Erweiterung entstanden aus „Alte Mooskuhle" (B)
88	KGV	Mooskuhle I	1987	Südstadt		23	durch Teilung und Erweiterung entstanden aus „Alte Mooskuhle" (B)
AC		Neue Moorkolonie		Warnemünde			134 Parzellen; heute evtl. „Am Moor" (Nr. 10)
89	KGV	Neue Mooskuhle	1975	Südstadt		72	durch Teilung und Erweiterung entstanden aus „Alte Mooskuhle" (B)
90	KGV	Neuer Weg	1960	Südstadt		40	

Lfd. Nr.	Urkundliche Gartenbezeichnung Art	Gartenname (alle sind e. V.)	Gründung	Stadt- bzw. Ortsteil	VH	Parzellen	Bemerkungen
AD		Oberwarnow	1932	Steintorvorstadt			mit dem Bau des Wasserwerkes aufgelöst
91	KGV	Oldendorf	1981	Oldendorf		49	
92	KGV	Oslo	1978	Lütten Klein		87	
93	KGV	Ostsee-Allee	1982	Lütten Klein		71	
94	KGV	Ostseewelle	1982	Lichtenhagen		93	
95	KGV	Otto Kuphal	1946	Reutershagen		67	
AE	KGV	Pferdewiese	1900	Südstadt		10	aufgelöst 2018
96	KGA	Priemelweg	1961	Südstadt		76	Gründungsdatum nicht gesichert
97	KGV	Prof. P. Lauremberg	1968	Südstadt		104	
AF	KGV	Pütterweg	1948	Südstadt		102	gekündigt zum 30.11.2018
98	KGA	Reutershagen	1972	Reutershagen	(X)	199	
99	KGA	Rönngraben	1938	Brinckmansdorf	(X)	93	
100	KGV	Rostock Ost	1932	Brinckmansdorf		55	
101	KGA	Rostocker Greif	1972	Südstadt	(X)	271	15 Parzellen schließen sich 2001 zum KGV „Bei den Akazien" (153) zusammen
102	KGV	Rostocker Heide	1980	Stuthof		60	
113	KGA	Rote Burg	1936	Südstadt		139	18 Parzellen für Bau Dieselmotorenwerk 1955 aufgekündigt
104	KGV	Rügen	1973	Lütten Klein		132	
105	KGA	Saßnitz	1984	Lütten Klein		41	
AG		Satower Chaussee	1928	Südstadt			evtl. 1934 erweitert, überbaut mit landw. Fakultät der Uni /Satower Chaussee; Gelände der Kirchgemeinde „St. Marien"
106	KGV	Satower Straße	1948	Südstadt /Stadtweide		125	Teilkündigung 2018 (Zufahrt für Wohngebiet Biestow)
107	KGA	Schafweide	1927	Steintorvorstadt		47	
108	KGA	Schleusenberg	1945	Warnemünde		15	
109	GG	Schmarler Damm	1982	Schmarl		35	
AH		Schöne Aussicht		Bramow			Gründungsdatum unbekannt; überbaut mit Reutershagen I
110	KGV	Schöne Aussicht	1932	Marienehe		328	1945 Erweiterung; Name wurde übernommen
111	KGäV	Schutow	1953	Reutershagen /Schutow	X	159	
112	KGA	Schutower Moorwiesen	1989	Reutershagen /Schutow		92	
AI	KGV	Sonnenblume	1981	Südstadt		17	30.11.2011 aufgelöst
113	KGA	Sonnenschein I	1929	Südstadt		48	evtl. 1933 Erweiterung; irrtümlich 1959 25-Jahr-Feier
AJ	KGVe	Sonnenschein-Mühlenweg		Evershagen		15	30.11.2014 aufgelöst
114	KGA	Sternwarte	1946	Reutershagen		103	
115	KGA	Südblick	1983	Südstadt		19	
116	KGA	Toitenwinkler Weg (Name ab 1942)	1920	Gehlsdorf	X	195	Als „Obst- und Gemüsebau-Verein Gehlsdorf" gegründet
117	KGV	Unkel Bräsig	1974	Reutershagen		172	
118	KGA	Uns Frietied I	1978	Lichtenhagen		122	
119	KGV	Uns Frietied II	1978	Lichtenhagen		146	
120	KGV	Uns Frietied Bl .III	1978	Lichtenhagen		111	
121	KGV	Uns Gorden, Rostock-Lichtenhagen	1973	Lichtenhagen	X	237	gegründet als „Uns Goren" an anderem Standort (etwa 1970)
122	KGV	Uns Gorden (Hafenbahnweg)	1982	Toitenwinkel		28	

Lfd. Nr.	Urkundliche Gartenbezeichnung Art	Gartenname (alle sind e. V.)	Gründung	Stadt- bzw. Ortsteil	VH	Parzellen	Bemerkungen
123	KGA	Uns Husgoren	1989	Lichtenhagen		23	
124	KGV	Uns Hüsung	1922	Südstadt		137	1936 evtl. Erweiterung
125	KGA	Uns lütt Eck	1986	Marienehe		55	
126	KGV	Un's Wochenend	1975	Lichtenhagen		113	
127	KGA	Usedom	1971	Lütten Klein		248	
128	KGV	Utkiek	1982	Brinckmansdorf		79	
129	KGA	Verbindungsweg (auch „Am Verbindungsweg")	1936	Brinckmansdorf	(X)	140	1945 Erweiterung; auch „Gartenanlage am Verbindungsweg"
130	KGV	Verbindungsweg II		Brinckmansdorf		90	Abtrennung vom „Verbindungsweg"
AK		Verzage nicht	1935	Warnemünde			ab Jan.1941 „KGV Warnemünde" genannt heute KGV „Am Moor" e. V. siehe Nr. 10
131	KGV	Vogelsang	1990	Lütten Klein		134	Umbenennung aus „Rügen II" (Nr. 111)
AL		Volksstadion	1948	Reutershagen			141 Parzellen
AM		Waldeslust	1932	Kassebohm			80 Parzellen; ab 1989 Siedlergemeinschaft
132	KGA	Waldessaum III	1946	Reutershagen	(X)	208	
133	KGA	Waldessaum, Block IV	1946	Reutershagen		186	
134	KGA	Waldessaum Bl.V	1947	Reutershagen		189	
135	KGV	Waldessaum Bl.VII	1946	Reutershagen		42	
136	KGA	Waldessaum Bl.VIII	1966	Reutershagen	(X)	67	
137	KGV	Warnowblick	1949	Brinckmansdorf	X	256	
138	KGA	Weiße Rose	1934	Südstadt		68	ursprüngliche Parzellenanzahl 1961 für den Bau der Südstadt reduziert
139	KGA	Werftblick	1986	Warnemünde		214	
140	KGA	Wiesengrund	1954	Lichtenhagen		136	eine Anlage gleichen Namens gab es früher in der Südstadt; Gründungsdatum unbekannt: Anlage bestand noch 1954
141	KGA	Wiesenrand	1948	Reutershagen		48	bestand 1946 an einem anderen Ort
142	KGA	Windrose	1932	Südstadt		47	mit dem Bau des Südringes zerteilt
143	KGV	Wossidlopark	1932	Brinckmansdorf	(X)	133	erweitert 1958
144	KGV	Wurmberg	1946	Brinckmansdorf	(X)	123	
AN		Zingel I		Brinckmansdorf			noch 1954 vorhanden, danach Wohnungsbau
AO[1]		Zingel II		Brinckmansdorf			noch 1957 vorhanden, danach Wohnungsbau
145	KGV	Zur Erholung	1985	Toitenwinkel		67	Gegründet als Eisenbahnergärten der DR

2018	Gesamt KGV	=	**153**
	Parzellen	=	**14.862**

Verwendete Abkürzungen:

GG	Gartengemeinschaft	Nr. 116;	KGäV	Kleingärtnerverein	Nr. 38; 51; 118;
GV	Gartenverein	Nr. 23; 37; 87;	KGV	Kleingartenverein	Nr. siehe Liste
KGA	Kleingartenanlage	Nr. siehe Liste	KGVe	Kleingartenvereinigung	Nr. 122;
KGäA	Kleingärtneranlage	Nr. 60; 70;	VH	Vereinsheim; wenn nicht bewirtschaftet in Klammer (x) gesetzt	

[1]) Die Großbuchstaben (A–Z, AA–AE) in der Spalte „Lfd. Nr." kennzeichnen die heute nicht mehr bestehenden Anlagen!

Beilage

Die Geschäftsstellen und Geschäftsführer der Verbandes 1925-2018

Bearbeitet: Gartenfreund Alois Bönsch, Chronist des Verbandes

16. Mai 1925

Gründung des Ortsverbandes der Schrebergärtenvereine Rostocks

Vorsitzender:	Fritz Niemeyer	16.05.1925–14.05.2029
	Wilhelm Schwartz	Aug. 1929–30.09.1933
	Geschäftsführer: keiner	
	Geschäftsstelle: keine	

Bemerkung: Geschäftsführer und Geschäftsstelle gab es nicht. Die Belange des Verbandes wurden z. T. in der Wohnung der Vorstandsmitglieder oder im Gartenverein bearbeitet.
Größere Beratungen in folgenden Versammlungsstätten:

- Stralsunder Vereinsbrauerei Rostock, Große Wasserstr. 14
- Philharmonie
- Bernhards Restaurant, Neuer Markt 25
- Aula der Oberrealschule

01.09.1933

Umbenennung des Verbandes in:
Stadtgruppe Rostock der Kleingärtner im Reichsbund der Kleingärtner und Kleinsiedler Deutschland

Führer der Stadtgruppe:

Wilhelm Schwartz	01.10.33–Sept. 1934
Christian Carstensen	Sept. 1934–Juli 1935
… Felten	Aug. 1935–Dez. 1936
Hermann Huffziger	Jan. 1937–Aug. 1939
Rudolf Daielstein	Sep. 1939– ?

Geschäftsführer:

… Wiese	01.04.1934–Sep. 1935
P. Becker	01.10.1935–April 1937
Fritz Völker	15.04.1937–Aug. 1939
… Hahn	01.09.1939– ?

Geschäftsstelle:

April 1934–März 1935	Niklotstr. 1
April 1935–Sep. 1935	Hanne Nüte Weg 13
Okt. 1935–April 1937	Kabutzenhof 11
April 1937–Aug. 1939	Adolf Becker Str. 25
Sep. 1939– ?	Elisabethstr. 10

Bemerkung: Ab 1942 liegen keine Angaben mehr vor.

1945–1946

Mit Kriegsende im Mai 1945 wurden auf Befehl des sowjetischen Stadtkommandanten die Kleingartenvereine und die Stadtgruppe aufgelöst. Die Gartenkolonien sollten lediglich einen Vertrauensmann der Stadtkämmerei benennen. Trotzdem versuchten 12 Vertrauensmänner der Gartenkolonien als „Kommissarische Stadtgruppe“ die Rostocker Kleingärtner zu führen.

Leiter der Gruppe:	Hans Bauer	1. Juni 1946–30.08.1946
Geschäftsführer:	nicht besetzt	
Geschäftsstelle:	keine	

1946–1949/50

Auf Veranlassung des sowjetischen Stadtkommandanten bestimmte der Oberbürgermeister am 23.08.1946 die Ablösung der „Kommissarischen Stadtgruppe“ durch einen „Kleingartenausschuß“

1. Vorsitzender:	Karl Reinck	01.09.1946–1949/50
Geschäftsführer:	Ernst Alm	
Geschäftsstelle:	Heiligengeisthof Nr. 42; 1948 teilw. Nikolotstraße 1	

1949/50–1952/53

Der „Kleingartenausschuß“ wird umgebildet zur „Kleingartenhilfe des FDGB – Ortsvereinigung Rostock“

Vorsitzender:	Karl Reinck	1950–1952
Geschäftsführer:	Ernst Alm	1950–1952

Geschäftsstelle: Schnickmannstr. 2
ab 1952: Baracke am Saarplatz

1953–1959

Aus der Kleingartenhilfe des FDGB wurde der Kreisverband Rostock (Stadt und Land) des Verbandes der Kleingärtner, Siedler und Kleintierzüchter

1. Vorsitzender:	Ernst Alm	1953–1954
	Hans Münds	1954– ?

Geschäftsführer: (Sekretär)	Karl Drebelow	1954– ?

Geschäftsstelle: Baracke am Saarplatz bis Ende 1953; am 20.01.1954 war die Umsetzung der Baracke zur Viergewerkerstr. 2a abgeschlossen.

Bemerkung: Über die Umsetzung der Baracke zur Viergewerkerstr. 2a liegt ein Protokoll vom 01.02.1954 vor.

1959–1990

Mit der Bildung des Zentralverbandes der Kleingärtner, Siedler und Kleintierzüchter (VKSK) am 29.11.1959 orientierte sich die Verbandsstruktur an der politischen Verwaltungsstruktur. Für den Kreisverband Rostock (noch Stadt und Land) galt ab Ende 1959/Anfang 1960:

a) Kreisvorstand (Kreisverband) mit den
b) Fachsparten: Kleingärtner
Imker
Rassegeflügel
Rassetauben
Ziergeflügel / Exoten
Kaninchen
Kanaren
Edelpelztiere
Ziegen / Milchschafe
Reichsbahngärten
Mietergärten (ab ca. 1984/85)

Vorsitzender d. Kreisvorstandes:

Sehlmacher Herbert	–1976
Schomacker Friedo	1976–1990

Geschäftsführer: (Sekretär)	Alm, Ernst	1959–1973
	Richter, Waldemar	1973–1988
	Schröder, Ulrich	1988–1990
Geschäftsstelle:	Viergewerkerstr. 2a	

Bemerkungen:

a) Am 12.03.1977 wurde die Kreisorganisation Rostock-Land des VKSK gebildet. Damit schieden die bisher geführten Sparten aus, es bestand nur noch der Kreisvorstand Rostock-Land.

b) In der DDR nannte sich der Geschäftsführer Sekretär des Kreisvorstandes.

c) Bedeutende bauliche Maßnahmen bis 1990.

- · Aufbau der Saftstation (Saftpresse) und Düngerschuppen zwischen 1953–1959
- · Beginn der Umbauarbeiten 1989 oder 1990 am Bürokomplex
  - Schleppdach weg
  - Massivanbau begonnen

1990 Mit der politischen Wende 1990 wurde auch der VKSK aufgelöst. Am 21.06.1990 wurde aus dem ehem. VKSK Kreisvorstand Rostock-Stadt der Kreisverband der Gartenfreunde e. V. bzw. am 13.06.1990 der Verband der Gartenfreunde e. V. Hansestadt Rostock.

Vorsitzender:	Schomacker, Friedo	1990–1992
	Steffens, Dieter	1992–2015
	Hamann, Eckhard	2015–
	Seifert, Christian	2015–
Geschäftsführer:	Schröder, Ulrich	1990–1991
	Kretzschmar, Michael	1992–2015
	Roeßler, Annette	2015–
Geschäftsstelle:	Viergewerkerstr. 2a	

Bedeutende bauliche und andere wichtige Maßnahmen:

- umfangr. Umbauarbeiten der Geschäftsstelle zum Haus der Kleingärtner zw. 1989–1995
- Umbau der Saftstation / Düngerschuppen zum Garagenkomplex und Hofbefestigung
- Modernisierung der Heizungsanlage
- Modernisierung Küche, WC, Fußboden u. ä. im Versammlungsraum
- Kauf des Grundstücks der ganzen KGA
- Schaffung des Lehr- und Anschauungsgarten
- Aufbau Bienen-Info-Zentrum

Ehrungen und Auszeichnungen

Neben den Auszeichnungen der bereits genannten Kleingartenvereine aus den verschiedenen Wettbewerben von Stadt-, Land- und Bundesverband wurden die persönlichen Leistungen verdienter Gartenfreundinnen und Gartenfreunde in verschiedener Form gewürdigt.

Ehrenurkunde des Ministerpräsidenten des Landes Mecklenburg-Vorpommern:

Gartenfreund Alois Bönsch	2001
Gartenfreund Bernd von dem Knesebeck	2006
Gartenfreund Michael Kretzschmar	2009

Ehrenmitglied des Landesverbandes der Gartenfreunde Mecklenburg und Vorpommern:

Gartenfreund Alois Bönsch	2006
Gartenfreund Bernd von dem Knesebeck	2011

Ehrenmitglieder des Verbandes der Gartenfreunde e. V. Hansestadt Rostock:

Gartenfreund Alois Bönsch	2005
Gartenfreundin Hilde Eichen	2009
Gartenfreund Christian Bössow	2009
Gartenfreund Bernd von dem Knesebeck	2015
Gartenfreund Hans-Peter Kolz	2015
Herr Dr. Stefan Neubauer	2017

Die Ehrennadel des Verbandes wird seit 1995 verliehen. Aufgrund der Vielzahl der bereits mit unserer Ehrennadel ausgezeichneten Gartenfreundinnen und Gartenfreunde muss auf die namentliche Nennung in unserer Chronik verzichtet werden.

Ehrennadel/Ehrenwimpel des Verbandes der Gartenfreunde
für verdienstvolle Mitgliedsvereine:

„Barnstorfer Busch“ e. V.
„Uns Gorden“ e. V.
„Dalwitzhöfer Weg“ e. V.
„Am Koppelsoll“ e. V.
„Uns Frietied Bl. III“ e. V.
„Wiesengrund“ e. V.
„Am Waldessaum II Warnemünde“ e. V.
„Dahlie“ e. V.
„Barnstorfer Busch“ e. V.
„Dr. E. Heydemann“ e. V.
„Fährhufe“ e. V.
„Weiße Rose“ e. V.
„Hellbachtal“ e. V.
„Waldessaum Bl. IV“ e. V.
„Frischer Wind“ e. V.

Literaturangaben

Sammlungen und Archivalien:
- Archiv der Hansestadt Rostock
- Mecklenburgisches Landeshauptarchiv Schwerin
- Archiv des Verbandes der Gartenfreunde Hansestadt Rostock e. V.
- Chroniken der Kleingartenvereine

Bergschicker, Heinz: Deutsche Chronik. 1933 – 1945, Bilder, Daten, Dokumente. Verlag der Nation Berlin 1981

Herausgeber Redieck & Schade: „Das war die IGA in Rostock." Verlag Redieck & Schade 1. Auflage November 2003

„Der Kleingärtner" Monatsschrift für mecklenburgische Kleingärtner und Kleingartenvereine, Verlag und Schriftleitung Albert Wendt, Rostock, (1924 bis Dez. 1931)

„Der Kleingärtner" Monatsschrift für mecklenburgische Kleingärtner und Kleingartenvereine, Verlag Landesverband der Kleingärtner beider Mecklenburg e. V., Sitz Wismar (Januar 1932 bis September 1933)

„Der Kleingärtner" Zeitschrift der Landesgruppe Mecklenburg der Kleingärtner im Reichsbund der Kleingärtner und Kleinsiedler Deutschlands e. V., Güstrow (ab Oktober 1933)

„Der Mecklenburgische Kleingärtner und Kleinsiedler" Offizielles Nachrichtenblatt der Landesgruppe Mecklenburg der Kleingärtner und Kleinsiedler im Reichsbund der Kleingärtner und Kleinsiedler Deutschlands e. V., Güstrow (ab August 1934)

„Der Mecklenburgische Kleingärtner" Offizielles Nachrichtenblatt des Landesbundes Mecklenburg der Kleingärtner im Reichsbund Deutscher Kleingärtner e. V., Sitz Seestadt Rostock, Bei den Polizeigärten 3, (ab Oktober 1934 bis Dezember 1942)

„Der praktische Ratgeber im Obst- und Gartenbau" Illustrierte Wochenschrift für Gärtner, Gartenliebhaber und Landwirte. 5. Jahrgang 1890

Deutscher Kleingärtner. Ausgabe Mecklenburg und Vorpommern 1991

Festschrift zum 25-jährigen Bestehen des Obst- und Gemüsebauvereins für Rostock und Umgegend zu Rostock e. V. vom 5. Juli 1931

„Garten und Kleintierzucht" (GuK) Zeitung des Verbandes der Kleingärtner, Siedler und Kleintierzüchter – Ausgabe A

Katsch, G./ Walz, J.B.: Kleingärten und Kleingärtner im 19. und 20. Jahrhundert. Bilder und Dokumente. Herausgeber Bundesverband Deutscher Gartenfreunde anlässlich des 75. Jahrestages der Gründung des Reichsverbandes der Kleingartenvereine Deutschlands 1921. Leipzig 1996

Rostock. Deutschlands Städtebau. Herausgegeben vom Rat der Seestadt Rostock . Bearbeitet von Stadtbaudirektor Berringer. DARI-Verlag Berlin 1927

Weber, A. „Die Auswirkungen der Industrialisierung auf die Entwicklung der Stadt Rostock. Das Leben in der Kröpeliner-Tor-Vorstadt zu Beginn des 20. Jahrhunderts" In: Reihe zur Geschichte MV Nr. 10

Witt, H./Raiff, F. K.: Rostock.

Abbildungen

Archiv der Hansestadt Rostock	S. 9, 12–15, 17–19, 21–24, 26, 81, 84
Mecklenburgisches Landeshauptarchiv Schwerin	S. 32, 33, 57
Denkmalpflegeamt der Hansestadt Rostock	S. 21
Archiv des Verbandes der Gartenfreunde e. V. Hansestadt Rostock	S. 10, 13, 14, 21, 26, 29, 37–49, 57, 59–61, 64–66, 71, 73–76, 83, 86–89, 90, 91, 93–100, 105. 107, 112, 114–117, 119–121, 124, 126, 132, 135, 137–139, 144, 145,147, 149–151, 154–175, Farbfotos S. 178–185
Aus „Kleingärten und Kleingärtner im 19. und 20. Jahrhundert. Bilder und Dokumente“	S. 10, 28, 29, 112
Aus Chroniken bzw. Unterlagen der KGV:	
„Am Koppelsoll“	S. 92, 108, 122, 124
„Dr. E. Heydemann“	S. 34, 35, 74, 111, 137, 143
„Edelweiß“	S. 71, 72, 73, 77, 106, 107, 141
„Fährhufe“	S. 50, 58, 123, 131, 143
„Goldwiese“	S. 122
„Hanse“	S. 155
„Uns Frietied III“	S. 129, 138, 145
Fotos privat:	
E. Bartezko („Markgrafenheide West“)	S. 165
M. Brettmann/IGA 2003 GmbH	S. 187–191
Emner („Jägerbäk“)	S. 93
Eschenburg	S. 53, 55, 72
Möller („Am Kösterbecker Weg“)	S. 109, 110
Kloock	S. 185 unten
Kloth („Schöne Aussicht“)	S. 118
R. Kriesmann („Lichtenhagen I“)	S. 132, Farbteil
Szameitat („Cramonstannen“)	S. 66, 92
E. Tietke („Totenwinkler Weg“)	S. 68, 70, 128
Kristina Becker	S. 5
Sammlungen:	
A. Bönsch	S. 15, 31, 121, 133
Brasch	S. 67
R. Lehmitz	S. 36
A. Schade	S. 18, 19, 22, 27,31, 36, 61, 67, 80
V. Schmidt	S. 18
Joachim Kloock	Alle nicht näher bezeichneten Abbildungen

Trotz gründlicher Nachforschungen haben wir vielleicht das eine oder andere Dokument nicht zuordnen können. Wir sind für jeden diesbezüglichen Hinweis dankbar.

Die erste Auflage des Buches wurde von folgenden Partnern unterstützt:

IGA Rostock 2003 GmbH
Industriestraße 15
18069 Rostock
Tel.: 0381 78 23 11

Hansestadt Rostock
18055 Rostock
Tel.: 0381 38 10

Grönfingers
Rostocker Gartenfachmarkt
Alt Bartelsdorfer Straße 18
18146 Rostock
Tel.: 0381 69 69 47

Hamburg Mannheimer
Rigaer Straße 11
18107 Rostock
Tel.: 0381 5 1053 52

Stadtwerke Rostock AG
Schmarler Damm 5
18069 Rostock
Tel.: 0381 805-0

Stadtentsorgung Rostock GmbH
ein Unternehmen der ALBA Gruppe
Petridamm 26/27
18146 Rostock
Tel.: 0381 45930

MRE
METRO REAL ESTATE
MANAGEMENT GmbH
Ostsee Park
Ostsee-Park-Straße 3
18069 Sievershagen
Tel.: 0381 8 00 24 26 / 28; 80 92 30

Riedelsche Dachbaustoffe GmbH
gegr. 1842
Petridamm, Altkarlshof 1
18146 Rostock
Tel.: 0381 65 90 20

hagebaucentrum · ZERSSEN
Charles-Darwin-Ring 8
18059 Rostock
Tel.: 0381 40 26 27

Verankert
IN DER HANSESTADT
Verband der Gartenfreunde e.V.
Hansestadt Rostock
Gartenfreunde
für Rostock.
www.gartenfreunde-hro.de
HANSESTADT ROSTOCK

Die Autoren Alois Bönsch (r.)
Hans-Georg Bethge (2.v.l. †)
und Joachim Gummel (1.v.l.)
vor dem Zustandekommen der 1. Auflage
dieses Buches im Gespräch mit den Verlegern
Dr. Matthias Redieck und Achim Schade

Zu den Autoren:

Alois Bönsch
Jahrgang 1934, Kleingärtner seit 1984, war zehn Jahre Vorsitzender des Kleingartenvereins „Am Dorfteich“ e. V. und ist seit 1992 1. Stellvertreter des Vorsitzenden des Verbandes der Gartenfreunde e. V. Hansestadt Rostock, Chronist des Verbandes.

Hans-Georg Bethge †
Jahrgang 1929, Kleingärtner seit 1989 im Kleingartenverein „Vogelsang“ e. V. und seit 1990 Vorstandsmitglied in diesem Verein in verschiedenen Funktionen.

Joachim Gummel
Jahrgang 1936, begann 1977 mit dem Kleingärtnern und ist seit 1990 Vorsitzender des Kleingartenvereins „Am Koppelsoll“ e. V.

Michael Kretzschmar
Jahrgang 1951, (links, mit Alois Bönsch)
Kleingärtner seit 1985 im KGV „Fischerinsel e. V.“
und von 1992 bis 2015 Geschäftsführer des Verbandes der Kleingärtner

Impressum

Herausgeber:
Verband der Gartenfreunde e. V.
Hansestadt Rostock
Viergewerkerstraße 2a
18057 Rostock
Tel.: (0381) 2003300

Verlag Redieck & Schade GmbH
Friedhofsweg 44a
18057 Rostock
Tel.: (0381) 27862
E-Mail: redieck-schade@t-online.de

Texte:
Alois Bönsch
Hans-Georg Bethge
Joachim Gummel

Inhaltliche Gesamtleitung:
Alois Bönsch
Michael Kretzschmar

Gesamtredaktion und -produktion, Lektorat:
Achim Schade, Dr. Matthias Redieck

Wissenschaftliche Begleitung:
GAP Stadt- und landesgeschichtliches Informations- und Dokumentationsbüro
Anita Sawitzki
Volker Schmidt
Holger Sasnowski

Mitarbeit:
Ricarda Wendt

Satz & Layout:
Grafik&Design Schwarz, Thiessow · 2002
SPECHT Foto- & Grafikdesign · 2018

Herstellung:
Druckerei Weidner GmbH, Rostock

2. stark veränderte und ergänzte Auflage, Oktober 2018

Verlag Redieck & Schade GmbH

ISBN: 978-3-942673-95-2